사도가 자랑한 복음의 진수

로마서 上

사도가 자랑한 복음의 진수 眞髓

로마서 上

1~6장

서문 강 지음

청교도신앙사

contents

저자의 머리말

먼저 이 책을 집필하는 모든 과정 중에서 은혜를 주시고 책으로 내도록 허락하신 하나님 우리 아버지께 우리 주 예수님의 이름으로 감사하오며 모든 영광 아버지께 돌리나이다.

이 책은 '신학적인 저작'이라기보다는 '설교자'의 입장에서 '목양적(牧羊的) 목적'을 가지고 로마서를 강론한 책입니다. 필자는 성령께서 이 책을 당신의 도구로 쓰시어 읽는 독자들을 하나님의 복음의 영광과 그 능력 안에서 견고하게 세우시기를 간절히 기원하는 바입니다. 부디 이 책을 읽는 독자들의 심령 속에 성령의 기름 부으심을 허락하시기를 주님께 간절하게 간청하는 바입니다.

다시 말씀드리건대, 필자는 설교자로서 목양적인 특심으로 감히 사도 바울이 말한 바를 빌어 '그리스도의 심장'(빌 1:8)을 가지고 성령님의 도우심을 따라 성도들에게 로마서의 '복음의 능력'을 접속하게 하고 싶었습니다. 물론 이 책은 필자 자신의 개인적인 소견의 피력이 아니라 본문이 말하는 바를 적확하게 풀어내는 데 그 목적을 둔 책입니다. 그래서 로마서에 계시된 '복음의 이치를 관통하여' 독자들로 하여금 '믿는 자들을 구원하시는 하나님의 능력의 복음'의 영광에 이르게 하시는 주님의 도구가 되기만 바라고 진행될 것입니다. 이 책은 논문도 단순한 주석도 아닙니다. 교회 강단에서 '로마서의 본문을 따라 연속적으로 복음을 강해 설교한 내용'이라고 보면 좋을 것입니다. 그래서 정 필요하면 주(註)를 달겠고 필요한 경우에는 인용구를 따온 출처도 밝힐 것입니다. 그러나 설교 형식이니 많은 주가 붙지는 않을 것입니다.

성경전서를 '하나의 몸'으로 보고 성경의 각 책들을 '그 지체들'로 볼 수 있습니다. 우리 몸이 하나이나 여러 지체들로 구성되어 있고, 그 지체들마다 나름의 독특한 역할과 기능을 감당합니다. 그런데 그 '독특성'은 따로 떨어져 있지 않고 '한 몸 전체를 주장하는 한 생명과 유기적 연관성과 통일성' 안에 있습니다. 그러니 어떤 지체에 손상이 가면 '그 몸'의 생명력에 그 만큼 해가 주어지는 셈이지요. 몸의 지체들 중 어느 것도 버릴 것이 없습니다. 하나님께서는 오묘하게 우리 몸의 생명의 온전한 활동을 위하여 여러 지체들의 기능을 부여하셨습니다. 몸의 여러 지체들이 서로 간에 질서 있게 조화하고 작용하여 '몸의 한 생명 활동'을 돕게 하셨습니다.

성경전서를 이루는 66권들도 마찬가지입니다. 창세기로부터 요한계시록에 이르기까지 어느 책을 소홀히 여기거나 버려둘 것이 없습니다. 각 책이 가진 독특성과 고유성이 유기적 조합을 이루어 '하나님의 한 복음 진리의 몸'을 이루고 있습니다. 성경을 주신 하나님의 자비하심과 그 사랑을 인하여 감사하지 않을 수 없습니다.

그런데 누가 '성경전서를 이루는 66권 중에서 하나님의 복음의 요의(要義)를 상징이나 모형이나 그림자 어법의 간접 진술 없이 직설적이면서 포괄적으로 표현한 책이 무엇이냐?'고 묻는다면, 단연 '로마서'라고 대답해야 할 것입니다. 성경을 웬만큼 아는 이들 모두가 이에 동의할 것입니다. 마틴 루터(Martin Luther)가 가정하여 "성경의 모든 책들이 다 소실(燒失)되어 없어진다 해도 요한복음과 로마서만 남아 있으면 성경이 말하는 복음이 무엇인지 아는 데 큰 어려움이 없을 것이라."고 말했습니다. 그렇다고 '로마서만 알면 하나님의 복음 진리를 위하여 성경의 다른 책들은 볼 필요가 없다.'고 해서는 안 되겠지요. 루터가 그리 말한 것은 '로마서를 바르게 읽는 것이 하나님의 복음의 요의를 선명하고 조리 있게 아는 데 가히 필수적이라.'는 말이겠지요.

필자가 감히 20세기 최고의 강해설교자이신 로이드 존스 목사님의 「로마서 강해」 전 14권을 번역하여 사도가 자랑한 복음의 진수를 사모하는 한국교회 성도님들과 여러 복음 사역자들과 함께 나누게 하신 하나님의 은혜를 무엇으로 감사해야 할지 모르겠습니다.

감히 부족한 종이 로마서와 관련하여 섬기게 하신 주님의 은혜를 증거한다는 차원에서 고백적으로 말씀드려 보겠습니다(제 아내는 이 부분은 극구 삭제할 것을 종용하였지만). 하나님의 전폭적인 은혜로 만 20세가 되던 해, 대학 3학년 초에 한 자매로부터 복음 전도를 받고 부르심을 받아 예수님을 믿게 되는 놀라운 일이 일어났습니다. 그 당시 처음에는 몰랐으나 지금 와 생각하니 그 자매는 당시 성령 충만한 상태였습니다. 어릴 때부터 자기 집에서 50미터도 안 떨어진 교회를 출석하였다고 하였습니다. 저는 교회에 나가 본 적이 없던 사람이었습니다. 그 자매는 하나님께서 제게 보내 준 '하늘의 아름다운 소식을 전해 준 전령'이었습니다. 그 자매가 처음부터 제게 끼친 인상은, '이 사람은 하나님의 복음 외에 다른 것은 아무 것도 모르기로 작심한 사람 같다.'는 것이었습니다. 불신자인 제가 대화거리로 내어 놓는 주제는 그 자매가 내어 놓는 '성경의 복음 진리' 앞에 지푸라기 같이 초라하였습니다. 그래서 교제 두 달 만에 저는 결단해야겠다는 생각이 들었습니다. 제 것을 고집하고 이 자매와의 교제를 끊던지, 아니면 교제를 계속하기 위하여 제 것을 포기하고 자매가 자랑하는 그 복음에 동참하든지 해야겠다는 생각이 들었습니다. 그런데 제 것을 고집하고 그 자매와 교제를 끊는 것은 매우 큰 손실이라는 생각이 들었습니다. 그것은 자매가 가지고 있는 '그 고고한 가치'와 그 자매를 함께 버릴 정도로 제 것이 대단한 것은 아니라는 생각이 들었기 때문입니다. 그리고 자매에게 '나도 교회에 나가겠다'는 의사를 밝히니 기다렸다는 듯이 성경과 찬송을 선물로 보내왔습니다. 그 성경과 찬송을 들고 처음 교회(안암제일교회)를 출석한 주일예배는 놀라웠습니다. 그런 모임 같은 모임은 이전에 본 적도 없고, 그 모임에서 설교하는 목사님처럼 말하는 사람을 본 적이 없었습니다. 당시 안암제일교회 담임목사는 장 덕호 목사님으로 성경적인 참된 설교자셨습니다. 아주 빠른 시기에 교회 생활은 제 생활의 일부가 아니라 중심이 되었습니다. 교회 목사님의 성경강론과 교회 식구들의 사랑의 환대, 그 자매와의 복음 안에서의 교제는 저를 '복음이 없는 세계로 다시는 돌아오지 못하게 하는 다리'를 건너게 하였습니다. 교회에 나간 지 채 1년이 안되어 '복음 사역자의 소명'을 느끼기 시작하였습니다. 예수님을 전혀 모르시는 중에 제 포부를 들으신 부모님은 '청천벽력' 그 자체였습니다(부모님들도 나중에 진실로 예수님을 믿으시고 섬기시다가 믿음 가운데 소천하셨습니다.) 그러나 육신의 아버지가 하늘에 계신 하나님 아버지를 이기지 못하셨습니다. 대학을 졸업한 후 바로 군에 들어가 군복무를 마치고 신학대학원에 입학하였습니다. 그 때는 이미 그 자매는 제 사랑하는 아내가 되어 있었습니다.

주님께서는 교회에 출석한 후 복음의 핵심과 그 요의에 빠르게 접근하게 하실 때 '로마서'를 통하여 그리하게 하셨습니다. 교회를 처음 출석하게 된 지 몇 개월 후 그 교회 가을 '부흥 사경회' 강사로 오신 목사님께서 낮 공부 시간에 로마서를 강해하셨습니다. 그 사경회는 꼭 저를 위하여 특별하게 마련하신 것 같은 착각에 빠질 정도로 큰 은혜를 받았습니다. 복음 사역자로서 소명을 받고 총신 신학 연구원(총신 신대원 전신)에 입학하던 해인 1974년 1학기에 바로 그 사경회 강사 목사님이 우리에게 '로마서'를 가르치시는 교수님이셨습니다. 그 분은 당시 회현동의 성도교회를 담임하시던 김 성환 목사님이셨습니다. 그 목사님은 1980년대 초반에 48세의 젊으신 날에 소천(召天)하시었는데, 저도 그분의 장례예배에 참석하여 주님 안에서 애도한 기억이 납니다. 하여간 주님께서는 부족한 종에게 로마서로 복음의 이치에 눈을 뜨게 하셨고, 신대원 3학년이 시작되는 1976년 1월말 경에 마틴 로이드 존스 목사님의 「로마서 강해 (Romans)」를 만나게 하셨습니다. 그리고 바로 그 책을 들어 첫 페이지를 여니 '주님을 향한 뜨거운 마음'이 일어나게 하셨습니다. 그리고 그 길로 짧은 영어 실력이라도 '번역할 용기'를 주시어 '로이드 존스의 로마서 강해 제 1권'을 그해 1976년 11월에 역간하게 하셨습니다. 그리고 그 책을 연속하여 출간하는 스코틀랜드 에든버러의 Banner of Truth Trust 사에서 책이 나오는 대로 따라 번역하느라고 총 29년의 세월이 걸려 2005년 11월에 총 14권을 역간하였습니다. 그 책을 통하여 하나님의 성령께서 제게 '개혁주의의 진수'를 알게 하시고, 무슨 책이 한국교회에 번역되어야 할지를 알려 주셨다고 저는 확신합니다. 제가 번역한 모든 책들은 로이드 존스 목사님을 만드신 하나님의 손에 들린 도구들이었습니다. 그 책들을 번역하면서 누렸던 주님의 은혜의 영광을 무엇에 비할까요!

그리고 필자는 섬기던 교회에서 여러 차례 '로마서 강해'를 하였습니다. 1978-1987년에 모교회인 안암제일교회 부목사로 시무할 때 제게 주어지는 설교나 성경공부 담당 기회가 주어질 때마다 로마서를 연속 강론하였습니다. 그와 관련하여 저를 귀히 여기고 아껴 주시며 마음껏 강론하게 세워 주시던 안암제일교회 장성춘 목사님(지금은 그 교회 원로 목사님)의 사랑을 잊을 수가 없습니다. 주님의 선하신 섭리 속에서 1978년 5월부터 지금까지 섬겨 오고 있는 온 중심교회에서 여러 차례 로마서를 연속 강론하였습니다. 1988년부터 출강한 이후 29년 동안 칼빈신학교에서 '로마서 강해'는 항상 제게 특별하게 주어진 과목이었습니다. 저는 '로마서 강해' 첫 시간에 학생들에게 '거룩한 장담'을 하고서 시작하였습니다. "이번 학기에 로마서 강해를 공부하는 여러분에게 놀라운 일이 일어날 것입니다. 그것은 제가 강의를 잘해서가 아니라 이 로마서가 하나님께서 당신이 사랑하시는 믿는 이들을 구원하시는 능력이기 때문입니다." 그리고 정말 '로마서 강해'가 끝날 때가 되면 학생들이 크게 기뻐하는 것을 반드시 만나게 되었습니다. '로마서 강해'를 하고 나서 '아무 일도 없이 밋밋하게 끝나는 일'은 전혀 없었습니다. 그리고 여러 교회들의 '사경회'나 '청년 수련회'들에서 로마서를 강해하였고, 그럴 때마다 주님께서 은혜를 주시지 않을 때가 없었습니다. 복음이 주는 구원의 은혜와 자유 함을 현저하게 체험하는 시간들이었습니다.

하나님의 섭리 속에서 수 년 전부터 'KBS 기독신우회' 금요 정기예배 때 신실한 성도들에게 말씀을 증거 할 기회를 얻게 되었습니다. 정말 그

분들은 매주 금요일 12시에서 1시까지 점심시간을 이용하여 예배를 드리는데, 2016년 9월부터 지난 9월까지 23회에 걸쳐 '로마서 연속 강해'를 하도록 주님께서 인도하셨습니다. 그리고 그분들에게 필자가 번역한 마틴 로이드 존스 목사님의 「로마서 강해 전 14권」을 소개해 드렸더니 여러 분이 구매하여 읽고 계십니다. 그러던 중에 몇 분이 '로마서를 개괄적으로 이해하게 하는 한권으로 된 책이 있으면 좋겠다'는 제안을 해 주었습니다. 사실 제게 '마틴 로이드 존스 목사님의 로마서 강해 전 14권을 요약해 줄 수 없느냐'는 제안하신 이가 한 두 분이 아니었습니다. 그 때마다 저는 단호하게 거절하였습니다. '그렇게 하면 로이드 존스 목사님의 말씀 강론의 진수를 맛볼 수 없을 것입니다.' 그러나 이번 제안을 받고는 '큰 책이 아니고 적당한 분량으로 로마서의 맥락을 이해하게 하는 책을 내면 여러분들에게 유익을 줄 수 있겠다.'는 생각이 들었습니다. 그리고 주님께서 은혜 주시면 그런 식으로 하여 길지 않은 시간 내에 '로마서에 계시된 복음의 진수'를 맛보고 싶은 이들을 도울 수 있겠다는 확신이 들었습니다. 그 제안이 주님의 인도하심일 수 있다는 '거룩한 부담(holy burden)'으로 제게 다가와 마음을 놓아 주지 않았습니다. 그 '부담'을 주시어 이 책을 쓰게 하신 주님을 찬미합니다.

로이드 존스 목사님의 '로마서 강해 제 1권(롬 3:20-4:25 강해)' 서론에서 로마서를 통하여 은혜 받고 구원의 감격 속에서 크게 헌신한 여러 빼어난 하나님의 사람들에 대하여 밝히고 있습니다. 어거스틴, 마르틴 루터, 존 번연, 요한 웨슬리 등 유명한 하나님의 사람들이 로마서를 통하여 복음의 영광과 그 은택을 입어 구원의 감격에 겨워 삶의 대 전환을 이루었음을 증언하였습니다.

그런데 이러한 일이 교회 중에 몇몇 특별한 은혜를 받은 이들에게만 일어나는 것이 아닙니다. 로마서는 모든 하나님의 사람들에게 허락된 하나님의 선물입니다. 장담하기로는 성도라면 누구라도 로마서를 집중적으로 바르게 공부하면 하나님께서 그리스도 안에서 베푸신 구원이 얼마나 놀라운지 알게 될 것입니다. 장담하건대, 성령께서 당신의 사랑하시는 백성들의 심령에 기름 부으심을 주시어 말씀에 입각한 구원의 확신과 기쁨에 견고하게 하실 것을 믿어 의심하지 않습니다.

그래서 이 책을 읽으면 로마서가 말하는 '은혜의 복음의 핵심과 그 체계'에 대한 것을 윤곽적으로 알고 더 깊은 공부를 할 의욕을 갖게 하실 주님의 은혜를 간구합니다. 독자들께서 이 책을 읽고 힘을 얻으면 필자가 번역한 마틴 로이드 존스 목사님의 로마서 강해 전 14권」 대작(代作)을 읽는 '거룩한 도전'에 응하기를 주님의 이름으로 권하는 바입니다.

하나님의 성령께서 이 책을 내는 필자와 이 책을 읽는 독자 모두를 하나로 연합하시어 인도하심을 믿습니다. 또 '이미 은혜는 받아 참 믿음은 가졌으나 교리적인 정돈이 필요한 분들에게도' 이 책이 복음적 이치를 정립하는 도구가 되게 하시기를 주님께 기원합니다.

이 책을 내기까지의 첫 단계로부터 지금까지 성령께서 인도하시고 지혜를 주셨다고 믿습니다. 그것도 제 자신 홀로 떨어뜨린 채 그리하지 않으시고 여러 주님의 사람들의 기도와 격려 속에서 그리하신 것입니다. 제 모교회인 안암제일교회와 장성춘 원로 목사님, 주님의 은혜로 30년 동안 섬겨온 중심교회의 성도님들, 제게 로마서 강해를 들은 칼빈신학교의 수천의 동문들, 'KBS 기독신우회' 회원 여러분들이 제 영적인 은혜와 복음의

소명을 감당하게 하시는 주님의 격려와 은사(恩賜)들이었습니다. 복음에
목말라 하며 기뻐하는 모 교회의 두 K 집사님들 내외분들과, 성령 안에
서 복음의 거룩한 불이 붙어 그 심령이 거룩한 특심으로 삼켜질 것 같은
모 교회 K 권사님, S 집사님 내외분, 삼송의 K 집사님, - 이분들은 이 책
의 탄생을 위하여 기도와 후원을 아끼지 않으신 분들로 기념하고 싶습니
다. 100세에 하나님께 부르심을 받아 하늘 본향에 가시기 얼마 전까지
건강이 주어졌던 이십 여 년 동안 부족한 사람이 낸 역서(譯書)와 저서들
을 늘 기다리며 사모하고 탐독하며 은혜 받으시던 용인의 이 재완님도 기
념하고 싶습니다. 제게 있어서 최고의 독자 중 한 분이셨습니다. 제 사랑
하는 아내는 '아프지 않은 복음의 칼'로 늘 저를 각성하게 깨우는 주님의
도구입니다. 사랑하는 아들 동수 전도사와 자부 민정이 이 책을 통해서
은혜를 받고 '복음의 소명자'로서의 존영이 무엇인지 더 알게 되기를 바
라며, 사랑하는 딸 은하가 지금도 복음의 은혜로 기뻐하나 이 책으로 그
기쁨이 더 풍성해지고 주신 은혜의 전파자로 서게 하실 주님을 찬미하오
며, 사랑하는 아들 철수가 복음의 능력으로 충일하여 섬김의 본을 보이
는 하나님의 사람이 되게 하실 것을 주님께 기원하며 믿습니다. 올해 중
학교 1학년이나 참으로 주님께서 존귀하게 쓰실 것이 크게 기대되는 우리
사랑하는 손자 소명이 이 책을 읽고 은혜를 받아 훗날 '복음의 불붙는 논
리(Logic on Fire)[1]'를 토하는 '말씀의 살아있는 설교자'로 서게 하시기를
주님께 간청하는 바입니다. 출판의 마지막 단계에서 내용을 읽고 도움을
주신 김 태선, 이 세영 두 목사님께도 감사합니다.

---

[1] 마틴 로이드 존스 목사님은 '참된 설교'를 가리켜 '불붙는 논리(Logic On Fire)'라는 유명한 말을 썼다.

이 지면을 통하여 특별하게 감사를 표하고 싶은 어르신이 계십니다. 부족한 종을 존귀하게 여기시고 위하여 늘 은밀하게 기도하여 주시는 중경 총회장이시고 평안교회 원로 목사이신 이 성택 목사님입니다. 이 목사님은 구순(九旬)이 훨씬 넘으심에도 주님 주신 건강 속에서 늘 말씀과 기도로 깨어 계신 분입니다. 진정 한국교회의 참된 영성 회복과, 복음이 세력을 얻는 참된 의미의 통일을 위하여 진심으로 기도하시는 분입니다. *

신앙의 초기부터 지금까지 곁에서 선배로 동역자로 늘 힘이 되어주신 영성교회의 권 순직 목사님(개인적으로는 제 매제)의 은혜를 잊지 않습니다. 신학 동기시나 저 보다 연배가 위이신 만남의 교회 원로 정 평수 목사님, 저를 향해 늘 각별하심 잊지 않습니다. '개혁주의설교연구원'의 원장 서 창원 목사님, 함께 섬기시는 강 문진, 김 준범, 김 영우, 박 의서, 최 덕수, 최 더함 목사님들은 주님께서 제게 주신 영적 동역자들이요 보호자들입니다. 한국교회를 위하여 청교도신앙사를 창립하시고 이끌어 오신 전 수빈 장로님께도 감사합니다.

독자 여러분은 '말씀 문서 사역'을 위해 하나님 아버지께서 제게 주신 '거룩한 옥토'입니다. 아버지께서 이 책을 통해 독자 여러분과 필자 모두에게 성령님의 기름 부으심을 허락하시어 우리 주 예수님의 복음의 은혜와 능력과 영광을 더 충만하게 보게 하시기를 간절하게 기원하나이다. 아멘.

주후 2017년 10월
이 책을 탈고하도록 긴 연휴의 선물을 주신 주님께 감사하며
저자 서문 강 목사 드림

* 이 책이 출간되기 얼마 전, 2018년 3월 4일 주일 새벽에 주님의 부르심을 받아 그렇게 그리던 하늘의 본향에 당도하셨습니다.

part 1

로마서의 서두

어떤 책의 독자든지 그 중심 내용에 얼른 이르려는 '욕심'이 생기기 마련입니다. 그러나 그 성급함을 제어하지 않으면 '중심 내용'에 이르러도 그 '참 맛'을 느끼기가 어렵습니다. 모든 책은 저자가 말하고자 하는 중심 요지가 '하나' 있습니다. 그런데 지혜로운 저자는 그 '하나'를 독자와 공유하고 싶은 열심을 가지면서 그 논리적 질서를 꼼꼼하게 지켜 나갑니다. '정당한 논리'는 일방통행 방식으로는 성립될 수 없습니다.

이 로마서는 사도의 편지이지만 '거대한 하나의 주제'를 담은 책입니다. '천지의 주재 창조주 하나님께서 당신을 거슬러 죄 가운데 있어 본질상 진노의 자녀이나 여전히 불쌍하게 여기시고 사랑하시는 자들을 그 아들 예수 그리스도 안에 있는 믿음으로 말미암아 죄에서 구원하여 내시는 거룩하신 은혜의 방식'을 담은 책입니다. 크고 거대하여 이루 말할 수 없는 복음의 심장에 이르기 위하여 먼저 성령님의 감동하심 속에서 사도가 로마서의 서두에서 말한 것을 매우 심도 있게 주목해야 합니다.

01

로마서의 저작 배경

로마서의 내용에 들어가기 전에 로마서가 탄생한 경로, 곧 하나님께서 당신의 말씀인 로마서를 기록하게 하신 섭리적 경륜을 살펴보는 것은 이 서신을 깊고 바르게 읽는 데 매우 중요할 것입니다.

이 로마서는 사도 바울이 '로마에 있는 교회(이후 '로마교회'라 칭할 것임)로 보낸 복음 편지'였습니다. 이 사실과 관련하여 금방 우리 마음에 떠오르는 질문은 '사도 바울과 로마교회와 무슨 연관이 있었는가?'입니다. 왜냐하면 신약성경에 들어있는 사도 바울의 다른 모든 서신들은 다 그와 직, 간접으로 연관을 가진 교회들에게 보낸 것들이었기 때문입니다.

사도 바울과 로마교회와의 관계

그런데 이 편지 이전에 로마교회와 사도 바울 간에 어떤 모양으로도 교류나 교제가 이루어졌다는 증거는 거의 없습니다. 신약 신학자들 중에 이와 관련하여 이런 저런 추정을 하나 '확실한 사실'을 입증할 결정적 증거를 가지고 있는 것은 아닙니다. 로마교회가 세워지는 데도 그가 간접적으로라도 영향을 끼쳤다는 증거도 없습니다. 그런데도 로마교회에 이 '긴 편지'를 보냈습니다.

이에 대하여 우리가 접근할 수 있는 확실한 통로가 하나 있습니다. 그것은 주님께서 바울을 '이방인의 사도'로 부르셨다는 사실입니다. "주께서 이르시되 가라 이 사람은 내 이름을 이방인과 임금들과 이스라엘 자손들에게 전하기 위하여 택한 나의 그릇이라."(행 9:15. 갈 1:15,16 참조). 사도 바울은 바로 이 로마서에서 주께서 자기에게 주신 사명을 감당하는 차원에서 이 편지를 로마교회에 보낸 것임을 분명하게 했습니다. "은혜는 곧 나로 이방인을 위하여 그리스도 예수의 일꾼이 되어 하나님의 복음의 제사장 직무를 하게 하사 이방인을 제물로 드리는 그것이 성령 안에서 거룩하게 되어 받으심직하게 하려 하심이라… 그리스도께서 이방인들을 순종케 하기 위하여 나로 말미암아 말과 일이며 표적과 기사의 능력이며 성령의 능력으로 역사하신 것 외에는 내가 감히 말하지 아니하노라."(롬 15:15,18)

로마는 당대 열방들을 손아귀에 쥐고 있는 막강한 로마제국의 수도였습니다. 그래서 '모든 길은 로마로 통한다'는 말이 나온 것입니다. 이방의 사도인 사도 바울이 그런 국제 상황에 비추어 로마가 '선교의 요충지'임을 모를 리 없었겠지요. 그래서 사도행전의 기록으로 볼 때 사도는 주님의 지시하심에 따라 선교행로의 종착점이 바로 로마임을 알고 계획을 세우고 있었습니다. "이 일이 다 된 후 바울이 마게도냐와 아가야로 다녀서 예루살렘에 가기를 경영하여 가로되 내가 거기 갔다가 후에 로마도 보아야 하리라 하고."(행 19:21) 주님께서 로마로 향하다 유라굴로 태풍을 만나 파선 직전에 있는 배 안에 있는 바울에게 말씀하셨습니다. "바울아 두려워 말라 네가 가이사 앞에 서야 하겠고 또 하나님께서 너와 함께 행선하는 자를 다 네게 주셨다."(행 27:24) 결국 사도행전의 결말은 어떠한가요? 사도 바울이 로마에 2년 동안 자기 셋집에 유하며 자기를 찾아오는 이들에게 하나님의 복음을 전하고 있는 모습입니다. "바울이 온 이태를 자기 셋집에 유하며 자기에게 오는 사람을 다 영접하고 담대히 하나님 나라를 전파하며 주 예수 그리스도께 관한 것을 가르치되 금하는 사람이 없었더라."(행 28:30,31)

그러니 로마에 하나님의 교회가 세워졌다는 소식은 어느 누구보다 사도 바울의 마음을 춤추게 하는 낭보였을 것입니다. '그 교회의 설립자가 누구였는가? 지금 그 교회는 누가 돌보고 있는가? 그 교회의 영적인 실상은 어떠한가?' 사도의 마음에 그런 '거룩한 호기심'과 더불어 로마교회를 향한 '사모하는 마음이 불같이 일어나' 그를 삼킬 정도였을 것입니다. 그 마음의 실상이 로마서 1장 서두 몇 구절 속에 진하게 배어 있습니다. "첫째는 내가 예수 그리스도로 말미암아 너희 모든 사람을 인하여 내 하나님께 감사함은 너희 믿음이 온 세상에 전파됨이로다 내가 그의 아들의 복음 안에서 내 심령으로 섬기는 하나님이 나의 증인이 되시거니와 항상 내 기도에 쉬지 않고 너희를 말하며 어떠하든지 이제 하나님의 뜻 안에서 너희에게로 나아갈 좋은 길 얻기를 구하노라… 형제들아 내가 여러 번 너희에게 가고자 한 것을 너희가 모르기를 원치 아니하노니 이는 너희 중에서도 다른 이방인 중에서와 같이 열매를 맺게 하려 함이로되 지금까지 길이 막혔도다."(롬 1:8-11,13)

그리스도의 복음 안에서 로마교회를 향한 사모하는 열정을 주신 이가 성령님이십니다. 그러면서도 그가 원하는 대로 로마로 가는 길을 허락하지 않으신 이도 하나님이십니다. 그리로 가는 길을 열기 위하여 여러 번의 시도가 있었음은 앞의 인용구에서 확인됩니다. 일반적으로 사모하고 사랑하는 상대와 접촉할 길이 막막할 때 택하는 통로는 간접적인 방식입니다. 지금 같으면 첨단 통신 장비로 금방 연결을 시도하여 접촉을 요구할 수 있었겠지요. 그러나 당시로는 사회의 공적인 우편제도가 없던 시대이니 인편을 통하여 기별을 보내는 수밖에 다른 도리가 없었습니다.

특히 우리가 여기서 주목해야 할 하나의 요점이 있습니다. 사도 바울이 로마교회에 접촉을 시도할 수 있었던 것은 로마교회가 다른 사도들에 의해서 설립된 것이 아니라는 반증이 된다는 사실입니다. 사도가 이방인을 위한 사도라는 자기 소명은 언제나 유대 지경 밖의 이방의 지역을 선교대상 지역으로 보고 있었습니다. 그러나 그는 자기의 복음 사역 원칙을 정해 놓고 일하고 있었습니다. "내가 그리스도의 이름을 부르는 곳에는 복음을 전하지 않기로 힘썼노니 이는 남의 터 위에 건축하지 아니하려 함이라."(롬 15:20) 그러니 만일 다른 사도들 중에 로마교회와 연관이 있었다는 것을 알고 있었으면 로마교회와의 접촉을 시도하지 않았을 것입니다. 그 말은 누가 그 교회의 설립 멤버였는지는 확실하게 알려지지는 않았으나 로마교회는 사도들 중에 어느 누구도 연관을 가진 적이 없었다는 것입니다.

로마 가톨릭이 역사상 베드로 사도의 로마교회 설립설을 정설(正說)로 선전하고, 그것을 근거로 '교황권'의 권위를 사도 베드로의 계승에서 찾고 있습니다. 그러나 로마교회가 베드로에 의해 설립되었다는 역사적 실증이 전혀 없습니다. 그들은 우리 주님의 말씀을 왜곡하고 있습니다. 예수님께서 사도 베드로를 향하여 무어라 하셨습니까? "너는 베드로라 내가 이 반석 위에 내 교회를 세우리니 음부의 권세가 이기지 못하리라."(마 16:18) 그 말씀이 자기들의 교황제도의 정당성을 입증하는 것이라고 주장합니다. 그리고 '교황권은 베드로 사도의 권위를 계승한 것이라.' 그런 주장은 근거 없는 얼토당토 않는 논리입니다. 예수님께서 베드로의 신앙고백 뒤에 그 말씀을 하신 것은, 베드로를 위시한 '사도들'의 신앙고백을 반석으로 삼아 당신의 교회를 세우시겠다는 말씀일 뿐입니다. 그것이 반석인 것은 '베드로 인격 자체의 신실성' 때문이 아니었습니다. '베드로의 신앙고백이 혈육이 아닌 하늘에 계신 하나님 아버지께로서 온 것이기' 때문입니다. 하여간 로마교회와 베드로 사도의 연관성 운운 자체가 허구입니다.

로마교회 설립자들은 사도가 아니라 '미상(未詳)의 일반 성도들일 것이라'는 추정이 도리어 더 설득력이 있습니다. 성령께서 보혜사로 강림하셨던 오순절에 각처에서 온 유대교에 속한 경건한 자들 중에서 복음을 접하여 회심하고 돌아간 성도들 몇이 로마교회를 설립하였을 것이라는 말입니다.

그런 추정의 설득력을 높이는 것은 사도 바울이 로마교회의 믿음을 칭찬하면서도(롬 1:8) 여전히 '그들에게 가서 복음을 전할 필요성'을 강력하게 천명하고 있다는 점입니다. "헬라인이나 야만인이나 지혜 있는 자나 어리석은 자에게 다 내가 빚진 자라 그러므로 나는 할 수 있는 대로 로마에 있는 너희에게도 복음 전하기를 원하노라."(롬 1:14,15) 사도는 그들의 믿음을 더욱 그리스도의 복음 안에서 견고하게 세울 필요성을 의식하고 '복음의 교리 체계가 담긴 편지'를 그들에게 보낸 것입니다. 사도 바울의 다른 서신들은 그 서신을 받는 교회들의 어떤 문제를 접하고 대응적인 입장에서 저작이 되곤 하였습니다. 그러나 로마서는 그런 점에서 다른 서신들과 차이를 보입니다. 로마서는 어떤 문제에 대한 대응적 방식의 말씀의 처방은 아닙니다. 어떤 교회라 할지라도 보편적으로 반드시 견지해야 할 '복음의 이치와 교리 체계'가 담겨진 서신이 바로 이 로마서입니다.

로마교회와 복음

이미 그들 로마교회는 복음을 듣고 믿음으로 서 있었습니다. 그러나 사도는 그럴지라도 그들이 복음 안에서 견고하게 서기 위해 '반복적인 복음 학습'이 필요함을 의식한 것입니다. 그래서 그는 이 로마서에서 마치 처음 복음을 접하는 사람들을 교육하는 것 같이 '복음의 전 체계'를 섬세하고 총괄적으로 제시하고 있습니다.

진정 이 점은 정말 강조되어야 할 요점입니다. 복음은 복음을 전혀 듣지 못한 사람들에게나 이미 복음을 듣고 믿고 있는 사람들 모두에게 자주 반복적으로, 아니 항상 증거되어야 합니다. 오늘날 교회들의 문제는 설교자든 회중들이든 '우리 교인들은 복음을 이미 다 알고 있다'는 식으로 생각하면서 '다른 것'을 찾고 있다는 것입니다. 또 '처음 복음을 전하는 것과 같은 자세로가 아니라 이미 전한 것을 재탕하는 자의 겸연쩍은 모습으로' 전하고 있다는 것입니다. '복음을 믿고 있는 이들에게는 더 이상 복음이 감동을 주지 못하니 그들을 위해서 다른 처방을 해야 한다'

는 식입니다. 현대교회의 그런 실상을 보고 미국 그레이스 커뮤니티 처지(Grace Community Church)의 존 맥아더(John MacArthur) 목사님은 「복음을 부끄러워하는 교회」라는 책을 내어 경고하였습니다.

하여간 사도 바울은 이미 복음을 믿고 있는 그 로마교회의 성도들을 그리스도 안에서 더욱 견고하게 세우기 위해(골 1:28,29) 간절한 마음으로 이 로마서를 보낸 것입니다.

로마서의 저작 장소와 때

그럼 이 로마서는 어디서 기록되었으며, 누구를 통하여 로마교회에 보내졌는가요? 본서는 바울의 제 3차 선교여행 중 아가야 지방, 특히 고린도에서 기록한 것으로 보입니다. 로마서를 마무리하며 로마교회에 당부하고 문안하는 내용이 들어 있는 16장에서 그에 대한 확증을 얻을 수 있습니다. 16:1,2에 이 서신을 로마교회에 전달한 뵈뵈 자매가 고린도 동편 겐그리아 교회의 교인이었음이 밝혀 있습니다. 16:23에 로마교회에 문안하는 이들의 명단 중에 바울이 고린도에서 사역할 때 맺었던 전도의 열매인 가이오가 언급되고 있습니다(고전 1:14). 그리고 고린도 교회의 재무를 담당한 에라스도도 문안자의 명단에 올라 있습니다. 이런 모든 것을 참작할 때, 바울이 제 3차 전도여행 중 3개월간 고린도에 머물 때에 이 로마서를 써서 뵈뵈를 통하여 로마교회에 전달되었다고 보는 것이 합당합니다. 학자들은 그때가 아마 주후 57년에서 58년경이었을 것으로 추정합니다.

로마서를 주신 하나님의 섭리

이런 모든 것은 바울의 개인적인 의지나 계획에 의하여 된 일이 아니라 모든 것을 주장하시는 하나님의 섭리로 말미암은 것입니다. 사도 바울 속에서 일하시던 성령께서는 당시의 교회만 아니라 예수님 다시 오시기까지 모든 시대들의 교회들 전체를 하나로 보시고 이 로마서를 쓰게 하신 것입니다. 만일 사도 바울이 원하는 대로 로마로 가는 길이 순연하게 열렸더라면 이 로마서는 탄생하지 않았을 것입니다. 만일 로마서가 빠진 채 성경이 우리에게 주어졌을 경우를 가정할 수 있겠습니까? 물론 때와 기한과 모든 것들의 복합적 조화를 주장하시어 그 정하신 뜻을 한 치의 오차도 없이 이루시는 하나님의 섭리와 통치의 경륜은 '가정'의 대상이 되지 않습니다. 다만 하나님의 섭리의 아름다우심을 인지하는 우리의 의식을 고양시키기 위하여 '수사적(修辭的) 가정법'을 쓰는 것이지요.

로마서는 처음 기록될 당시부터 내내 항상 살아계시는 하나님의 말씀입니다. 오늘도 성령께서는 로마서로 당신의 백성들을 살리시고 먹이시고 기르시고 연단하십니다. 스펄전 목사님은 자기의 설교들 속에서 자주 참된 신앙을 받쳐 주는 세 기둥이 있다고 강조합니다. 그것은 '성경적인 바른 복음의 교리, 그에 합당하게 삶을 영위하는 실천력, 그에 수반되어 전후에 나타나는 하나님의 은혜에 대한 체험'입니다. 필자가 보기에 이 로마서야 말로 그 세 요점을 내포하고 있는 위대한 서신입니다.

로마서 바르게 읽기

우리가 로마서를 바르게 읽기 위해서는 앞에서 지적한 여러 요점들을 마음에 두고 하나님을 경외하고 사랑하고 신뢰하는 믿음을 항상 견지해야 합니다. 성경은 메마른 이론이나 지식의 공급 자체를 목적으로 한 부분이 한 군데도 없습니다. 다 살아계시는 하나님과 우리 각자와의 생명 있는 인격적인 교제, 영원한 하나님과의 관계의 소산입니다. 하나님께서 말씀하시고 우리는 그에 반응합니다. 다른 모든 책들은 책을 쓴 저자가 죽어버리면 더 이상 그 책 내용을 가지고 저자와 대화하는 것이 불가능합니다. 그러나 하나님은 살아계시고 여전히 성경으로 말씀하고 계십니다. 그러므로 우리는 성경을 읽을 때에는 항상 '하나님께서 지금 내게 말씀하신다'는 의식으로 경외하는 마음으로 반응해야 합니다. 로이드 존스 목사님은 성경공부를 포함한 성경에 대한 모든 일은 '하나님께 예배하는 정신으로 진행되어야 한다'고 강조하였습니다.

이와 관련하여 로이드 존스 목사님의 일화를 소개하는 것이 유익하리라 봅니다. 1960년대 그분이 목회 현직에 있을 때에 영국 국영 BBC 방송에서 '하나님의 존재 여부'라는 주제로 토론 프로그램을 기획하였습니다. 그 토론에 '하나님이 계시다고 믿는 기독교 대표'로 로이드 존스 목사님이 초청되었습니다. 그리고 그에 대응하여 '하나님이 없다는 사상을 가진 이들을 대표하여 옥스퍼드 대학 철학과 주임교수'가 선임되었습니다. 그 일을 들은 목사님 친구들이나 후배들이 크게 환영하며 '목사님 이번에 무신론자의 코를 납작하게 할 절호의 찬스입니다'라고 격려하였습니다. 그 소식을 접한 영국의 그리스도인들도 동일한 관심을 보였겠지요. 그러나 로이드 존스 목사님은 '나는 그 토론에 참여하지 않겠다'는 단호한 거절 의사를 BBC 측에 보냈습니다. 많은 이들이 의아하고 실망하였습니다. "아니 목사님, 이런 좋은 기회를…" 그에 대하여 목사님은 그 거절 이유를 분명하게 천명하였습니다. "하나님은 사람들이 다리를 꼬고 앉아서 계신가 아니 계신가 토론할 대상이 아닙니다. 오직 하나님은 경배와 찬미를 받으셔야 할 분이십니다." 그 목사님의 말이 퍼져 나갔겠지요. 토론은 성사되지 않았지만 그럴 경우보다 말로 할 수 없이 더 크게 '하나님의 살아 계심'이 선포된 것입니다. 우리가 로마서를 읽고 강론하고 듣고 학습하는 모든 과정이 바로 로이드 존스 목사님의 정신대로여야 합니다. 성경 어디를 읽어 보아도 하나님을 사물(事物)을 연구하는 식의 초연한 자세로 연구하고 탐구하는 것을 추천하는 경우를 만나지 못합니다. 성경은 항상 '하나님을 두려워 떨며 경외하고 예배하고 찬미하고 감사할 분으로만' 말합니다. 우리가 로마서를 공부할 때에 이 자세를 상실하면 아무 유익도 없고 오직 '로마서를 아는 지식으로 교만해지는 나쁜 열매'만 맺게 될 것입니다.

우리는 이 로마서를 학습하는 동안 성령님의 기름 부으심을 바라고 의존해야 합니다. 그리하여 우리가 더욱 겸손해지고 더욱 온유해지는 중에 그리스도 안에서 값없이 은혜로 구원하여 주시는 하나님 아버지의 방식에 대한 거룩한 인식을 기반으로 '배우고 확신한 일'에 거하게 되기를 바랄 뿐입니다(딤후 3:14-17). 아멘.

02

로마서의 위치와
진술 방식

교회사 속에서 성경주석의 정로(正路)를 가리키는 가이드포스트와 같은 역할을 한 사람을 들라 하면 존 칼빈(John Calvin)이라는 데 이의가 없을 것입니다. 칼빈의 '로마서 주석' 머리 부분에 로마서의 논지(論旨)를 서론적으로 진술하고 있습니다.

"이 서신의 탁월성에 비추어 볼 때, 내가 이 로마서의 주제를 길게 상술하는 것이 좋을지 모르겠다. 이 로마서의 위대성을 크게 높여 말한다고 한 것이 그만 로마서의 광휘(光輝)를 가리는 우를 범할 수 있기 때문이다. 로마서의 서두 자체가 내가 어떤 식으로 묘사할 수 있는 것 보다 더 훨씬 더 놀랍게 이 서신의 가치와 위대성을 설명하고 있다. 그러니 이 서신의 논지, 또는 주 내용을 깊이 다루지 않는 편이 더 나을 것 같다. 로마서가 지니고 있는 여러 면의 탁월성이나 주목할 만한 요점들을 일일이 거론하지 않아도, 로마서를 바르게 배워 아는 것의 영광과 가치를 무엇에 비유할까? 그 사람은 마치 은밀한 보화들을 가득 담고 있는 성경의 비밀 창고 문을 열고 들어서는 것과 같다고 할까. 그리 말한다 해도 로마서의 가치와 위대성을 충분히 드러냈다고 할 수는 없을 것이다."

연이어 칼빈은 로마서의 구조에 대해서 이렇게 진술합니다. "로마서 전체가 어찌나 조밀하게 짜여 있던지 그 시작부터 절제 있는 예술의 법칙들이 번뜩인다. 우리가 로마서를 진행해 나가면서 알게 되겠지만, 여러 곳에서 사도는 의도된 방식을 따라서 진술을 진행해 나간다. 특별히 주요한 논지를 끌어내는 방식에서 그 점을 엿보게 된다. 사도 바울은 로마서를 시작하면서 자기의 '사도권(使徒權, apostleship)의 진정성'을 독자들에게 제시하면서 바로 자기가 증거하는 복음으로 나아간다. 그리고 그 복음에 합당한 믿음의 주제를 끌어내며, 말의 사슬로 독자를 논리적으로 묶어 매어 로마서 전체의 대 주제인 '믿음으로 말미암아 의롭다 하심을 얻는다.'(이후 이를 '이신칭의'라는 말과 교대적으로 쓰겠음)의 교리로 끌고 들어간다. 그리하여 5장까지 그 주제에 집중한다. '말미암아'가 이신칭의 교리를 다루는 여러 장들의 주제를 다룰 때에 주로 쓰는 단어이다. 사람의 '오직 유일한 의(義)'는 그리스도 안에서 하나님의 긍휼로 '말미암은' 것인데, 복음으로 '말미암아' 제시되고 믿음으로 '말미암아' 수용된다. 사람들이 죄 가운데 잠자고 있으면 의에 대한 거짓된 개념으로 촐싹거리며 자기기만에 빠져 있기에 그런 '믿음의 의'가 절실함을 생각하지 못한다. 그 의가 아니면 자기 확신 속에서 결국 망하게 될 것인데도 말이다."

로마서는 하나님께서 당신의 백성들을 죄로부터 '구원하시는 은혜의 방식'의 이치를 논리적으로 확증하는 책입니다. 사도들이 증거한 '복음의 교리 체계 전체'를 조직적으로 제시하고 있습니다. 그 복음 교리의 심장과 같은 이치가 '그리스도 안에 있는 속량(贖良, 또는 救贖, redemption)으로 말미암아 믿는 이들을 은혜로 값없이 의롭다 선언하시는 하나님의 법정적 판결'로 드러나 있습니다(롬 3:23-25).

로마서에서 가장 두드러지게 나타나는 용어는 '의(義)'라는 말입니다. 1장 17절에서 "복음에는 하나님의 한 의(義)가 나타났으니 믿음으로 믿음에 이르게 하나니"라는 말씀과, "이제는 율법 외에 하나님의 한 의가 나타났으니"(3:21)라는 말씀에서 보듯이 말입니다. 로마서에서 나타나는 '의(義)'는 단순한 '도덕적 선행' 자체를 말하기 보다는 '법정에서 옳다'는 판단을 받는다는 개념을 담고 있습니다. '죄로 말미암아 하나님의 법정적인 판단의 기준인 율법으로 말미암아 이미 정죄 선고를 받아 그 벌책적 형벌로서의 하나님의 영원한 진노 아래 있는 자가 어떻게 그리스도를 믿음으로 말미암아 의롭다 하시는 하나님의 선고를 받아 영원히 정죄에서 해방되는가?' 그 복음의 이치를 로마서는 논리적으로 제시합니다.

로마서가 말하는 그 복음의 논리를 이해하고 자유를 기뻐하고 감격하며 하나님께 감사하는 사람이 될 때에 비로소 영생의 복락이 무엇인지를 알게 되는 것입니다. 그래서 로마서의 복음 논리와 그 이치를 배우는 것은 '성경이 말하는 바른 믿음과 구원의 기쁨과 확신에 이르기 위하여' 절대로 요청됩니다.

'복음 논리의 질서'는 그 속에 '인생이 죄 가운데서 하나님의 정죄와 사망의 형벌 아래 있는 비참의 실상을 아는 것'을 최우선에 두고 있습니다. 그래서 로마서 요절과 같은 1:17의 진술을 하고 난 후 3장 20절까지는 이방인이든 유대인이든 '스스로는 하나님의 의롭다 하시는 판결을 받아 낼 사람이 하나도 없는 실상'을 면밀하게 논증합니다. 그런 논리적 추이를 놓치지 않고 따라가야 '죽은 자를 살게 하시는 하나님의 복음의 심장과도 같은 로마서의 이신칭의(以信稱義) 진리'에 이를 수 있습니다.

흔히 로마서를 공부하려는 이들 중에 복음의 은혜를 받으려는 간절한 소원을 가지고 처음에는 시작하나 로마서의 논증을 따라가는 것이 힘이 들어 중간에 포기하는 경우가 많습니다. '하나님의 은혜'를 우리 편에서 편리하게 이해하려는 경향이 그런 일을 불러 옵니다. 어떤 책이든지 선입견을 버리고 저자가 말하는 바를 포착하기 위해서는 일단은 저자의 논리를 인내하고 따라가야 합니다. 성경은 더 더욱 그러합니다. 성령께서 성경 기자의 심령을 주장하여 말씀하시는 바를 본문에서 듣기 위해서는 경외하는 자세로 인내하면서 그 맥락을 짚어나가야 합니다. 성경 기자로 하여금 그런 진술을 하게 하신 성령님의 의도를 파악하려면 본문의 문리적(文理的) 이해를 먼저 해야 합니다. 참된 믿음은 우리의 지성적인 노력을 무시하게 하지 않습니다. 도리어 하나님의 성령님의 주시는 계시의 정신과 총명으로 인하여 가중된 지성적 능력을 바르고 적극적으로 활용하게 합니다.

로마서 뿐 아니라 성경의 다른 모든 책들도 다 창조주 하나님의 완전하심과 그 주권의 정당성, 그리고 모든 피조물이 하나님의 명하심에 복종해야 할 절대적 당위성을 전제로 하고 있습니다. 그리고 피조물로서의 인간의 정당성 여부는 자신의 기준에 의한 것이 아니라 하나님께서 그 순종의 표준으로 제시한 진리의 말씀, 곧 '율법과 계명'에 의하여 판단된다는 것을 전제로 하고 있습니다. 그래서 로마서는 '진리대로 판단하시는 하나님의 의로우신 판단 아래 있는 인간의 실상'(롬 2:2,5-16 ; 사 59:4)을 먼저 논증합니다. 그 실상을 제대로 인식하지 않고는 그리스도 안에서 은혜로 구원하시는 하나님의 복음의 방식을 접근할 수 없습니다. 이와 관련하여 아담과 하와가 범죄로 인하여 에덴동산에서 추방됨과 동시에 '생명나무' 에 접근하지 못하게 하신 하나님의 행사가 생각납니다. "이같이 하나님 이 그 사람을 쫓아내시고 에덴동산 동쪽에 그룹들과 두루 도는 불 칼을 두어 생명 나무의 길을 지키게 하시니라."(창 3:24) '생명나무' 되시는 그리 스도께 나아가는 길은 자신이 '본질상 하나님의 진노의 자녀'임을 알고 하나님의 긍휼에 절대 의존하는 이들에게만 열립니다. 하나님의 긍휼은 하나님의 아들 그리스도 예수님과 그 행사입니다.

그러므로 하나님을 알며 아울러 하나님 앞에 자신을 알도록 하시는 성 령님의 역사(役事)는 종국적으로 '하나님의 아들 주 예수 그리스도와 그 행사'를 주목하게 하시어 믿어 구원에 이르게 하시는 것입니다. 사도 바 울이 빌립보서에서 무어라 하였습니까? "무엇이든지 내게 유익하던 것을 내가 그리스도를 위하여 다 해로 여길뿐더러 또한 모든 것을 해로 여김 은 내 주 그리스도를 아는 지식이 가장 고상하기 때문이라 내가 그를 위 하여 모든 것을 잃어버리고 배설물로 여김은 그리스도를 얻고 그 안에서 발견되려 함이니."(빌 3:7,8)

그렇게 말한 다음에 사도 바울은 바로 '내가 가진 의(義)'를 거론하고 있습니다. 그 말은 '내가 이룩한 의'라는 말이 아닙니다. '내가 하나님 앞 에 제출하려고 내놓을 의'를 말하는 것입니다. 그 '의'는 자기가 율법과 계 명을 지킴으로 인하여 쌓은 공력이 아닙니다. 그리스도를 알기 전에 그 런 '의'를 갖추려고 나름으로 무진 애를 쓰던 때가 있었습니다. 그래서 나름으로 "나는 율법의 의로는 흠이 없는 자라"고 자랑하던 때가 있었습니다(빌 3:6). 그러나 그런 의는 하나님의 엄정한 법정적 판단 앞에서는 오직 정죄의 대상에 불과함을 알게 되었습니다. 그래서 "무엇이든지 내게 유익하던 것을 그리스도를 위하여 해로 여긴다"고 한 것입니다. 사도 바울은 하나님 앞에 제출할 의는 오직 '믿음으로 말미암아 자기에게 전가된 그리스도의 의 밖에 없다'는 것을 알게 된 것입니다. "내가 가진 의는 율법에서 난 것이 아니요 오직 그리스도를 믿음으로 말미암은 것이니 곧 믿음으로 하나님께로부터 난 의라."(빌 3:9)

로마서는 바로 그런 이치를 조직적으로 설명하고 있습니다. 그래서 성령님의 인도하심을 받아서 로마서를 제대로 공부한 사람은 사도 바울같이 말하게 됩니다. 로마서를 바르게 공부하고 은혜를 받은 여부를 시험하는 시금석이 있다면 바로 그것입니다. 사도 바울이 빌립보서 3장에서 한 고백은 사도 바울에게만 독특한 것이 아니고 성령님으로 말미암아 거듭나서 영적인 눈을 떠서 '하나님의 나라'를 보게 된 자들이 보편적으로 공유하는 고백입니다. 그러니 로마서의 대 주제인 '믿음으로 말미암아 은혜로 값없이 의롭다 하심'의 교리는 단순한 이론이 아니라, 성령님의 기름 부으심을 따라 그리스도 안에서 하나님과 자신을 아는 살아있는 지식을 가진 구원하는 믿음을 가진 자의 영원한 자유의 대헌장(大憲章, Magna Chartar)입니다. 그 헌장의 의미를 마음으로 믿고 아는 자가 참 구원받은 그리스도인입니다. 우리가 로마서를 공부하려는 것도 바로 그 이치를 알고 그 영광의 자유에 이르게 하려 함입니다.

로마서의 구조는 크게 두 부분으로 나뉩니다. 첫 부분은 우리가 믿어야 할 복음의 교리요(1-8장), 그 나머지는 지상에서 그 교리에 합당하게 사는 전인적 믿음의 삶과 그와 연관되어 야기되는 문제들에 대한 믿음의 실천적 대응을 다룹니다. 복음은 우리로 하여금 지옥형벌을 면하게 하는 데서 멈추지 않습니다. 복음은 믿는 자들을 더 적극적으로 '그리스도를 본받은 하나님의 자녀, 곧 의의 거하는 바 새 하늘과 새 땅으로서의 하나님의 영원한 나라의 백성으로서의 신분적 품격적 자격을 갖추게' 하는데 그 궁극적 목적을 두고 있습니다. "복음은 모든 믿은 자들을 구원하시는 하나님의 능력이라."(롬 1:16)할 때의 '구원'이 그 내용을 함축합니다.

칼빈이 말한 것 같이 로마서를 통하여 주님께서 주시는 은혜는 로마서에 대하여 아무리 좋은 말을 많이 듣는다 해도 그 자체로는 모자랍니다. 믿음으로 말미암는 성령님의 기름 부으심을 따라 로마서의 본문 자체와 씨름하여 그것이 무엇인가를 제대로 배우고 확신한 일에 거할 때에, 로마서의 영광을 접하게 될 것입니다.

03

하나님의 복음과
사도의 지위

**1:1 예수 그리스도의 종 바울은 사도로 부르심을 받아 하나님의
복음을 위하여 택정함을 입었으니**

로마서는 바울 사도의 자작입니다. 그러니 로마서가 사도의 '말'임에
분명합니다. 그러면서도 우리는 로마서가 '하나님의 말씀'이라고 확신합
니다. 그러면 어떻게 '사람의 말이면서도 하나님의 말씀이라 할 수 있느
냐?'는 의문이 제기됩니다. 그 의문에 대한 정당한 답을 제시하지 않으면
'논리상 석연치 않은 점'을 남기게 됩니다. 그런 경우 로마서의 본문에 대
한 절대적 신뢰성과 확증성을 갖기가 어려울 수도 있을 것입니다.

그 문제는 어떤 방식으로 접근함으로 풀려질까요? 이 서신을 기록한

'사도 바울'이 하나님과의 관계, 또는 예수님과의 관계에서 어떤 지위인지에 집중하여 풀어야 합니다. 아울러 하나님께서 예로부터 백성들에게 말씀하실 때 통상적으로 어떤 방식을 쓰셨는지를 주목하는 것도 이 문제를 이해하는 데 결정적 도움을 줍니다.

성경 전체에 비추어 볼 때 하나님께서는 창세전에 백성들을 향한 뜻과 계획과 목적을 예정하셨습니다(엡 1:3-14). 창세 이후에는 그 정하신 목적과 뜻을 이루시는 하나님의 행사가 있어 왔습니다. 하나님께서는 그 속성과 성품에 있어서 절대적 완전성을 가지고 스스로 존재하시는 분이십니다. 사람은 자기의 뜻을 정하고 이루어 가는 도중에도 많이 변경합니다. 그것은 인간의 불완전성에서 기인하는 것입니다. 미리 정한 뜻을 시행하려고 하니 예측하지 못한 여러 변수가 발생하고, 자기 자신이나 관점이 달라져 '수정(修正)과 변경'이 불가피합니다. 일을 마치고도 곧잘 '후회'합니다. 그 일의 근원에서부터 잘못되었다는 생각을 가진 것이 발견되어 그만 크게 후회할 때도 있습니다. 또 뜻은 좋았으나 일을 처리해 나가는 과정 중의 여러 변수로 인하여 방해를 받아 마무리가 온전하지 못하여 아쉬워하기도 합니다. 그러나 하나님께는 그런 일이 있을 수 없습니다. 하나님의 '예정하신 뜻'과 '이루신 실제' 사이에 한 치의 오차도 없습니다. 그 경륜을 통하여 하나님의 이름의 영광을 드러내시는 것입니다. 하나님의 속성과 성품의 완전성을 과시하시는 것입니다. 그래서 모든 피조물들, 심지어 하나님을 대적하고 훼방하는 원수들도 그 하나님의 행사의 완전성을 보고 더 이상 트집을 잡지 못하고 입을 막고 잠잠할 수밖에 없게 됩니다. "주의 대적으로 말미암아 어린 아이들과 젖먹이들의 입으로 권능을 세우심이여 이는 원수들과 보복자들을 잠잠하게 하려 하심이니

이다."(시 8:2)

하나님께서는 그 정하신 뜻을 창세 이후 '일련의 여러 계시(啓示)의 형식'을 빌어 드러내기 시작하셨습니다. 히브리서 기자는 그 하나님의 일을 '말씀하신 일'로 표현합니다. "옛적에 선지자들을 통하여 여러 부분과 여러 모양으로 우리 조상들에게 말씀하신 하나님이…"(히 1:1) 히브리서 기자의 이 표현은 우리 식으로 그저 '말하였다'는 것만을 의미하지 않습니다. '그 정하신 뜻을 계시하시고 그 계시하신 뜻을 이루어 나가시는 하나님의 활동과 행사 전체'를 가리켜 '말씀하셨다'로 표현하고 있음에 분명합니다. 구약성경 시대에는 약속과 예언과 그 성취의 형식으로 '말씀하셨고,' 신약성경 이후 시대에는 어떻게 하셨습니까? "이 모든 날 마지막에는 '아들을 통하여 우리에게 말씀하셨으니' 이 아들을 만유의 상속자로 세우시고 또 그로 말미암아 모든 세계를 지으셨느니라."(히 1:2) 우리 주 예수 그리스도께서 "구약성경으로 하나님께서 말씀하신 대로" 모든 것을 성취하셨습니다. 히브리서 기자는 그 예수님의 행사를 가리켜 "하나님께서 아들을 통하여 말씀하셨다"고 표현합니다. 창세전에 아들 안에서 예정하신 뜻을 그 아들로 말미암아 이루신 것을 "하나님께서 말씀하셨다"로 표현하고 있다는 말입니다.

그러니 우리가 성경에서 '복음'을 '하나님의 말씀'이라고 하는 것이 무슨 의미인지 알게 되지요. "너희가 거듭난 것은 썩어질 씨로 된 것이 아니요 썩지 아니할 씨로 된 것이니 살아 있고 항상 있는 하나님의 말씀으로 되었느니라."(벧전 1:23) 베드로 사도가 그 말을 할 때, '하나님의 말씀'은 무엇을 대체하여 표현한 것입니까? '복음'입니다. "오직 주의 말씀은 세세토록 있도다 하였으니 너희에게 전한 복음이 곧 이 말씀이니라."(벧전 1:25)

사도 바울은 로마서 1:1에서 "예수 그리스도의 종 바울은 사도로 부르심을 받아 하나님의 복음을 위하여 택정함을 입었으니."라고 말하였습니다. 그리고 그 '하나님의 말씀'으로서의 '하나님의 복음'이 무엇인지를 2-4절에서 규정하고 있습니다. "이 복음은 하나님이 선지자들을 통하여 그의 아들에 관하여 성경에 미리 약속하신 것이라 그의 아들에 관하여 말하면 육신으로는 다윗의 혈통에서 나셨고 성결의 영으로는 죽은 자들 가운데서 부활하사 능력으로 하나님의 아들로 선포되셨으니 곧 우리 주 예수 그리스도시니라." 실로 이 대목은 성경전서 전체를 아우르는 진수임에 틀림없습니다. 사도는 '하나님의 복음'이 '성경에 계시된 대로 하나님의 아들 예수 그리스도와 그 행사에 관한 하나님의 행사의 체계'라는 사실을 선명하게 인지하고 있었습니다. 그는 지금 그런 의식을 가지고 이 로마서를 저작하였던 것입니다.

"1:1예수 그리스도의 종 바울은." 일반적인 입장에서 사도 바울은 예수님과 관련하여 자기 신분과 지위를 밝히고 있습니다. 예수 그리스도의 종(從)으로서 자신의 신분에 대한 철저한 의식으로 충일한 사람이었습니다. '종'이란 당시 '노예'였습니다. '종'은 자기 상전을 위함으로 자기 존재의 의미를 발견하는 사람이었습니다. 자기의 행복은 자기 자신에게서 비롯되지 않고 주인의 뜻에 철저하게 복종함으로 말미암았습니다. 그 말속에서 사도는 '자신의 생각이나 의견이나 관점이나 의식'을 완전하게 배제하고 오직 자신의 주님이신 "예수 그리스도의 증인"으로서 이 서신을 쓰고 있음을 알게 됩니다.

"사도로 부르심을 받아 하나님의 복음을 위하여 택정함을 입었으니."

'하나님의 복음과 사도직(使徒職, apostleship)의 관계'는 신약성경의 권위를 이해하는 데 절대적이고 결정적인 요소입니다. 그 이유는 신약성경이 '사도들이나 사도적 권위를 가진 인물들[2]'에 의하여 기록된 문서이기 때문입니다. 이를 알아보는 것이 매우 중요합니다. 이를 위하여 '하나님 말씀'으로서의 구약성경의 '절대적 권위'에 대한 이해가 선행되어야 합니다.

일련의 '구약의 계시들(말씀들)'은 하나님의 주권으로 모세와 선지자들에게 주어지고 백성들에게 증언되었습니다. 그리고 모세와 선지자들이 하나님의 지시로 그 증언한 바와 같은 내용을 기록하였습니다(출 34:27 ; 신 27:3 ; 렘 22:30 ; 36:21). 그 '기록하는 일'을 하나님의 성령께서 주관하셨습니다. "먼저 알 것은 성경의 모든 예언은 사사로이 풀 것이 아니니 예언은 언제든지 사람의 뜻으로 낸 것이 아니요 오직 성령의 감동하심을 받은 사람들이 하나님께 받아 말한 것임이라."(벤후 1:20,21) 그래서 구약성경이 '정확하고 오류가 없는 하나님의 말씀'으로서의 권위를 가지게 된 것입니다. 모세 5경이 모세의 저작이지만 그 '하나님의 말씀'으로서의 권위를 가지고 있습니다. 예수님께서도 늘 그 성경의 권위에 입각하여 자신의 구주 되심을 증거하셨습니다. "너희가 성경에서 영생을 얻는 줄 생각하고 성경을 연구하거니와 이 성경이 곧 내게 대하여 증언하는 것이니라."(요 5:39)

---

2) '사도적 권위'란 사도는 아니나 복음과 관련하여, 또는 성경의 저작과 관련하여 '사도의 권위'에 준하는 이들을 가리키는 말이다. 예를 들어서 '마가복음'의 기자 '마가'나 '누가복음'의 기자 '누가'는 사도는 아니었다. 그러나 하나님께서는 그들로 하여금 기록된 말씀으로서의 정경의 기록자들로 세우셨다. 그들의 저작의 내용과 자료들이 전부 다 그들 자신들이 마음대로 고른 것이 아니라 사도들의 지도 아래 성령님의 간섭을 받아 나온 것들로 여겨야 한다. 누가복음의 기자인 누가는 사도 바울과 함께 전도여행을 동행하며 복음을 위한 동역자로 일하였다. 사도행전도 누가가 썼는데 거기에 '우리 대목(we section)'이라고 불리는 대목이 있다. 사도행전 16:10 이후에 사도 바울의 전도여행을 기술하는 대목에서 계속 '우리'라고 일컫는 대목이 나온다. 물론 거기서 말하는 '우리'는 사도행전의 기자인 누가를 포함하여 사도 바울 일행을 가리키는 말이다. 마가복음의 기자 마가도 '사도들'과의 교제에서 떠난 적이 없던 사람이었다. 그는 예수님 잡히시던 밤에 최후의 만찬을 마가의 다락방에서 가지셨고, 예수님 승천 뒤 바로 그 마가의 다락방에서 사도들을 포함한 120명 가량의 무리가 모여 전심으로 기도하며 기다리다가 오순절 성령 강림을 맞는다. 그 후 마가는 사도들의 행전 속에 등장하기도 한다(행 13:13 ; 15:39). 이로 보건대 그가 복음과 관련하여 사도들과의 교제를 떠나서 단독적으로 행사한 적이 없었다.

예수님께서 제자들을 가르치시고 깨우치실 때에 항상 구약성경을 풀어 주셨습니다. 부활하신 예수님께서 그 죽으심을 목격하고 낙담하며 엠마오로 가던 두 제자를 다루시는 예수님의 방식을 보십시오. 그 방식은 3년 여 간 공생애 기간 중에 어떤 방식으로 그들을 교육하셨는지를 보여주는 실증입니다. "미련하고 선지자들이 말한 모든 것을 마음에 더디 믿는 자들이여 그리스도가 이런 고난을 받고 자기의 영광에 들어가야 할 것이 아니냐 하시고 이에 모세와 모든 선지자의 글로 시작하여 모든 성경에 쓴 바 자기에 관한 것을 자세히 설명하시니라."(눅 24:25-27)

그 후 다시 제자들에게 하신 말씀은 예수님께서 제자들을 가르치신 일반적인 방식이 무엇인가를 보여줍니다. "또 이르시되 내가 너희와 함께 있을 때에 너희에게 말한 바 곧 모세의 율법과 선지자의 글과 시편에 나를 가리켜 기록된 모든 것이 이루어져야 하리라 한 말이 이것이라 하시고 이에 그들의 마음을 열어 성경을 깨닫게 하시고 또 이르시되 이같이 그리스도가 고난을 받고 제 삼일에 죽은 자 가운데서 살아날 것과 또 그의 이름으로 죄 사함을 받게 하는 회개가 예루살렘에서 시작하여 모든 족속에게 전파될 것이 기록되었으니 너희는 이 모든 일의 증인이라."(눅 24:44-48) 물론 예수님께서는 그 행적 속에서 표적과 기사(奇事)와 권능을 통하여 당신 자신이 구약성경이 약속하는 메시야(그리스도) 되심과 하나님 아들 되심을 보여주셨습니다. 그런데 예수님께서는 그런 당신의 행적 전체가 '하나님의 말씀'으로서의 '구약성경'의 예언과 약속의 성취임을 항상 강조하셨습니다. "내가 너희를 다 가리켜 말하는 것이 아니라 내가 나의 택한 자들이 누구인지 앎이라 그러나 내 떡을 먹는 자가 내게 발꿈치를 들었다 한 성경을 응하게 하려는 것이니라 내가 저희와 함께 있을 때에 내게 주신 아버지의 이름으로 저희를 보전하와 지키었나이다 그 중에 하나도 멸망치 않고 오직 멸망의 자식뿐이오니 이는 성경을 응하게 함이니이다 이 일이 이룬 것은 그 뼈가 하나도 꺾이우지 아니하리라 한 성경을 응하게 하려 함이라."(요 13:18, 17:12, 19:36)

그러나 제자들(사도들)은 예수님의 공생애 기간 중의 모든 행사와 죽으심과 부활하심과 승천하신 일련의 사건들을 구약성경에 비추어 풀어 증거할 능력을 언제 받은 것입니까? 바로 '오순절 성령 강림'으로 그들이 다 성령 충만을 입고 나서 '그리스도와 그 행사들'을 바르게 인식하고 그 '진리의 실상'을 바르게 증거할 능력을 갖추게 됩니다. 다른 말로 해서 '사도들이 그리스도의 증인'의 자격을 갖추게 된 것입니다. 그 말은 '사도들이 하나님의 복음을 오류 없이 적확하게 증거할 능력을 갖추게 된' 셈입니다.

그들 사도들은 그리스도의 죽으심과 부활의 증인으로서 '복음의 객관적 사실과 그 사실에 대한 정당한 이해'를 가지고 사람들에게 나아가 '기탄없이 담대하게' 그리스도를 증언할 수 있었습니다. 그래서 사도들은 예수님의 일들을 구약성경, 모세와 선지자들의 글들을 풀어 증거할 수 있게 된 것입니다. 사도행전은 줄곧 그런 사도들의 능력과 권위를 보여주고 있습니다. 성령께서 오순절에 강림하신 후 베드로가 열한 사도와 함께 자기들에게 일어난 일을 기이하게 여기는 각국에서 온 경건한 이들에게 설교합니다. 그런데 베드로는 오순절의 성령 강림과 예수님의 일을 구약성경의 기록으로 예증하고 논증합니다. "베드로가 열한 사도와 함께 서서 소리를 높여 이르되 유대인들과 예루살렘에 사는 모든 사람들아 이 일을 너희로 알게 할 것이니 내 말에 귀를 기울이라 때가 제 삼 시니 너희 생각과 같이 이 사람들이 취한 것이 아니라 이는 곧 선지자 요엘을 통하여 말씀하신 것이니 일렀으되."(행 2:14-16) 베드로 사도는 예수님께서 구약에 예언된 바로 그 그리스도이심을 증언합니다. "이스라엘 사람들아 이 말을 들으라 너희도 아는 바와 같이 하나님께서 나사렛 예수로 큰 권능과 기사와 표적을 너희 가운데서 베푸사 너희 앞에서 그를 증언하셨느니라 그가 하나님께서 정하신 뜻과 미리 아신 대로 내준 바 되었거늘 너희가 법 없는 자들의 손을 빌려 못 박아 죽였으나 하나님께서 그를 사망의 고통에서 풀어 살리셨으니 이는 그가 사망에 매여 있을 수 없었음이라 다윗이 그를 가리켜 이르되 내가 항상 내 앞에 계신 주를 뵈었음이여 나로 요동하지 않게 하기 위하여 그가 내 우편에 계시도다 그러므로 내 마음이 기뻐하였고 내 혀도 즐거워하였으며 육체도 희망에 거하리니 이는 내 영혼을 음부에 버리지 아니하시며 주의 거룩한 자로 썩음을 당하지 않게 하실 것임이로다."(행 2:22-27)

사도 바울의 사도권은 초대교회에 논란거리가 되기도 하였습니다. 바울이 공생애 기간 중에 다른 사도들처럼 예수님과 같이 있지 않았다는 점을 들어 그의 사도권을 의심하는 이들이 있었습니다. 그래서 사도 바울은 자신을 위해서가 아니라 자기에게서 복음을 받은 자들을 미혹하여 자기들을 따르게 하려는 거짓 사도들의 간계를 대항하여 자기의 사도권을 변증하기도 했습니다. 고린도교회 내에서 사도 바울의 사도권을 문제 삼는 이들이 있었습니다. 그래서 그는 자기의 사도권을 간접적으로 변증합니다. "우리가 다시 자천하기를 시작하겠느냐 우리가 어찌 어떤 사람처럼 추천서를 너희에게 부치거나 혹은 너희에게 받거나 할 필요가 있느냐 너희는 우리의 편지라 우리 마음에 썼고 뭇 사람이 알고 읽는 바라 너희는 우리로 말미암아 나타난 그리스도의 편지니 이는 먹으로 쓴 것이 아니요 오직 살아 계신 하나님의 영으로 쓴 것이며 또 돌 판에 쓴 것이 아니요 오직 육의 마음 판에 쓴 것이라 우리가 그리스도로 말미암아 하나님을 향하여 이 같은 확신이 있으니 우리가 무슨 일이든지 우리에게서 난 것 같이 생각하여 스스로 만족할 것이 아니니 우리의 만족은 오직 하나님께로부터 나느니라."(고후 3:1-5)

갈라디아교회에 가만히 들어온 거짓 선생들이 '사도 바울이 전한 복음'과 '다른 복음'을 전하면서 바울의 사도권을 의심하게 하면서 성도들을 유혹했음은 자명합니다. 그래서 바울은 갈라디아서를 통하여 자기의 사도권을 강력하게 방호하고 나섰습니다. 그래서 사도 바울은 "우리나 혹 하늘로부터 온 천사라도 우리가 너희에게 전한 복음 외에 다른 복음을 전하면 저주를 받을지어다."(갈 1:8)라고 합니다. 그리고 자기가 증거하는 복음의 출처를 말합니다. "형제들아 내가 너희에게 알게 하노니 내가 전한 복음은 사람의 뜻을 따라 된 것이 아니니라 이는 내가 사람에게서 받은 것도 아니요 배운 것도 아니요 오직 예수 그리스도의 계시로 말미암은 것이라."(갈 1:10,11) 그리고 자기가 복음을 이해하는데 부족을 메우기 위하여 먼저 사도된 베드로나 요한이나 야고보의 도움을 요청한 일도 없음을 진술합니다. "그러나 내 어머니의 태로부터 나를 택정하시고 그의 은혜로 나를 부르신 이가 그의 아들을 이방에 전하기 위하여 그를 내 속에 나타내시기를 기뻐하셨을 때에 내가 곧 혈육과 의논하지 아니하고 또 나보다 먼저 사도 된 자들을 만나려고 예루살렘으로 가지 아니하고 오직 아라비아로 갔다가 다시 다메섹으로 돌아갔노라 그 후 삼 년 만에 내가 게바를 방문하려고 예루살렘에 올라가서 그와 함께 십오 일을 머무는

동안 주의 형제 야고보 외에 다른 사도들을 보지 못하였노라."(갈 1:15-
19) 바울이 베드로를 만난 것은 사도의 직무를 감당하기 전이 아니라 감
당하던 중이었습니다. 그 점은 자기의 사도됨을 위하여 베드로와 다른
사도들의 도움이나 보충을 전혀 받지 않았다는 의미입니다.

그러니 그의 사도됨은 오직 주 예수 그리스도로 말미암은 것입니다. 그
는 예수님의 부활의 증인으로서 그리스도께 직접 받은 계시로 가르침을
받았습니다.

그래서 사도 바울은 자기가 증언하는 '복음'이 '하나님의 복음'(롬 1:1),
'아들의 복음'(롬 1:9)임을 확증합니다. 심지어 복음을 '내 복음'(롬 1:16)이
라고까지 표현하였습니다. 그 표현은 자기가 전한 복음이 '참된 하나님
의 복음'임을 확언한 것입니다. 그만큼 바울의 사도로서의 권위는 정당한
것이었습니다. 그는 '하나님의 항상 있는 말씀인 복음'의 원형을 증거하
는 사도의 직무를 감당하였습니다. "사람들에게서 난 것도 아니요 사람
으로 말미암은 것도 아니요 오직 예수 그리스도와 그를 죽은 자 가운데
서 살리신 하나님 아버지로 말미암아 사도 된 바울은…"(갈 1:1)

사도 바울은 다른 사도들과 동일하게 그리스도로부터 직접 복음을 받
았고 성령님의 기름 부으심으로 말미암아 배운 '복음의 은혜와 진리에 대
한 절대적인 완벽한 이해'를 가지고 있었습니다.

그러므로 그가 '하나님의 복음'에 대하여 말하는 것은 '하나님과 주 예
수 그리스도의 입'에서 나오는 것과 동일한 권위를 가진 셈입니다. 그래
서 '로마교회에 보낸 복음 편지인 로마서'가 '살아계시는 하나님의 말씀'
입니다. 로마서의 진술은 사도 바울 속에서 역사하시는 그리스도의 영이
신 성령님의 감동으로 나온 '복음, 하나님의 살아있는 말씀'입니다.

물론 바울 자신은 인간이기에 우리와 성정이 같고 동일한 연약과 허물을 가진 사람입니다. 그러나 '복음에 관하여 그가 말한 것은 하나님의 정확하고 오류가 없는 말씀'입니다. 그 자신이 그런 의식을 가지고 복음을 증거하였습니다. "이러므로 우리가 하나님께 끊임없이 감사함은 너희가 우리에게 들은 바 하나님의 말씀을 받을 때에 사람의 말로 받지 아니하고 하나님의 말씀으로 받음이니 진실로 그러하도다 이 말씀이 또한 너희 믿는 자 가운데에서 역사하느니라."(살전 2:13)

그와 같이 우리는 로마서를 읽고 듣고 강론할 때 '하나님의 말씀'을 듣고 있는 셈입니다. 마치 지금 내가 '하나님의 입'에서 나오는 말씀을 듣고 있다고 알고 들어야 한다는 말입니다. 물론 이 요점은 성경의 66권 모든 책들에게도 동일하게 적용됩니다. 그래서 사도 바울은 에베소교회에 보낸 서신에서 말하였습니다. "너희는 사도들과 선지자들의 터 위에 세우심을 입은 자라 그리스도 예수께서 친히 모퉁잇돌이 되셨느니라."(엡 2:20)

'성경의 영감(靈感)과 권위'와 관련하여 개혁주의를 자처하는 일부 신학자들 사이에서 '하나님의 계시가 성경으로 완결되었다'는 것을 거부하는 듯한 논리를 펴고 있는 것은 심히 유감입니다. 물론 하나님의 주권적인 섭리 속에서 우리의 이성이나 지각을 뛰어넘는 '신비로운 일'이 허락되기도 한다는 말은 일리가 있습니다. 그러나 그런 것을 가지고 마치 '성경의 권위'와 같은 계시가 내리고 '신적 음성이나 신현(神顯, theophany)이나 꿈을 통한 계시'가 아직도 주어지고 있다고 하는 식의 논리는 교회를 '뜨겁게 하는 것'이 아니라 '혼란'에 빠지게 하는 위험한 발상입니다. 그것은 더 크게 '믿음과 행위의 유일의 법칙'으로서의 '성경의 절대권위'를 무너지게 하는 일입니다. 물론 구약시대나 신약시대나 '하나님의 복음과 연관된 계시의 수령자들이요 증거자들이요 기록자들인 모세와 선지자들과 사도들이 계시의 방편으로써 그런 신비로운 체험을 한 것'은 부인하지 말아야 합니다. 성경에 기록되어 있기 때문입니다. 그러나 그런 일은 '성경이 완결된 후'에는 끝이 났다고 보는 것이 옳습니다. 성경에 기록된 모세나 선지자들이나 사도들의 '신비 체험'이 반복될 수 있음을 보여주는 '사례(事例) 모델'이 아닙니다. 다만 그런 일은 하나님의 주권대로 모세와 선지자들과 사도들의 증거가 그들에게서 난 것이 아니라 하나님으로부터 온 것임을 보여주는 '표적(sign)'의 가치를 지닌 것입니다. 그러니 우리가 바라고 주목해야 할 것이 무엇입니까? '성경에 기록된 대로 모세와 선지자들과 사도가 증거한 교훈의 본(form of doctrine)인 복음의 이치'를 주목해야 합니다. "하나님께 감사하리로다 너희가 본래 죄의 종이더니 너희에게 전하여 준 바 교훈의 본을 마음으로 순종하여 죄로부터 해방되어 의에게 종이 되었느니라."(롬 6:17,18)

로마서는 '하나님의 말씀으로서의 복음의 이치'를 조직적이고 체계적으로 정리해 놓은 모든 성경의 열쇠입니다. 로마서는 바울 사도의 말이요 저작이면서 궁극적으로 '살아계시는 하나님의 항상 있는 말씀'입니다. 교회사 내내 그리고 지금과 앞으로도 로마서의 말씀으로 당신의 백성들을 구원하시되, 낳으시고 기르시고 먹이시는 성삼위 하나님께 모든 영광을 돌려 드리나이다.

"예수 그리스도의 종 바울은 사도로 부르심을 받아 하나님의 복음을 위하여 택정함을 입었으니 이 복음은 하나님이 선지자들을 통하여 그의 아들에 관하여 성경에 미리 약속하신 것이라 그의 아들에 관하여 말하면 육신으로는 다윗의 혈통에서 나셨고 성결의 영으로는 죽은 자들 가운데서 부활하사 능력으로 하나님의 아들로 선포되셨으니 곧 우리 주 예수 그리스도시니라. "(롬 1:14) 아멘.

04

구약성경과
하나님의 복음

1:2 이 복음은 하나님이 선지자들을 통하여 그의 아들에 관하여 성경에 미리 약속하신 것이라
1:3 그의 아들에 관하여 말하면 육신으로는 다윗의 혈통에서 나셨고
1:4 성결의 영으로는 죽은 자들 가운데서 부활하사 능력으로 하나님의 아들로 선포되셨으니 곧 우리 주 예수 그리스도시니라

사도 바울의 다른 서신들과 로마서의 차이 중 하나는 편지 서두를 시작하는 방식입니다. 다른 서신들은 이미 그리스도 안에서 사도 바울과 직, 간접적인 교류와 교제가 있었던 교회들에 보낸 것들입니다. 그래서 바울의 다른 서신들마다 거의 다 발신자와 수신자를 밝히고 그리스도

안에서 문안 인사를 합니다. "하나님의 뜻으로 말미암아 그리스도 예수의 사도 된 바울은 에베소에 있는 성도들과 그리스도 예수 안에 있는 신실한 자들에게 편지하노니 하나님 우리 아버지와 주 예수 그리스도로부터 은혜와 평강이 너희에게 있을지어다."(엡 1:1) 그러나 로마서에서는 그 서두를 '복음을 위하여 택정함을 입은 사도로서의 자기 신분의 정체성'을 확인시키려 하듯 자기가 증언하는 '복음'을 제시합니다. 그리하여 이전에 직, 간접적으로 어느 방면에서도 교제가 없던 사도와 로마교회 성도들 간의 교제의 접촉점을 '하나님의 복음' 안에서 찾고 있습니다. 그로 인하여 그 이후 로마서를 읽는 모든 하나님의 사람들은 서두에서부터 '하나님의 복음'에 집중하게 되었습니다.

사도 바울이 로마교회를 사모하여 여러 번 가고자 한 것도 오직 그 '하나님의 복음' 때문이었습니다. 성령 충만한 사도 바울의 마음을 꽉 채우고 있던 것도 '하나님의 복음'이었습니다. 이 로마서를 쓰게 한 동기도 '하나님의 복음'이었습니다. 그리고 로마서의 내용 자체가 '하나님의 복음'입니다. 그래서 로마서는 하나님의 사랑하심을 받고 '하나님의 복음'의 은택과 능력과 영광에 대해 열심 있는 자에게는 성령님의 기름 부으심으로 인하여 그 큰 하나님의 구원의 기쁨을 맛보는 거룩한 통로입니다.

"1:2이 복음은 하나님이 선지자들을 통하여 그의 아들에 관하여 성경에 미리 약속하신 것이라." '사도의 복음(사도가 증거한 하나님의 복음)'은 한마디로 말하자면 "하나님의 아들에 관한 것"입니다. '아들에 관한 언약(약속)과 예언, 그리고 그 약속과 예언의 성취를 위한 예수님의 모든 행사에 관한 진리 체계'가 바로 '사도가 증거한 하나님의 복음'입니다. 그래서 사도는 그 복음을 '하나님의 복음'이라고 하고 '아들의 복음'(롬 1:9)이라고도 합니다.

필자가 이 부분을 강론할 때 마다 일종의 강조학습법의 일환으로 일부러 성도들이나 학생들에게 '구약성경은 복음이냐, 율법이냐?'고 물어 봅니다. 그러면 거의 대부분이 '구약은 율법이요, 신약은 복음이라'는 식으로 대답합니다. 그런 대답 속에는 흔히 '구약의 하나님은 엄격하신 하나님이시고 신약의 예수님은 인자하시고 부드러운 분이시다.'는 의식이 은연중에 깔려 있습니다. 그것은 심각한 오해입니다. 복음의 기원은 신약이 아니라 구약성경입니다. 그 말은 복음의 기원과 출처는 예수님이 아니라 예수님을 보내신 하나님 아버지시라는 말입니다. 복음의 '주도권(主導權, initiative)'을 쥐고 계시는 분이 '예수님'이 아니고 '하나님'이십니다. 그렇다고 성삼위(聖三位)의 각위 간에 차등이 있다는 말은 아니고 성경에 계시된 삼위간의 경륜적(經綸的) 질서의 차원에서 그러하다는 말입니다.

이런 말을 하면 독자들 중에서 대번에 '마가복음 1장 1절의 진술은 어떻게 이해해야 하느냐?'는 의문을 제기할 법합니다. 거기서 "하나님의 아들 예수 그리스도의 복음의 시작이라."라고 하였기 때문입니다. 여기서 '복음의 시작'은 '예수님으로부터 복음이 시작됨'을 표현하는 것으로 이해하지 말아야 합니다. 문맥에 비추어 '복음의 시작'이란 표현은 이렇게 이해해야 마땅합니다. '하나님의 아들 예수 그리스도에 관한 복음을 말하려면 먼저 그분의 선구자 세례요한으로부터 시작해야 한다.' 그래서 바로 마가는 이사야의 글을 인용하여 예수 그리스도의 선구자 세례요한의 지위와 그 사역을 소개합니다. "선지자 이사야의 글에 보라 내가 내 사자를 네 앞에 보내노니 그가 네 길을 준비하리라."(막 1:2) 칼빈은 이 대목을 주석하면서 이렇게 말하였습니다. "마가가 '복음의 시작'을 세례요한의 설교로 보는 것은 의미 없지 않다. 왜냐하면 '율법과 선지자들'의 끝이 왔기 때문이다. '율법과 선지자는 요한의 때까지요 그 후부터는 하나님 나라의 복음이 전파되어 사람마다 그리로 침입하느니라.'(눅 16:16)" 그러면 칼빈의 이 이해가 '예수 그리스도의 복음'이 '구약시대의 종말과 함께 시작되었음'을 지적한 것입니까? 아닙니다. 신약의 복음은 구약성경과의 '절연 (絶緣)'을 의미하지 않습니다. 도리어 구약성경의 약속대로 드디어 하나님의 아들 그리스도께서 오심으로 '복음의 새 시대'가 열렸음을 의미합니다. 우리가 앞선 강론에서 지적하였듯이, 예수님께서는 항상 자신의 구주되심을 증거하시되, 구약성경의 약속과 예언의 성취자로서의 자신을 증거하셨습니다. 예수님께서 행하신 각종 표적과 기사들과 가르치심, 더 나아가 십자가상의 죽으심과 부활 등 일련의 모든 일들의 의미를 항상 구약성경의 약속과 예언에 근거하여 제시하셨습니다(눅 24:25-27, 44-49). 예수님께서는 '모세와 선지자들의 글'인 구약성경을 '아버지의 말씀'으로 받으셨습니다. 요한복음 17장에 기록된 예수님의 대제사장적인 기도에서 "그들을 진리로 거룩하게 하옵소서 아버지의 말씀은 진리니이다"(요 17:17)라고 기도하셨습니다. 예수님 말씀하신 '아버지의 말씀'이 결국 '구약성경'을 배제하고는 이해되지 못합니다. 그래서 부활하신 후 승천하실 기약이 가까웠을 때 제자들에게 구약에 약속된 아버지의 말씀을 가리키며 말씀하셨습니다. "볼지어다 내가 내 아버지께서 약속하신 것을 너희에게 보내리니 너희는 위로부터 능력으로 입혀질 때까지 이 성에 머물라 하시니라."(눅 24:49)

그러므로 구약성경은 '율법'을 담고는 있으나 여전히 그 핵심은 '하나님의 복음'입니다. 아니 '모세의 율법' 속에 '복음'이 내재되어 있고, '복음의 절대적 필요'를 확증하는 것이 율법입니다. 그런 차원에서 사도 바울은 갈라디아서에서 '율법과 복음의 내용이신 그리스도와의 관계'를 명시하고 있습니다. "이같이 율법이 우리를 그리스도에게로 인도하는 몽학선생[3] 이 되어 우리로 하여금 믿음으로 말미암아 의롭다 함을 얻게 하려 함이니라."(갈 3:24 - 개역한글)

"1:3그의 아들에 관하여 말하면 육신으로는 다윗의 혈통에서 나셨고." 복음은 구약성경의 약속대로 오시어 그 약속을 성취하신 하나님의 아들 예수 그리스도에 관한 것입니다. 나사렛 예수님께서 구약대로 오신 그리스도시라면 가장 우선적으로 그가 '다윗의 혈통'에서 나셔야 합니다. 왜냐하면 구약성경의 맥락은 자기 백성을 구원하시려는 하나님의 뜻과 그 행사의 줄기, 곧 구속사(救贖史, history of redemption)의 줄기이며, 그 줄기의 중심은 '아브라함과 다윗의 자손'으로 오실 그리스도이기 때문입니다. 그래서 유대인들에게 예수님의 하나님의 아들 되심과 이스라엘의 참 임금이심을 강조하기 위해서 저작된 마태복음 1장 1절에서 무어라 하였습니까? "아브라함과 다윗의 자손 예수 그리스도의 계보(系譜)라." 이어 '아브라함'으로 시작하여 예수님까지 이르는 혈통적 계보를 소개합니다.

물론 예수님의 육신적 혈통은 일반인의 육신적 혈통의 개념과는 차이가 있습니다. 그분은 일반인과 달리 성령님으로 말미암아 동정녀 마리아에게서 나셨습니다. 그 일은 예수님께서 구주로서의 자격(資格)을 가지심에

---

3) 개역개정에서는 '초등교사'로 번역하였으나 이전 번역어 '몽학(蒙學)선생'이 더 나아 보인다. 언뜻 하면 개정역은 '초등학교 교사'를 연상하게 한다. '몽학'이란 공적인 교육기관에 가기 전의 아주 어린 아이들을 교육하는 것을 의미하니 '몽학선생'이라고 하는 것이 나아 보인다. 그 단어가 요즘 일반적으로 쓰이지 않기에 어려워 보이는 것은 사실이다. 그러나 '초등교사'라고 하는 것 보다는 원어에 더 가까워 보인다.

있어서 매우 중요한 요점입니다. 만일 예수님께서 다른 이들과 같이 일반적인 출생법으로 나셨다면 '아담의 후손'이 되어 원죄(原罪)에서 자유하지 못하셨습니다(롬 5:12). 로마 가톨릭은 예수님의 구주로서 원죄가 없으신 것을 '동정녀 마리아'의 무흠(無欠)에서 찾으려 합니다. 그러자니 마리아를 '원죄 없으신 동정녀 마리아'로 높이게 되었습니다. 성모무염시태(聖母無染始胎, Immaculate Conception) 교리를 만들어 신도들로 하여금 믿게 하였습니다. '성모 마리아는 태어나실 때부터 원죄가 없었고 죄를 지은 적이 한 번도 없기에 완전하게 정결하신 분이시다. 그러기에 그녀가 잉태하고 낳은 예수도 원죄가 없다.' 성경의 진수와 같은 원죄의 교리에 비추어 볼 때 그런 주장은 여간 억지가 아닙니다.

우리는 예수님의 원죄 없으심을 마리아의 무죄성에서 찾지 않아야 합니다. 오직 예수님의 잉태의 방식, 곧 일반적으로 남녀의 결혼방식에서가 아니라 성령님으로 말미암았다는 데서 찾아야 합니다. 예수님은 '아담의 후손'으로 오신 것이 아니라 약속대로 '여자의 후손'으로 오신 것입니다. "내가 너로 여자와 원수가 되게 하고 네 후손도 여자의 후손과 원수가 되게 하리니 여자의 후손은 네 머리를 상하게 할 것이요 너는 그의 발꿈치를 상하게 할 것이니라."(창 3:15)

"아브라함과 다윗의 자손 예수 그리스도"(마 1:1)라는 표현은 구속사(救贖史)의 경륜에 입각한 표현입니다. "육신으로는 다윗의 혈통에서 나셨고"라는 표현은 '육신을 입은 참 사람으로 오시되 다윗의 혈통을 통해서 오신 분'이라는 의미입니다. 그것이 구약의 예언 속에서 줄기차게 강조되었습니다. "아브라함과 다윗의 자손"이란 표현을 단순하게 '아브라함의 몇 대손이고 다윗의 몇 대손'이라는 식으로 이해하지 않아야 할 이유가 거기에 있습니다. 이와 관련하여 요한복음 8장 56-58절에 기록된 유대인들과 예수님의 쟁론을 참조하면 좋을 것입니다. 예수님께서 그들에게 말씀하셨습니다. "너희 조상 아브라함은 나의 때 볼 것을 즐거워하다가 보고 기뻐하였느니라." 그 말을 들은 유대인들이 분이 나서 다그쳐 물었습니다. "네가 아직 오십 세도 못되었는데 아브라함을 보았느냐." 그에 대하여 예수님은 아주 단호하게 말씀하셨습니다. "진실로 진실로 너희에게 이르노니 아브라함이 나기 전부터 내가 있느니라." 예수님을 단순하게 요셉과 마리아 사이에서 난 아들로 여기는 자들은 예수님의 그 말씀을 참아내지 못하고 "돌을 들어 치려" 하였습니다. 오늘도 예수님을 훌륭하고 탁월한 선각자나 선생 이상으로 믿지 않는 이들에게는 성경에 기록된 예수님의 말씀을 끝까지 참아내지 못합니다.

이와 같이 사도가 증거하는 복음은 '그리스도시오 살아계신 하나님의 아들'에 대한 구약의 약속과 그 약속의 성취의 구도 속에 있습니다. 우리가 지난 강론에서 알아본 것 같이 사도들은 그 점을 복음의 절대적 진수로 여겨서 '구약성경을 풀어 예수 그리스도의 복음'을 증거하는 일에 철저하였습니다. "바울이 자기의 관례대로 그들에게로 들어가서 세 안식일에 성경을 가지고 강론하며 뜻을 풀어 그리스도가 해를 받고 죽은 자 가운데서 다시 살아나야 할 것을 증언하고 이르되 내가 너희에게 전하는 이 예수가 곧 그리스도라 하니."(행 17:2,3) "어려서부터 성경을 알았나니 성경은 능히 너로 하여금 그리스도 예수 안에 있는 믿음으로 말미암아 구원에 이르는 지혜가 있게 하느니라."(딤후 3:15) 물론 앞의 인용구들에서의 '성경'은 구약성경이었습니다. 구약성경과 신약성경, 성경전서는 '하나님의 아들 예수 그리스도에 관한 하나님의 복음의 한 진리 체계'입니다.

05

하나님의 아들로 선포되신
예수님

1:2 이 복음은 하나님이 선지자들을 통하여 그의 아들에 관하여 성
경에 미리 약속하신 것이라
1:3 그의 아들에 관하여 말하면 육신으로는 다윗의 혈통에서 나셨고
1:4 성결의 영으로는 죽은 자들 가운데서 부활하사 능력으로 하나
님의 아들로 선포되셨으니 곧 우리 주 예수 그리스도시니라

복음의 주체(主體)는 하나님이십니다. "이 복음은 모든 믿는 자에게 구
원을 주시는 하나님의 능력이 됨이라 첫째는 유대인에게요 또한 헬라인에
게로다."(롬 1:16) 그리고 복음의 내용은 '하나님의 아들 우리 주 예수 그
리스도와 그 하신 일'입니다. 다시 말하건대, 성경에 기록된 바대로 '하나

님의 아들에 관한 것'이 바로 복음입니다. 그리고 성령께서 그 복음을 믿게 하심으로 그 믿음을 통하여 그 능력과 은택을 적용하여 각 사람에게 나눠주십니다.

　"**1:3그의 아들에 관하여 말하면 육신으로는 다윗의 혈통에서 나셨고.**" 사도는 예수님의 참 사람 되심을 표현하기 위하여 "육신으로는 다윗의 혈통에서 나셨다"고 말합니다. 예수님은 죄는 없으시나 연약한 낮은 몸을 취하셨습니다. "자기를 비워 종의 형체를 가지시어 사람들과 같이" 되셨습니다. 그런데 "다윗의 혈통"에서 나셨습니다. 구속사(救贖史)의 줄기는 바로 '아브라함과 이삭과 야곱과 유다와 다윗과 예수님'으로 이어지는 혈통으로 달려왔습니다. 마태복음 1장의 계보는 바로 그런 구속사의 줄기를 말합니다. "아브라함과 다윗의 자손 예수 그리스도의 계보라." 그런 혈통적 줄기에서 구속사가 진행되었고, 예수님의 성육신(成肉身)의 대업이 이루어졌습니다. 우리 주 예수님께서는 대속주(代贖主)로서 "자기를 낮추시고 죽기까지 (아버지께) 복종하셨으니 곧 십자가에 죽으심이라."(빌 2:7,8) 예수님의 죽으심은 그의 인성(人性)을 여지없이 보여주는 일이었습니다. 그래서 사도가 앞에서 말한 바 "하나님의 아들에 관하여 성경에 미리 약속된" 대로 되었습니다.

　"**1:4성결의 영으로는.**" 이 표현은 예수님의 신성(神性)을 지시하는 성경의 독특한 표현입니다. 예수님은 분명 '육신'을 입은 사람이셨지만, 그 정체는 단순한 사람이 아니시고 '성결의 영이신 하나님의 본체(本體)'이십니다. 아무도 그 점을 부인하거나 의심하지 못하게 할 결정적인 표적은 무엇입니까?

　"**죽은 자들 가운데서 부활하사 능력으로 하나님의 아들로 선포되**

셨으니 곧 우리 주 예수 그리스도시니라." 우리 주님께서는 공생애 기간 중에 당신 자신이 그리스도이심을 주장하는 증거로서의 표적을 요구하는 사람들에게 말씀하셨습니다. "악하고 음란한 세대가 표적을 구하나 요나의 표적밖에는 보여 줄 표적이 없느니라 하시고 저희를 떠나가시다."(마 16:4) 예수님께서 '요나의 표적'을 말씀하신 것은 "죽은 자들 가운데서 부활하실" 것을 내다보시고 하신 말씀입니다. 그러합니다. 예수님께서 죽은 자들 가운데서 다시 살아나신 일이야 말로 예수님의 '하나님 아들 되심'을 과시하는 '표적 중의 표적'입니다.

예수님께서 공생애 기간 중에 행하신 모든 권능과 이적들이 자신의 구주되심과 하나님의 아들 되심을 보여주는 표적들이었습니다. 그러니 예수님의 모든 행사들 전체가 다 계시(啓示)의 성격을 지니고 있었습니다. 각종 불치의 병을 고치시고 죽은 자를 살리시고 바람과 바다를 잔잔하게 하시는 등 이루 다 열거하려면 지면이 허락지 않을 만큼의 많은 표적을 보여주셨습니다. 그러나 그런 계시적 성격을 지닌 여러 표적들을 보고도 예수님의 구주되심을 알아보는 사람은 한정되어 있었습니다. 하나님의 주권으로 그런 '영적인 분별력'을 받은 사람들만 그 일이 가능하였습니다. "너희는 나를 누구라 하느냐 시몬 베드로가 대답하여 이르되 주는 그리스도시오 살아 계신 하나님의 아들이시니이다 예수께서 대답하여 이르시되 바요나 시몬아 네가 복이 있도다 이를 네게 알게 한 이는 혈육이 아니요 하늘에 계신 내 아버지시니라."(마 16:15-17) 오병이어(五餠二漁)로 5천명을 먹이시는 이적에 동참하여 그 떡과 생선을 먹은 자들도 거의 '예수님이 하나님 아들이시오 그리스도이시라'는 사실을 알아보지 못하였습니다. 물론 그들은 그 떡을 먹고 배부른 일로 인하여 예수님을 억지로

임금 삼으려 하기까지 예수님께 큰 호감을 가져 열렬한 추종자들이 될 것 같았습니다. 그래서 이튿날 예수님을 찾아 왔습니다. 그러나 예수님께서 그들을 보시고 말씀하셨습니다. "내가 진실로 진실로 너희에게 이르노니 너희가 나를 찾는 것은 표적을 본 까닭이 아니요 떡을 먹고 배부른 까닭이로다."(요 6:26) 그래서 예수님을 찾을 진정한 이유가 무엇임을 말씀하셨습니다. 그런 줄기에 자신의 정체를 드러내어 말씀하셨습니다. "예수께서 이르시되 나는 생명의 떡이니 내게 오는 자는 결코 주리지 아니할 터이요 나를 믿는 자는 영원히 목마르지 아니하리라 그러나 내가 너희에게 이르기를 너희는 나를 보고도 믿지 아니하는도다 하였느니라."(요 6:35) 그런 다음에 예수님 자신을 믿고 아는 일은 하늘에 계신 아버지께서 맡기신 자들뿐이라고 말씀하셨습니다. "아버지께서 내게 주시는 자는 다 내게로 올 것이요 내게 오는 자는 내가 결코 내쫓지 아니하리라… 나를 보내신 아버지께서 이끌지 아니하시면 아무도 내게 올 수 없으니 오는 그를 내가 마지막 날에 다시 살리리라."(요 6:38,44) 그 말씀을 들은 거의 대부분이 어떻게 하였습니까? "그 때부터 그의 제자 중에서 많은 사람이 떠나가고 다시 그와 함께 다니지 아니하더라."(요 6:66)

예수님께서는 떠나가는 그들을 붙잡지 않으시고 가지 않고 예수님 곁에 머물러 있는 열두 제자들에게 물으셨습니다. "너희도 가려느냐." "시몬 베드로가 대답하되 주여 영생의 말씀이 주께 있사오니 우리가 누구에게로 가오리이까 우리가 주는 하나님의 거룩하신 자이신 줄 믿고 알았사옵나이다."(요 6:67-69) 그러나 그들 열둘 중에도 멸망의 자식이 하나 있었으니 예수님을 팔 자 가룟 유다였습니다. "예수께서 대답하시되 내가 너희 열둘을 택하지 아니하였느냐 그러나 너희 중의 한 사람은 마귀니라 하시니 이 말씀은 가룟 시몬의 아들 유다를 가리키심이라 그는 열둘 중의 하나로 예수를 팔 자러라."(요 6:70,71)

가룟 유다를 제외한 열한 제자들은 예수님의 구주되심을 믿고 알았습니다. 그런 은혜를 받은 것입니다. 그러나 그들도 예수님의 십자가상의 죽으심 앞에서는 '예수께서 그리스도시오 하나님의 아들이시라.'는 신앙고백의 반석 위에 자신들을 지킬 힘이 없어 다 무서워하며 도망쳤습니다. 물론 이 일도 구약성경에 예언된 바의 성취였습니다. "때에 예수께서 제자들에게 이르시되 오늘 밤에 너희가 다 나를 버리리라 기록된바 내가 목자를 치리니 양의 떼가 흩어지리라 하였느니라."(마 26:31) 그리고 예수님께서 죽으시고 장사지낸바 되실 때에 아무도 "내가 다시 살리라"는 예수님의 말씀을 마음에 두고 기다리는 사람들이 없었습니다. 그 말은 무엇입니까? 그들 제자들의 의식 속에 예수님의 죽으심이 자신들을 포함한 백성들의 죄를 속하시기 위한 필연이라는 생각이 들어올 틈이 없었다는 것이지요. 우리를 포함한 모든 이들의 생각의 흐름은 '죽음'과 함께 끊겨지기가 십상입니다. 그것이 바로 '죄와 허물로 죽은' 인생들의 수준의 한계입니다. "그가 곤욕과 심문을 당하고 끌려갔으니 그 세대 중에 누가 생각하기를 그가 산 자의 땅에서 끊어짐은 마땅히 형벌 받을 내 백성의 허물을 인함이라 하였으리요."(사 53:8)

예수님의 죽으심의 진정한 의미를 모르고 예수님께 걸었던 소망이 다 물거품같이 되었다 여기는 제자들의 생각 속에 부활의 가능성에 대한 생각이 발을 붙일 수 없었습니다. 그래서 아무도 주님의 다시 사심을 기대하거나 기다린 사람이 없었습니다. 아니 '부활'의 소식을 접한 즉시 선뜻 예수님의 부활을 사실로 받고 기뻐한 제자들이 하나도 없었습니다. 심지어 부활하신 예수님을 처음 뵌 여인들의 전갈을 받고 황급하게 예수님의 무덤으로 달려가 그곳이 비어있음을 본 베드로와 요한이 어떻게 하였습니까? "그들은 성경에 그가 죽은 자 가운데서 다시 살아나야 하리라 하신 말씀을 아직 알지 못하더라 이에 두 제자가 자기 집으로 돌아가니라."(요 20:9,10)

사람들이 자신들의 의식의 세계를 아무리 높고 깊게 고양시킨다 하여도 구주 예수님의 탄생과 고난과 죽으심과 부활과 승천 등 일련의 행사를 통한 하나님의 구원 방식에 대한 감을 잡을 수가 없습니다. "기록된 바 하나님이 자기를 사랑하는 자들을 위하여 예비하신 모든 것은 눈으로 보지 못하고 귀로 듣지 못하고 사람의 마음으로 생각하지도 못하였다 함과 같으니라."(고전 2:9) 예수님과 함께 숙식을 같이 하고 모든 말씀과 행적을 주목한 제자들의 의식(意識)의 세계는 예수님의 죽으심 앞에서 더 이상 기능을 발휘할 수 없었습니다. 그런데 예수님의 부활의 사실 앞에서야 오죽하겠습니까!

그러나 예수님께서는 "성결의 영으로는 죽은 자들 가운데서 부활하사 능력으로 하나님의 아들로 선포되셨습니다." 교회사 가운데 아리우스(Arius, 256-333)는 이 대목을 엉뚱하게 해석하였습니다. 예수님께서 성부와 영원부터 동일한 신성(神性)을 가지신 분이심을 부인하였습니다. '예수님의 하나님 아들 되심은 본체론적이지 못하고 성부께서 아들로 받아주시고 인정하시어 선포하신 행사의 결과이다.' 쉽게 말하여, '예수님께서 본래 하나님은 아니셨으나 아버지 하나님께서 아들로 인정하시고 선포하시니 아들이 되신 것이다.' 그러나 그런 아리우스의 주장에 대하여 아다나시우스(Athanasius, 295-373)는 "예수님은 하나님의 영원하신 아들이

시라"고 반박하였습니다. 예수님은 본래부터 본체로는 하나님 아버지와 동등되신 하나님이십니다. 그래서 예수님께서 대제사장적인 기도에서 그리 기도하신 것입니다. "아버지여 창세 전에 내가 아버지와 함께 가졌던 영화로써 지금도 아버지와 함께 나를 영화롭게 하옵소서."(요 17:5)

예수님의 동정녀 탄생과 죽으심과 부활하심과 승천하심과 하나님 우편에 앉아계심과 다시 오심 등, 일련의 예수님에 관한 모든 것이 예수님께서 본래부터 하나님이심을 증거합니다. 아울러 예수님의 행사 전체는 하나님의 사랑하시는 백성들을 구원하시고 그들로 하나님의 나라의 기업을 물려 받을 상속자로 세우실 목적의 실현입니다. "모든 믿는 자들을 구원하시는 하나님의 능력"으로서의 복음은 바로 "죽은 자 가운데서 부활하여 능력으로 하나님의 아들로 선포되신" 우리 주 예수 그리스도에 관한 '교훈의 본(form of teaching)'입니다(롬 6;17)

우리는 누구나 이 진리를 믿지 못하게 하려는 마귀의 간교한 시험을 받을 수 있습니다. 그러나 그 마귀의 논리 앞에 바로 이 말씀을 들이대면 능히 이깁니다. "성결의 영으로는 죽은 자들 가운데서 부활하사 능력으로 하나님의 아들로 선포되셨으니 곧 우리 주 예수 그리스도시니라."

06

바울이 기뻐하고 감사한
최상의 이유

1:5 그로 말미암아 우리가 은혜와 사도의 직분을 받아 그의 이름을 위하여 모든 이방인 중에서 믿어 순종하게 하나니

1:6 너희도 그들 중에서 예수 그리스도의 것으로 부르심을 받은 자니라

1:7 로마에서 하나님의 사랑하심을 받고 성도로 부르심을 받은 모든 자에게 하나님 우리 아버지와 주 예수 그리스도로부터 은혜와 평강이 있기를 원하노라

1:8 먼저 내가 예수 그리스도로 말미암아 너희 모든 사람에 관하여 내 하나님께 감사함은 너희 믿음이 온 세상에 전파됨이로다

1:9 내가 그의 아들의 복음 안에서 내 심령으로 섬기는 하나님이 나의 증인이 되시거니와 항상 내 기도에 쉬지 않고 너희를 말하며

1:10 어떻게 하든지 이제 하나님의 뜻 안에서 너희에게로 나아갈 좋은 길 얻기를 구하노라

로마서는 본래 일종의 편지였습니다. 일반적으로 편지는 그 보내는 자와 받는 자 간의 '절제된 교제의 방편'입니다. '절제된'이라는 수식은 '만나서 서로 직접 교제할 내용을 정제하여 간추렸음'을 함축합니다. 직접 만나서 교제한다면 그 조건이 제약을 받지 않아 더 많은 시간을 써 더 많은 말을 할 수 있는 장점이 있습니다. 그러나 그런 직접 교제가 어려울 때에 편지를 쓰게 됩니다. 그래서 편지의 내용은 '그 당시 발신자와 수신자 사이에서 가장 크게 이슈가 되어 있는 문제를 중심으로 절제되고 간추려진 진술'로 이어집니다. 그 점에서 편지는 직접 만나서 교제하는 내용의 진액(津液)을 담았다 할 수 있습니다. 그것이 편지의 묘미입니다.

그래서 로마서는 사도 바울과 로마교회 사이의 절제된 교제의 진수를 담고 있습니다. 그래서 이런 질문을 해 볼만 만합니다. '만일 사도 바울이 원하는 대로 로마교회를 방문하여 거기서 얼마간 머물러 있으면서 하나님의 말씀을 강론하였다면, 어떤 내용이었을까?' 틀림없이 '로마서 강해'를 하였을 것입니다. 그 경우 편지를 보낼 때와는 달리 많은 제약이 없고 얼굴과 얼굴을 대하여 강론함으로 더 충분한 시간을 할애하여 많은 분량의 강론을 하였을 것입니다. 그럼에도 불구하고 여기 '로마서의 내용'에서 더하거나 빼는 일이 없었을 것입니다. 이런 생각이 로마서를 강론하거나 읽거나 묵상하는 우리에게 입체감을 안겨 줍니다. 지금 로마서를 읽는 독자는 그런 상황을 염두에 두어 이 서신을 처음 받았던 로마의 성도들이 가졌던 거룩한 믿음으로 받아야 합니다.

그러면 이 사도 바울과 로마교회 사이의 최고의 이슈, 그 사도로 하여금 그렇게 로마교회를 사모하여 가고 싶게 만든 이슈, 갈 길이 막히자 대신 이 로마서를 쓰게 한 그 절박한 이슈는 무엇입니까? 다른 모든 이슈들을 잠재울 만한 '지존의 이슈'는 무엇입니까? 단연 '하나님과 아들의 복음'입니다. 그리고 사도 바울이 그리도 그 교회를 가서 보고 싶던 것, 그래서 그 일만 잘 되어 있었으면 더 바랄 것이 없었을 그것이 무엇입니까? '그 복음을 믿는 믿음'이었습니다. 사도 바울은 바로 그 때문에 '살기도 하고 죽기도 하고, 웃기도 하고 울기도 할' 사람이었습니다. "내게 사는 것이 그리스도니 죽는 것도 유익함이라."(빌 1:21) 누가 '그리스도의 복음에 합당한 믿음을 가지고 있다.'는 소식을 접하면 그가 누구이든지 간에 그로 인하여 하나님 아버지께 감사와 찬미를 올렸습니다. "내가 예수 그리스도로 말미암아 너희 모든 사람에 관하여 내 하나님께 감사함은 너희 믿음이 온 세상에 전파됨이로다 내가 그의 아들의 복음 안에서 내 심령으로 섬기는 하나님이 나의 증인이 되시거니와 항상 내 기도에 쉬지 않고 너희를 말하며 어떻게 하든지 이제 하나님의 뜻 안에서 너희에게로 나아갈 좋은 길 얻기를 구하노라."(롬 1:8-10) 반면에 누가 그리스도를 믿는다 하면서 복음에 반하는 일을 하는 것을 보면 분하고 슬퍼하였습니다. "내가 여러 번 너희에게 말하였거니와 이제도 눈물을 흘리며 말하노니 여러 사람들이 그리스도의 십자가의 원수로 행하느니라."(빌 3:18) 이는 시편 119편 기자의 거룩한 심사와 동일합니다. "주의 율법을 버린 악인들로 말미암아 내가 맹렬한 분노에 사로잡혔나이다."(시 119:53)

그러니 바울이 자신의 수고와 헌신의 동기와 목적이요 단 열매는 무엇이었습니까? "우리가 그를 전파하여 각 사람을 권하고 모든 지혜로 각 사람을 가르침은 각 사람을 그리스도 안에서 완전한 자로 세우려 함이니 이를 위하여 나도 내 속에서 능력으로 역사하시는 이의 역사를 따라 힘을 다하여 수고하노라."(골 1:28,29) 그런 차원에서 그는 빌립보교회의 성도들을 향하여 말한 것을 들어 보세요. "그러므로 나의 사랑하고 사모하는 형제들, 나의 기쁨이요 면류관인 사랑하는 자들아 이와 같이 주 안에 서라."(빌 4:1)

반면에 자기를 통해서 증거된 복음, 곧 그리스도 안에 잘 서가던 사람들이 거짓의 유혹으로 복음의 정로에서 이탈하는 것을 보면 세상에서 '가장 크게 우려할 일'이 일어난 것으로 여기고 서슴없이 긴급한 조처를 취하였습니다. 갈라디아서는 그런 배경을 가지고 태어났습니다. "그리스도의 은혜로 너희를 부르신 이를 이같이 속히 떠나 다른 복음을 따르는 것을 내가 이상하게 여기노라 다른 복음은 없나니 다만 어떤 사람들이 너희를 교란하여 그리스도의 복음을 변하게 하려 함이라 그러나 우리나 혹 하늘로부터 온 천사라도 우리가 너희에게 전한 복음 외에 다른 복음을 전하면 저주를 받을지어다."(갈 1:6-8) '다른 복음'으로 그 교회 성도들을 유혹하여 '사도의 복음'에서 이탈하게 하려는 이들에 대해서 더 이상 없는 저주의 말을 퍼붓습니다. 그리고 그 교회를 향한 진정한 열심을 분별하며 그 교회에 대한 사도의 단호한 의지를 보여 주었습니다. "그들이 너희에게 대하여 열심 내는 것은 좋은 뜻이 아니요 오직 너희를 이간시켜 너희로 그들에게 대하여 열심을 내게 하려 함이라 좋은 일에 대하여 열심으로 사모함을 받음은 내가 너희를 대하였을 때뿐 아니라 언제든지 좋으니라 나의 자녀들아 너희 속에 그리스도의 형상을 이루기까지 다시 너희를 위하여 해산하는 수고를 하노니 내가 이제라도 너희와 함께 있어 내 언성을

높이려 함은 너희에 대하여 의혹이 있음이라."(갈 4:17-20)

우리가 로마서를 공부할 때 그리스도와 그 복음을 향해 보인 사도 바울의 '거룩한 정서'를 이해하지 못하면, 그것을 무엇에 비유해야 좋을까요? 로마서의 진면목을 모르고 '뼈만 앙상하고 살은 없는 괴이한 기형적 로마서'를 머리에 담는 격입니다. 달리 말해서 사도 바울의 심령 속에서 일하시던 성령님의 거룩한 영감은 모른 채 '로마서의 논리'만 알았다고 자랑하는 데로 떨어진다는 말입니다.

"1:5그로 말미암아." 여기서 '그'는 그리스도십니다. 로마서의 논리는 결국 무엇입니까? '하나님의 아들 우리 주 예수 그리스도와 그 행하신 일'에 집중된 논리입니다. 그것이 복음의 진수입니다. 사도는 모든 것에 대한 생각의 시작을 바로 '그리스도'에게서 찾습니다. 또 그 과정과 끝도 여전히 '그리스도'로 일관됩니다. '기독교의 교리 체계는 하나님의 아들 예수 그리스도와 그 행하신 일과 그를 믿는 믿음에 대한 것'입니다. 그런 의미에서 '교리 없는 기독교' 같은 것은 없습니다.

"우리가 은혜와 사도의 직분을 받아 그의 이름을 위하여." 여기서 말하는 '은혜'는 그리스도로 말미암아 주어지는 하나님의 '구원의 은혜'를 말합니다. 또 직분은 '그리스도께 대한 사도적 신앙고백'(마 16:15-17)을 한 사람들로 이루어지는 교회의 여러 직무(職務)를 말합니다. '은혜'와 '교회의 모든 직분들'이 다 '그리스도로 말미암아, 그리스도를 위하여' 주어졌습니다.

"모든 이방인 중에서 믿어 순종케 하나니." 복음을 '만민'에게 전파되게 하시고 그를 위해 사도들을 세우신 이가 하나님과 예수님이십니다. "또 이르시되 너희는 온 천하에 다니며 만민에게 복음을 전파하라 믿고

세례를 받는 사람은 구원을 얻을 것이요 믿지 않는 사람은 정죄를 받으리라."(막 16:15,16)

"**1:6너희도 그들 중에서 예수 그리스도의 것으로 부르심을 받은 자니라.**" 바울은 특히 이방인의 사도로 부르심을 받아 복음을 이방의 여러 지역에 선파하기 위해 자신의 인생행로를 다 드린 사람이었습니다. 사도의 복음을 들은 자가 모두 믿고 세례를 받은 것은 아닙니다. 복음을 저해하고 복음전파를 훼방한 이들이 많았습니다. "또한 우리를 부당하고 악한 사람들에게서 건지시옵소서 하라 믿음은 모든 사람의 것이 아니니라."(살후 3:2) 복음을 '믿어 순종하는 이들'은 "그리스도의 것으로 부르심을 받은 이들"입니다. 어떤 사람이 복음을 듣고 예수님을 구주로 믿고 순종하는 주체는 그 사람 자신입니다. 그럼에도 불구하고 사도는 그런 '믿음'이 그 사람 자신에게서 난 것이 아님을 알고 있습니다. "자기 땅에 오매 자기 백성이 영접하지 아니하였으나 영접하는 자 곧 그 이름을 믿는 자들에게는 하나님의 자녀가 되는 권세를 주셨으니 이는 혈통으로나 육정으로나 사람의 뜻으로 나지 아니하고 오직 하나님께로부터 난 자들이니라."(요 1:11-13) 모든 이들의 회심 뒤에는 하나님의 주권적 부르심이 자리하고 있었습니다. 그 사람이 어느 나라, 어느 민족, 어느 문화권에 속하였던지 '예수님을 믿어 구원을 받았다' 함은, 우선 '창세전에 미리 하나님의 택하심을 따라 구원을 받아 하나님의 순종하는 자녀가 되기로 예정되어 있었다.' 함입니다. "예수 그리스도의 사도 베드로는 본도, 갈라디아, 갑바도기아, 아시아와 비두니아에 흩어진 나그네 곧 하나님 아버지의 미리 아심을 따라 성령이 거룩하게 하심으로 순종하고 예수 그리스도의 피 뿌림을 얻기 위하여 택하심을 받은 자들에게 편지하노니 은혜와 평강이 너희에게 더욱 많을지어다."(벧전 1:1,2) "찬송하리로다 하나님 곧 우리 주 예수 그리스도의 아버지께서 그리스도 안에서 하늘에 속한 모든 신령한 복을 우리에게 주시되 곧 창세전에 그리스도 안에서 우리를 택하사 우리로 사랑 안에서 그 앞에 거룩하고 흠이 없게 하시려고 그 기쁘신 뜻대로 우리를 예정하사 예수 그리스도로 말미암아 자기의 아들들이 되게 하셨으니."(엡 1:3-6)

그러므로 구원받을 만한 믿음은 '하나님의 택하심의 확실한 증거'입니다. 그래서 사도 바울은 데살로니가교회가 탄생된 배경을 염두에 두며 바로 그 요점을 지적하였습니다. "하나님의 사랑하심을 받은 형제들아 너희를 택하심을 아노라 이는 우리 복음이 너희에게 말로만 이른 것이 아니라 또한 능력과 성령과 큰 확신으로 된 것임이라."(살전 1:4,5) 그래서 사도는 예수님을 믿어 구원을 받은 것을 "하나님께 부르심을 받은 것"으로 표현한데가 32군데나 됩니다(고전 1:2,24,26 ; 7:18 ; 갈 5:13 ; 골 3:15 ; 살전 4:7 ; 히 3:11 ; 벧전 2:21 ; 3:9). 그런데 이 '부르심'은 오직 하나님의 그리스도 안에 있는 주권적인 택하심과 은택으로 말미암습니다. "하나님이 우리를 구원하사 거룩하신 부르심으로 부르심은 우리의 행위대로 하심이 아니요 오직 자기 뜻과 영원한 때 전부터 그리스도 예수 안에서 우리에게 주신 은혜대로 하심이라."(딤후 1:9)

"너희도 예수 그리스도의 것으로 부르심을 받은 자니라." 그 하나님의 부르심은 궁극적으로 "예수 그리스도의 것"이 되게 하시려 함입니다. 사람이 '하나님의 아들 구주 예수 그리스도의 것'이 되는 것을 능가하는 영예는 없습니다. 아니 '예수 그리스도의 것'이 되지 못한 자는 조금 손해보는 것이 아닙니다. 오직 '예수 그리스도' 밖에는 하나님의 영원한 진노의 지옥 형벌만 기다리고 있을 뿐입니다. 예수님을 믿는 것과 믿지 않는 것의 차이는 '영생'과 '멸망'의 차이만 있을 뿐입니다. "하나님이 세상을 이처럼 사랑하사 독생자를 주셨으니 이는 그를 믿는 자마다 멸망하지 않고 영생을 얻게 하려 하심이라."(요 3:16)

"**1:7로마에 있어 하나님의 사랑하심을 받고 성도로 부르심을 입은 모든 자에게…**." 당시 '로마 시민'은 일반적으로 자유인으로서 대단한 특혜를 누리는 자들이었습니다. 사도 바울이 복음 전도 사역 중에 자기가 날 때부터 가졌던 '로마 시민권자'라는 이점을 사용한 적이 두 번 있었습니다(행 16:36-40 ; 22:24-29). 그러나 하나님 앞에서 진정한 특권을 영원히 누리는 자는 '로마 시민'이 아니라 "하나님의 사랑하심을 받고 성도로 부르심을 입은 모든 자들"입니다.

"**하나님 우리 아버지와 주 예수 그리스도로부터 은혜와 평강이 있기를 원하노라.**" 복음을 믿고 순종하는 이들에게만 "하나님 우리 아버지와 주 예수 그리스도로부터 은혜와 평강"이 주어집니다. 이 보다 더 큰 특권이 어디 있겠습니까! 이 특권은 지상 생애 동안 내내 주어지는 특권이요, 그 효력은 영원합니다.

그러니 성령 충만한 사도 바울의 눈에는 자기나 남이나 '그리스도 안에 있는 믿음으로 말미암아 구원을 받은 사람'은 하나님의 은혜와 평강이 주어진 사람입니다.

"**먼저 내가 예수 그리스도로 말미암아 너희 모든 사람에 관하여 내 하나님께 감사함은 너희 믿음이 온 세상에 전파됨이로다.**" 바울은 예수 그리스도를 믿어 순종하는 이들로 인하여 항상 감사의 샘이 터져 나왔습니다. 사도는 자나 깨나 자기의 최고의 상급과 위로는 '각 사람이 그리스도의 복음의 은혜 안에 더욱 견고하게 서는 것'임을 확신하고 있었습니다. 사도는 그들 로마에 있는 성도들을 향해 순전한 사랑과 사모하는 열정으로 사로잡혀 있었던 것입니다.

"1:9내가 그의 아들의 복음 안에서 내 심령으로 섬기는 하나님이 나의 증인이 되시거니와." 바울 사도가 자기 심령으로 하나님을 섬기는 일은 항상 "하나님의 아들의 복음 안에서"입니다. 그 밖에서는 하나님을 섬기는 것이 의미 없고, 그리스도 밖에는 '하나님의 영원한 진노'가 부어짐을 알고 있었습니다. 그래서 그는 항상 '하나님의 아들의 복음' 안에서 하나님을 성심으로 섬기고 있었습니다.

"항상 내 기도에 쉬지 않고 너희를 말하며." 사도는 그리스도 예수님을 부르는 이들의 모임, 곧 '주님의 몸 된 교회와 그 지체들'을 위해서 부단하게 기도하였습니다. 그래서 아버지의 은혜가 그들에게 임하여 성령님의 감동하심으로 인하여 "우리 주 곧 구주 예수 그리스도의 은혜와 그를 아는 지식에서 자라 가기"를 항상 바랐던 것입니다. "이로써 우리도 듣던 날부터 너희를 위하여 기도하기를 그치지 아니하고 구하노니 너희로 하여금 모든 신령한 지혜와 총명에 하나님의 뜻을 아는 것으로 채우게 하시고 주께 합당히 행하여 범사에 기쁘시게 하고 모든 선한 일에 열매를 맺게 하시며 하나님을 아는 것에 자라게 하시고 그 영광의 힘을 좇아 모든 능력으로 능하게 하시며 기쁨으로 모든 견딤과 오래 참음에 이르게 하시고 우리로 하여금 빛 가운데서 성도의 기업의 부분을 얻기에 합당하게 하신 아버지께 감사하게 하시기를 원하노라."(골 1:9-12) 목회자들의 본무 중에서 매우 중요한 본무는 사도처럼 교회 지체들을 위해 그런 기도를 드리는 것입니다.

"어떻게 하든지 이제 하나님의 뜻 안에서 너희에게로 나아갈 좋은 길 얻기를 구하노라." 로마의 그리스도인들을 향해 그리스도 안에서 순전하게 사랑함으로 그들을 만나 '그리스도의 복음' 안에서 교제하고 싶었고, 주님께서 복음 안에서 성령님으로 말미암아 주시는 '신령한 은혜'를 함께 나누고 싶었습니다. 또 그 교회의 성도들이 그리스도 안에서 더욱 견고하게 서도록 은혜 주시는 주님의 행사를 가서 직접 보고 싶었습니다. 그래서 그는 '로마로 가는 길을 열어 주십사'고 계속 간구하며, 또 나아갈 좋은 길을 탐색하고 있었습니다. '그리스도의 사랑의 강권하심'(고후 5:14) 속에 있던 사도의 정서(情緒, affections)가 아름답습니다. 사도를 부르시고 낳으시고 기르시고 사도의 사명을 주신 그리스도께서 성령 안에서 그 아름다움을 창출하신 것입니다. 주여, 우리에게도 그런 은혜를 주옵소서. 아멘.

07

모든 이들에게
항시 전파될 복음

1:11 내가 너희 보기를 간절히 원하는 것은 어떤 신령한 은사를 너희에게 나누어 주어 너희를 견고하게 하려 함이니

1:12 이는 곧 내가 너희 가운데서 너희와 나의 믿음으로 말미암아 피차 안위함을 얻으려 함이라

1:13 형제들아 내가 여러 번 너희에게 가고자 한 것을 너희가 모르기를 원하지 아니하노니 이는 너희 중에서도 다른 이방인 중에서와 같이 열매를 맺게 하려 함이로되 지금까지 길이 막혔도다

1:14 헬라인이나 야만인이나 지혜 있는 자나 어리석은 자에게 다 내가 빚진 자라

1:15 그러므로 나는 할 수 있는 대로 로마에 있는 너희에게도 복음

전하기를 원하노라

로마서는 복음을 전혀 들어 보지 못한 자들에게 보낸 편지가 아닙니다. 로마교회 성도들은 이미 복음을 들어 믿고 있는 이들이었습니다. 그러면 언뜻 이런 의문이 문뜩 떠오를 수 있습니다. "복음을 이미 들어 믿고 있는 이들에게 복음을 증거할 필요가 있겠나? 사도 자신도 로마서 1장 8절에서 그들의 믿음이 온 세상에 전파됨으로 하나님께 감사한다고 하지 않았는가? 또 사도 자신이 이 로마서 15:20에서 '내가 그리스도의 이름을 부르는 곳에는 복음을 전하지 않기로 힘썼노니 이는 남의 터 위에 건축하지 아니하려 함이라'고 하지 않았는가?" 그에 대하여 이렇게 대답할 수 있습니다. 사도는 지금 이 로마서를 '선교 편지'로 보낸 것이 아니라 '목양 편지'로 보낸 것입니다. 복음을 들어 보지도 못한 이들에게 전도하려고 이 편지를 쓴 것이 아니란 말입니다. 이미 '부르심을 받아 그리스도의 양 우리'에 들어 있는 '주님의 양들'을 견고하게 세우려고 보낸 것입니다. 거듭 말하지만, 사도는 이 편지를 통하여 복음을 전혀 듣지 못한 이들에게 복음을 전파하는 '선교적 복음전도'를 시도하는 대신 '각 사람을 그리스도 안에 완전한 자로 세우려' 하고 있습니다(골 1:28) 사도가 선교적 차원에서 말할 때는, "내가 그리스도의 이름을 부르는 곳에는 복음을 전하지 않기로 힘썼노니 이는 남의 터 위에 건축하지 아니하려 함이라"고 하였습니다. 그러나 로마서는 이미 그리스도를 믿는 이들을 더욱 견고하게 세우려 함이었습니다.

"1:11내가 너희 보기를 간절히 원하는 것은 어떤 신령한 은사를 너희에게 나누어 주어 너희를 견고하게 하려 함이니." 이미 지적한 바와 같이 로마에 갈 길이 열려 로마교회를 방문할 수 있었다면 이 편지의 내용으로 그들에게 설교하고 먹였을 것입니다. 여기서 말하는 '신령한 은사'란 '복음의 은혜'를 말하는 것입니다. 그러면 이런 질문을 던질 만합니다. '복음을 모르는 이들에게 복음을 전한다는 것은 이해가 가지만 이미 믿고 있는 이들에게 또 복음을 전해야 하는가?' 이 질문에 대하여 우리는 단호하고 강하게 '그렇다'고 대답해야 합니다. 그것이 바로 사도들의 방식이었습니다. 복음은 아직 복음을 듣지 못하여 믿지 못하는 이들에게나 이미 들어 믿고 있는 이들에게 '항시적'으로 전할 하나님의 말씀입니다. 물론 복음을 모르는 이들에게 전할 때에는 복음의 기본적인 요소를 중심 내용으로 전하겠지요. 이미 믿는 이들에게도 여전히 복음의 기본적인 요소들을 전해야 합니다. 마틴 로이드 존스 목사님은 이 점을 늘 강조하였습니다. "전도적인 복음 설교는 믿지 않는 이들에게만 필요한 것이 아니라 이미 믿고 있는 이들에게도 필요하다. 그들이 항상 하나님께서 자신들을 어디로부터 구원하여 내셨는지를 상기하는 것은 아무리 강조해도 지나칠 수 없기 때문이다." 그러나 이미 믿는 이들을 복음의 진리 안에서 더욱 견고하게 세우는 '교리적 학습'의 방식이 절대 필요합니다. 히브리서 기자가 5:12에서 지적한 것이 바로 그 학습의 필요성 때문입니다. "때가 오래되었으므로 너희가 마땅히 선생이 되었을 터인데 너희가 다시 하나님의 말씀의 초보에 대하여 누구에게 가르침을 받아야 할 처지이니 단단한 음식은 못 먹고 젖이나 먹어야 할 자가 되었도다." 히브리서 기자가 볼 때 그 서신을 받아 볼 자들이 믿은 지가 오래임에도 불구하고 아직도 '복음의 초보'에만 머물러 있었습니다. 그래서 그들에게 '복음의 진전된 교리적 학습'을 촉구하고 있습니다. 히브리서 기자는 그것을 '젖과 단단한 음식'

으로 비유하고 있습니다. "이는 젖을 먹는 자마다 어린 아이니 의의 말씀을 경험하지 못한 자요 단단한 음식은 장성한 자의 것이니 그들은 지각을 사용하므로 연단을 받아 선악을 분별하는 자들이니라."

그와 같이 로마서는 이미 믿는 이들의 영적인 성숙을 위하여 절대로 필요한 '단단한 음식'입니다. 곧 '복음 교리의 학습'이라는 말입니다. 그런 의미에서 사도는 말하고 있습니다.

"1:11내가 너희 보기를 간절히 원하는 것은 어떤 신령한 은사를 너희에게 나누어 주어 너희를 견고하게 하려 함이니 1:12이는 곧 내가 너희 가운데서 너희와 나의 믿음으로 말미암아 피차 안위함을 얻으려 함이라… 1:15그러므로 나는 할 수 있는 대로 로마에 있는 너희에게도 복음 전하기를 원하노라."

오늘날 이 요점은 매우 자주 반복하여 상기할 필요가 있습니다. 흔히 설교자들이나 회중들 모두 '이미 복음을 믿고 아는데 또 복음을 들어야 하나?'라는 식의 주제넘은 생각에 빠지기 쉽습니다. 그러나 우리는 '항상 복음'을 들어야 합니다. 설교자가 '이미 복음을 잘 아는 이들에게 복음을 전하면 식상해 하고 지루해 하겠다'는 생각에 빠져 들면 영적으로 그 교회는 추락의 수순을 밟기 시작한 것입니다. 회중들의 요구가 어떠해도 설교자는 '모든 이들이 항시 복음을 들어야 한다.'는 의식으로 항상 깨어 있어야 합니다. 1년 6개월 간 고린도교회를 목회한 사도 바울의 목회의 진수가 무엇이었습니까? 두말할 것도 없이 '십자가의 도, 곧 복음'이었습니다. "내가 너희 중에서 예수 그리스도와 그의 십자가에 못 박히신 것 외에는 아무 것도 알지 아니하기로 작정하였음이라."(고전 2:2) 고린도교회에 분쟁의 소식을 접하고 그에 대처하는 사도의 방식은 어떠하였습니까? 다른 것이 아니라 이미 그들이 사도로부터 줄기차게 듣고 배운 '그리스도의 십자가의 도'를 상기하게 하는 방식이었습니다.

필자가 섬기는 교회에 처음 부임하고 나서 몇 개월이 지나고 나서 연로하신 시무 장로님(당시 88세로, 70세 정년제가 시행되지 않을 때)이 강하게 불만을 표시하셨습니다. "목사님, 어떻게 그렇게 성경만 들고 팝니까? 그래 가지고 교회가 언제 부흥합니까? 성경은 조금하시고 다른 것으로 설교를 채워야 듣는 이들이 많을텐데 그래 가지고는 누가 듣겠어요?" 참 난감하였습니다. 이 때 그릇되게 처신하면 자칫 큰 시험에 들 수 있겠다는 생각이 스치고 지나갔습니다. 그렇다고 그 연로하신 장로님을 대항하여 설득시킬 수도 없었습니다. 아니면 '예, 이제부터 장로님 말씀대로 하지요'라고 해서는 더더욱 안 되는 일이었습니다. 그때 주님께서 주시는 지혜로 "예, 장로님 저는 태생이 그렇게 밖에는 못해요"라고 했습니다. 그랬더니 그 장로님도 그 말에 잠잠해지셨습니다. 그때 속으로 단호하게 결심하였습니다. "아, 정말 성경대로 복음만 전해야겠구나. 장로님이 이런 말씀을 하시는 것은 아직도 그 성경이 말하는 복음의 교리 안에 더 견고하게 서지 못하였기 때문이 아닌가! 이제 더욱 더 성경의 복음만 증거해야겠다." 그 장로님의 불만이 저로 하여금 섬기는 교회에 '더욱 복음만 전해야 하겠다'는 결심을 굳게 한 셈입니다.

복음은 모든 이들, 믿지 않든지 믿든지 관계없이 모든 이들이 '항시 들어야 하는 오직 유일한 영원한 생명의 길'입니다. 로이드 존스 목사님은 자신의 '목사와 설교(Preaching & Preachers)'란 책에서 성경적인 설교, 곧 강해설교를 간단하게 규정하였습니다. '강해설교는 성경 본문이 말하는 교리를 설교하는 것이다.' 그 '교리'는 두말할 필요도 없이 '복음의 교리'입니다. 실로 '성경은 복음의 교리체계'입니다. 그래서 복음의 교리의 진수를 담고 있는 이 로마서가 성경을 푸는 '마스터키(master key)'가 되는 것입니다.

교회사적으로 볼 때 영적으로 가장 찬란하던 시대는 바로 디모데후서 4장 초두의 말씀을 '무식하다 할 정도로 순종할 때'였습니다. "하나님 앞과 살아 있는 자와 죽은 자를 심판하실 그리스도 예수 앞에서 그가 나타나실 것과 그의 나라를 두고 엄히 명하노니 너는 말씀을 전파하라 때를 얻든지 못 얻든지 항상 힘쓰라 범사에 오래 참음과 가르침으로 경책하며 경계하며 권하라 때가 이르리니 사람이 바른 교훈을 받지 아니하며 귀가 가려워서 자기의 사욕을 따를 스승을 많이 두고 또 그 귀를 진리에서 돌이켜 허탄한 이야기를 따르리라 그러나 너는 모든 일에 신중하여 고난을 받으며 전도자의 일을 하며 네 직무를 다하라."(딤후 4:1-5) 이 대목에서 '말씀, 진리'는 두말할 것도 없이 '복음의 교리'입니다. "너희가 거듭난 것은 썩어질 씨로 된 것이 아니요 썩지 아니할 씨로 된 것이니 살아 있고 항상 있는 하나님의 말씀으로 되었느니라 그러므로 모든 육체는 풀과 같고 그 모든 영광은 풀의 꽃과 같으니 풀은 마르고 꽃은 떨어지되 오직 주의 말씀은 세세토록 있도다 하였으니 너희에게 전한 복음이 곧 이 말씀이니라."(벧전 1:23-25)

"1:14헬라인이나 야만인이나 지혜 있는 자나 어리석은 자에게 다 내가 빚진 자라." 사도의 눈앞에 온 세계가 '하나님의 복음'을 들어야 할 선교적 대상으로 보였습니다. 복음은 문화적인 수준이나 지성의 높낮이를 뛰어넘어 모든 세계민들의 영혼을 향한 하나님의 음성이기 때문입니다. 그런 의식과 비전이 사도 자신의 의식의 세계에서 난 것이 아니었습니다. 사람의 의식에서 그런 식의 의식은 죽었다 깨어나도 나올 수 없습니다. 오직 주 예수 그리스도의 것을 가지고 아버지의 뜻대로 그 속에서 역사하시는 성령님께서 부어주신 마음입니다. 교회사 속에서 성령께서는 바로 이 말씀으로 말씀의 종들을 깨우시어 도전하시고 격려하셨습니다. 지금도 모든 하나님의 말씀의 종들은 이 마음을 가지고 섬겨야 합니다. 그 직임이 선교사로서 해외에 나가 말씀을 전하는 이나, 국내 교회에서 정착하여 목회로 섬기는 이들이나 다 같이 공유해야 할 '복음적 선교 지평'입니다. 그래서 복음의 종들은 만나는 모든 이들의 영혼을 주목하며 "때를 얻든지 못 얻든지 말씀을 전파해야" 합니다(딤 4:1).

"1:15그러므로 나는 할 수 있는 대로 로마에 있는 너희에게도 복음 전하기를 원하노라." 흔히 '선교사는 복음을 모르는 타 민족에게 가서 복음을 전해야 하고, 국내의 목회자들은 이미 복음을 아는 이들을 먹이고 기르는 것이니 복음 말고 다른 것을 전해야 한다'는 의식에 사로 잡혀 있기 십상입니다. 그러나 여기 사도의 말은 그런 모든 의식을 타파합니다. 해외 선교사든 국내 목회자든 항시 모든 사람들에게 증거할 것은 '복음'입니다. 사도는 이미 로마에 있는 성도들이 복음 안에 서 있어 그 믿음의 소문이 '온 세상에 전파될' 정도임을 알고 있었습니다. 그러나 그는 여전히 매우 강한 어조로 "나는 할 수 있는 대로 로마에 있는 너희에게도 복음 전하기를 원하노라" 하였습니다. 그러므로 복음 사역자이든 일반 성도이든 '복음'은 항시 전파되고 들어야 할 '하나님의 항상 있는 말씀이라'는 의식을 견지해야 합니다. 그런 교회에서 자란 이들 중에서 '참된 복음 선교사'가 배출되는 것입니다. 국내 교회가 '항상 복음을 듣는 교회'가 아닌데도 거기서 '참된 복음 선교사'가 배출되기를 기대하는 것은 마치 씨를 파종하지 않는 밭에서 '곡식이 나기를 바라는 것' 만큼 이치에 맞지 않습니다. 오늘 현대 교회들의 강단에서 전파되는 메시지를 듣고 자란 젊은이들 속에서 사도행전 20:24로 표명된 '참된 복음 사역자(선교사)의 소명감'을 토로할 종들이 나올까요? "내가 달려갈 길과 주 예수께 받은 사명 곧 하나님의 은혜의 복음을 증언하는 일을 마치려 함에는 나의 생명조차 조금도 귀한 것으로 여기지 아니하노라." 주여, 이 시대와 후대를 위하여 이런 사도의 고백을 공유한 복음의 일꾼들을 주옵소서. 아멘

08

로마서의 주제와
그 법정적法廷的 성격

1:16 내가 복음을 부끄러워하지 아니하노니 이 복음은 모든 믿는 자에게 구원을 주시는 하나님의 능력이 됨이라 먼저는 유대인에게 요 그리고 헬라인에게로다

1:17 복음에는 하나님의 의가 나타나서 믿음으로 믿음에 이르게 하나니 기록된 바 오직 의인은 믿음으로 말미암아 살리라 함과 같으니라

본문은 로마서의 중심 주제와 그 성격을 명시하는 중요한 대목입니다.

앞에서도 여러 차례 지적하였듯이, 로마서는 복음을 하나의 논리적 체계로 진술하고 있습니다. 그래서 사도는 서두에서 그 중심 요지를 먼저 밝힙니다. 그런 후에 그 요지를 논리적으로 풀어 나가는 형식을 취하고

있습니다. 성경 기자마다 가진 개성적 독특성에 따라 문체나 진술의 방식이 다양합니다. 성령께서 성경 기자들을 감동하시되 '기계적으로'가 아니고 그들의 인격을 존중하시는 '유기적(有機的) 영감'의 방식으로 주장하십니다. 그래서 진리를 훼손하지 않는 범위에서 성경 기자들의 개성(個性)을 존중하시고 활용하셨습니다. 베드로는 그 문체나 진술방식이 직관적이라면, 바울은 지극히 논리적입니다. 바울이 기술한 로마서는 그 점에 있어서 두드러집니다. 바울 사도는 로마서에서 밝히려고 하는 '복음의 내용'을 '논리적 체계'의 그릇에 담고 싶어하였습니다.

그래서 사도는 로마서의 중심 내용을 로마서 1:16,17에서 요약하여 표현하고 있습니다. 그리고 1:18 이후에 그 진술 내용을 논리적으로 풀어 설명하는 방식으로 이어 나갑니다. 그래서 헬라원어에서 보면 16,17,18절의 여러 소절들이 이유(理由) 접속사인 '왜냐하면(γάρ, for 또는 because)'으로 이어지고 있습니다. 이 대목을 직역하면 이러합니다. "내가 복음을 부끄러워하지 않는다. 왜냐하면 그것이 믿는 모든 이들을 구원하시는 하나님의 능력이 되기 때문이다. 왜냐하면 복음에는 하나님의 의가 나타났으며, 그 의는 믿음에서 믿음으로 말미암은 것이니 기록된바 의인은 믿음으로 말미암아 살리라 함과 같기 때문입니다."

"1:16내가 복음을 부끄러워하지 아니하노니." 이 표현은 일종의 곡언법(曲言法)에 속합니다. 다시 말하면 어떤 요점을 직설적으로 말하지 않고 부정적 표현을 넣어 그것을 더 강하게 부각시키고자 하였다는 말입니다. 그러니 "내가 복음을 부끄러워하지 아니한다"는 표현은 매우 강한 긍정입니다. "나는 복음이 자랑스러워 견딜 수 없다. 아, 어찌하면 이 복음의 영광과 그 위대함과 그 절실함을 제대로 표현할 수 있을는지!" 그리고 바로 뒤이어 그렇게 말하는 정당한 이유를 제시합니다. 복음의 효력과 그 절대 가치를 맛본 이들은 오늘도 이 말을 기록할 당시의 '사도의 정서(Aposle's affections)'를 공유하지 않을 수 없을 것입니다. 로이드 존스 목사님은 그의 「목사와 설교(Preaching & Preachers)」란 책에서 이런 말을 한 적이 있습니다. "어떤 설교자들은 마치 빙산 위에 앉아서 설교하는 것 같이 한다." 정말 그것은 복음 설교자가 취해서는 안되는 '가장 나쁜' 자세입니다. 그런 설교자는 마치 자기 결혼식장에서 '샐쭉하고 화난 표정'으로 신부 곁에 앉아 있는 신랑만도 못한 설교자입니다. 사도가 그렇게 복음을 자랑하고 기뻐하고 그것을 모든 이들에게 전하고 싶어 안달이 난 이유는 무엇입니까? 그 이유를 다음 구절에서 장엄하게 진술합니다.

"**1:16이 복음은 모든 믿는 자에게 구원을 주시는 하나님의 능력이 됨이라.**" 사도의 이 표현은 복음의 영광을 함축적이고 장엄하게 나타낸 진술입니다. 대번에 이 진술은 '구원이 무엇인가?'라는 의문을 일으킵니다.

세상에 '사람을 구원하려는 목적과 의도를 가진 여러 시도와 교훈들'이 난무합니다. 인류의 역사 속에 나타났거나 현재도 새롭게 제안되는 '모든 종교들의 교리와 철학 교훈들과 여러 도덕률들'은 궁극적으로 무엇을 목표합니까? 일단은 그러한 제안들이 나름으로 '인류가 처한 곤궁에서 벗어나게 하려는 진지한 노력'임에 틀림없습니다. 곧 '인류를 그 처한 곤궁에서 구원하려는 진지한 시도'라는 데는 의심할 여지가 없습니다.

그러나 '구원'의 진정한 내용을 말하려면 우선적으로 '사람이 처한 곤궁'이 무엇인지를 규정해야 합니다. 그래야 '그 곤궁으로부터의 구원'을 말할 수 있습니다. 만일 '인간이 처한 곤궁에 대한 적확한 진단이나 규정'이 우선하지 않으면, '구원'의 목표가 분명하지 않게 됩니다. 그런 경우

'구원'을 시도해도 그것은 마치 '표적(標的)'을 읽지 못한 궁사(弓士)와 같은 행동이 되어 버립니다.

'인간이 처한 곤궁'은 무엇입니까? 이 질문에 대한 답을 우리는 하나님의 말씀인 성경에서 찾아야 합니다. '죄'입니다. '죄에 빠진 사람을 건져내는 것'이 구원입니다. '죄'는 무엇입니까? '창조주 하나님의 명을 어기고 불순종하는 것'이 죄입니다. 하나님의 말씀인 성경의 창세기 2, 3장에 '죄가 무엇인지, 그 죄로 인하여 사람이 빠져 들어간 곤궁'이 무엇인지를 명료하게 적시하고 계십니다. "여호와 하나님이 그 땅에서 보기에 아름답고 먹기에 좋은 나무가 나게 하시니 동산 가운데에는 생명나무와 선악을 알게 하는 나무도 있더라… 여호와 하나님이 그 사람에게 명하여 이르시되 동산 각종 나무의 열매는 네가 임의로 먹되 선악을 알게 하는 나무의 열매는 먹지 말라 네가 먹는 날에는 반드시 죽으리라."(창 2:9,16,17) "여자가 그 나무를 본즉 먹음직도 하고 보암직도 하고 지혜롭게 할 만큼 탐스럽기도 한 나무인지라 여자가 그 열매를 따먹고 자기와 함께 있는 남편에게도 주매 그도 먹은지라."(창 3:6)

그것이 인류 죄의 기원입니다. 사람은 그로 인하여 창조 때에 하나님께 부여받은 영광에서 떨어져 타락(墮落)하였습니다. 사람은 그로 인하여 하나님의 말씀하시고 정하신 대로 '사망에 이르게' 되었습니다. "죄의 삯은 사망이요…"(롬 6:23) "그러므로 한 사람으로 말미암아 죄가 세상에 들어오고 죄로 말미암아 사망이 들어왔나니 이와 같이 모든 사람이 죄를 지었으므로 사망이 모든 사람에게 이르렀느니라."(롬 5:12)

그러면 이런 질문을 던짐이 마땅합니다. 곧 '죄로 인하여 사람에게 부과된 형벌로서의 사망'은 무엇을 의미하는가? 몸이 죽어 아예 그 존재 자체가 없어지는 것인가? 성경이 말하는 '죽음'은 그런 차원을 훨씬 뛰어넘습니다. "여호와 하나님이 땅의 흙으로 사람을 지으시고 생기를 그 코에 불어넣으시니 사람이 생령이 되니라."(창 2:7) 하나님께서 지으신 사람은 '몸과 영혼'으로 구성된 존재이며 불멸하는 존재입니다. 인격(人格)이신 하나님의 형상대로 지음 받은 '불멸하는 인격적 존재'입니다. '그 사람'이 죽어도 여전히 '그 사람'으로 영원히 존재하며, 예수님께서 다시 오실 때에는 그 영혼이 다시 육체를 입어 부활하게 됩니다. "이를 기이히 여기지 말라 무덤 속에 있는 자가 다 그의 음성을 들을 때가 오나니 선한 일을 행한 자는 생명의 부활로 악한 일을 행한 자는 심판의 부활로 나오리라."(요 5:28,29)

성경에서 말하는 '죽음, 멸망'은 그 존재의 '멸실(滅失)'이나 말살(抹殺)'을 의미하지 않습니다. 성경에서 말하는 '죽음'은 그 존재의 중단을 의미하는 것이 아니라 '하나님과의 생명 있는 교제 단절'을 의미합니다. 여기서 유의해야 하는 것은 '죽음'이 '하나님과의 관계의 단절'을 의미하지는 않는다는 점입니다. '죄 가운데 있는 인생' 모두 '하나님과의 관계의 현실'을 벗어나 있지 않습니다. 본래 하나님께서 당신의 형상을 따라 사람을 지으실 때에 '하나님과의 의롭고 거룩한 생명 있는 교제'의 대상으로 지으셨고, 사람에게 부여하신 '생명'이 그 교제를 통해서 친히 공급하시는 '생명에 속한 선한 자원'에 의해서 유지되게 하셨습니다. 그런데 '죄'는 '하나님과의 교제의 단절'을 초래하였습니다. 웨스터민스터 신앙고백 제 6장 2항 '죄로 인한 형벌'에 대해서 이렇게 규정하고 있습니다. "이 죄로 말미암아 그들(아담과 하와)은 원의(原義)를 상실하여 하나님과의 교제에서 끊어졌다. 그래서 죄로 죽게 되어 영과 육의 모든 지체들과 기능들이 전적으로 죄로 오염되었다." 이어 3항에서는 아담의 죄가 모든 후손들에게 유전되고 그 죄책도 함께 전가되었음을 명시하였습니다. "그들은 모든 인류의 뿌리이므로 이 죄의 책임이 후손들에게 전가되었다. 또한 죄 안에 있는 동일한 죽음과 부패한 본성도 결혼 관계를 통해서 출생하는 그들의 모든 후손들에게 유전되었다." 그래서 모든 인류는 죄와 그로 인한 부패한 본성으로 악을 행하고 결국 하나님의 무서운 판단 아래 '영원한 사망, 멸망'의 형벌 아래 처하게 된 것입니다.

지옥의 존재는 바로 '죄인을 향한 하나님의 의로운 진노의 불이 꺼지지 않는 곳'입니다. 지옥에 대한 예수님의 말씀을 들어 보십시오. "만일 네 눈이 너를 범죄케 하거든 빼어 버리라 한 눈으로 하나님의 나라에 들어가는 것이 두 눈을 가지고 지옥에 던지우는 것보다 나으니라 거기는 구더기도 죽지 않고 불도 꺼지지 아니하느니라 사람마다 불로서 소금 치듯 함을 받으리라."(막 9:45-47)

모든 인간이 처한 참상이 그러합니다. 본성적으로 거기서 자유로운 자는 하나도 없습니다. "기록한바 의인은 없나니 하나도 없으며."(롬 3:10)

그러므로 진정한 '구원'은 '죄와 죄로 인하여 형벌로 부과되고 또 빠져든 모든 파멸'로부터 인간을 구출하여 내는 것입니다. 신학적으로 성경에서 말하는 구원은 소극적으로는 '죄와, 그 죄의 책임(형벌)과 죄의 오염과 죄의 세력'에서 사람을 온전하게 구하여 내는 것입니다. 적극적으로는 사람을 '죄와는 상관없고 다시는 죄로 떨어질 염려가 없는 완전한 의인(義人)'으로 세우는 데까지 나아가는 구원입니다. "우리로 사랑 안에서 그 앞에 거룩하고 흠이 없게 하시려고 그 기쁘신 뜻대로 우리를 예정하사"(엡 1:4,5) "하나님이 미리 아신 자들을 또한 그 아들의 형상을 본받게

하기 위하여 미리 정하셨으니."(롬 8:29)

그 구원하는 일을 누가 합니까? 사람 자신이 한다는 것은, 마치 '물에 빠져 허우적이며 익사(溺死)의 위기에 처한 사람이 스스로 분발하여 자신을 그 위기에서 구출한다'는 말이나 같은 모순입니다. 그러므로 거기서 사람을 구원할 자는 동일한 죄 중에 있는 이들 중에서는 전혀 나올 수 없습니다. 여러 종교들과 철학적이고 도덕적인 교훈들이 사람을 '죄'에서 건져 내는 일은 전혀 불가합니다. 그들은 '인간이 처한 곤경'의 실상인 '죄'의 실체마저 알지 못합니다. 인간의 곤경의 근본을 알지 못하면서 어떻게 '구원'을 말할 수 있습니까? 말한다 해도 과녁을 모르고 화살을 날리는 궁사와 같은 헛수고일 뿐입니다.

구원은 '오직 천지만물과 인생을 지으신 하나님께서만' 하실 수 있습니다. 여기서 '하실 수 있다'고 한 것은 '하나님의 주권'을 염두에 둔 말입니다. 인간을 구원하시는 일은 '하나님의 의무사항'이라고 여기지 말아야 합니다. 흔히 '사람을 구원하시는 하나님의 당위적 의무'를 기정사실로 여기는 풍조가 없지 않습니다. 하나님께서는 당신을 거스르고 대적하여 불순종하여 각종 불의와 악에 빠진 인간을 '구원할 책임이나 의무'를 가지신 것이 아닙니다.

그러나 놀랍게도 '긍휼에 풍성하신' 전지전능하신 하나님께서는 당신의 백성을 불쌍히 여기시어 구원하실 뜻을 창세전에 세우셨습니다(엡 1:3-5). 그리고 그 뜻의 실행이 바로 '하나님의 아들 예수 그리스도의 구속(救

---

4) 이 어휘는 원어로 '아폴뤼트로시스'인데 로마서를 이해하는 데 매우 중요한 어휘다. 그 말은 본래 노예제도 아래서 쓰였는데, 노예를 사고 팔 때 지불하는 대가를 가리켰으나 나중에는 노예를 해방시켜 자유인으로 만들려 할 때 지불하는 '몸값'을 가리키는 말로 쓰였다. 그래서 어떤 경우에는 이 말이 죄를 사면하기 위하여 지불하는 돈이나 금속을 가리키는 '속전(贖錢)'으로도 쓰였다. 그래서 영어로는 redemption으로나 ransom으로 번역된다. 우리가 앞으로 알아보겠지만, 로마서 3:24에서 우리 구주의 십자가 대속(代贖)의 전체 과정을 표현하기 위하여 이 말을 썼다.

贖), 또는 속량(贖良)⁴⁾'입니다. 그래서 사도는 "내가 복음을 부끄러워하지 아니하노니 이 복음은 모든 (예수 그리스도를 주로) 믿는 자에게 구원을 주시는 하나님의 능력이라" 한 것입니다.

"**하나님의 능력.**" 하나님께서는 전능하심으로 모든 일을 하십니다. 그 전능하심으로 천지를 창조하시고 그 창조하신 만물을 통치하시고 섭리하십니다. 그러나 사도는 여기서 독특하게 '복음에 나타난 하나님의 능력'을 말합니다. 어떤 교훈이나 이론이든지 그 실효성(實效性)은 그것을 적용함으로 얻어지는 유익의 실상으로 입증되는 것이지요. 아무리 대단한 것을 약속하는 교훈이나 이론도 실제 적용한 사람들에게 그 약속하는 열매를 보이지 않는다면 그것은 허구(虛構)에 불과합니다. 역사상 수많은 교훈들과 이론들이 나와 사람들에게 가져올 행복을 약속하며 큰 소리를 쳤습니다. 그러나 실제 적용한 결과 그것의 허구성이 드러나고 말았습니다. 그러나 복음은 다릅니다. 복음은 진정 '믿는 모든 이들에게 구원을 주시는 하나님의 능력'입니다. 복음을 믿지 않는 이들에게는 그 복음이 약속하는 구원의 영광에 이를 수 없습니다. 그러나 믿는 이들에게는 '구원'이 주어집니다. 그 '구원'을 하나님께서 주십니다. 곧 복음은 '모든 믿는 자들을 죄에서 구원하시는 하나님의 능력'의 교리체계입니다. 복음은 실효성은 없는 하나의 가상적인 이론이 아니라 '믿는 자를 완전하게 구원하시는 하나님의 실제 행사'입니다. 그 이유를 다음 17절에서 말합니다.

"**1:17복음에는 하나님의 의가 나타나서 믿음으로 믿음에 이르게 하나니 기록된바 오직 의인은 믿음으로 말미암아 살리라 함과 같으니라.**" 원어의 이 문장에 이유 접속사, '왜냐하면(γάρ)'이 나옵니다. 여기서 우리는 '의(義)'라는 말을 만나게 되니 '의'에 대한 성경적인 개념 정리를 해 두어야 합니다. '의'란 말 자체는 '거룩하고 선하고 올바르고 참되고 정직한 마음과 그 행실'을 가리키는 말입니다. 그런데 문제는 무엇이 '의'의 표준과 시금석입니까? 성경에서는 단연 하나님 자신이 '의의 표준'이십니다. 창세기 1장에 창조의 과정이 진술되고 있는데, 거기 보면 "하나님이 보시기에 좋았더라, 하나님의 보시기에 심히 좋았더라."(창 1:4,10,12,18,21,25,31)라는 표현이 있습니다. '하나님의 보시기에 좋은 것'이 '거룩하고 선하고 의롭고 참되고 아름답고 영화로운 것'입니다. 하나님 외에 '의의 표준'이 따로 있어 하나님께서 그 '의의 기준'에 복종하시는 것이 아닙니다. 그런 식으로 생각하면 하나님을 통제하는 다른 것이 하나님 밖에 있다는 말이 되어 '스스로 계신 하나님'의 고유성을 저해합니다. 의로우신 하나님 자신이 '하나님 자신의 의의 기준'이십니다. 하나님께서는 자신을 거스르거나 속이지 않으십니다. 그래서 항상 의로우십니다.

피조물의 경우에 '의'는 '의로우신 하나님께 순종하고 일치하는 것'입니다. 하나님께서는 사람이 당신께 순종하고 일치하려 할 때 표준으로 삼을 것을 제시하여 주셨습니다. 에덴동산에서 아담과 하와에게 '동산 중앙에 생명나무와 선악을 알게 하는 나무'를 주시고 그것으로 하나님을 순종하는지의 여부를 달아 볼 시금석으로 주셨습니다. "여호와 하나님이 그 사람에게 명하여 이르시되 동산 각종 나무의 열매는 네가 임의로 먹되 선악을 알게 하는 나무의 열매는 먹지 말라 네가 먹는 날에는 반드시 죽으리라 하시니라."(창 2:16,17) 그것이 아담과 하와의 '의의 표준과 시금석'이었습니다. 그들이 그것을 어겨 결국 죄를 짓고, 하나님께서 자신들에게 부여하신 영광의 수준에서 떨어지게 되었습니다. 그것이 '인간 타락(墮落)'의 전모입니다.

그러나 하나님께서는 모세를 통하여 '율법'을 주시어 '하나님을 순종하는 의의 표준'이 되게 하셨습니다. 그러므로 사람이 '율법의 정신과 그 요구를 완전하게 만족시키면' 그 사람은 '의로운 사람'이 되는 것입니다. 그러나 "의인은 없나니 하나도 없도다."(롬 3:10). 그러니 모든 인생은 본질상 율법으로 말미암아 '하나님의 정죄 아래 있어 그 형벌을 영원히 받아야 할 자리'에 처하여 있습니다. "우리가 알거니와 무릇 율법이 말하는 바는 율법 아래에 있는 자들에게 말하는 것이니 이는 모든 입을 막고 온 세상으로 하나님의 심판 아래에 있게 하려 함이라."(롬 1:19) 이 문제는 앞으로 로마서 강해를 계속해 가면서 더 상세하게 다루어질 것입니다.

"복음에는 하나님의 의가 나타나서." 사도는 여기서 로마서 전체에서 다룰 복음의 요지의 중심을 말하고 있습니다. 사도는 함축적으로 강한 어조로 말합니다. '복음이 모든 믿는 자들에게 구원을 주시는 하나님의 능력이 되는 이유는 복음에 하나님의 의가 나타났기 때문이다.' 여기서 말하는 '하나님의 의'를 문맥 속에서 얼른 이해하기가 그리 용이하지 않습니다. 필자가 로마서 강해를 할 때마다 듣는 이들에게 '이 대목이 어렵지 않느냐'고 물으면 늘 '어렵다'고 대답하였습니다. 그러나 우리는 문맥에 따라 이해하려고 애를 써야 합니다. 앞에서 말한 대로 '복음이 모든 믿는 자들에게 구원을 주시는 하나님의 능력이 되는 이유는 복음에 나타난 하나님의 의' 때문임에 착안해야 합니다. '의'가 없는 죄인을 위하여 예비된 '하나님의 한 의가 복음에 나타났다'는 말이 되는 것입니다. 그러니 여기서 '복음에 나타난 하나님의 의'는 죄인을 정죄하는 공의의 표준이 아닙니다. '죄인을 하나님 앞에서 의인으로 여겨지게 하려고 특별하게 예비된 한 의의 체계'입니다. 그것이 사람으로 말미암지 않고 오직 하나님께서 예비하시고 하나님으로부터 제출되었습니다. 그래서 그 '하나님의 의가 복음에 나타났다'고 표현한 것입니다.

자, 여기서 우리가 반드시 유념해야 하는 것은 로마서의 논지가 단순한 인과의 논리가 아니란 말입니다. '법정적(法廷的, forensic) 성격'을 띤 논리임을 명심해야 합니다. 그러니 로마서를 공부할 때 항상 마음에 '하늘에 있는 하나님의 심판 법정'을 연상하는 것이 좋습니다. 그 법정 앞에 우리 모두가 서 있다는 것을 전제해야 합니다. 사실 '의'라는 말 자체가 벌써 '하나님의 판단'을 전제한 개념입니다. 옳고 그름을 판단하는 완전한 권위를 가지신 분이 하나님 자신인데 그분이 보실 때 '완전한 의'가 있는 사람만이 '의롭다' 하는 하나님의 판결을 받아 낼 수 있습니다. 그러니 "복음에 하나님의 의가 나타났다"는 표현은 대단한 표현입니다. '복음 안에 하나님의 판단 법정에서 죄인으로 하여금 당당하게 의롭다 여기심을 받게 하는 의를 하나님께서 예비하시고 제출하셨다'는 식입니다. 하나님의 판단 법정에서 '의롭다'는 판결을 받아내기에 합당한 체계가 아니면 사람에게 '복된 소식'일 수 없습니다. 죄에 빠져 있는 인간 스스로 그런 의를 하나님의 법정에 제출할 자가 누구입니까? 그런데 하나님께서 당신의 법정에서 죄 밖에 없는 사람을 '의롭다'는 판결을 받아내게 할 '의의 체계'를 하나님께서 친히 예비하시고 제출하셨다니 이것을 능가하는 또 다른 복된 소식이 무엇입니까? 영어역본들에서는 이 부분을 'righteousness of God'(KJV, NAS)이라고 읽기도 하고 'righteousness from God'(NIV)이라고 읽기도 합니다.

하나님이 주도하시고 완성하시어 계시하시고 실행하시어 '하나님의 법정에 서 있는 죄인으로 의롭다 하심을 받게 하는 실효성(實效性)을 가진 의로우신 하나님의 행사와 그 체계' - 그것이 바로 '복음에 나타난 하나님의 의'의 정체입니다. 그 '하나님의 의'는 사람에게 '전가(轉嫁)될 의'입니다. 사도는 성령님의 감동하심과 지혜주심을 따라 바로 그것의 구체적인 내용을 이 로마서에서 논리적으로 간추려 주고 싶어합니다.

'로마서를 바르게 읽는다' 함은, 바로 로마서에 나타난 사도의 논리를 따라 '하나님께서 죄인을 구원하시는 방식에 대한 원만한 이해를 가진다' 함입니다. 물론 로마서의 논리가 로마서 한 책에 국한되는 것이 아니라 성경전체의 논리입니다. 그래서 로마서가 성경해석의 '마스터 키'이며, 성경전체가 로마서 논리로 축약되었습니다. 그래서 로마서의 논리를 알면 성경이 이전과는 다른 깊이로 읽혀지는 놀라운 체험을 하게 되며, 성경을 아는 지식의 파편(破片)들이 로마서의 논리 속에서 '하나의 유기적 몸(one organic body)'을 구성하게 됩니다. 다른 말로 해서 이전에는 서로 별개로 동떨어져 있던 성경 지식들이 서로 연관을 가진 하나의 논리 체계를 형성하게 된다는 말입니다. 하나님께서는 이 로마서를 통하여 '백성을 구원하시는 하나님의 복음의 교리 체계'를 간추려 놓으시고, 당신의 백성들로 하여금 로마서를 학습하여 복음에 대한 선명한 이해를 갖게 하셨다고 해야 합니다. 그러므로 이 로마서를 바르게 공부할 때 성령님의 기름 부으심으로 가르쳐 주심이 반드시 함께 함을 믿어야 합니다.

"믿음으로…" 복음의 은혜는 '믿음'을 통하여만 그 사람에게 전달됩니다. "믿음이 없이는 하나님을 기쁘시게 하지 못하나니."(히 11:6) 저수지에 가득한 물도 관개시설(灌漑施設), 곧 논에 물을 대기 위하여 설치된 수로를 통하여 논에 공급됩니다. 아무리 가까이 있는 논이라도 그 수로가 막혀 있으면 물이 공급되지 않고 마릅니다. 가룟 유다가 예수님을 경험하는 데 다른 제자들과 조금도 차이가 없었습니다. 그러나 구원의 은혜가 그에게는 들어가지 못했습니다. 그 이유는 '믿음'이 없었기 때문입니다. 그러니 아무도 '믿음이 없이는 구원받지 못한다'는 논리가 서는 것입니다.

"믿음에 이르게 하나니." 사도는 로마서에서 계속 '믿음'을 강조합니다. 그런데 여기 "믿음에서 믿음에 이르게 하나니"라는 표현은 실로 여기서만 발견되는 매우 독특한 표현입니다. 우리 생각으로는 '믿음에서 시작하여 지혜나 지식에 이른다'고 해도 좋을 듯해 보이고, 성경에는 사실 그러한 식의 논리를 전혀 배제하지 않고 있습니다. "우리가 다 하나님의 아들을 믿는 것과 아는 일에 하나가 되어."(엡 4:13) 그러나 사도는 여기 '복음의 대 체계'인 로마서에서는 '믿음'을 전편에 대 전제로 말하고 있습니다. '복음의 은혜'는 처음부터 끝까지 '믿음'을 방편으로 해서 그 믿음의 장본인에게 주어짐을 강조하기 위하여 "믿음에서 믿음에 이르게 하나니"라고 표현합니다. 우리가 그리스도를 믿음으로 그리스도를 아는 지식에 이르게 됩니다. 그렇게 도달한 그리스도를 아는 지식도 여전히 '그리스도를 믿는 믿음의 큰 범주 속에 들어 있는 셈'입니다.

그런데 우리가 여기서 이와 관련하여 생각할 문제가 있습니다. '복음의 혜택, 곧 복음에 나타난 하나님의 의'가 '오직 믿음으로 말미암아 그 사람에게 전가된다'는 것은 어떤 이론을 배제합니까? '복음의 은혜가 그 사람의 의사와 관계없이 모든 인류 전체에게 자동적으로 전가된다'는 식의 '인류 보편구원론(universalism)'5)의 이론입니다. 만일 보편구원론이 성경적

---

5) 이 이론대로라면 모든 인류는 한 사람도 예외 없이 구원받는다는 말입니다. 그러면 성경에서 '멸망과 지옥의 영원한 형벌'을 말하는 것은 '없는 지옥을 있는 것같이 말하는' 허구적인 수사법을 썼다는 말이 되는 것입니다. 하나님께서 순전히 '허구적인 위협'을 하셨다는 말이 됩니다. 또 이 '보편구원론'은 하나님의 자비와 사랑을 크게 높여 말하는 것 같으나 '하나님의 공의를 말살해 버렸고, 하나님을 사람 같이 '없는 것을 있는 것 같이 말하여 괜하게 공포심을 유발하는 악 취미를 가진 신으로 치부하는' 망상에 불과하다.

이라면, 성경은 스스로 모순을 범하는 책으로 오래 전에 그 신망을 상실했을 것입니다. 성경에서 그렇게 줄기차게 말하는 '복음 전도'의 긴박성이나, '땅 끝까지, 만민에게 복음을 전할 필요'에 대한 줄기찬 강조는 자체 모순이 되는 것입니다. 만일 보편구원론이 옳다고 주장하는 이들은 그 내면에 '하나님은 모든 인류를 구원하여 내셔야 마땅하다'는 식의 전제를 깔고 있습니다. 그런 의식은 벌써 성경에 나타난 '하나님의 공의(公義)의 법'을 저해하는 것입니다. 앞에서도 지적하였지만 하나님께서는 '반드시 인류를 구원하실 의무나 책무'를 가지신 분이 아닙니다. 옳은 것을 따지자면 하나님께서 모든 인류를 공의의 요구대로 다 멸하셔야 합니다. 그 논리대로라면 역사(歷史)는 이미 끝이났어야 했습니다.

하나님께서는 사람을 불쌍하게 여기시어 구원하시려 뜻을 정하시고 실행하시고 그 복음의 은택을 주시려할 때 '믿음의 통로'만을 통해서 주십니다. 하나님께서 우리에게 가장 우선하여 '믿음'을 요구하십니다. 예수님께서 당신께 나와 은혜를 구하는 이들에게 은혜를 베푸실 때 항상 믿음을 통해서였습니다. "예수께서 집에 들어가시매 맹인들이 그에게 나아오거늘 예수께서 이르시되 내가 능히 이 일 할 줄을 믿느냐 대답하되 주여 그러하오이다 하니 이에 예수께서 그들의 눈을 만지시며 이르시되 너희 믿음대로 되라 하시니 그 눈들이 밝아진지라."(마 9:28-30) "열두 해 동안이나 혈루증으로 앓는 여자가 예수의 뒤로 와서 그 겉옷 가를 만지니 이는 제 마음에 그 겉옷만 만져도 구원을 받겠다 함이라 예수께서 돌이켜 그를 보시며 이르시되 딸아 안심하라 네 믿음이 너를 구원하였다 하시니 여자가 그 즉시 구원을 받으니라."(마 9:20-22) 하나님께서 우리에게 은혜와 자비와 긍휼의 구원을 베푸시되 오직 '믿음'으로 말미암습니다. 그래서 "믿음이 없이는 하나님을 기쁘시게 하지 못하나니 하나님께 나아가는 자는 반드시 그가 계신 것과 또한 그가 자기를 찾는 자들에게 상주시는 이심을 믿어야 할지니라."(히 11:6) '믿음'은 하나님께서 자기를 위해서 베푸시는 구원의 은혜의 방식 전체를 신뢰하는 '믿음'입니다.

"기록된 바." 여기서 '기록된 바'는 '구약성경'을 가리키는 신약적 표현입니다. 사도 바울은 이미 로마서 1:2에서 "이 복음은 하나님이 선지자들을 통하여 그의 아들에 관하여 성경에 미리 약속하신 것이라"고 말한 바 있습니다. 사도가 증거하는 복음의 정당성은 구약성경의 기록으로 입증되었습니다. 그래서 사도는 예수 그리스도의 복음을 구약성경을 풀어 증거하였습니다. "바울이 자기의 관례대로 그들에게로 들어가서 세 안식일에 성경(구약성경)을 가지고 강론하며 뜻을 풀어 그리스도가 해를 받고 죽은 자 가운데서 다시 살아나야 할 것을 증언하고 이르되 내가 너희에게 전하는 이 예수가 곧 그리스도라 하니."(행 17:2,3) "바울이 아침부터 저녁까지 강론하여 하나님의 나라를 증언하고 모세의 율법과 선지자의 말을 가지고 예수에 대하여 권하더라."(행 28:23) '모세의 율법과 선지자의 말'은 바로 우리가 알고 있는 구약성경입니다.

"오직 의인은 믿음으로 말미암아 살리라 함과 같으니라." 이 대목은 하박국 2:4에서 인용한 말씀입니다. "의인은 그의 믿음으로 말미암아 살리라." 하박국서에서 이 말씀이 어떤 맥락 속에서 나왔는가를 살피는 것은 유익합니다. 하박국은 자기 나라 유다의 백성들의 악행 때문에 심히 괴로웠습니다. "여호와여 내가 부르짖어도 주께서 듣지 아니하시니 어느 때까지리이까 내가 강포로 말미암아 외쳐도 주께서 구원하지 아니하시나이다 어찌하여 내게 죄악을 보게 하시며 패역을 눈으로 보게 하시나이까 겁탈과 강포가 내 앞에 있고 변론과 분쟁이 일어났나이다 이러므로 율법이 해이하고 정의가 전혀 시행되지 못하오니 이는 악인이 의인을 에 워쌌으므로 정의가 굽게 행하여짐이니이다."(합 1:2-4) 그에 대한 하나님의 응답은, '아무도 대항할 자가 없도록 갈대아 사람들로 혁혁한 세력을 가지게 하여 유다의 악행을 징치할 것이라'(합 1:5-11)는 요지였습니다. 그러나 하박국은 그 하나님의 응답에 대하여 만족하지 않고 도리어 또 다른 고민이 생겼습니다. 하박국이 보기에 하나님을 모르고 할례 받지 못한 이방 족속들에 비하면 그래도 유다가 더 의로워 보이지 않는가? "주께서는 눈이 정결하시므로 악을 차마 보지 못하시며 패역을 차마 보지 못하시거늘 어찌하여 거짓된 자들을 방관하시며 악인이 자기보다 의로운 사람을 삼키는데도 잠잠하시나이까?"(합 1:13) 그에 대한 하나님의 응답이 2장에 기록되어 있습니다. "이 묵시는 정한 때가 있나니 그 종말이 속히 이르겠고 결코 거짓되지 아니하리라 비록 더딜지라도 기다리라 지체되지 않고 반드시 응하리라 보라 그의 마음은 교만하며 그 속에서 정직하지 못하나 의인은 그의 믿음으로 말미암아 살리라."(합 2:3,4)

그러니 하박국은 그 일로 인하여 하나님을 믿고 순종한다는 것이 무엇인지를 선명하게 학습한 셈입니다. 하박국의 눈으로는 '하나님께서 잠잠히 계시며 마치 아무 일도 하지 않으시는 것 같아' 보였습니다. 그러나 하박국의 눈에 무엇이 보이거나 말거나, 사람들의 악이 판을 치고 있는 상황 때문에 하나님께 대한 믿음과 소망을 던지지 말아야 한다는 것입니다. "이 묵시는 정한 때가 있나니 그 종말이 속히 이르겠고 결코 거짓되지 아니하리라 비록 더딜지라도 지체되지 않고 반드시 응하리라."(합 2:3) 그럼에도 불구하고 불신자들은 "그 마음이 교만하며 그 속에서 정직하지 못하나"(합 2:4), 의인(믿음의 사람들)은 그 하나님의 완전하심과 작정하신 뜻의 계시인 말씀(묵시)이 반드시 이루어짐을 믿습니다. 그러니 믿음은 자기의 신실성 이전에 하나님의 완전하심과 그 뜻대로 행하심을 주목하며 자기를 거기에 던지는 것입니다. 여기서 '이 묵시'란 하나님께서 예정하시고 실행하심에 대한 계시의 말씀입니다. 곧 성경입니다. 성경의 핵심적 주제는 '그리스도와 그 이루신 구속의 은혜를 통해서 주시는 구원(영생)'입니다.

하나님께서 하박국에게 말씀하신 것입니다. '현실의 문제가 네 눈에 어떻게 보이더라도 오직 말씀대로 이루시는 구원의 은혜'를 바라보고 거기서 위로와 힘을 얻으라는 말씀입니다. 그래서 하박국은 '그런 믿음'으로 기가 막힌 상황에서 자신을 세웁니다. "비록 무화과나무가 무성하지 못하며 포도나무에 열매가 없으며 감람나무에 소출이 없으며 밭에 먹을 것이 없으며 우리에 양이 없으며 외양간에 소가 없을지라도 나는 여호와로 말미암아 즐거워하며 나의 구원의 하나님으로 말미암아 기뻐하리로다."(합 3:17,18)

로마서는 우리의 영적 현실, 죄로 말미암아 하나님의 진노 아래 있는 우리의 곤경이 어떠해도 '믿음으로 우리를 위하시는 하나님의 구원의 행사'를 주목하고 자신을 거기에 맡기는 믿음을 처음부터 강조합니다. 그 믿음을 통해서 '하나님의 의의 효력'이 우리에게 전가되어 하나님께서 의도하시는 구원이 우리 믿는 자 각 자 속에서 실제로 일어나는 것입니다.

로마서는 우리가 '하나님께 무엇을 행해야 하느냐'가 아니라 '하나님께서 우리를 위해서 무엇을 하셨고 또 하시고 하실 것인지에 믿음의 시선을 두는 법'을 줄기차게 가르치고 있습니다. 그렇다고 로마서는 '우리가 하나님께 무엇을 행할 것인지'에 대해서는 침묵한다는 말이 아닙니다. "그러므로 형제들아 내가 하나님의 모든 자비하심으로 너희를 권하노니 너희 몸을 하나님이 기뻐하시는 거룩한 산 제물로 드리라 이는 너희가 드릴 영적 예배니라."(롬 12:1) 문제는 그런 우리의 행함의 문제가 '믿음' 이전에 있지 않고 '믿음' 이후에, 또 '믿음으로 말미암아' 따라와야 합니다. 흔히 완전한 구원은 로마서의 믿음과 야고보서의 행함을 더함으로 이루어진다고 이해합니다. 야고보서는 '로마서가 말하는 구원받을 만한 바른 믿음의 표지'를 말하는 것이지 '로마서가 말하는 믿음에다가 더해야 할 행위'를 말하는 것이 아닙니다. 행함의 문제는 '별개의 행함'의 문제가 아니라 '믿음으로 말미암은 순종'의 문제입니다.

"복음에는 하나님의 의가 나타나서 믿음으로 믿음에 이르게 하나니 기록된 바 오직 의인은 믿음으로 말미암아 살리라 함과 같으니라." 사도는 이 로마서의 '주제 진술' 안에 함축되어 있는 내용을 1:18 이후부터 논리적으로 확대 설명해 나갑니다.

part **2**

인간이 처한
곤경의 실상

사도는 로마서에서 복음이 구원을 주시는 하나님의 능력임을
역설力說합니다. 그 역설은 인간의 곤경의 실상에 대한 적확한
진단을 포함하고 있습니다. 그것을 알지 못하고서는 구원을 주
시는 하나님의 능력으로서의 복음의 영광이 눈에 들어올 리 없
습니다.

인간의 곤경은 자기를 지으시고 조성하시고 판단하시는 하나
님과 원수관계, 또는 하나님의 공의로운 분노의 대상이라는 참
담한 현실에 있습니다. 이 곤경에서 벗어나지 않고서 '인간의 행
복'에 대하여 논하는 것은 전혀 의미 없는 일입니다. 마치 사형
판결을 받고 집행일만 남아 있는 자의 '행복'에 대하여 논하는
것과 무엇이 다를 바 있습니까? 사람의 육체의 생명의 끝이 모
든 것의 끝이라 해도 그러려니와 불멸하는 영혼을 가지고 있으
며 하나님의 엄중한 심판을 받아 영원한 형벌의 장소인 지옥에
떨어질 판인데 더 말해 무엇하겠습니까?

사도는 성령님의 인도하심을 따라 로마서 1:18-3:20에서 하나
님의 진노 아래 있는 인간의 참담한 실상을 파헤칩니다.

09

하나님의 진노

1:18 하나님의 진노가 불의로 진리를 막는 사람들의 모든 경건하지 않음과 불의에 대하여 하늘로부터 나타나나니

1:19 이는 하나님을 알 만한 것이 그들 속에 보임이라 하나님께서 이를 그들에게 보이셨느니라

1:20 창세로부터 그의 보이지 아니하는 것들 곧 그의 영원하신 능력과 신성이 그가 만드신 만물에 분명히 보여 알려졌나니 그러므로 그들이 핑계하지 못할지니라

1:21 하나님을 알되 하나님을 영화롭게도 아니하며 감사하지도 아니하고 오히려 그 생각이 허망하여지며 미련한 마음이 어두워졌나니

1:22 스스로 지혜 있다 하나 어리석게 되어

1:23 썩어지지 아니하는 하나님의 영광을 썩어질 사람과 새와 짐승과 기어다니는 동물 모양의 우상으로 바꾸었느니라

로마서는 논리적 진술임을 앞에서 여러 차례 지적한 바 있습니다. 이제 우리가 살펴보려는 대목이 앞의 16, 17절과 논리적으로 연결되어 있음을 유념해야 합니다. 16절에서 사도는 '복음을 부끄러워하지 않는 이유'를 "복음은 모든 믿는 자에게 구원을 주시는 하나님의 능력이기 때문이라"고 진술하였습니다. 그리고 16절의 그 진술에 대한 이유를 17절에서 말하고 있습니다. "왜냐하면 복음에 하나님의 의가 나타나서 믿음으로 믿음에 이르게 하기 때문이라." 그리고 그 요점은 이미 구약의 하박국을 통해서 예표되었음을 예증합니다. 그 논리적 추이가 18절에서도 계속됩니다.

"**1:18하나님의 진노가 불의(不義)로 진리를 막는 사람들의 모든 경건하지 않음과 불의에 대하여 하늘로부터 나타나나니.**" 이 진술은 이유 접속사 '왜냐하면'으로 시작됩니다. 영역본 NIV에서는 생략되어 있으나 KJV에서는 헬라 원어대로 이유 접속사 For를 살리고 있습니다. 17절과 18절의 논리의 고리를 이렇게 지적할 수 있습니다. '복음에 나타난 하나님의 의(義)' 때문에 복음이 구원을 주시는 능력이 되는 이유는 바로 하나님의 진노의 실상 때문이다. 경건치 않음과 불의에 대하여 하늘로부터 나타나는 '하나님의 진노 아래 있는 인간의 곤경'을 복음에 나타난 하나님의 의가 아니면 무엇으로 해소시킬 수 있겠는가! 그러니 복음에 나타난 하나님의 의야 말로 복음으로 복음되게 하는 요점이다.'

그렇게 하여 로마서의 구조가 '복음에 나타난 하나님의 의'와 '모든 사람들의 경건치 않음과 불의에 대하여 하늘로부터 나타나는 하나님의 진노' 사이의 대항 논리로 이어지는 것입니다. 진정 사람은 궁극적으로 그 '하나님의 진노'와 '복음에 나타난 하나님의 의'라는 두 실상 중 어느 한 편에 속하기 마련입니다. 그래서 그 사람이 영원히 복되기도 하고 영원히 저주 아래 있기도 합니다. 이런 긴장이 로마서 전편에 흐르고 있습니다. 아니 성경전서가 그러합니다. 사람은 누구나 본성적으로는 '하나님의 진 노' 아래 처하여 있습니다. 그것이 죄 가운데 있는 인간이 처한 곤경의 참 상입니다. 그러나 '복음에 나타난 하나님의 의'라는 피난처가 있습니다. 그 '하나님의 의'는 '하나님의 진노'를 가리는 우산입니다.

"**하나님의 진노.**" 이는 문자적으로 하면 '하나님의 공의로운 분노'입니다. 문맥 속에서 그 '하나님의 진노'가 '법정적인 정죄의 판결과 그에 따른 응분의 형벌을 부과하시는 하나님의 처사'로 이해되어야 합니다. 사도가 여기서 말하는 '하나님의 진노'는 '징계'와는 차원이 다른 것입니다. '징계' 는 아버지와 자녀 사이에 오가는 일이고, 이 본문의 '하나님의 진노'는 하 나님께서 보좌에 앉으시어 재판장으로 판단하시고 그 형벌을 시행하시 는 하나님의 처사입니다. 그 '하나님의 진노'가 가라앉지 않고 영원토록 지속되는 곳이 바로 '지옥'입니다. "몸은 죽여도 영혼은 능히 죽이지 못하 는 자들을 두려워하지 말고 오직 몸과 영혼을 능히 지옥에 멸하실 수 있 는 이를 두려워하라."(마 10:28)

"… **하늘로부터 나타나나니.**" 여기서 '하늘'은 '그 중앙에 하나님의 보 좌가 있는 처소'입니다. 필자가 로마서를 강해하거나 공부하는 과정에서 듣는 이들에게 '하늘'이 '실제적인 장소냐 아니면 고고한 영적 개념이냐?' 고 질문을 던져 보았습니다. 그런데 그 질문을 받은 이들이 금방 대답을 못하고 머뭇거리는 것을 보았습니다. 또 하늘을 '고고한 영적인 개념'정도로 이해하려는 이들이 적지 않았습니다. 물론 그냥 묻지 않고 학습을 위해서 선택할 문항을 제시하니 그 함정에 빠진 경우도 있을 것입니다. 그러나 많은 이들이 '하늘'을 '실제적인 장소'로 보다는 막연하게 '높은 데' 정도로만 이해하고 있는 것이 사실입니다. 여기서 사도가 '하늘'이라고 할 때 '실제 존재하는 장소'임에 분명합니다. 성경에서 '하늘'은 그 중심에 '하나님의 보좌'가 있고 영적 존재들이 그 보좌를 중심하여 주어진 자리에서 섬기는 영적인 실제 장소입니다. "내가 곧 성령에 감동되었더니 보라 하늘에 보좌를 베풀었고 그 보좌 위에 앉으신 이가 있는데 앉으신 이의 모양이 벽옥과 홍보석 같고 또 무지개가 있어 보좌에 둘렸는데 그 모양이 녹보석 같더라 또 보좌에 둘려 이십사 보좌들이 있고 그 보좌들 위에 이십사 장로들이 흰 옷을 입고 머리에 금관을 쓰고 앉았더라."(계 4:2-4) "내 아버지 집에 거할 곳이 많도다 그렇지 않으면 너희에게 일렀으리라 내가 너희를 위하여 거처를 예비하러 가노니."(요 14:2) "만일 땅에 있는 우리의 장막 집이 무너지면 하나님께서 지으신 집 곧 손으로 지은 것이 아니요 하늘에 있는 영원한 집이 우리에게 있는 줄 아느니라."(고후 5:1)

"하나님의 진노가 … 하늘로부터 나타나나니." 그러니 이 대목을 이렇게 이해할 수 있습니다. '하늘 보좌에 앉으신 이가 왕권과 함께 재판권을 가지시고 그 하늘 법정 앞에 나온 자의 경건치 않음과 불의에 대해 분노하시면서 율법의 척도로 정죄하시는 판결을 내리시고 그에 따른 형벌을 시행하신다.'

"… 불의로 진리를 막는 사람들의 모든 경건하지 않음과 불의에 대하여…" 사도는 '불의'와 '진리'를 대항 개념으로 놓고 있습니다. '진리'는 존중 받아야 할 것이므로 그 '진리'를 대항하면 '불의'가 되는 것입니다.

사람들의 죄악성은 바로 그 일을 통하여 입증되는 것입니다. '진리'는 하나님께서 창조질서 속에 부여하신 '하나님의 보시기에 좋은 선하고 거룩하고 아름답고 의로운 이치'입니다. 그런데 사람들은 이것을 대항하여 거스르고 각종 '경건하지 않음'과 '불의'를 자행합니다.

"경건하지 않음." 매사에 하나님을 부인하거나 무시하고 자기들의 악한 성향대로 행하는 것이 '경건하지 않음'의 실상입니다. 하나님께서 본래 사람을 하나님을 경외하고 교제하는 대상으로 만드셨습니다. 사도는 그같이 죄 가운데 있는 인생의 실상을 '경건하지 않음'이라는 말로 표현한 것입니다.

"1:19하나님을 알 만한 것이 그들 속에 보임이라 하나님께서 이를 그들에게 보이셨느니라."(롬 1:19) 존 칼빈은 그의 「기독교 강요」에서 여기 로마서의 "하나님을 알만한 것"이란 말씀에 입각하여 '인간의 마음에는 본성적 본능으로 주어진 하나님에 대한 의식이 존재한다'고 말하였습니다(제 1권 3장 1항). 하나님께서 사람을 지으실 때 그 본성 속에 그런 의식을 부여하신 것입니다. 칼빈은 그것이 바로 '종교의 씨앗'이라고 보았습니다. 그래서 어떤 문화권에 있든지 사람이 '무종교(無宗敎)'의 상태에 있지 않다는 것입니다. 우상을 숭배하고 미신을 숭상하는 것도 다 이 '종교의 씨앗'에서 나온 것입니다. 만일 사람이 범죄하지 않았더라면 바로 이 '종교의 씨앗'에서 하나님을 경외하는 참된 경건이 발아하였을 것입니다. 그러나 인간이 죄로 말미암아 이 '종교적 본성'도 왜곡되어 버렸습니다.

"1:20창세로부터 그의 보이지 아니하는 것들 곧 그의 영원하신 능력과 신성이 그가 만드신 만물에 분명히 보여 알려졌나니." 하나님께서는 모든 피조물 속에 창조주 되신 당신의 하나님의 영광, 곧 '눈에는 보이지 않는 하나님의 영원하신 능력과 신성(神性)'을 투영하여 놓으셨습니다. 본래 첫 사람 아담과 하와가 나무를 보면 나무를 보는 데서 멈추지 않고 '그 나무를 지으신 이의 능력과 영광'을 생각하는 데로 나아가게 되어 있었습니다. 그러니 범죄하지 않은 상태에서 '경건, 곧 하나님을 아는 정당한 지식 속에서 그 영광을 찬탄하고 경외하고 순종하며 교제하는 실제'가 전혀 어려운 일이 아니었을 것입니다. 그리고 그런 경건 속에서 자신의 존재의 의미와 가치를 인식하는 영화로운 상태에 있었습니다. 그것이 바로 마땅한 인생의 자리입니다. 하나님께서 처음에 그런 인생을 지으셨습니다. 그러나 이제는 하나님의 존재마저 부인하고 대항합니다. 그러니 죄 중에 있는 인간의 참상이 어떠함을 무엇으로 묘사할 수 있겠습니까? "만물보다 거짓되고 심히 부패한 것은 마음이라 누가 능히 이를 알리요마는."(렘 17:9)

"그러므로 그들이 핑계하지 못할지니라." 사람은 자신의 '경건치 않음'의 책임을 하나님께 떠넘기려 합니다. '나는 하나님의 계신 줄을 몰랐다. 알았으면 잘 섬겼을 텐데. 이것을 알게 할 책임은 하나님께 있는 것이 아닌가? 그 책임을 다하지 않으시고 자기를 섬기지 않았다고 문책하는 것은 정말 합당하지 못한 일이다.' 그러나 '하나님을 알만한 것'과 '만드신 만물에 분명하게 계시된 하나님의 능력과 신성'이 여전히 존재하는 한 그런 핑계로 자신을 방어하려는 시도는 도리어 자신의 악함을 더 드러낼 뿐입니다.

이렇게 말하면 또 다른 핑계를 댑니다. '아담이 범죄한 이후 그 후손인 우리는 하나님을 알만한 것이 이전과 같지 않고 만물에 투영된 하나님의 영광을 아는 지각도 예전과 같지 않으니 아담과 하와를 다루듯이 우리를 문책하는 것은 이치에 맞지 않다.' 그러나 여전히 죄 가운데 있는 인간이라도 그 속에 '하나님을 알만한 것'이 있으며 '만물에 계시된 하나님의 능력과 신성'도 여전하기 때문에 그런 항변이 통하지 않습니다. 칼빈은 이점에 대하여 이런 말을 하였습니다. '어느 사람도 몰랐다고 핑계하지 못하게 하시려고 하나님께서는 모든 사람들 속에 자신의 신적 위엄을 알만한 것을 심어 놓으셨다.'(기독교강요 제 1권 3장 1항)

이 요점을 이해하는 데 이런 예도 도움을 줄 만합니다. '빚을 진 자'가 갚을 능력이 없게 되면 그 채무가 그 형편에 따라 자동 면제되거나 줄어드나요? 아닙니다. 그가 갚을 능력이 있든 없든 '채무'는 언제나 동일합니다. 그래서 그 빚을 갚을 때까지 그는 채무 아래 있는 것입니다. 우리가 성경을 읽을 때에 조심해야 하는 것이 이것입니다. 하나님께서 우리에게 요구하시는 '의(義)의 수준'이 아담의 범죄 이후에 그 인간의 능력의 한계에 맞추어 하향 조정되었다고 여기지 말아야 합니다. 만일 그 점에서 분명하지 못하면 하나님의 말씀인 성경과의 접속이 제대로 이루어질 수 없습니다. 하나님은 언제나 변함이 없으시며, 피조물인 우리에 대해 요구하시는 '의의 표준'도 여전합니다. 곧 '하나님의 공의(公義)'는 항상 동일하다는 것입니다. 그러므로 사람은 마땅히 어떤 경우에도 '하나님을 영화롭게' 해야 합니다.

"1:21하나님을 알되 하나님을 영화롭게도 아니하며 감사하지도 아니하고 오히려 그 생각이 허망하여지며 미련한 마음이 어두워졌나니."
이 대목은, 하나님께서 진노를 발하지 않으실 수 없는 인간의 악한 행실의 근원인 '그 사상의 허망과 미련한 마음의 실상'을 보여주고 있습니다. 모든 불의와 악독은 "하나님을 알되 하나님을 영화롭게도 아니하며 감

사하지도 아니하는 데"서 나는 것입니다. 반면에 사람의 선(善)은 '하나
님을 알고 그를 경외하며 감사함으로 섬기는 데'서 나는 것입니다. "여호
와를 경외하는 것이 지식의 근본이거늘 미련한 자는 지혜와 훈계를 멸시
하느니라."(잠 1:7) "여호와를 의뢰하여 선을 행하라 땅에 거하여 그의 성
실로 식물을 삼을지어다."(시 37:3)

하나님을 아는 지식을 가지고 그 영광을 인식하는 사람은 하나님을 높
이지 않을 수 없습니다. 자기의 존재가 그 하나님의 선하신 목적과 경륜
속에서 주어진 것임을 알고, 자기를 위하여 계속 필요한 좋은 모든 것을
공급하시는 하나님의 행사를 상기할 때에 감사하지 않을 수 없습니다.
"하나님을 영화롭게 하고 감사하는 것"이 인간의 마땅한 도리입니다.

"1:22스스로 지혜 있다 하나 어리석게 되어." 거기서 벗어나면 인간은,
사람은 어리석고 미련해지고, 그 생각하는 것이나 행하는 것이 악행일 수
밖에 없습니다. 참 지혜를 버리면 바로 어리석음에 떨어집니다. 이것도 저
것도 아닌 '점이지대(漸移地帶), 혹은 중립지대'는 없습니다. 어리석은 마
음과 생각으로 행하는 모든 것이 다 악하고 추합니다. 그 첫 번째 악은
무엇일까요?

**"1:23썩어지지 아니하는 하나님의 영광을 썩어질 사람과 새와 짐승과
기어다니는 동물 모양의 우상으로 바꾸었느니라."** 죄 가운데 있는 인
간의 악독한 삶의 실상이 원천적으로 '종교의 영역'에서 가장 극명하게 드
러납니다. 그것이 무엇인가요? '경건하지 않음, 곧 우상숭배'의 소행입니
다. 사람에게 있어서 그 사상과 가치관과 행실 전체의 방향과 실제를 주
장하는 왕적 성향은 무엇입니까? 바로 '종교성'입니다. 사도행전 17장에
보면, 바울이 '철학의 발상지요 메카'라 불리는 아덴(아테네)에 갔을 때에

크게 분개한 일이 있었습니다. 무슨 일이었습니까? "바울이 아덴에서 그들을 기다리다가 그 성에 우상이 가득한 것을 보고 마음에 격분하여."(행 17:16) 거기 사는 이들이 다른 이들보다 '철학적인 사고'를 가지고 있으니 모든 것을 '이치와 합리'에 따라 경영하였으리라는 기대를 할 만합니다. 그러나 사도 바울은 정반대의 실상을 목격합니다. 오늘날도 마찬가지입니다. 최첨단 과학과 문명의 이기를 자랑하는 이 시대 사람들의 내면의 의식을 보면 그 시대 아덴 사람들과 전혀 다르지 않습니다. 현대는 컴퓨터로 점을 보는 세대입니다.

'하나님을 알만한 것'이 인간 본성 속에 있는 '종교의 씨앗'이 되어 하나님을 경외하는 경건으로 나아가야 마땅합니다. 그러나 타락한 인간은 '그 하나님을 알만한 것'을 가지고 하나님을 영화롭게 하지 않고 대신 하나님 자리에 "썩어질 사람과 새와 짐승과 기어 다니는 동물 모양의 우상"을 놓고 경배하고 섬깁니다. 인간의 종교사(宗敎史)의 큰 줄기는 우상숭배의 역사입니다. 그래서 고대의 문물을 보여주는 유적(遺跡·遺蹟)들 중에 '우상숭배의 흔적을 보이지 않는 경우'가 거의 없을 정도입니다.

본래 하나님을 경외하도록 인간에게 주신 그 '하나님을 알만한 것'이 타락으로 인하여 '우상을 섬기는 종교성'으로 변이된 것입니다.

'우상숭배'는 하나님을 대적하되, 하나님께서 피조물 전체에 부여하신 질서를 거역하는 악독입니다. 하나님께서는 만물을 지으실 때 질서를 주셨습니다. 사람은 하나님의 형상대로 지음 받은 존재로서 다른 모든 피조물들을 하나님의 뜻에 따라서 다스리고 운용하게 되어 있었습니다. "하나님이 자기 형상 곧 하나님의 형상대로 사람을 창조하시되 남자와 여자를 창조하시고 하나님이 그들에게 복을 주시며 하나님이 그들에게 이르시되 생육하고 번성하여 땅에 충만하라, 땅을 정복하라, 바다의 물고기와 하늘의 새와 땅에 움직이는 모든 생물을 다스리라 하시니라."(창 1:27,28) 그러나 인간은 경배해야 할 오직 유일한 대상으로서의 하나님을 외면하고 자기가 다스리고 운용할 피조물을 자기의 종교의 대상으로 삼는 어리석음을 자행합니다. 그러니 우상숭배의 죄는 모든 죄의 태(胎)입니다. 거기서 모든 거짓과 악독과 누추함과 부정이 나옵니다.

그러므로 '하늘로부터 나타나는 하나님의 진노'가 급하게 임해야 마땅합니다. 다만 하나님의 오래 참으심으로 "악한 일에 관한 징벌이 속히 실행되지 아니하므로 인생들이 악을 행하는 데에 마음이 담대하도다."(전 8:11)

우리가 로마서의 이 대목을 읽으면서 '깊은 정죄감'을 가지지 않을 수 없습니다. 왜냐하면 우리를 포함한 모든 인생은 본성적으로 영광의 하나님만을 경배하고 섬기도록 주신 종교성을 가지고 "썩어질 사람과 새와 짐승과 버러지 형상의 우상"을 만들어 놓고 섬기는 성향을 가지고 있기 때문입니다. '하나님의 말씀'인 성경은 그런 우리의 초상(肖像)을 우리에게 들이댑니다. 그래서 성경은 우리에게 우선하여 평안한 마음보다는 '정죄감과 두려움'을 가지게 합니다. 성경은 우리의 안일한 사고를 탄핵하여 각성하게 합니다. 우리 자신의 경건하지 않음과 불의의 실상을 들추어내고, 그에 대한 '하나님의 엄정한 공의의 심판과 형벌의 현실'을 정면으로 응시하게 합니다.

성경이 우리로 보게 하는 현실을 정직하게 수용하지 않으면, 성경은 우리에게 '더 이상 말하지 않는 책'으로 보이기 시작합니다. 그러므로 우리가 이 대목을 읽으면서 성경이 말하게 하고 그에 정직하게 반응해야 합니다. 만일 '하나님의 진노가 너무 지나치다'는 원망하는 마음을 품고 성경을 배우고 읽는 것은 무의미합니다. 그런 상태로는 '배우고 확신한 일'은 절대 일어나지 않습니다. 우리는 기도해야 합니다. "하나님이여 내 속에 정한 마음을 창조하시고 내 안에 정직한 영을 새롭게 하소서."(시 51:10)

사실 누구나 본성의 죄악적 성향 때문에 성경을 곧이곧대로 받지 않고 '자기에게 좋게 보이는 것만' 골라 받고 싶어합니다. 그러나 그런 심정으로 성경을 읽는 것은 '성경을 대항하여 싸우는 일' 외에 아무 효력이 없습니다.

진정 성경은 '인생을 향하여 진노하시는 하나님의 얼굴을 여실히 그려 주는 책'입니다. 아니 성경에 하나님의 진노가 이글거립니다. "우리는 주의 노에 소멸되며 주의 분내심에 놀라나이다 주께서 우리의 죄악을 주의 앞에 놓으시며 우리의 은밀한 죄를 주의 얼굴 빛 가운데에 두셨사오니 우리의 모든 날이 주의 분노 중에 지나가며 우리의 평생이 순식간에 다하였나이다."(시 90:7-11)

성경에서 말하는 '하나님의 진노'의 정당성을 인식하지 않고는 성경이 말하는 '하나님의 사랑'을 알 수 없습니다. 흔히 '하나님의 사랑'은 크게 외쳐 말하다가도 '진노하시는 하나님'에 대하여 배우자면 얼굴을 돌리려고 합니다. 온당하지 못한 태도입니다. 우리가 '본질상 진노의 자녀'임을 인정하지 않으면(엡 2:3), '그리스도 안에 있는 하나님의 사랑의 영광'을 알 턱이 없습니다. 오늘날 '번영신학'은 '좋으신 하나님, 우리에게 잘해 주시고 좋은 것만 주시는 하나님'을 사람들에게 제시합니다. '진노하시는 하나님의 얼굴'은 가리고 보여주지 않습니다. 그러나 그런 메시지는 사람을 진실로 살리는 메시지가 아니라 크게 기만하는 메시지입니다. 가히 '번영신학'은 현대판 이단임에 분명합니다.

성경이 말하는 '그리스도 안에서 사람을 구원하시는 하나님의 능력과 사랑으로서의 복음'은 무엇입니까? '의로우시어 죄인에게 지옥형벌을 예비하시고 부과하시는 진노하시는 하나님께서 여전히 긍휼에 풍성하시어 그리스도 안에서 베푸신 은혜의 선물'입니다. "그는 허물과 죄로 죽었던 너희를 살리셨도다 그 때에 너희는 그 가운데서 행하여 이 세상 풍조를 따르고 공중의 권세 잡은 자를 따랐으니 곧 지금 불순종의 아들들 가운데서 역사하는 영이라 전에는 우리도 다 그 가운데서 우리 육체의 욕심을 따라 지내며 육체와 마음이 원하는 것을 하여 다른 이들과 같이 본질상 진노의 자녀였더니 긍휼이 풍성하신 하나님이 우리를 사랑하신 그 큰 사랑을 인하여 허물로 죽은 우리를 그리스도와 함께 살리셨고 (너희는 은혜로 구원을 받은 것이라)."(엡 2:1-5)

성경에서 '지옥은 하나님의 진노, 하나님의 의분이 가라앉지 않고 계속 영원히 부글거림의 표출'입니다. 하나님의 공의가 살아있는 한 지옥은 존재할 수밖에 없습니다. 오늘날 지옥의 존재를 부인하려고 시도하는 신학자들이 있습니다. 그러나 그것은 하나님의 영광과 그 영광을 훼손한 죄악의 심각성, 그리고 '하나님의 엄정한 공의의 현실'을 인식하지 못하고 '오직 인간 중심의 사고'에서 나온 발상입니다. 만일 하나님의 공의가 시행되지 않고 있다면, 하나님의 지으신 창조질서는 무너지고 하나님의 완전하심에 대한 진리도 무너지게 됩니다. 그러므로 '하나님의 진노'는 하나님의 영광과 그 완전하심의 발로입니다. '하나님의 심판'의 엄위를 '지옥의 현실'이 입증해 줍니다. 만일 '지옥'이 없다면 복음의 절대적인 필요성도 없어지고, 성경 전편에 흐르는 인간의 영원한 내세에 대한 거룩한 진리도 빛을 잃어버리는 것입니다. '지옥'의 현실을 언급한 것이 우리 사람이 아니라 하늘로서 오신 우리 주 예수 그리스도이십니다. "몸은 죽여도 영혼은 능히 죽이지 못하는 자들을 두려워하지 말고 오직 몸과 영혼을 능히 지옥에 멸하시는 자를 두려워하라."(마 10:28)

이같이 로마서는 '하나님의 진노와 그 진노의 영원한 집행 장소인 지옥의 엄숙한 현실'에 대한 거룩한 위협과 그 긴장 속에서 진행이 되는 것입니다. '믿는 모든 믿는 자에게 주시는 하나님의 구원'은 바로 지옥에 갈 수밖에 없는 처참한 곤경에서 건져 주심을 기본으로 삼고 있지 않다면 무엇이겠습니까!

10

인간부패의 실상

1:24 그러므로 하나님께서 그들을 마음의 정욕대로 더러움에 내버려 두사 그들의 몸을 서로 욕되게 하셨으니

1:25 이는 그들이 하나님의 진리를 거짓 것으로 바꾸어 피조물을 조물주보다 더 경배하고 섬김이라 주는 곧 영원히 찬송할 이시로다 아멘

1:26 이 때문에 하나님께서 그들을 부끄러운 욕심에 내버려 두셨으니 곧 그들의 여자들도 순리대로 쓸 것을 바꾸어 역리로 쓰며

1:27 그와 같이 남자들도 순리대로 여자 쓰기를 버리고 서로 향하여 음욕이 불 일듯 하매 남자가 남자와 더불어 부끄러운 일을 행하여 그들의 그릇됨에 상당한 보응을 그들 자신이 받았느니라

1:28 또한 그들이 마음에 하나님 두기를 싫어하매 하나님께서 그들을

그 상실한 마음대로 내버려 두사 합당하지 못한 일을 하게 하셨으니

1:29 곧 모든 불의, 추악, 탐욕, 악의가 가득한 자요 시기, 살인, 분쟁, 사기, 악독이 가득한 자요 수군수군하는 자요

1:30 비방하는 자요 하나님께서 미워하시는 자요 능욕하는 자요 교만한 자요 자랑하는 자요 악을 도모하는 자요 부모를 거역하는 자요

1:31 우매한 자요 배약하는 자요 무정한 자요 무자비한 자라

1:32 그들이 이같은 일을 행하는 자는 사형에 해당한다고 하나님께서 정하심을 알고도 자기들만 행할 뿐 아니라 또한 그런 일을 행하는 자들을 옳다 하느니라

우리가 지난 강론에서 하나님의 진노를 격발하는 인간의 죄악과 부패의 실상을 '경건하지 않음, 곧 하나님을 부인하는 인간의 종교적 실태' 속에서 알아보았습니다. "하나님을 알되 하나님을 영화롭게도 아니하며 감사하지도 아니하고 오히려 그 생각이 허망하여지며 미련한 마음이 어두워졌나니 스스로 지혜 있다 하나 어리석게 되어 썩어지지 아니하는 하나님의 영광을 썩어질 사람과 새와 짐승과 기어 다니는 동물 모양의 우상으로 바꾸었느니라."(롬 1:21-23)

"1:24그러므로…" 여기서 "그러므로"는 앞의 '원인'에서 이제 말하려는 것이 '결과' 되었음을 지시하는 접속사입니다. '하나님을 부인하며 하나님의 영광을 썩어질 사람과 새와 짐승과 기어 다니는 동물 모양의 우상을 만들어 놓고 섬기는 종교의 파행'이 원인이 되어 가져온 결과를 사도는 진술하려 합니다. 사도는 앞에서 말한 '경건치 않음'의 뿌리에서 각종 '불의'가 발생하였다는 것입니다. 그래서 25절에서 다시 그 점을 강조합니다.

"이는 그들이 하나님의 진리를 거짓 것으로 바꾸어 피조물을 조물주보다 더 경배하고 섬김이라 주는 곧 영원히 찬송할 이시로다 아멘."

"하나님께서 그들을 마음의 정욕대로 더러움에 내버려 두사." 이 강론에서는 본문이 말하는 대로 그 죄와 부패의 실상이, 하나님의 섭리 속에서 이웃하게 한 다른 사람들과의 관계 속에서는 어떻게 드러나는지를 알아보려 합니다. 사도는 1:24에서 대번에 "그러므로 하나님께서 그들을 마음의 정욕대로 더러움에 내버려 두셨다."고 결론지어 말합니다. 사도는 인간의 실상을 말할 때에도 다른 이들 같이 나타난 표면적인 실태 자체에 주목하지 않습니다. 여전히 인간의 실상도 '하나님께서 인간을 다루시는 방식'의 차원에서 말하고 있습니다. 그래서 '정말 인간은 더럽고 추하게도 이러 저러한 죄를 지었다'고 말하지 않습니다. 도리어 "그러므로 하나님께서 그들을 마음의 정욕대로 더러움에 내버려 두셨다."(롬 1:24)고 말합니다.

"마음의 정욕대로 더러움에…" 성경에서 "정욕"은 하나님께서 명하신 적도 없고 인정하지도 않으시는 '자기 욕심'입니다. "너희 중에 싸움이 어디로부터 다툼이 어디로부터 나느냐 너희 지체 중에서 싸우는 정욕으로부터 나는 것이 아니냐 너희는 욕심을 내어도 얻지 못하여 살인하며 시기하여도 능히 취하지 못하므로 다투고 싸우는도다 너희가 얻지 못함은 구하지 아니하기 때문이요 구하여도 받지 못함은 정욕으로 쓰려고 잘못 구하기 때문이라."(약 4:1-3)

"마음의 정욕." 정욕의 샘은 '우리의 몸으로서의 육체' 자체가 아닙니다. 부패한 '마음'이 악을 쏟아내는 근원입니다. "나 주 여호와가 말하노라 그 날에 네 마음에서 여러 가지 생각이 나서 악한 꾀를 내어…"(겔 38:10)

"입에서 나오는 것들은 마음에서 나오나니 이것이야말로 사람을 더럽게 하느니라 마음에서 나오는 것은 악한 생각과 살인과 간음과 음란과 도적질과 거짓 증거와 훼방이니."(마 15:18,19) 그래서 잠언에서 "모든 지킬 만한 것 중에 더욱 네 마음을 지키라 생명의 근원이 이에서 남이니라."(잠 4:23) 말씀합니다.

"더러움." "더러움"은 근본적으로 하나님께서 창조질서 속에서 '보시기에 좋게' 설정하여 놓으신 제 위치를 벗어나 거짓된 무질서와 혼돈의 상태를 가리킵니다. 성경에서 '성결(聖潔)'과 '부정(不淨)' 사이를 '하나님의 명하신대로 한 것'과 '불순종하여 자기 생각대로 한 것' 사이로 나타내고 있습니다. 하나님의 영광이 언제 나타났는가요? "모세가 이같이 역사를 마치니 구름이 회막에 덮이고 여호와의 영광이 성막에 충만하매 모세가 회막에 들어갈 수 없었으니 이는 구름이 회막 위에 덮이고 여호와의 영광이 성막에 충만함이었으며."(출 40:33-35) 여기서 "모세가 이같이 역사를 마치니"라는 대목을 주목해야 합니다. 모세가 자기가 구상하고 뜻한 대로 '역사를 마쳤다'가 아닙니다. "여호와께서 모세에게 명령하신 대로 이스라엘 자손이 모든 역사를 마치매 모세가 그 마친 모든 것을 본즉 여호와께서 명령하신 대로 되었으므로 모세가 그들에게 축복하였더라."(출 39:42,43) 성경전체에서 '성결(聖潔)'은 바로 '하나님의 명하신 대로 순종함'의 상태입니다. 그것이 성경에서 말하는 '의'와 바로 연결이 됩니다. '불결, 부정'은 '하나님의 명을 어기고 자기의 마음의 정욕대로 행하는' 상태입니다. "여호와의 말씀이 사무엘에게 임하니라 이르시되 내가 사울을 왕으로 세운 것을 후회하노니 그가 돌이켜서 나를 따르지 아니하며 내 명령을 행하지 아니하였음이니라 하신지라 사무엘이 근심하여 온 밤을 여호와께 부르짖으니라."(삼상 15:10,11) "사무엘이 이르되 여호와께서 번제와 다른 제사를 그의 목소리를 청종하는 것을 좋아하심 같이 좋아하시겠나이까 순종이 제사보다 낫고 듣는 것이 숫양의 기름보다 나으니 이는 거역하는 것은 점치는 죄와 같고 완고한 것은 사신 우상에게 절하는 죄와 같음이라 왕이 여호와의 말씀을 버렸으므로 여호와께서도 왕을 버려 왕이 되지 못하게 하셨나이다."(삼상 15:22,23) 아론의 아들들 중에 '하나님께서 명하시지 않은 다른 불로 제사를 드렸을 때'에 일어난 일은 우리에게 큰 경종을 울립니다. "나답과 아비후는 시내 광야에서 여호와 앞에 다른 불을 드리다가 여호와 앞에서 죽어 자식이 없었으며 엘르아살과 이다말이 그의 아버지 아론 앞에서 제사장의 직분을 행하였더라."(민 3:4)

하나님의 명하신 대로 하는 사람이 '의롭고 거룩하고 정결한 사람'입니다. 일반적으로도 질서를 흐트러뜨리면 금방 모양이 좋지 않고 '더러워'집니다. 예를 들어서, 깨끗한 공기 그릇에 김이 모락모락 나는 쌀밥이 담겨 있고, 김칫독에서 갓 꺼낸 잘 익은 포기김치를 가지런하게 잘 썰어 놓은 접시가 올려진 밥상을 생각해 보세요. 생각만 해도 아름답고 군침이 돕니다. 다른 여러 가지 반찬이 없어도 그것만으로도 만족하게 밥을 먹을 수 있다는 마음이 생깁니다. 그런데 그 공기에 밥을 담을 때 쓰던 주걱에 묻는 밥알 덩이가 그 김치그릇에 빠졌다 하면 상황은 전혀 달라집니다. 그 자체로 보면 더러울 것이 전혀 없는데도 '더러운 모양'이 되어 버립니다. 만일 귀한 손님 앞에 차려 내 놓은 밥상에 그런 일이 일어났다면 정말 큰 실례입니다.

사람이 '두 마음'을 품으면 '더러운' 사람이 됩니다. '더러운 여자'라 할 때 무엇을 말합니까? 행실이 부정한 여자를 가리키지요. '더러운 귀신'이라 하는 것은 '하나님을 대적하여 악독을 꾀하는 귀신의 속성'을 가리켜 말하는 것입니다. "무릇 우리는 다 부정한 자 같아서 우리의 의는 다 더러운 옷 같으며 우리는 다 잎사귀 같이 시들므로 우리의 죄악이 바람 같이 우리를 몰아가나이다."(사 64:6) 하나님을 등지고 죄에 빠진 우리는 다 본질상 '더러운' 존재입니다. "그 때에 너희는 그 가운데서 행하여 이 세상 풍조를 따르고 공중의 권세 잡은 자를 따랐으니 곧 지금 불순종의 아들들 가운데서 역사하는 영이라 전에는 우리도 다 그 가운데서 우리 육체의 욕심을 따라 지내며 육체와 마음이 원하는 것을 하여 다른 이들과 같이 본질상 진노의 자녀이었더니."(엡 2:1-3)

"내버려 두사." 이 말씀은 하나님께서 내처 사람들의 그 악행에 대해서 상관하지 않으시는 것을 나타내시는 표현이 아닙니다. 그 악행에 대하여 이미 하나님께서는 정죄하셨습니다. "하나님이 예수 그리스도로 말미암아 사람들의 은밀한 것을 심판하시는 그 날"(롬 2:16)까지 영원한 파멸의 진노를 유보하신 것뿐입니다. 그러니 이는 하나님의 진노의 일환입니다. 우리 사람들은 "악한 일에 관한 징벌이 속히 실행되지 아니하므로 인생들이 악을 행하는 데에 마음이 담대하도다."(전 8:11) 그래서 악인들은 '하나님이 없다'는 사상을 더욱 굳게 가질 만합니다. 심지어 경건한 자라도 나타난 바로는 '하나님의 통치가 멈춘 것은 아닐 텐데 어찌 이런 악을 내버려 두시는가?'라고 하면서 의아해 할 수 있습니다. 시편 73편 기자는 하나님을 경외하는 경건한 사람이었습니다. 그러나 그는 악인들의 형통함을 보고 질투심이 나서 시험에 들게 되었습니다. "하나님이 참으로 이스라엘 중 마음이 정결한 자에게 선을 행하시나 나는 거의 넘어질 뻔하였고 나의 걸음이 미끄러질 뻔하였으니."(시 73:1-2) 자기의 생각에 들어온 시험의 경위를 이렇게 말합니다. "이는 내가 악인의 형통함을 보고 오만한 자를 질투하였음이로다 그들은 죽을 때에도 고통이 없고 그 힘이 강건하며 사람들이 당하는 고난이 그들에게는 없고 사람들이 당하는 재앙도 그들에게는 없나니 그러므로 교만이 그들의 목걸이요 강포가 그들의 옷이며 살찜으로 그들의 눈이 솟아나며 그들의 소득은 마음의 소원보다 많으며 그들은 능욕하며 악하게 말하며 높은 데서 거만하게 말하며 그들의 입은 하늘에 두고 그들의 혀는 땅에 두루 다니도다 그러므로 그의 백성이 이리로 돌아와서 잔에 가득한 물을 다 마시며 말하기를 하나님이 어찌 알랴 지존자에게 지식이 있으랴 하는도다."(시 73:3-12)

18세기 계몽주의 시대에 '이신론(理神論, deism)'을 주장한 자들이 있었습니다. 프랑스의 볼테르(Voltaire, 1694-1778)가 그 대표적인 사람이었습니다. 그들의 주장은 이러하였습니다. '하나님이 세상을 창조하시어 그 우주만물과 자연만상에 합리적 법을 부여하여 그것을 따라 조화 있게 운용되게 하셨다. 그러신 후에는 일일이 간섭하지 않으신다.' 그들이 그러한 주장을 한 배후에는 이런 사상이 자리 잡고 있습니다. '하나님이 인간의 잘하고 잘못하는 것에 대하여 상벌을 주시어 통치하시는 것은 아니다. 만일 그리하신다면 세상에 이런 부조리가 어떻게 존재할 수 있는가? 하나님이 세상을 창조하신 것은 부인할 수 없지만 세상을 창조하신 후에는 일일이 간섭하지 않으시는 것이 분명하다.' 세상의 형편을 사람의 시각으로 얼른 판단하여 보면 하나님이 계시다고 보기 어려운 여러 이유들이 있어 보입니다.

그러나 성령께서는 사도를 통해 사람들의 악행의 현실을 무어라 하십니까? "하나님께서 그들을 마음의 정욕대로 더러움에 내버려 두사… " 이렇게 말하면 이해에 도움이 될까요? 어떤 과수원 울타리 가까이에, 그 안에 질서 있게 서 있는 다른 나무들과는 달리 키가 크고 자유롭게 자란 나무가 서 있습니다. 과수원 나무들은 크게 자라지는 못하고 일정한 규범대로 가지치기 당한 모양을 띠고 있습니다. 그러나 그 나무만은 그런 흔적이 없이 아주 자유롭게 자란 것이 분명해 보입니다. 그 나무는 주인에게 어떤 나무입니까? 나중에 작벌하여 땔감으로 쓰려고 '버려둔' 나무입니다. 과수원 안에 있는 나무들은 주인에게 어떤 나무들입니까? "나는 참포도나무요 내 아버지는 농부라… 아버지께서… 더 열매를 맺게 하려 하여 그것을 깨끗하게 하시느니라."(요 15:1,2) "악인들은 그렇지 아니함이여 오직 바람에 나는 겨와 같도다 그러므로 악인들은 심판을 견디지 못하며 죄인들이 의인들의 모임에 들지 못하리로다."(시 1:4,5)

"**내버려 두사…**" 하나님께서는 악인들의 악한 행사를 모르시는 분입니까? 하나님께는 여전히 우리가 알지 못하는 방식으로 그 통치와 섭리의 영역 속에 우리의 온갖 행사를 넣고 주장하실 뿐입니다. "여호와께서 온갖 것을 그 쓰임에 적당하게 지으셨나니 악인도 악한 날에 적당하게 하셨느니라."(잠 16:4) 성경은 불꽃 같은 눈으로 사람의 모든 행실을 알고 계시는 하나님의 앞으로 우리를 인도합니다. "여호와여 주께서 나를 살펴보셨으므로 나를 아시나이다 주께서 내가 앉고 일어섬을 아시고 멀리서도 나의 생각을 밝히 아시오며 나의 모든 길과 내가 눕는 것을 살펴보셨으므로 나의 모든 행위를 익히 아시오니 여호와여 내 혀의 말을 알지 못하시는 것이 하나도 없으시니이다."(시 139:1-4)

사람들은 자신들의 하고 싶은 대로 '내버려 두기'를 원합니다. 아니 사람들은 하나님께서 살아계시어 우리의 모든 것을 감찰하시고 선악 간에 심판하신다는 소리를 가장 싫어합니다. 그래서 예수님께서는 제자들에게 미리 말씀하셨습니다. "세상이 너희를 미워하면 너희보다 먼저 나를 미워한 줄을 알라."(요 15:18) 그래서 성경이 말하는 복음이 제대로 전파되는 곳에는 강한 저항이 사람들 속에서 일어납니다. 아니 박해가 일어납니다. 그래서 어떤 지역이든지 선교사(宣敎史)는 박해와 그에 따른 순교자들의 피로 얼룩져 있습니다.

그러나 하나님을 싫어하고 자기들의 죄악적인 부패한 성향대로 행한 사람들의 행사는 정말 누추하고 악하여 하나님의 인내의 한계를 훨씬 뛰어 넘어 진노하지 않으실 수 없게 만듭니다.

"1:24그들의 몸을 서로 욕되게 하셨으니." "1:26이 때문에 하나님께서 그들을 부끄러운 욕심에 내버려 두셨으니 곧 그들의 여자들도 순리대로 쓸 것을 바꾸어 역리로 쓰며 1:27그와 같이 남자들도 순리대로 여자 쓰기를 버리고 서로 향하여 음욕이 불 일듯 하매 남자가 남자와 더불어 부끄러운 일을 행하여 그들의 그릇됨에 상당한 보응을 그들 자신이 받았느니라."

인간의 부패한 성향대로 하게 내버려 두면 사람들이 어떤 악으로 치닫게 되는지를 보여주는 대목입니다. 위의 대목은 '동성애(同性愛)'를 특별하게 적지합니다. '동성애'는 하나님의 창조질서를 정면으로 대항하는 악입니다. 소돔과 고모라의 패역이 극에 달하였을 때에 그 성 사람들이 그 악독에 빠졌었습니다. "여호와께서 또 이르시되 소돔과 고모라에 대한 부르짖음이 크고 그 죄악이 심히 무거우니 내가 이제 내려가서 그 모든 행한 것이 과연 내게 들린 부르짖음과 같은지 그렇지 않은지 내가 보고 알려 하노라."(창 18:20,21) "롯을 부르고 그에게 이르되 오늘밤에 네게 온 사람들이 어디 있느냐 이끌어 내라 우리가 그들을 상관하리라 롯이 문 밖의 무리에게로 나가서 뒤로 문을 닫고 이르되 청하노니 내 형제들아 이런 악을 행하지 말라 내게 남자를 가까이 하지 아니한 두 딸이 있노라 청하건대 내가 그들을 너희에게로 이끌어 내리니 너희 눈에 좋을 대로 그들에게 행하고 이 사람들은 내 집에 들어왔은즉 이 사람들에게는 아무 일도 저지르지 말라."(창 19:5-8)

오늘날 '동성애'에 대한 여러 관점이 존재합니다. 그러나 창조주 하나님께서 동성애에 대해 어떻게 판단하시는지를 유념해야 합니다. 남자와 여자를 창조하신 분이 하나님이십니다. 창조질서 속에서 본래 사람의 본성 속에 부여하신 분별력과 도리를 계명과 율법을 통해서 명하신 이도 하나님이십니다. 로마서 이 대목을 통해서 그것을 정죄하신 분도 하나님이십니다. 물론 우리가 어떤 이가 동성애에 빠졌다 해서 그 사람의 인격 자체의 존귀함에 대한 의식을 버려서는 안 됩니다. 우리가 다 본질상 진노의 자녀로서 모든 죄를 지을 가능성과 씨를 속에 가지고 있습니다. 그럼에도 불구하고 하나님께서는 우리를 존귀하게 여기시어 그 아들 예수님을 통해서 구원하시지 않았습니까? 그러므로 어느 누가 어떤 죄를 지었다 해도 그 사람을 정죄할 최종의 권위는 하나님만 가지고 계십니다. 그러나 성경에 비추어 볼 때 '어떤 것이 죄냐 아니냐'를 분별하여 대응할 책임은 우리 각 자에게 있는 것입니다. "악은 어떤 모양이라도 버리라."(살전 5:22) '동성애'는 부패한 인간 본성의 현저한 증거입니다. "육체의 일은 분명하니 곧 음행과 더러운 것과 호색과 우상 숭배와 주술과 원수 맺는 것과 분쟁과 시기와 분냄과 당 짓는 것과 분열함과 이단과 투기와 술 취함과 방탕함과 또 그와 같은 것들이라 전에 너희에게 경계한 것 같이 경계

하노니 이런 일을 하는 자들은 하나님의 나라를 유업으로 받지 못할 것이요."(갈 5:19-21)

"**1:25이는 그들이 하나님의 진리를 거짓 것으로 바꾸어 피조물을 조물주보다 더 경배하고 섬김이라 주는 곧 영원히 찬송할 이시로다 아멘.**" 이런 모든 악행은 오직 하나님의 진리를 거스르는 인간의 부패의 원리에서 나는 악한 열매입니다.

"**1:28또한 그들이 마음에 하나님 두기를 싫어하매 하나님께서 그들을 그 상실한 마음대로 내버려 두사 합당하지 못한 일을 하게 하셨으니.**" "하나님을 마음에 두기를 싫어하는" 데서 '합당하지 못한 모든 죄악'이 나오는 것입니다. 시편 119편 기자는 그 진리를 자기에게 적용하여 삼갑니다. "내가 주께 범죄하지 아니하려 하여 주의 말씀을 내 마음에 두었나이다."(시 119:11) "마음에 하나님 두기를 싫어하매 그들을 상실한 마음대로 내버려 두사" 나타나는 "합당하지 못한" 부패한 소행들이 열거되는데, 그 내용을 보면 표면적으로는 다 사람에 대한 범죄의 내용들입니다. 그러나 사람에 대해 어떤 악한 행실도 다 궁극적으로는 하나님을 대항하여 불순종한 일입니다. 그래서 다윗은 우리아와 그 아내 밧세바에 대한 악행을 회개할 때 무어라 아뢰었습니까? "내가 주께만 범죄하여 주의 목전에 악을 행하였사오니 주께서 말씀하실 때에 의로우시다 하고 주께서 심판하실 때에 순전하시다 하리이다."(시 51:4)

"**1:29모든 불의, 추악, 탐욕, 악의가 가득한 자요 시기, 살인, 분쟁, 사기, 악독이 가득한 자요 수군수군하는 자요 1:30비방하는 자요 하나님께서 미워하시는 자요 능욕하는 자요 교만한 자요 자랑하는 자요 악을 도모하는 자요 부모를 거역하는 자요 1:31우매한 자요 배약하는 자**

요 무정한 자요 무자비한 자라." 가만히 살펴보면 이 모든 악행은 우리와 매우 익숙합니다. 이런 말을 하면 어떻게 '살인(殺人)'의 죄가 익숙할 수 있는가 하는 의문이 제기될 법 합니다. 그러나 성경에서 '형제를 미워하는 것'이 '살인하지 말라'는 계명을 범한 것으로 정죄합니다. "형제를 미워하는 자마다 살인하는 자니…"(요일 3:15) 또 여기 열거된 악행들은 다 우리와 가장 가까운 이웃들을 향한 익숙한 범죄들입니다. 더 가까이는 우리의 가족, 우리의 부모와 혈육을 나눈 형제들, 한 몸과 같은 부부간에 주고받는 각종 불의와 악행들입니다. 겉으로는 매우 선한 척 하나 그 마음으로는 각종 불의를 자행하는 것이 우리를 포함한 모든 사람들의 실태입니다. "또 간음하지 말라 하였다는 것을 너희가 들었으나 나는 너희에게 이르노니 음욕을 품고 여자를 보는 자마다 마음에 이미 간음하였느니라."(마 5:27,28) 그러므로 '하나님의 심판대에서의 판단, 곧 하나님의 법정적(法廷的) 판단에서 스스로의 행위로 정죄 받지 않고 의롭다 하심을 받을 사람'이 전혀 없습니다. 그래서 우리를 포함한 모든 인생들이 "하늘로부터 좇아나는 하나님의 진노" 아래 있습니다.

우리의 가족이나 이웃은 다 하나님의 섭리 속에서 우리의 행복을 위해서 우리에게 주신 선물들입니다. 부모와 형제와 가족을 포함한 모든 이웃들은 우리의 보호자도 되고 우리에게 은혜와 긍휼을 베푸시는 하나님의 통로입니다. 그러므로 그들 이웃들은 하나님을 우러러 경외하는 마음 상태에서는 다 우리가 서로 긍휼의 마음을 가지고 인자와 선을 베풀어야 할 대상들입니다. 그러니 가족과 이웃들끼리의 관계가 사랑하고 존중하는 것이어야 합니다. 그러나 "하나님을 마음에 두기 싫어하여 상실한 마음은" 가족을 포함한 이웃들에 대하여 악을 행합니다. 그래서 서로에게 악하게 하고 상처를 주고 괴로움을 주는 관계가 되었습니다. 사람 사이의 첫 살인극이 첫 사람 아담의 가정에서 일어났습니다. 형 가인이 동생 아벨을 죽였습니다(창 4:8) 참으로 인간의 부패한 마음을 무엇으로 표현할 수 있을까요! "만물보다 거짓되고 심히 부패한 것은 마음이라."(렘 17:9)

"**1:32그들이 이 같은 일을 행하는 자는 사형에 해당한다고 하나님께서 정하심을 알고도.**" 앞에서도 말한 바와 같이, '하나님께서 인간의 악하고 부패한 본성대로 행하게 내버려 두시는 일'은 마냥 진행되지 않습니다. 하나님께서는 악의 조장자도 아니시고 악을 구경거리로 여기시는 분도 아닙니다. 본질적으로서 하나님께서는 "눈이 정결하시므로 악을 차마 보지 못하시며 패역을 차마 보지 못하시는"(합 1:13) 분이십니다. 그러나 사람들은 하나님의 인자하심과 오래 참으심을 자기들의 악행의 구실로 삼기에 급급합니다. "네가 하나님의 인자하심이 너를 인도하여 회개하게 하심을 알지 못하여 그의 인자하심과 용납하심과 길이 참으심이 풍성함을 멸시하느냐."(롬 2:4)

그러나 하나님의 심판은 잠들지 않았습니다. "어찌하여 거짓된 자들을 방관하시며 악인이 자기보다 의로운 사람을 삼키는데도 잠잠하시나이까."(합 1:13)라고 외친 하박국의 탄원을 하나님께 아뢰고 싶은 충동을 누구나 느낍니다. 그러나 여기 로마서에서 분명하게 말합니다.

"**이 같은 일을 행하는 자는 사형에 해당한다고 하나님께서 정하심을 알고도.**" "죄의 삯은 사망이요."(롬 6:23) "여호와 하나님이 그 사람에게 명하여 이르시되 동산 각종 나무의 열매는 네가 임의로 먹되 선악을 알게 하는 나무의 열매는 먹지 말라 네가 먹는 날에는 반드시 죽으리라 하시

니라."(창 2:16,17)

"하나님께서 정하심을 알고도." 사도 바울은 로마서 1장에서 '모든 인생들의 죄가 전혀 모르는 데서 나온 것이라'는 논리를 일축합니다. 모든 인생들은 그 본성 속에 '하나님을 알만한 것'을 소유하고 있다고 전제합니다. 그런 전제 속에서 사도는 이미 "하나님을 알되 하나님을 영화롭게도 아니하며 감사하지도 아니하고 오히려 그 생각이 허망하여지며 미련한 마음이 어두워졌나니"(롬 1:21)라고 말하였습니다.

사도는 모든 자연인(自然人), 곧 거듭나지 못하여 본성 밖에는 없어 하나님을 믿지 않는 이들이 '몰랐다' 핑계댈 수 없음을 못 박아 말하고 있습니다. 그래서 사도행전에서 사도 바울은 이방의 사람들에게 복음을 전할 때에 그들에게 하나님의 존재하시며 살아계시는 이치를 논리적으로 입증하는 방식을 취하지 않았습니다. 도리어 그 진리를 상기시키고 광포하고 증언하는 방식을 취하였습니다. 아덴에 갔을 때에 아레오바고 언덕에 모였던 사람들, 스토아 철학(Stoics)과 에피큐레스 철학(Epicures)에 빠져 있던 사람들에게 무어라 설교하였습니까? 그들에게 순전한 합리주의적 방식의 논증을 한 것입니까? 아닙니다. 하나님을 아는 지식과 그 진리를 선포하여 상기시키며 회개를 촉구하였습니다. "아덴 사람들아 너희를 보니 범사에 종교심이 많도다 내가 두루 다니며 너희가 위하는 것들을 보다가 알지 못하는 신(神)에게라고 새긴 단도 보았으니 그런즉 너희가 알지도 못하고 위하는 그것을 내가 너희에게 알게 하리라(Now what you worship as something unknown I am going to proclaim to you-NIV) 우주와 그 가운데 있는 만물을 지으신 하나님께서는 천지의 주재시니 손으로 지은 전에 계시지 아니하시고 또 무엇이 부족한 것처럼 사람의 손으로 섬김을 받으시는 것이 아니니 이는 만민에게 생명과 호흡과 만물을 친히 주시는 이심이라."(행 17:22-25) 그리고 회개와 믿음을 촉구합니다. "이와 같이 하나님의 소생이 되었은즉 하나님을 금이나 은이나 돌에다 사람의 기술과 고안으로 새긴 것들과 같이 여길 것이 아니라 알지 못하던 시대에는 하나님이 간과하셨거니와 이제는 어디든지 사람에게 다 명하사 회개하라 하셨으니 이는 정하신 사람으로 하여금 천하를 공의로 심판할 날을 작정하시고 이에 그를 죽은 자 가운데서 다시 살리신 것으로 모든 사람에게 믿을 만한 증거를 주셨음이니라 하니라."(행 17:29-31)

어떤 이들은 이 설교로 회심자가 많지 않았던 것은 사도가 '철학적 설교'를 하였기 때문이라고 말합니다. 그러나 전혀 맞지 않는 말입니다. 사도는 그들 이방인들에게 살아계신 하나님과 구주 예수 그리스도를 증거하였습니다. 다만 그들의 미신적이고 우상숭배적 종교적 실태를 보고 거기서부터 전도의 실마리를 찾아 말한 것뿐입니다.

이로 보건대 교회가 사람들의 마음을 다치게하지 않으려고 하나님의 말씀을 정면으로 들이대지 않는 것은 비성경적인 처사입니다.

"자기들만 행할 뿐 아니라 또한 그런 일을 행하는 자들을 옳다 하느니라." 하나님을 마음에 두기 싫어하는 이들 중에서 유행하며 옳다 여김을 받는 것들은 다 부패한 인간의 본성에서 나는 것들이며, 다 하나님의 정죄를 받아 영원한 형벌의 대상들입니다.

"사형에 해당한다고…" 여기서의 '사형(死刑)'의 내용은 '육체의 죽음'만이 아닙니다. '영혼의 죽음'을 포함합니다. "몸은 죽여도 영혼은 능히 죽이지 못하는 자들을 두려워하지 말고 오직 몸과 영혼을 능히 지옥에 멸하실 수 있는 이를 두려워하라."(마 10:26)

'영혼의 죽음'은 '영혼의 소멸'을 의미하는 것이 아닙니다. 오늘날 신학자들 가운데는 '영혼 멸절설(靈魂滅絶說, annihilation)'을 주장하는 이들이 있습니다. 그러나 성경에 의하면 그들의 주장은 허구에 불과합니다. 어떤 이들은 '영혼 조건 멸절설'을 주장하기도 합니다. '믿는 사람이 죽으면 그 영혼이 천국에 올라가고 믿지 않는 이가 죽으면 소멸되어 없어진다.' 또는 어떤 이들은 '믿는 사람이 죽으면 천국에 올라가지만 믿지 않는 이들은 귀신이 된다'고 합니다. 그 모든 주장은 성경에 입각한 것이 아닙니다. 하나님께서 본래 사람을 지으실 때 '영혼과 몸'으로 구성된 존재로 지으셨습니다. 그래서 어떤 사람이든지 존재하기 시작하면, 그 사람이 존재하지 않는 '무(無)'의 상태로 돌아가는 일은 없습니다. 우리 주님께서 다시 오실 때에 그 이전에 죽은 모든 이들이 다 '부활'에 참여합니다. "무덤 속에 있는 자가 다 그의 음성을 들을 때가 오나니 선한 일을 행한 자는 생명의 부활로, 악한 일을 행한 자는 심판의 부활로 나오리라."(요 5:28,29) "또 내가 보니 죽은 자들이 큰 자나 작은 자나 그 보좌 앞에 서 있는데 책들이 펴 있고 또 다른 책이 펴졌으니 곧 생명책이라 죽은 자들이 자기 행위를 따라 책들에 기록된 대로 심판을 받으니 바다가 그 가운데에서 죽은 자들을 내주고 또 사망과 음부도 그 가운데에서 죽은 자들을 내주매 각 사람이 자기의 행위대로 심판을 받고 사망과 음부도 불못에 던져지니 이것은 둘째 사망 곧 불못이라 누구든지 생명책에 기록되지 못한 자는 불 못에 던져지리라."(계 20:12-15)

하나님의 심판과 그 영원한 효력과 인간 존재의 불멸성은 성경이 복음의 대전제로 삼는 진리의 초석입니다. 복음은 이 진리에 눈을 뜬 각성 받은 영혼에게는 '말로 다 할 수 없는 위로'입니다. 그래서 사도 바울은 " 내가 복음을 부끄러워하지 아니하노니 이 복음은 모든 믿는 자에게 구원을 주시는 하나님의 능력이 됨이라 먼저는 유대인에게요 그리고 헬라인에게로다."(롬 1:16) "주 안에서 항상 기뻐하라 내가 다시 말하노니 기뻐하라."(빌 4:4) 이런 부패하고 악한 죄인인 우리를 구원하시는 하나님의 은혜의 복음의 그 방식과 내용을 믿고 아는 일보다 더 시급한 일이 있겠습니까? "세례 요한의 때부터 지금까지 천국은 침노를 당하나니 침노하는 자는 빼앗느니라."(마 11:12)

11

하나님의 판단 아래서 본
유대인의 실상

2:1 그러므로 남을 판단하는 사람아, 누구를 막론하고 네가 핑계
하지 못할 것은 남을 판단하는 것으로 네가 너를 정죄함이니 판단
하는 네가 같은 일을 행함이니라

2:2 이런 일을 행하는 자에게 하나님의 심판이 진리대로 되는 줄 우
리가 아노라

2:3 이런 일을 행하는 자를 판단하고도 같은 일을 행하는 사람아,
네가 하나님의 심판을 피할 줄로 생각하느냐

2:4 혹 네가 하나님의 인자하심이 너를 인도하여 회개하게 하심을
알지 못하여 그의 인자하심과 용납하심과 길이 참으심이 풍성함을
멸시하느냐

2:5 다만 네 고집과 회개하지 아니한 마음을 따라 진노의 날 곧 하나님의 의로우신 심판이 나타나는 그 날에 임할 진노를 네게 쌓는도다

2:6 하나님께서 각 사람에게 그 행한 대로 보응하시되

2:7 참고 선을 행하여 영광과 존귀와 썩지 아니함을 구하는 자에게는 영생으로 하시고

2:8 오직 당을 지어 진리를 따르지 아니하고 불의를 따르는 자에게는 진노와 분노로 하시리라

2:9 악을 행하는 각 사람의 영에는 환난과 곤고가 있으리니 먼저는 유대인에게요 그리고 헬라인에게며

2:10 선을 행하는 사람에게는 영광과 존귀와 평강이 있으리니 먼저는 유대인에게요 그리고 헬라인에게라

2:11 이는 하나님께서 외모로 사람을 취하지 아니하심이라

2:12 무릇 율법 없이 범죄한 자는 또한 율법 없이 망하고 무릇 율법이 있고 범죄한 자는 율법으로 말미암아 심판을 받으리라

2:13 하나님 앞에서는 율법을 듣는 자가 의인이 아니요 오직 율법을 행하는 자라야 의롭다 하심을 얻으리니

2:14 (율법 없는 이방인이 본성으로 율법의 일을 행할 때에는 이 사람은 율법이 없어도 자기가 자기에게 율법이 되나니

2:15 이런 이들은 그 양심이 증거가 되어 그 생각들이 서로 혹은 고발하며 혹은 변명하여 그 마음에 새긴 율법의 행위를 나타내느니라)

2:16 곧 나의 복음에 이른 바와 같이 하나님이 예수 그리스도로 말미암아 사람들의 은밀한 것을 심판하시는 그 날이라

2:17 유대인이라 불리는 네가 율법을 의지하며 하나님을 자랑하며

2:18 율법의 교훈을 받아 하나님의 뜻을 알고 지극히 선한 것을 분간하며

2:19 맹인의 길을 인도하는 자요 어둠에 있는 자의 빛이요

2:20 율법에 있는 지식과 진리의 모본을 가진 자로서 어리석은 자의 교사요 어린 아이의 선생이라고 스스로 믿으니

2:21 그러면 다른 사람을 가르치는 네가 네 자신은 가르치지 아니하느냐 도둑질하지 말라 선포하는 네가 도둑질하느냐

2:22 간음하지 말라 말하는 네가 간음하느냐 우상을 가증히 여기는 네가 신전 물건을 도둑질하느냐

2:23 율법을 자랑하는 네가 율법을 범함으로 하나님을 욕되게 하느냐

2:24 기록된 바와 같이 하나님의 이름이 너희 때문에 이방인 중에서 모독을 받는도다

2:25 네가 율법을 행하면 할례가 유익하나 만일 율법을 범하면 네 할례는 무할례가 되느니라

2:26 그런즉 무할례자가 율법의 규례를 지키면 그 무할례를 할례와 같이 여길 것이 아니냐

2:27 또한 본래 무할례자가 율법을 온전히 지키면 율법 조문과 할례를 가지고 율법을 범하는 너를 정죄하지 아니하겠느냐

2:28 무릇 표면적 유대인이 유대인이 아니요 표면적 육신의 할례가 할례가 아니니라

2:29 오직 이면적 유대인이 유대인이며 할례는 마음에 할지니 영에 있고 율법 조문에 있지 아니한 것이라 그 칭찬이 사람에게서가 아니요 다만 하나님에게서니라.

로마서 1:19-32의 논증만으로도 "의인은 없나니 하나도 없도다"(롬 3:10)는 결론을 내리기에 전혀 무리가 없습니다. 그러나 사도는 유대인의 실상에 대하여 말하기 위하여 로마서 2장 전체를 할애하고 있습니다.

유대인의 위치

당시 초대교회에 있어서 '유대인'의 존재는 특별하게 다루어야 할 과제였습니다. 하나님과의 관계에 있어서 '유대인'이라는 사실 자체가 '이방인'과는 전혀 다른 차원에 속한다는 의식이, 유대인 자신들이나 이방인들 사이에서도 아직 가시지 않고 있었기 때문입니다. 오순절에 성령께서 보혜사로 강림하신 이후 초기에는, 구약시대의 경륜이 끝이 나고 이제 '새 언약'의 시대가 도래한 사실을 인식하는 것이 쉽지 않았습니다. 구약시대에는 모세를 통하여 반포하신 율법에 '이스라엘과 이방인 사이의 차벽(遮壁)'이 지시되어 있었습니다. 그러나 '새 언약의 중보'이신 예수님께서 친히 그 '중간에 막힌 담'이 없어지고 '새로운 경륜'이 시작되었다는 사실을 비유로 광포하셨습니다. "너희는 가서 내가 긍휼을 원하고 제사를 원치 아니하노라 하신 뜻이 무엇인지 배우라 나는 의인을 부르러 온 것이 아니요 죄인을 부르러 왔노라 하시니라… 새 포도주를 낡은 가죽 부대에 넣지 아니하나니 그렇게 하면 부대가 터져 포도주도 쏟아지고 부대도 버리게 됨이라 새 포도주는 새 부대에 넣어야 둘이 다 보전되느니라."(마 9:13,17) 그러나 당시 제자들은 이 말씀이 무엇을 의미함인지 알지 못하였습니다. 예수님의 여러 권능과 표적들이 그 사실을 뒷받침하고 있었습니다. 예수님께 병 고침을 받은 이들이 다 유대인만은 아니었고 이방인들도 있었습니다. 자기 하인의 병을 위하여 예수님께 나아와 자기 하인에게 긍휼을 베푸시기를 원하였던 백부장은 이방인으로서 예수님께 '그 믿음'으로 칭찬을 받았습니다(마 8:5-13). 예수님께서는 믿음으로 당신께 나아 온 이방인들을 하나도 거절하지 않으셨습니다. 가나안 여인이 흉악한 귀신 들린 자기 딸을 위하여 간청할 때 예수님께서 취하신 행동은 이방인이라서 거절하고자 함이 아니었습니다. 도리어 참된 믿음이 무엇인지를 제자들에게 보여줄 양으로 그 여인의 믿음을 한 예증(例證)으로 세우신 것입니다. "여자여 네 믿음이 크도다 네 소원대로 되리라."(마 15:28)

그러나 오순절 성령님의 강림 이후 사도들은 새로운 영적인 지각을 가지고 있었음에도 유대인들과 이방인들 사이에 쳐 있던 구약적인 경륜의 차벽이 없어진 것을 금방 알아차리지 못하였습니다. 그래서 주님께서는 그 문제에 대하여 사도들을 가르칠 필요가 있었습니다. 사도행전 10장에 기록된 대로, 경건한 이방인 고넬료와 사도 베드로 사이의 교제를 통하여 그 요점을 실증적으로 가르치셨습니다. "그가 시장하여 먹고자 하매 사람들이 준비할 때에 황홀한 중에 하늘이 열리며 한 그릇이 내려오는 것을 보니 큰 보자기 같고 네 귀를 매어 땅에 드리웠더라 그 안에는 땅에 있는 각종 네 발 가진 짐승과 기는 것과 공중에 나는 것들이 있더라 또 소리가 있으되 베드로야 일어나 잡아 먹어라 하거늘 베드로가 이르되 주여 그럴 수 없나이다 속되고 깨끗하지 아니한 것을 내가 결코 먹지 아니하였나이다 한 대 또 두 번째 소리가 있으되 하나님께서 깨끗하게 하신 것을 네가 속되다 하지 말라 하더라… 베드로가 본 바 환상이 무슨 뜻인지 속으로 의아해 하더니 마침 고넬료가 보낸 사람들이 시몬의 집을 찾아 문 밖에 서서…"(행 10:10-17)

사도 바울은 이방의 사도로서 사도직을 감당하는 초기부터 그 요점을 인지하고 있었습니다. "우리가 유대인이나 헬라인이나 종이나 자유자나 다 한 성령으로 세례를 받아 한 몸이 되었고 또 다 한 성령을 마시게 하셨느니라."(고전 12:13) "그리스도 예수 안에서는 할례나 무할례가 효력이 없되 사랑으로써 역사하는 믿음뿐이니라."(갈 5:6) "그는 우리의 화평이신지라 둘로 하나를 만드사 원수 된 것 곧 중간에 막힌 담을 자기 육체로 허시고 법조문으로 된 계명의 율법을 폐하셨으니 이는 이 둘로 자기 안에서 한 새 사람을 지어 화평하게 하시고 또 십자가로 이 둘을 한 몸으로 하나님과 화목하게 하려 하심이라 원수 된 것을 십자가로 소멸하시고."(엡 2:14-16)

그러나 사도는 복음의 교리를 간추린 로마서에서 유대인의 문제를 따로 다룰 필요를 성령님의 인도하심 속에서 인지한 것입니다. 그리고 당시 로마교회는 유대인 신자들과 이방인 신자들이 함께 섞이어 있는 상황이었을 것입니다. 유대인이든 이방인이든 하나님 앞에서는 전혀 차별이 없습니다. 그럼에도 구약적인 경륜 속에서 유대인들이 하나님께 특별한 지위를 가지고 있었다는 것이 사도로 하여금 유대인을 따로 떼어 다루게 한 셈이지요. 성령께서 사도로 하여금 그리하게 하여 로마서를 읽거나 듣는 이들로 하여금 '구약의 경륜'과 '신약의 경륜' 사이에 존재하는 '연속(連續), 불연속(不連續)'의 실상을 이해하는 조명을 주신 셈입니다. 구약과 신약 사이에는 여전히 '동일한 복음의 본질에 있어서 연속'이 존재합니다. 그러면서 이제는 구약의 경륜 속에서 주어졌던 여러 규례들은, 모형적으로 그려주던 실체이신 그리스도의 오심으로 더 이상 있을 필요가 없어 폐하여졌습니다. 그런 의미에서 구약과 신약 사이에는 '불연속'이 존재합니다.

유대인의 영적 실상

"**2:1그러므로 남을 판단하는 사람아.**" 사도는 유대인들이 일반적으로 가지고 있었던 당시의 선입견을 직시하며 그렇게 표현한 것입니다. 유대인들의 의식 속에는, '우리는 아브라함의 자손으로서 할례 없는 이방인들과는 근본이 다르다'는 생각이 자리하고 있었습니다. 자기들은 하나님을 믿고 경배하는 예법과 규례들을 가지고 있으나 이방인들은 각종 미신과 우상에 매여 있음을 생각하면서, 은근하게 이방인들의 행실을 멸시하는 태도를 견지하고 있었습니다. 오늘날 자기는 남과는 다르다고 생각하면서 은근하게 '자기 의'를 자랑하는 이들도 그런 유대인들의 태도와 다르지 않습니다. 그들의 눈은 자기들의 내면의 죄와 연약과 허물을 살피기보다는 '다른 이들의 악행을 주목하며 판단하는' 쪽으로 향합니다. 그러나 사도의 다음 표현으로 그들의 모든 교만이 설 자리를 잃게 되지요.

"**누구를 막론하고 네가 평계하지 못할 것은 남을 판단하는 것으로 네가 너를 정죄함이니 판단하는 네가 같은 일을 행함이니라.**" 유대인들은 이방인들을 판단하고 '자기 의'를 자랑하며, 이방인들의 행실을 판단하였습니다. 그러나 사도는 말합니다. "남을 판단하는 것으로 네가 너를 정죄함이니 판단하는 네가 같은 일을 행함이니라." 유대인들은 '우리는 이방인들과는 근본적으로 다르다' 했습니다. 그러나 사도는 '유대인들은 이방인들과 전혀 다르지 않다'고 합니다. 왜냐하면 유대인들이 이방인들이 하고 있는 일을 똑같이 행하고 있기 때문입니다. 물론 그들 유대인들은 이런 사도의 말에 순응하지 않았습니다. 그러나 사도의 다음 말 앞에서는 더 이상 이방인들보다 자기들을 더 낫게 생각할 수 없습니다.

"**2:2이런 일을 행하는 자에게 하나님의 심판이 진리대로 되는 줄 우리가 아노라.**" '의(義)와 불의(不義)' 여부를 판단하는 것은 유대인도 이방인도 아니고 오직 하나님이십니다. "너희에게나 다른 사람에게나 판단 받는 것이 내게는 매우 작은 일이라 나도 나를 판단치 아니하노니 내가 자책할 아무것도 깨닫지 못하나 그러나 이를 인하여 의롭다 함을 얻지 못하노라 다만 나를 판단하실 이는 주시니라."(고전 4:3,4) 하나님께서 심판하실 때에 "진리대로" 심판하십니다. '진리'는 하나님의 참되심에 그 근원을 둔 것입니다. "저희를 진리로 거룩하게 하옵소서 아버지의 말씀은 진리니이다."(요 17:17) 하나님께서는 유대인들과 이방인들을 구별하여 심판하시지도 않습니다. 유대교(Judaism)는 '유대 민족주의적 선민 사관(選民史觀)으로 구약성경을 풀어 체계화한 교리체계'를 가지고 있었습니다. 그들의 그런 의식 속에서 자기들 '유대인들과 이방인들을 판단하시는 하나님의 방식'이 다르다고 여겼습니다. 그러나 사도 바울은 그들의 의식 속에 웅크리고 있는 그런 '유대 민족주의적 선민사상에 입각한 우월감'이 하나님 앞에서 터무니없음을 지적합니다. 유대인이든 이방인이든 하나님의 심판의 척도는 동일합니다.

우리 모두를 포함한 사람들은 우리와 남들 사이를 구분하는 장벽 만들기를 좋아합니다. 그러나 천지를 지으시고 유대인이든 이방인이든 각 사람의 모든 것을 아시며 '차별을 두지 않으시고 오직 진리를 따라서 판단하시는 하나님'만 계실 뿐입니다.

"**2:3이런 일을 행하는 자를 판단하고도 같은 일을 행하는 사람아, 네가 하나님의 심판을 피할 줄로 생각하느냐.**" 모든 이들은 자기를 판단하시는 "하나님의 심판대" 앞에 서야 합니다. 유대인이든 이방인이든 심판장이신 하나님 앞에 동등한 위치에 서 있습니다. 차이가 있다면, 이방인들의 범죄는 더 겉으로 드러나고 유대인들의 범죄가 겉으로는 덜 드러나 보였다는 것뿐입니다. 그러나 그들의 마음의 생각은 마치 회칠한 무덤과 같았습니다. "화 있을진저 외식하는 서기관들과 바리새인들이여 회칠한 무덤 같으니 겉으로는 아름답게 보이나 그 안에는 죽은 사람의 뼈와 모든 더러운 것이 가득하도다 이와같이 너희도 겉으로는 사람에게 옳게 보이되 안으로는 외식과 불법이 가득하도다."(마 23:27,28) 우리 주 예수님께서는 겉의 행동으로 드러나지 않지만 마음에 품은 악한 생각도 동일한 범죄로 여기시는 하나님의 심판의 기준을 말씀하셨습니다. "또 간음하지 말라 하였다는 것을 너희가 들었으나 나는 너희에게 이르노니 음욕을 품고 여자를 보는 자마다 마음에 이미 간음하였느니라 만일 네 오른 눈이 너로 실족하게 하거든 빼어 내버리라 네 백체 중 하나가 없어지고 온 몸이 지옥에 던져지지 않는 것이 유익하며 또한 만일 네 오른손이 너로 실족하게 하거든 찍어 내버리라 네 백체 중 하나가 없어지고 온 몸이 지옥에 던져지지 않는 것이 유익하니라."(마 5:27-30) "오직 몸과 영혼을 능히 지옥에 멸하실 수 있는"(마 10:28) 하나님께서 심판장이십니다.

"2:4혹 네가 하나님의 인자하심이 너를 인도하여 회개하게 하심을 알지 못하여 그의 인자하심과 용납하심과 길이 참으심이 풍성함을 멸시하느냐." "악한 일에 관한 징벌이 속히 실행되지 아니하므로 인생들이 악을 행하는 데에 마음이 담대하도다."(전 8:11) 구약시대에 이스라엘은 하나님께서 보내시어 회개하라 촉구한 선지자들의 경고를 듣고 돌이킨 적이 거의 없었습니다. "여호와께서 모세에게 이르시기를 이스라엘 자손에게 이르라 너희는 목이 곧은 백성인즉 내가 한 순간이라도 너희 가운데에 이르면 너희를 진멸하리니."(출 33:5) "자주 책망을 받으면서도 목이 곧은 사람은 갑자기 패망을 당하고 피하지 못하리라."(잠 29:1) 이스라엘의 역사를 되돌아 보십시오. 죄를 지어도 아무 일도 일어나지 않는 것을 보고 '하나님의 심판이 잠들었다' 하거나, '앞으로도 아무 일도 없을 것이라'고 하며 악에서 돌이키지 않으면, '하나님의 오래 참으심'과 '자비하심'이 거두어지고 무서운 징치가 나타나곤 하였습니다. 그래서 결국 하나님의 무서운 심판이 시행되어 북국 이스라엘은 주전 722년에 앗수르에 망하였고, 남국 유다는 주전 586년에 바벨론 왕 느브갓네살에 의해 함락되고 백성들 다수가 볼기를 드러내는 수치를 무릅쓰고 바벨론에 포로 잡혀 갑니다.

"2:5다만 네 고집과 회개치 아니한 마음을 따라 진노의 날 곧 하나님의 의로우신 판단이 나타나는 그 날에 임할 진노를 네게 쌓는도다." 지상에 있는 모든 나라들의 멸망은 백성들의 죄로 인하여 도래했습니다. 역사는 그 사실을 통하여 "하나님의 의로우신 판단"이 살아 있음을 입증하였습니다. 그런데 사도가 여기서 말하는 "진노의 날 곧 하나님의 의로우신 판단이 나타나는 그 날"은 그리스도의 재림의 날을 가리킵니다. 재림의 그리스도는 당시 생존하던 자들과 이전에 죽었던 모든 자들을 최후로 판단하실 것입니다. 그날에 모든 이들이 예외 없이 그리스도의 심판대 앞에 서게 될 것입니다. "또 내가 크고 흰 보좌와 그 위에 앉으신 자를 보니 땅과 하늘이 그 앞에서 피하여 간 데 없더라 또 내가 보니 죽은 자들이 무론 대소하고 그 보좌 앞에 섰는데 책들이 펴 있고 또 다른 책이 펴졌으니 곧 생명책이라 죽은 자들이 자기 행위를 따라 책들에 기록된 대로 심

판을 받으니 바다가 그 가운데서 죽은 자들을 내어 주고 또 사망과 음부
도 그 가운데서 죽은 자들을 내어 주매 각 사람이 자기의 행위대로 심판
을 받고 사망과 음부도 불못에 던지우니 이것은 둘째 사망 곧 불못이라
누구든지 생명책에 기록되지 못한 자는 불못에 던지우더라."(계 20:1-15)
하나님께서는 심판하시는 일을 아들 그리스도 예수님께 위임하셨습니
다. "아버지께서 아무도 심판하지 아니하시고 심판을 다 아들에게 맡기
셨으니 이는 모든 사람으로 아버지를 공경하는 것같이 아들을 공경하게
하려 하심이라."(요 5:22,23)

하나님의 심판의 방식

"2:6하나님께서 각 사람에게 그 행한 대로 보응하시되." 하나님의 심
판의 본질은 '각 사람이 그 행한 대로 보응하시는 공의(公義)의 시행'입니
다. 하나님의 '복음 안에 있는 은혜의 방식'을 알기 전에 먼저 이점을 유념
해야 합니다. 이 요점을 허술하게 지나가면 '복음의 은혜의 보배로움'을
제대로 알 수 없습니다. 그래서 흔히 '복음의 은혜를 값싼 은혜 정도로 치
부하는' 일이 일어납니다. '은혜의 복음'은 그 '공의대로 심판하시는 하나
님의 심판 원칙'을 무시한 것이 아닙니다. 그 원칙의 요구를 완전하게 만
족시키신 그리스도의 '값비싼 대가'의 효력이 '복음의 은혜'입니다. 그래서
사도는 복음의 은혜를 율법을 파기하고 못 쓰게 한 것이 아니라 그 율법
의 존귀함을 더욱 드러내었다고 강변합니다. "그런즉 우리가 믿음으로
말미암아 율법을 파기하느냐 그럴 수 없느니라 도리어 율법을 굳게 세우
느니라."(롬 3:31) 흔히 '은혜'라 하면 '공의'의 원칙을 무시하거나 유보한

채 넘어가는 것으로 이해들을 하고 있습니다. 그러나 성경이 말하는 '은혜'는 '공의의 요구를 만족시킨 대가를 지불한 것을 근거로 주어지는 호의(好意)'입니다. 우리는 로마서에서 '하나님의 구원의 위대성'을 배워야 합니다. "모든 믿는 자에게 구원을 주시는 하나님의 능력인 하나님의 복음"의 이치를 이 로마서에서 배우되, '하나님의 심판의 공의의 원칙'과 '친히 그 원칙을 만족케 하신 하나님의 복음적 조치' 사이의 거룩한 긴장과 균형을 바르게 이해해야 합니다.

"**2:7참고 선을 행하여 영광과 존귀와 썩지 아니함을 구하는 자에게는 영생으로 하시고.**" 필자가 로마서의 이 부분을 강해할 때 자주 다음과 같은 반론을 제기하는 이들을 만나곤 하였습니다. '로마서가 행함으로가 아니라 믿음으로 은혜로 구원을 받는다고 가르친다면서 여기서는 어떻게 이 행함으로 영생을 얻는다고 했는지 이해가 가지 않는다.' 그리고 어떤 이들은 이 대목을 들어 '사람이 의롭다 하심을 받고 영생을 얻는 것은 믿음으로만 아니고 행함으로도니라'고 주장합니다. 그러나 '은혜 구원을 배치하는 진술이라'고 주장하는 이들이나, '믿음에다가 행위를 더해야 할 필요성을 말하는 진술이라'고 주장하는 이들 모두 사도가 이 대목에서 말하는 요점을 놓치고 있습니다. 그 두 극단적 주장들은 심각한 오해입니다. 로마서가 '믿음으로 말미암아, 오직 은혜'로 말미암은 구원을 말하는 것이 사실입니다. 그러나 그 '구원'은 '이것을 행하라 그리하면 살리라'는 율법의 요구를 무시하는 처사가 아니라, 도리어 그 요구를 그리스도 안에서 친히 만족시키신 하나님의 행사를 말합니다. 그러므로 본질상 하나님의 공의의 심판의 법칙이 무엇이고 그 아래 있는 우리 모두의 입장을 바르게 인식하지 않으면, 로마서가 말하는 '오직 은혜, 오직 믿음'으로 말미암는 구원을 제대로 이해할 수 없습니다. 여기서는 하나님의 구원의 방식을 제시하고 있는 것이 아니라 하나님의 심판의 원칙을 제시하고 있습니다. 그래서 이 대목에서 사도는, 유대인들이 '자기 의(自己義)'를 의존하여 '헛된 확신'을 가진 것이 얼마나 무익한 것인지를 보여주려 고심하고 있습니다. '자기 의'만 의존하려면, 그 의가 '하나님의 공의의 심판 기준'에 부합해야 한다는 것입니다.

"2:7참고 선을 행하여 영광과 존귀와 썩지 아니함을 구하는 자에게는 영생으로 하시고 2:8오직 당을 지어 진리를 따르지 아니하고 불의를 따르는 자에게는 진노와 분노로 하시리라." 여기서 "진노와 분"은 하나님의 엄정한 공의의 완전한 척도를 들이대어 조금만 모자라도 '정죄의 판결과 그에 따른 형벌'을 부과하시는 하나님의 법정적 판단의 방식입니다. 그런 일에 있어서 유대인이나 이방인이 차별이 없습니다. 그런 하나님의 심판 기준에 자기 의를 가지고 당당히 설 자가 있습니까?

"2:9악을 행하는 각 사람의 영에는 환난과 곤고가 있으리니 먼저는 유대인에게요 그리고 헬라인에게며 2:10선을 행하는 사람에게는 영광과 존귀와 평강이 있으리니 먼저는 유대인에게요 그리고 헬라인에게라 2:11이는 하나님께서 외모로 사람을 취하지 아니하심이라." 각 사람이 다른 이와 구별되기 위해서 가지고 있는 독특성이 있습니다. 사람마다 자기가 속한 가문이 있고, 자기가 속한 민족적인 혈통이 있고, 또 나라와 문화에 차이가 있습니다. 남자와 여자가 있고, 지주가 있고 종이 있으며, 소위 문명에 있어서 앞 선 자가 있고 그렇지 못한 자가 있습니다. 사람마다 가지고 있는 차이를 다 열거하자면 시간이 모자랍니다. 그러나 이러한 모든 차이, 곧 그 사람이 가지고 있는 '외모'의 독특성은 하나님의 심판대에서 전혀 논의의 대상이 되지 않습니다. 유대인과 이방인의 차이가 하나님의 심판에 전혀 영향을 미치지 못합니다. 하나님께서 당신의 심판석에 소환된 모든 인생들 각 자에게 물으시는 것은 오직 하나뿐입니다. '네가 내 율법이 요구하는 바를 완전하게 지켰느냐?' 다음 구절이 그것을 말합니다.

"**2:11무릇 율법 없이 범죄한 자는 또한 율법 없이 망하고 무릇 율법이 있고 범죄한 자는 법으로 말미암아 심판을 받으리라.**" 유대인이든 이방인이든 본질상 하나님께서 그 사람을 판단하시는 척도는 하나, 곧 '율법' 입니다. 그 말은 심판 보좌에 앉으신 하나님께서 각 사람에게 '네가 율법을 행했느냐 아니냐'의 여부만을 물으신다는 것입니다. '율법을 몰랐다'고 해도 핑계가 되지 않습니다. '율법을 잘 알았다'하는 것은 더 더욱 자기의 악함을 가리는데 무익하고 더 준엄한 판단을 받을 것입니다. '네가 내 율법을 알고도 그것을 어겨 나를 불순종하였느냐?'

"**2:13하나님 앞에서는 율법을 듣는 자가 의인이 아니요 오직 율법을 행하는 자라야 의롭다 하심을 얻으리니.**" 본질적으로 각 사람이 하나님의 공의의 심판대 앞에서는 오직 한 기준만 적용됩니다. '율법이 지시하는 바대로 행하였느냐?' "모세가 기록하되 율법으로 말미암는 의를 행하는 사람은 그 의로 살리라 하였거니와."(롬 10:5) '의롭다 하심'은 로마서에서 매우 중요한 '법정적 판결 용어'입니다. 재판장이신 하나님께서 그 앞에 서 있는 사람을 향하여 '내가 율법을 통하여 네게 요구한 공의를 완전하게 만족시켰으니 내가 너를 의롭다 하노라'는 선고의 행위, 그것을 로마서에서 '의롭다 하심(justification)'이라 합니다. 그런 판결을 하나님께 받으려면, '하나님이 보실 때에 한 점 율법의 요구를 어겨 죄를 지은 적이 전혀 없고 오직 율법과 계명의 요구를 완전하게 이행해야' 합니다. "하나님 앞에서는 율법을 듣는 자가 의인이 아니요 오직 율법을 행하는 자라야 의롭다 하심을 얻으리니." 이 대목은 참으로 엄정하고 거룩하신 하나님의 판단의 가공할 위협을 우리로 직시하게 합니다. "오호라 나는 곤고한 사람이로다 이 사망의 몸에서 누가 나를 건져내랴."(롬 7:24) 이 점에서 유대인이든 이방인이든 차별이 없습니다.

이방인에게 주어진 '마음에 새긴 율법'

사도는 '이런 표준에 따라 하나님의 심판이 시행된다' 하면 대번에 무슨 의문이 제기될 줄을 예상하였습니다. '이방인들에게는 하나님께서 율법을 주시지 않았으니 그들을 유대인들과 동등하게 판단하시는 것이 공정하다 할 수 있는가?' 이에 대하여 사도는 대응합니다.

"2:14율법 없는 이방인이 본성으로 율법의 일을 행할 때에는 이 사람은 율법이 없어도 자기가 자기에게 율법이 되나니 2:15이런 이들은 그 양심이 증거가 되어 그 생각들이 서로 혹은 고발하며 혹은 변명하여 그 마음에 새긴 율법의 행위를 나타내느니라." 이방인들은 유대인들이 조상 때부터 받은 성문율법(成文律法)을 가지지 못하였으나 하나님께서 그들이 '몰랐다'고 핑계대지 못하게 "마음속에 새긴 율법"을 가지게 하셨다는 말입니다. 곧 이방인들이 본성적으로 가지고 있는 "양심의 증거"가 그것입니다. 이방인들에게는 '양심의 증거'가 유대인의 가진 '율법적 기능'을 대신합니다. "율법 없는 이방인이 본성으로 율법의 일을 행할 때에는 이 사람은 율법이 없어도 자기가 자기에게 율법이 되나니." 이방인들도 어떤 일을 행할 때에 '그들 마음에 새긴 율법에 따라 양심이 증거하는 대로' 악을 미워하고 선을 행할 장치를 부여하신 분이 하나님이십니다. 하나님께서 유대인들에게 주신 '성문율법'의 정신이 이방인들에게는 '마음에 새긴 율법' 속에 들어 있게 하셨습니다. 그래서 유대인들에 대한 하나님의 심판도 가혹할 수 없듯이 이방인들에 대한 하나님의 심판도 가혹하지 않습니다. 유대인이든 이방인이든 그들을 그 '행위대로 보응하시고 진리대로 판단하시는 하나님의 행사'가 항상 정당합니다. 이방인들도 '마음에 새긴 율법'을 따라 '자기 양심의 증거'대로 행하여 악을 하나도 행하지 않았다면, "율법의 행위를 나타낸 것"입니다. 그리고 그 행위로 '의롭다 하심'을 받았을 것입니다. 그것은 '유대인들로 하여금 모세를 통하여 주신 성문율법의 요구를 완전하게 이행하여 의롭다 하심을 받게 하신' 일과 동일한 원리입니다. 그런데 '자기 양심의 증거를 따라 자기 마음에 새긴 율법의 행위를 나타내어' 하나님의 엄정한 판단 기준에 부합하여 '의롭다 하심'을 받아낼 자가 이방인 중에 누구이겠습니까?

'내 복음'과 '하나님 진노의 날'

"**2:16곧 나의 복음에 이른 바와 같이 하나님이 예수 그리스도로 말미암아 사람들의 은밀한 것을 심판하시는 그 날이라.**" 사도는 로마서 1:18에서 "하나님의 진노"를 처음 언급하고 난 뒤에 그 진노가 실제로 완전하게 집행되는 날을 2:16에서 밝힙니다. 여기서 사도는 하나님의 복음을 "나의 복음"이라고 표현합니다. 그것은 하나님께서 '복음을 위해서 사도에게 주신 권위'를 보여주는 표현입니다. 진정한 의미에서 '나의 복음'이라고 부를 수 있는 사람은 사도들뿐입니다. 사도들은 "우리나 혹 하늘로부터 온 천사라도 우리가 너희에게 전한 복음 외에 다른 복음을 전하면 저주를 받을지어다"라고 말할 수 있는 권위를 가진 오직 유일한 사역자군(使役自群)입니다. 사도들이 전한 복음만이 참 복음입니다. 그 출처에서 나지 않은 모든 교훈들, 그것들이 복음으로 행세하나 사실은 사람들을 멸망으로 인도하는 '다른 복음'입니다. 신약성경의 정경성(正經性)을 확증하는 것이 바로 '사도성(apostleship)'입니다. 신약성경은 예수님께 받은 대로 성령님으로 말미암아 증거하고 증거한대로 성령의 감동하심 속에서 사도들이 기록한 책입니다. '하나님의 말씀'으로서 완전한 권위를 가지고 있는 구약성경과 신약성경이 동등한 권위를 가진 이유가 바로 거기 있습니다. 오늘날 '사도의 복음 노선에서 탈선한 메시지'가 여과 없이 교회 강단에서 증거되는 현실이 심히 안타깝습니다. 사도의 복음은 '양날을 가진 칼'과 같습니다. "복음은 모든 믿는 이들을 구원하는 하나님의 능력"입니다. 그러면서 사도가 전한 복음은, 믿지 않으면 '멸망, 영원한 하나님의 진노의 저주가 부어지는 지옥의 형벌'이라는 가공할 현실을 들이대는 '거룩한 하나님의 실제적인 위협'입니다. 이 엄숙한 현실을 말하지 않고 '복(福)'만을 외치는 현대 교회들의 메시지들은 '사도의 복음의 정로'를 벗어난 '간사한 회유'에 불과합니다.

"하나님이 예수 그리스도로 말미암아 사람들의 은밀한 것을 심판하시는 그 날이라." "인생의 연수가 칠십이요 강건하면 팔십"(시 90:10)이기 때문에 각 개인의 영혼이 하나님의 심판대 앞에 서는 것은 임박한 것입니다. 그러나 모든 인생들이 자기에게 내려진 하나님의 선고(宣告)로 부과된 내용의 전체를 '실체적이고 최종적'으로 받는 것은 그리스도께서 다시 오실 때입니다. "또 내가 보니 죽은 자들이 큰 자나 작은 자나 그 보좌 앞에 서 있는데 책들이 펴 있고 또 다른 책이 펴졌으니 곧 생명책이라 죽은 자들이 자기 행위를 따라 책들에 기록된 대로 심판을 받으니 바다가 그 가운데에서 죽은 자들을 내주고 또 사망과 음부도 그 가운데에서 죽은 자들을 내주매 각 사람이 자기의 행위대로 심판을 받고 사망과 음부도 불못에 던져지니 이것은 둘째 사망 곧 불못이라 누구든지 생명책에 기록되지 못한 자는 불못에 던져지리라."(계 20:12-15)

유대인의 악

예수님의 말씀 중에 이런 말씀이 있습니다. "주인의 뜻을 알고도 준비하지 아니하고 그 뜻대로 행하지 아니한 종은 많이 맞을 것이요 알지 못하고 맞을 일을 행한 종은 적게 맞으리라 무릇 많이 받은 자에게는 많이 요구할 것이요 많이 맡은 자에게는 많이 달라 할 것이니라."(눅 12:47,48) 유대인들은 이방인들에 비해 하나님을 아는 지식에 있어서 많은 것을 받았습니다. 모세를 통해서 율법을 받았습니다. 이방인들에게는 허락되지 않은 하나님의 영광을 체험하고 아는 지식이 그들에게는 부여되었습니다. 그러나 그들의 소행은 이방인들보다 더 선하지 못하였습니다. 그래서 사도는 강력하게 유대인들을 탄핵합니다.

"**2:17유대인이라 불리는 네가 율법을 의지하며 하나님을 자랑하며 2:18율법의 교훈을 받아 하나님의 뜻을 알고 지극히 선한 것을 분간하며 2:19맹인의 길을 인도하는 자요 어둠에 있는 자의 빛이요 2:20율법에 있는 지식과 진리의 모본을 가진 자로서 어리석은 자의 교사요 어린 아이의 선생이라고 스스로 믿으니.**" 사도는 연달아 그들의 소행을 적시하며 공략합니다.

"**2:21그러면 다른 사람을 가르치는 네가 네 자신은 가르치지 아니하느냐 도둑질하지 말라 선포하는 네가 도둑질하느냐 2:22간음하지 말라 말하는 네가 간음하느냐 우상을 가증히 여기는 네가 신전 물건을 도둑질하느냐 2:23율법을 자랑하는 네가 율법을 범함으로 하나님을 욕되게 하느냐.**" 그들의 소행이 율법을 알지 못하는 이방인들의 수준과 다를 바가 없었습니다. 그들은 늘 '우리는 이방인들이 알지 못하는 하나님의 율법을 가지고 있다'고 자랑하였습니다. 유대인들이 예수님을 대적할 때도 모세의 율법을 들먹였습니다. 그래서 예수님께서는 그들에게 말씀하셨습니다. "내가 너희를 아버지께 고발할까 생각하지 말라 너희를 고발하는 이가 있으니 곧 너희가 바라는 자 모세니라 모세를 믿었더라면 또 나를 믿었으리니 이는 그가 내게 대하여 기록하였음이라 그러나 그의 글도 믿지 아니하거든 어찌 내 말을 믿겠느냐."(요 5:45-47) 이방인들이 그들 유대인들을 보면서 하나님께 영광을 돌리기는커녕, "**2:24기록된 바와 같이 하나님의 이름이 너희 때문에 이방인 중에서 모독을 받는도다.**" 라는 말씀처럼 될 것입니다.

할례(割禮)의 가치

유대인들은 '우리는 선민(選民)이라는 표지를 몸에 지니고 있다'하면서 이방인들에게는 없는 '할례(割禮)'를 자랑하였습니다. 그러나 '할례' 자체가 그들을 하나님 앞에서 서게 할 정당한 근거는 아니었습니다. 다만 하나님께서 아브라함과 그 후손에 대한 언약의 표시로 주신 것이 할례입니다. "너희 중 남자는 다 할례를 받으라 이것이 나와 너희와 너희 후손 사이에 지킬 내 언약이니라 너희는 포피(包皮)를 베어라 이것이 나와 너희 사이의 언약의 표징이니라."(창 17:10,11) 그들은 할례의 표를 명하신 하나님의 진정한 의도를 이해하고 그에 순종해야 했습니다. 그들은 날마다 자기들의 할례의 표를 보면서 '하나님께서 아브라함과 그 후손에게 주신 언약의 진정한 요점'을 상기해야 했습니다. 곧 자기들이 하나님과 언약 관계 아래 있음을 유념하고 하나님의 율법을 순종함으로 하나님의 이름과 나라와 그 영광의 소망을 가지고 있다는 신앙고백을 삶 속에서 해야 했습니다.

아브라함에게 주신 언약의 중심은 "아브라함의 자손으로 오실 그리스도로 말미암은 구원과 하나님 나라"였습니다. "내가 너로 큰 민족을 이루고 네게 복을 주어 네 이름을 창대하게 하리니 너는 복이 될지라 너를 축복하는 자에게는 내가 복을 내리고 너를 저주하는 자에게는 내가 저주하리니 땅의 모든 족속이 너로 말미암아 복을 얻을 것이라 하신지라."(창 12:1-3) 할례는 그 언약을 항상 상기시키는 표징이었습니다. 구약시대의 성도들의 복은 어디에 있었습니까? "복 있는 사람은 악인들의 꾀를 따르지 아니하며 죄인들의 길에 서지 아니하며 오만한 자들의 자리에 앉지 아니하고 오직 여호와의 율법을 즐거워하여 그의 율법을 주야로 묵상하는도다."(시 1:1,2) 구약시대의 성도들은 율법으로 예언된 그리스도를 믿음으로 구원받고, 아울러 그 은혜 중에 그 계명과 율법의 정신을 따라서 주님을 대망하였습니다.

사도는 그런 의미에서 "**2:25네가 율법을 행하면 할례가 유익하나 만일 율법을 범하면 네 할례는 무할례가 되느니라**" 하였습니다. "**2:26그런즉 무할례자가 율법을 온전히 지키면,**" 만일 이방인이 자기 '마음에 새긴 율법,' 곧 '자기 양심의 증거'를 따라 '율법의 정신을 구현하면' "그 무할례를 할례와 같이 여길 것이 아니냐." 그러면 당연히 **"2:27또한 본래 무할례 자가 율법을 온전히 지키면 율법 조문과 할례를 가지고 율법을 범하는 너를 정죄하지 아니하겠느냐."** 유대인이 진정한 의미에서 '율법과 할례'를 자랑하려면 그 마음으로 하나님을 경외하면서 그리스도를 통해 주시는 하나님의 구원을 크게 기뻐해야 합니다. 아브라함이 그러하였습니다. "너희 조상 아브라함은 나의 때 볼 것을 즐거워하다가 보고 기뻐하였느니라."(요 8:56)

율법의 영성(靈性)

"2:28무릇 표면적 유대인이 유대인이 아니요 표면적 육신의 할례가 할례가 아니니라 오직 이면적 유대인이 유대인이며 할례는 마음에 할지니 영에 있고 율법 조문에 있지 아니한 것이라." 여기서 사도는 '율법의 진정한 영성'에 대해서 말하고 있습니다. 유대인들의 치명적인 문제는 '율법의 표면적 의미'에만 치중하고 율법을 주신 하나님의 의도, 곧 '율법의 진정한 정신과 그 영성'을 알지 못하였다는 것입니다. 구약성경에 소개되는 성도들의 한결같은 특징은 '율법의 영성을 알고 있었다'는 것입니다. 그 말은 그들은 '율법과 계명을 주신 하나님의 진정한 의도를 알고 거기에 자신을 복종시키는 것이 참된 믿음이라'고 알았다는 것입니다. 시편 1편에서 '복 있는 사람'을 묘사하고 있습니다. 물론 그 시편 1편은 '복 있는 자가 되기 위한 선행적 조건'을 말하는 것이 아닙니다. 하나님께 '받은 구원으로 인하여 복 있는 자'가 된 자로서 마땅하게 어떻게 그 삶을 영위하게 되어 있느냐를 묘사하고 있습니다. 곧 참된 경건, 진정한 믿음의 사람이 추구하는 영적 행로를 말하고 있습니다. "복 있는 사람은 악인들의 꾀를 따르지 아니하며 죄인들의 길에 서지 아니하며 오만한 자들의 자리에 앉지 아니하고 오직 여호와의 율법을 즐거워하여 그의 율법을 주야로 묵상하는도다."(시 1:1,2) "율법을 즐거워하여 그의 율법을 주야로 묵상하는도다"는 말은 율법이 말하는 영적 의도에 자신을 즐겁게 복종시키는 구약 성도의 자세를 보여 줍니다. 우리는 시편 1편의 확대판이라고 할 수 있는 시편 119편에서 그런 영성과 관련된 성도의 영적 행로에 대한 증거를 충분하게 확보합니다. "주의 종을 후대하여 살게 하소서 그리하시면 주의 말씀을 지키리이다 내 눈을 열어서 주의 율법에서 놀라운 것을 보게 하소서."(17,18절) 시편 119편 기자는 자기를 후하게 대우하시는 하나님의 행사를 무엇으로 이해했습니까? 자기를 구원하시고 하나님의 기뻐하시는 것이 무엇인지 주신 율법과 말씀 속에서 보는 신령한 눈을 열어 그대로 순종할 능력을 주시는 것이라고 이해했습니다. "나에게 주의 법도들의 길을 깨닫게 하여 주소서 그리하시면 내가 주의 기이한 일들을 작은 소리로 읊조리리이다."(27절) "거짓 행위를 내게서 떠나게 하시고 주의 법을 내게 은혜로이 베푸소서 내가 성실한 길을 택하고 주의 규례들을 내 앞에 두었나이다 내가 주의 증거들에 매달렸사오니 여호와여 내가 수치를 당하지 말게 하소서 주께서 내 마음을 넓히시면 내가 주의 계명들의 길로 달려가리이다 여호와여 주의 율례들의 도를 내게 가르치소서 내가 끝까지 지키리이다."(29-33절)

예수님을 대적하는 바리새인들과 서기관들은 '율법의 조문과 그 문자적 의미'를 아는 지식에 있어서는 다른 이들을 가르칠 능력을 가지고 있었습니다. 그러나 그들은 "율법의 조문의 표면적 의미"만 취하였습니다. 그들은 그런 차원에서 '율법을 지켜 그 자기 의로써' 하나님 앞에 서려고 하였습니다. 그러나 예수님께서는 그들의 그런 자세로는 율법을 주시고 그 율법의 영성을 따라 순종을 요구하시는 하나님 앞에 도저히 설 수 없음을 말씀하셨습니다. "내가 너희에게 이르노니 너희 의가 서기관과 바리새인보다 더 낫지 못하면 결단코 천국에 들어가지 못하리라."(마 5:20) 그러면서 계명을 주신 하나님의 의도가 무엇임을 분명하게 보여주시면서 하나님께서 원하시는 '계명 지키기의 수준'이 어떠함을 말씀하셨습니다. "옛 사람에게 말한 바 살인치 말라 누구든지 살인하면 심판을 받게 되리라 하였다는 것을 너희가 들었으나 나는 너희에게 이르노니 형제에게 노하는 자마다 심판을 받게 되고 형제를 대하여 라가라 하는 자는 공회에 잡혀가게 되고 미련한 놈이라 하는 자는 지옥 불에 들어가게 되리라."(마 5:21,22)

그래서 '바리새인의 학교'에서 율법을 배우면 '자기 의를 자랑하는 충만한 사람'으로 졸업했을 것입니다. 그러나 '예수님의 학교'에서 율법을 배우면 누구나 "주여, 나는 죄인이로소이다" 하며 통회하고 자복하는 사람이 될 것입니다. 바리새인들은 '율법의 조문의 표면적 의미'만을 취하여 가르칠 것이기 때문입니다. 그러나 예수님께서는 '하나님께서 율법을 주실 때 어떤 의도를 가지고 주셨는지, 그 영적 깊이'를 가르치셨습니다. 그러니 예수님께 진실로 배운 사람은 다 "주여, 나를 떠나소서 나는 죄인이로소이다"(눅 5:8)라고 외칠 수 밖에 없습니다.

"2:29오직 이면적 유대인이 유대인이며 할례는 마음에 할지니 영에 있고 율법 조문에 있지 아니한 것이라." 율법이 명하는 외양적 행동을 받혀주는 바른 마음의 기반이 있어야 진정한 의미의 '율법 지키기'입니다. 다시 말해서, 율법의 정신이 요구하는 대로 '하나님 앞에 자신이 죄인 됨을 알고 두려워 떠는 마음'이 그 외양적 행동을 산출해야 진정한 의미의 순종입니다. 그러니 율법과 계명은 모두 예수님께서 지적하신 '가장 큰 두 계명'으로 집약될 수 있습니다. "네 마음을 다하고 목숨을 다하고 뜻을 다하고 힘을 다하여 주 너의 하나님을 사랑하라 하신 것이요 둘째는 이 것이니 네 이웃을 네 자신과 같이 사랑하라 하신 것이라 이보다 더 큰 계명이 없느니라."(막 12:30,31)

위선자(외식자)의 누추

"2:29··· 그 칭찬이 사람에게서가 아니요 다만 하나님에게서니라." 바리새인들은 사람에게 칭찬 듣는 것을 최상의 가치로 여겼습니다. "또 너희는 기도할 때에 외식하는 자와 같이 하지 말라 그들은 사람에게 보이려고 회당과 큰 거리 어귀에 서서 기도하기를 좋아하느니라 내가 진실로 너희에게 이르노니 그들은 자기상을 이미 받았느니라."(마 6:5) 사람에게 칭찬 듣는 것을 제일로 여기는 한 그 사람의 모든 것이 뒤틀어진 셈입니다. 그 마음의 보좌에서 하나님을 밀어낸 셈입니다. 하나님을 마음에 모시기 싫어하면 그 지각이 흐려지고 그 행실이 파국을 향하여 치닫게 됩니다. '위선(외식)'은 항상 '사람이 나에게 무어라 하느냐'에 기준을 둡니다. 참된 경건은 '중심을 보시는 하나님께서 나를 어떻게 보실까' 하는 두려움으로 절제하고 근신하는 마음을 산출합니다. 거기서 '파국에 이르는 행실'이 나올 리가 없습니다. 예수님께 '위선자(외식자)'로 탄핵을 받은 바리새인들과 서기관들과 대제사장들이 자기들을 구원하실 예수님을 죽였습니다. 예수 그리스도를 통한 구원과 하나님 나라를 약속받고 대망하던 아브라함의 자손 유대인들이 이방인 본디오 빌라도의 손을 빌어 십자가에 못 박아 죽였습니다. 오늘날도 '사람의 칭찬과 인정'을 자신들의 목표로 하면 '사람을 죽이는 데'까지 가는 악행에 빠질 수 있습니다.

구약성경에 나타난 이스라엘 자손들의 행실은 자기들을 택하시고 그리스도를 통한 구원의 언약을 주신 하나님을 대적하는 데 집중되어 있습니다. 물론 그들은 말로는 '우리 조상과 우리가 언제 그리했느냐' 하였습니다. 그러나 예수님은 그들의 입을 막으셨습니다. "예루살렘아 예루살렘아 선지자들을 죽이고 네게 파송된 자들을 돌로 치는 자여 암탉이 그 새끼를 날개 아래에 모음같이 내가 네 자녀를 모으려 한 일이 몇 번이더냐 그러나 너희가 원하지 아니하였도다."(마 23:37)

우리는 유대인들의 이런 실상을 보면서 이런 의문을 제기하고 싶은 충동을 받을 수 있습니다. '그들을 택하시고 주장하시는 분이 하나님이신데 어떻게 유대인들에게 그런 열매 밖에는 나올 수 없게 하셨는가? 유대인들 자신들에게 문제가 있는 것은 사실이나 그들을 다루시는 하나님의 방식에 문제가 있었던 것은 아닌가?' 사도 바울은 그런 의문이 제기될 것을 미리 예측하고 그에 대하여 대답할 필요가 있다고 여겼습니다. 그래서 사도는 로마서 3장 초두에서 그 문제를 다루고 난 뒤에 하나님 보시기에 모든 인생의 영적 실상이 어떤지 결론을 내립니다.

12

의로우신 하나님과
핑계할 수 없는 인간

3:1 그런즉 유대인의 나음이 무엇이며 할례의 유익이 무엇이냐

3:2 범사에 많으니 우선은 그들이 하나님의 말씀을 맡았음이니라

3:3 어떤 자들이 믿지 아니하였으면 어찌하리요 그 믿지 아니함이
하나님의 미쁘심을 폐하겠느냐

3:4 그럴 수 없느니라 사람은 다 거짓되되 오직 하나님은 참되시다
할지어다 기록된 바 주께서 주의 말씀에 의롭다 함을 얻으시고 판
단 받으실 때에 이기려 하심이라 함과 같으니라

3:5 그러나 우리 불의가 하나님의 의를 드러나게 하면 무슨 말 하
리요 [내가 사람의 말하는 대로 말하노니] 진노를 내리시는 하나님
이 불의하시냐

3:6 결코 그렇지 아니하니라 만일 그러하면 하나님께서 어찌 세상을 심판하시리요

3:7 그러나 나의 거짓말로 하나님의 참되심이 더 풍성하여 그의 영광이 되었다면 어찌 내가 죄인처럼 심판을 받으리요

3:8 또는 그러면 선을 이루기 위하여 악을 행하자 하지 않겠느냐 어떤 이들이 이렇게 비방하여 우리가 이런 말을 한다고 하니 그들은 정죄 받는 것이 마땅하니라

모든 인류는 툭하면 자기를 지으시고 통치하시는 하나님께 불만을 가지고 하나님께 자기 불의와 그에 따른 불행의 책임을 돌리려는 이상한 성향이 있습니다. 필자를 포함하여 모든 인생이 죄 가운데 태어날 때부터 가진 본성의 부패한 성향이 그런 식으로 드러나는 것입니다. '우리의 이런 실상이 근본적으로 우리를 지으시고 우리를 다스리시는 하나님께 있다. 전지전능하신 분이니 우리가 악을 행하기 전에 미리 아시고 막으실 수 있었겠는데 막지 않으시어 우리가 이런 곤경에 처하였다. 그러니 우리의 실상의 근본에 대한 책임을 하나님이 지셔야 한다.'

사도는 성령께서 주시는 지각을 통하여 부패한 사람들 속에 그런 말도 안 되는 이상한 논리가 작용하고 있음을 알았습니다. 그런 성향은 광야의 이스라엘 자손들이 어려움만 만나면 금방 그들의 입에서 튀어나온 말투가 있었습니다. 애굽 군대의 추격을 받으며 홍해 앞에 선 이스라엘은 부르짖었습니다. "그들이 또 모세에게 이르되 애굽에 매장지가 없으므로 당신이 우리를 이끌어 내어 이 광야에서 죽게 하느뇨 어찌하여 당신이 우리를 애굽에서 이끌어 내어 이같이 우리에게 하느뇨."(출 14:10) 이스라엘

광야 생활 동안 그들은 그 불평을 입에 달고 산 셈입니다. 자기들의 불행과 고통의 근본책임을 하나님께 돌리는 일은 에덴동산에서부터 시작되었습니다. 범죄한 아담과 하와에게 찾아오시어 문초하시는 하나님께 답한 아담과 하와의 답변 속에 그것이 들어 있었습니다. "이르시되 누가 너의 벗었음을 네게 알렸느냐 내가 네게 먹지 말라 명한 그 나무 열매를 네가 먹었느냐 아담이 이르되 하나님이 주셔서 나와 함께 있게 하신 여자 그가 그 나무 열매를 내게 주므로 내가 먹었나이다 여호와 하나님이 여자에게 이르시되 네가 어찌하여 이렇게 하였느냐 여자가 이르되 뱀이 나를 꾀므로 내가 먹었나이다."(창 3:11-13) 아담은 "하나님이 주셔서 나와 함께 하신 여자 그가…"라며 자기의 범죄에 대한 근본책임은 하나님께 있다는 식으로 말합니다. 하와도 자기의 범죄의 악함을 자백하지 않고 "뱀이 나를 꾀므로 내가 먹었나이다"고 하였습니다. '하나님께서 지으시어 나와 함께 하거나 내게 접근한 존재 때문에 범죄하였으니 근본책임은 내가 아니고 창조주 하나님이라'는 식입니다. 사도 바울은 복음을 전하면서 그런 식으로 복음을 대적하는 사람들의 논리를 아주 많이 접하였을 것입니다. 오늘날 사람들이 복음을 증거하는 설교자들에게 비아냥거리면서 던지는 질문의 내용이 그러합니다. 어느 시대 어떤 족속 어떤 문화권에 속하더라도 사람들의 그런 의식은 차이가 없습니다.

사도는 그 잘못된 의식을 다루면서 어떤 경우에도 '하나님을 불의하게 여기는 논리는 악하다'는 것을 설파합니다. 하나님께서 아주 미세한 부분에서라도 불의하다면 어떻게 만유를 심판하시는 재판장이 되겠느냐는 것입니다. "진노를 내리시는 하나님이 불의하시냐 결코 그렇지 아니하니라 만일 그러하면 하나님께서 어찌 세상을 심판하시리요."(롬 3:6)

이제 본문을 따라 사도의 요지를 알아보기로 합니다.

유대인의 악독의 책임 소재

"3:1그런즉 유대인의 나음이 무엇이며 할례의 유익이 무엇이냐." 우리가 지난 장에서 잠깐 언급한 바 있듯이 "할례의 유익"이 있습니다. 하나님께서 명하신 것이 무익할 리가 없습니다. 곧 '할례'는 그들로 하여금 그리스도 안에서 당신의 백성을 구원하시는 하나님의 구속사(救贖史)의 전망을 가지게 하려고 하나님이 명하신 규례였습니다. "너희 중 남자는 다 할례를 받으라 이것이 나와 너희와 너희 후손 사이에 지킬 내 언약이니라 너희는 포피를 베어라 이것이 나와 너희 사이의 언약의 표징이니라 너희의 대대로 모든 남자는 집에서 난 자나 또는 너희 자손이 아니라 이방 사람에게서 돈으로 산 자를 막론하고 난 지 팔 일 만에 할례를 받을 것이라 너희 집에서 난 자든지 너희 돈으로 산 자든지 할례를 받아야 하리니 이에 내 언약이 너희 살에 있어 영원한 언약이 되려니와 할례를 받지 아니한 남자 곧 그 포피를 베지 아니한 자는 백성 중에서 끊어지리니 그가 내 언약을 배반하였음이니라."(창 17:10-14)

그래서 유대인들은 할례의 표를 볼 때마다 그런 소망을 가지고 하나님을 경외하는 믿음을 지킬 절대적 필요를 상기하게 된 것입니다. 그러나 그런 하나님의 의도는 아랑곳하지 않고 '할례' 자체를 의존하고 그것이 하나님 앞에 자기들을 세울 것으로 아는 것은 미련한 일이었습니다. 그런 책임은 그들 자신에게 있었습니다.

"3:2범사에 많으니 우선은 그들이 하나님의 말씀을 맡았음이니라."

유대인들이 이방인들에 비하여 하나님을 알고 경배하고 섬기는 면에서 탁월한 혜택을 받았습니다. 이루 다 열거하기 힘든 많은 이점들은 제쳐두고라도 그들의 조상들은 '하나님의 말씀'을 받았습니다. '하나님의 말씀'은 '창세전에 성삼위 간에 도모하시고 목적하신 뜻을 계시하시고 이루시는 하나님의 행사 전체'를 일컫는 성경적인 표현입니다. "옛적에 선지자들을 통하여 여러 부분과 여러 모양으로 우리 조상들에게 말씀하신 하나님이 이 모든 날 마지막에는 아들을 통하여 우리에게 말씀하셨으니."(히 1:1)

그래서 신약시대에 와서 사도들은 '하나님의 말씀'과 '복음'을 동일 개념으로 썼습니다. "너희가 거듭난 것은 썩어질 씨로 된 것이 아니요 썩지 아니할 씨로 된 것이니 살아 있고 항상 있는 하나님의 말씀으로 되었느니라 그러므로 모든 육체는 풀과 같고 그 모든 영광은 풀의 꽃과 같으니 풀은 마르고 꽃은 떨어지되 오직 주의 말씀은 세세토록 있도다 하였으니 '너희에게 전한 복음이 곧 이 말씀이니라.'"(벧전 1:23-25) "바울과 바나바가 담대히 말하여 이르되 하나님의 말씀을 마땅히 먼저 너희에게 전할 것이로되 너희가 그것을 버리고 영생을 얻기에 합당하지 않은 자로 자처하기로 우리가 이방인에게로 향하노라."(행 13:46) 그리고 구주께서 '아브라함과 다윗의 혈통'에서 나시게 약속되어 있었습니다(마 1:1-14 ; 롬 1:2-4). 우리 주 예수님께서 친히 수가성 여인에게 "구원이 유대인에게서 남이라"(요 4:22)고 하신 것도 그 때문입니다. 이제 때가 차서 구주 예수 그리스도의 복음이 가장 먼저 예루살렘으로부터 전파되기 시작하였습니다(행 1:8). 이방인들에 비하여 유대인들은 그 말로 다 할 수 없는 혜택과 영예를 누리고 있었습니다.

"**3:3어떤 자들이 믿지 아니하였으면 어찌하리요 그 믿지 아니함이 하나님의 미쁘심을 폐하겠느냐.**" 그러나 그런 혜택에도 불구하고 유대인 중에 "어떤 자들이 믿지 아니 하였으면" 그 책임을 누구에게 돌릴 것입니까? 사도는 인간의 심성에 자기 잘못에 대한 모든 책임을 다른 이, 특히 창조주 하나님께 떠넘기려는 악독이 있음을 알고 있습니다. 미리 예측적으로 수사술적인 질문을 던집니다. "그 믿지 아니함이 하나님의 미쁘심을 폐하겠느냐?" 앞에서도 언급한 바와 같이, 아담과 하와가 자기들에게 주어진 말로 다 할 수 없는 혜택 중에서 범죄하고 난 후에 그 책임을 자기들이 아닌 하나님께 있다는 식의 논리를 은근히 제기하던 성향도 그 후손들 전체에게 유전(遺傳)된 셈입니다. 아담과 하와의 범죄가 "하나님의 미쁘심"을 의심하게 한 것입니까? 하나님께서 사람을 기계로 만들지 않고 당신의 형상을 따라 '인격적인 존재'로 만드셨습니다. 다시 말하면, 자기 행동에 대한 책임을 지고 그 정당성을 하나님께 진술하여 판단을 받아야 할 존재로 인간을 지으신 것입니다. 그러므로 하나님께서 죄를 짓도록 유도하셨거나 방조하셨거나 직, 간접적으로 목적하신 일이 없으니 죄의 책임은 죄를 지은 그 당사자에게 있는 것입니다.

유대인들이 하나님을 알고 섬기도록 주어진 탁월한 모든 혜택에도 불구하고 하나님을 모르는 이방인들 못지않게 악을 행하였습니다. 그 점은 하나님께 책임을 돌릴 구실을 찾게 하는 대신 도리어 그들의 악독의 책임을 더 가중시킵니다(눅 12:48). 하나님께서는 어떤 면에서도 '유대인의 불의에 대한 책임' 지실 일을 하신 적이 없습니다. "사람이 시험을 받을 때에 내가 하나님께 시험을 받는다 하지 말지니 하나님은 악에게 시험을 받지도 아니하시고 친히 아무도 시험하지 아니하시느니라 오직 각 사람이 시험을 받는 것은 자기 욕심에 끌려 미혹됨이니 욕심이 잉태한즉 죄를 낳고 죄가 장성한즉 사망을 낳느니라 내 사랑하는 형제들아 속지 말라 온갖 좋은 은사와 온전한 선물이 다 위로부터 빛들의 아버지께로부터 내려오나니 그는 변함도 없으시고 회전하는 그림자도 없으시니라."(약 1:13-17)

'인간의 불의가 하나님의 의를 드러낸다?'

하나님께서는 본질적으로 스스로 악을 도모하시거나 피조물로 하여금 악에 빠지게 유도하시거나 섭리하실 수 없는 분입니다. 전지전능하신 하나님을 그런 소양을 가지신 분쯤으로 생각하는 것이 바로 인간의 죄악적 성향의 본성입니다. 그리고 그 악한 인간 본성을 통하여 공중권세 잡는 자가 역사하고 있습니다. "그는 허물과 죄로 죽었던 너희를 살리셨도다 그 때에 너희는 그 가운데서 행하여 이 세상 풍조를 따르고 공중의 권세 잡은 자를 따랐으니 곧 지금 불순종의 아들들 가운데서 역사하는 영이라."(엡 2:1,2)

"3:4그럴 수 없느니라 사람은 다 거짓되되 오직 하나님은 참되시다 할지어다." 사람의 참됨과 거짓이 그 속에 있어도 그것들이 드러나는 것은 그의 마음의 계획과 행동을 통해서입니다. 그 행한 일로 그 사람의 참됨과 거짓이 판단을 받습니다. 하나님께서도 본질상 참되시고 의로우시고 거룩하십니다. 그런데 그 하나님의 성품의 완전함이 무엇을 통하여 드러나는가? 그 모든 행사를 통하여 드러납니다. 그래서 그 행하신 일을 보고 눈에 보이지 않는 하나님의 신성의 영광과 그 능력을 보게 하시고 판단하게 하십니다. "창세로부터 그의 보이지 아니하는 것들 곧 그의 영원하신 능력과 신성이 그가 만드신 만물에 분명히 보여 알려졌나니 그러므로 그들이 핑계하지 못할지니라."(롬 1:20)

"**3:4** … **기록된 바 주께서 주의 말씀에 의롭다 함을 얻으시고 판단 받으실 때에 이기려 하심이라 함과 같으니라.**" 어떤 의미에서, 하나님께서는 천사들을 포함한 모든 이성 있는 인격적인 존재들(모든 영적인 존재들, 심지어 하나님을 대적하는 사탄 마귀와 그에 속한 귀신들까지 다 포함하여)로 하여금 당신 자신의 행사들을 판단하도록 자신을 열어 놓으신 셈입니다. 그래서 하나님의 모든 행사 속에 무슨 불의(不義)가 있는지 탐색해 보게 하신 셈이지요. 성경은 하나님께서 자신의 생각과 그 뜻과 행사를 열어 보여 주신 계시의 말씀입니다. 사탄은 성경에 기록된 하나님의 행사를 트집 잡아 참소하고 훼방하는 데 자신의 존재의 의미를 둡니다. 그래서 교회사 속에서 성경을 난도질하여 폐기하려고 사탄은 갖은 수를 다 썼습니다. 성경대로 오시어 뜻을 이루신 예수님에 대하여는 어떻게 하였습니까? 예수님을 두려워하면서도 그의 탄생과 그 후의 모든 생애, 특히 공생애 내내 트집을 잡거나 죽이려 하였습니다. 그리고 결국에는 사탄은 유대인들의 모의 속에서 자신의 뜻을 관철하여 빌라도의 손으로 예수님을 죽이는데 성공하였습니다. 물론 예수님이 사형에 해당하는 죄를 지었다고 선동하여 그 일에 성공을 거두었습니다. 그러나 마귀의 그 '성공'은 예수님의 부당성을 입증하기는커녕 '당신의 백성을 구원하시려는 하나님의 뜻을 이루는 핵심적인 사건'이 되었습니다. 마귀는 유대인들의 악한 성향을 빌어 예수님을 불의하다고 몰아 붙여 죽였으나, 하나님께서는 예수님의 그 죽으심을 통하여 당신 백성들을 죄로 인한 영원한 멸망에서 건져 내시고 영생을 얻게 하셨습니다. 그리고 예수님은 다시 살아나심으로 그 당하신 일이 불의의 삶이 아니라 하나님의 의로우신 구원의 행사였음을 드러내신 것입니다. "그는 실로 우리의 질고를 지고 우리의 슬픔을 당하였거늘 우리는 생각하기를 그는 징벌을 받아 하나님께 맞으며 고난을 당한다 하였노라 그가 찔림은 우리의 허물 때문이요 그가 상함은 우리의 죄악 때문이라 그가 징계를 받음으로 우리는 평화를 누리고 그가 채찍에 맞음으로 우리는 나음을 받았도다."(사 53:4,5)

어떤 경우에도 "하나님은 불의하다."고 말해서는 안 됩니다. 도리어 "사람은 다 거짓되되 오직 하나님은 참되시도다"고 해야 합니다. 그리고 하나님의 행사를 판단하는 모든 영적인 존재들은 다 "주의 말씀에 하나님은 의로우시도다"고 해야 합니다. 만일 어느 누가 시험을 받아 '하나님은 불의하다'고 결론을 내리면 그 사람은 가중적인 악을 행하는 셈입니다. 의로우신 이를 불의하다고 폄훼하면, 바로 그 당사자 자신이 부당함을 스스로 드러내는 셈입니다. 하나님의 말씀대로 행하시는 일들 중에서 옳지 않은 것이 전혀 없습니다.

"3:5그러나 우리 불의가 하나님의 의를 드러나게 하면 무슨 말 하리요 [내가 사람의 말하는 대로 말하노니] 진노를 내리시는 하나님이 불의하시냐." 또 사람들은 자기들이 근본적으로 악하다고 쉽게 인정하기를 싫어합니다. 그래서 앞에서 우리가 살펴 본 것 말고 또 다른 얼토당토 않는 이상한 논리를 제기합니다. 심지어 '인간의 불의가 하나님의 의를 돋보이게 하는 것 아니냐?'는 식의 논리를 제기하는 사람들이 있음을 사도는 알고 있습니다. 마치 밤하늘에 떠 총총하게 빛나는 별들을 보면서 '이 깊은 어둠이 하늘의 별빛을 더욱 영롱하게 빛나게 한다'고 하는 것 같이 말입니다. '인간이 죄를 짓지 않고 있는 것 보다 불의를 행하는 편이 하나님의 의로우심을 더욱 선명하게 돋보이게 하는 것이라'는 식으로 말입니다. 그런 논리에 대해서 사도는 단호합니다.

만일 그런 식의 논리가 옳다면 하나님은 당신의 의로우심을 돋보이게 하려고 인간으로 하여금 은근히 죄짓고 불의하게 행하게 유도하신다는 말이 되는 것입니다. 그러면 인간의 불의와 죄에 대한 모든 책임이 하나님께 돌아갑니다. 그러면 하나님께서 불의한 하나님이 되시는 것입니다. 그래서 사도는 "진노를 내리시는 하나님이 불의하시냐?"고 다그칩니다. 사도는 더 이상 없는 단호한 어조로 말합니다.

"**3:6결코 그렇지 아니하니라 만일 그러하면 하나님께서 어찌 세상을 심판하시리요.**" 그런 식이라면 하나님은 더 이상 세상을 심판하시는 정당한 위치에 서 있지 못하게 됩니다. 하나님은 불의한 재판관이 되는 셈입니다. 사도는 그런 의식으로 하나님을 오해하며 악하게 선전하는 자들의 악독을 미리 예견하여 말합니다.

"**3:7그러나 나의 거짓말로 하나님의 참되심이 더 풍성하여 그의 영광이 되었다면 어찌 내가 죄인처럼 심판을 받으리요.**" 어떤 이들은, '사람의 거짓말로 인하여 하나님의 참되심이 더 풍성하게 드러났으니 결국 그 거짓말이 하나님의 영광이 된 셈이다'고 말하고 싶을 것입니다. 그러면서 '나는 죄인으로 여겨져 하나님의 심판을 받아 벌을 받는 것은 부당하다'며 비방하는 악인들이 있음을 사도는 알고 있었습니다. 그는 성령님의 주신 지각으로 그것을 예견하였습니다. 만일 그런 논리가 맞는다면, "어찌 내가 죄인처럼 심판을 받으리요"

"**3:8또는 그러면 선을 이루기 위하여 악을 행하자 하지 않겠느냐.**" 그로 인하여 에덴동산에서 아담과 하와를 유혹하며 하나님의 금하신 나무의 열매를 먹으라고 다그치던 사탄의 음흉한 악독이 비쳐나고 있습니다.

"**3:8어떤 이들이 이렇게 비방하여 우리가 이런 말을 한다고 하니 그**

들은 정죄받는 것이 마땅하니라." 우리가 이 표현을 접하면서, 복음을 전하는 자리에서 사도가 그런 식의 논리로 덤비는 이들을 적지 않게 만났음을 능히 짐작할 수 있습니다. 그런 괴이한 논리로 복음의 말씀을 저해하는 모든 시도는 자기들이 '본질상 하나님의 진노의 자녀'인 것을 드러내는 것 밖에 아무 것도 아닙니다.

오늘도 성경대로 복음을 전하려는 열심을 가지고 섬기는 설교자들이 흔히 그러한 경우들을 만납니다. 그러나 그런 논리에 말리지 말고 '하나님은 항상 의로우시다'는 논리로 당당하게 맞서야 할 것입니다. 사람들의 연약을 참고 인내하는 것이 복음 사역자들이 갖추어야 할 덕목이지만, '하나님의 이름이 훼손되고 하나님이 불의하다는 식으로 말하는 논리'에 대해서는 침묵하지 말고 사도와 같이 단호하고 엄정하게 대응해야 합니다.

유대인들의 불의가 하나님의 의를 더욱 돋보이게 하는 역할을 하였다는 논리는 정말 부당하기 짝이 없는 것입니다. 그것은 자기들의 악행에 대한 하나님의 진노가 공평하지 못하다고 항변하는 구실에 불과합니다. 그러나 그러한 구실은 아무런 정당한 근거를 갖지 않은 것입니다. 사람들은 자기들의 죄악의 원인도 하나님께서 제공하신 것이기에 그 책임은 하나님께서 져야 한다는 식입니다. 그러나 하나님께서 불의하시면 어떻게 사람과 피조물을 심판하실 수 있겠습니까?

하나님께서는 어떤 경우나 어떤 논리로도 참소를 당하여 '그 부당함이 발견될 만한 소지'가 전혀 없는 분이십니다. 그러므로 하나님의 진노는 의롭고 마땅한 것입니다. 우리를 향하신 하나님의 진노의 정당성을 인정하지 않는 한 결코 복음의 은혜와 그 영광에 대해서 아는 것은 불가능합니다.

13

'의인은 없나니
하나도 없도다'

3:9 그러면 어떠하냐 우리는 나으냐 결코 아니라 유대인이나 헬라
인이나 다 죄 아래에 있다고 우리가 이미 선언하였느니라

3:10 기록된 바 의인은 없나니 하나도 없으며

3:11 깨닫는 자도 없고 하나님을 찾는 자도 없고

3:12 다 치우쳐 함께 무익하게 되고 선을 행하는 자는 없나니 하나
도 없도다

3:13 그들의 목구멍은 열린 무덤이요 그 혀로는 속임을 일삼으며
그 입술에는 독사의 독이 있고

3:14 그 입에는 저주와 악독이 가득하고

3:15 그 발은 피 흘리는데 빠른지라

3:16 파멸과 고생이 그 길에 있어

3:17 평강의 길을 알지 못하였고

3:18 그들의 눈 앞에 하나님을 두려워함이 없느니라

3:19 우리가 알거니와 무릇 율법이 말하는 바는 율법 아래에 있는 자들에게 말하는 것이니 이는 모든 입을 막고 온 세상으로 하나님의 심판 아래에 있게 하려 함이라

3:20 그러므로 율법의 행위로 그의 앞에 의롭다 하심을 얻을 육체가 없나니 율법으로는 죄를 깨달음이니라

사도는 로마서 1:18로 선언한대로 '하나님의 진노 아래 있는 인간의 참상'에 대해서 논증해 왔습니다. 이제 사도는 우리가 알아보려는 로마서 3:9-20에서 그 논증의 결론을 내리고 있습니다.

"3:9그러면 어떠하냐 우리는 나으냐 결코 아니라 유대인이나 헬라인이나 다 죄 아래에 있다고 우리가 이미 선언하였느니라." 사도의 논증의 목적은 유대인이든 이방인이든 모든 인류가 한 사람도 예외 없이 '하늘로 좇아 나타나는 하나님의 진노 아래 처하여 있다'는 사실을 확증하는 데 있습니다. 그래서 1장에서는 일반적으로 사람들의 실상을 다루었습니다. 1장의 내용은 해 아래 있는 모든 인생들의 일반적인 상태입니다. 물론 대부분의 주석가들이 1장을 '이방인들의 죄의 실상'을 말하는 대목으로 이해하고 있습니다. 그 말이 틀린 것은 아니지만, 더 정확하게는 사람들 전체에 대하여 하는 말입니다. 그러니 1장만으로도 '하나님의 진노를 받기에 너무나도 합당한 인간의 죄의 실상'을 입증하는 데 무리가 없어 보입니다. 그런데 구약시대에 하나님께 이방인들과 구별된 대우를 받

았고, 아브라함의 혈통적인 자손들인 유대인들의 특수성을 고려하여 유대인들의 문제를 2장에서 다루었습니다. 그리고 자기들의 죄의 실상에 대한 책임을 벗어나려고 교묘한 구실을 대는 악독에 대해서도 로마서 3:1-8에서 다루었습니다. 사도는 이제 '유대인이든 이방인이든' 하나님의 진노를 받기에 조금도 차이가 없다는 결론을 내리고 있습니다.

"유대인이나 헬라인이나 다 죄 아래에 있다고 우리가 이미 선언하였느니라." 존 칼빈은 여기 "이미 선언하였느니라"는 표현이 원어적으로 법정적인 용어라고 밝힙니다. 그 말은 '우리는 이미 기소(起訴)하였느니라'는 의미라는 것이지요. 필자는 이미 이 책의 서두 부분에서 이 로마서가 필연 '모든 인생이 각 자 하나님의 하늘 법정 앞에 서서 판단받아야 할 입장을 전제한다'고 지적한 바와 같습니다. 어떤 사람의 행실이 법에 저촉되는 것을 주목하고 그 혐의를 입증할만한 여러 증거들을 가지고 법정에 제소하는 것과 같은 방식으로 사도는 말합니다. "다 죄 아래 있다고 우리가 이미 선언하였느니라." 사도는 '유대인과 헬라인(이방인)'의 죄의 충분한 증거들을 가지고 모든 인류를 고발하여 하나님의 법정에 세운 셈입니다. 세상의 법정에서도 검사가 실정법에 의지하여 피고(被告)의 혐의를 입증할만한 증거가 있어야 기소를 합니다. 사도 속에서 역사하시는 성령께서는 하나님의 심판 법정에 서서 판단받아야 할 모든 인류 각 자가 다 죄 가운데 있다는 실상을 제시하여 변박할 모든 여지를 불식시켰습니다. 유대인이든 헬라인(이방인)이든 다 하늘에 있는 하나님의 법정에서 죄인으로 정죄를 받게 되어 있음을 성령께서 사도로 확증하게 하신 것입니다. 그래서 모든 인생이 하나님께서 당신의 법정에 선 사람들에게 어떤 판결을 내릴 것인지를 확연하게 보게 하신 것입니다.

"**3:10기록된 바 의인은 없나니 하나도 없으며.**" 존 칼빈은 이 대목에 대해서 이렇게 주석합니다. '이제까지 사도는 사람들이 불의함을 확증하기 위해서 여러 증거들을 가지고 논증하였다. 이제부터는 권위(權威)에 의지하여 논증을 시작한다. 오직 유일한 참되신 하나님으로부터 파생되어 나온 권위야말로 그리스도인들에게 있어서 가장 강력한 종류의 증거다. 그러니 교회의 교사(敎師)들은 자기들의 직무가 무엇인지를 배우도록 해야 한다. 바울은 성경의 확실한 증거로 확증된 진리 외에 아무 것도 주장하지 않는다. 그는 하나님의 복음을 전하라는 사명 외에 다른 명을 받지 않았다. 교회의 교사들은 그 복음을 바울과 다른 사도들을 통해서 받았다.' 사도는 자기가 전하는 바가 구약성경이 말하는 바를 따라서만 말하고 있음을 강조하기 위해서 "기록된 바"라고 표현한 것입니다. 모든 참 설교자는 사도의 본을 받아 자기의 설교하는 바가 오직 성경에 입각한 것임을 확증해야 합니다.

"**의인은 없나니 하나도 없으며.**" 사도는 여기서 시편 14편(또는 51편)을 인용하고 있습니다. 그런데 사도는 14편을 문자 그대로 인용하지는 않고 그 내용을 압축하여 인용합니다. 거기서는 이렇게 말합니다. "어리석은 자는 그의 마음에 이르기를 하나님이 없다 하는도다 그들은 부패하고 그 행실이 가증하니 선을 행하는 자가 없도다 여호와께서 하늘에서 인생을 굽어 살피사 지각이 있어 하나님을 찾는 자가 있는가 보려 하신즉 다 치우쳐 함께 더러운 자가 되고 선을 행하는 자가 없으니 하나도 없도다."(시 14:1-3) 사도는 이처럼 자기가 지금까지 논증해 온 바가 하나님의 기록된 말씀인 시편 14편의 내용과 일치함을 과시하며 확증하고 있습니다. "기록된바 의인은 없나니 하나도 없다." 이 표현 자체는 시편 14편

속에 나오지 않습니다. 다만 시편 14편 전체가 '하나님 보시기에 하나님께서 의인으로 인정하시고 판결하실 만한 사람이 없으되 예외 없이 하나도 없다'고 말함을 사도는 웅변적으로 선언합니다.

"**3:11깨닫는 자도 없고 하나님을 찾는 자도 없고 3:12다 치우쳐 함께 무익하게 되고 선을 행하는 자는 없나니 하나도 없도다.**" 여기서는 시편 14편의 내용을 그대로 인용하여 고발합니다.

"**3:13그들의 목구멍은 열린 무덤이요 그 혀로는 속임을 일삼으며 그 입술에는 독사의 독이 있고 3:14그 입에는 저주와 악독이 가득하고 3:15그 발은 피 흘리는데 빠른지라 3:16파멸과 고생이 그 길에 있어 3:17평강의 길을 알지 못하였고 3:18그들의 눈앞에 하나님을 두려워함이 없느니라.**" 이 대목은 인간 죄악의 실상들을 고발하는 내용입니다. 이 대목의 인용에서도 어떤 시편의 대목을 통째로 그냥 인용하지 않고 여러 시편들의 진술들을 조합하여 인용하고 있습니다. "그들의 목구멍은 열린 무덤이요 그 혀로는 속임을 일삼으며 그 입술에는 독사의 독이 있고 그 입에는 저주와 악독이 가득하고." 시편 5:9와 10:7과 140:3의 말씀을 조합 인용하고 있습니다. "그 발은 피 흘리는 데 빠른지라 파멸과 고생이 그 길에 있어 평강의 길을 알지 못하였고" 이 대목은 잠언 10:16과 이사야 59:7,8을 조합 인용한 것입니다. "그들의 눈앞에 하나님을 두려워함이 없느니라 함과 같으니라." 이 대목은 시편 36:1의 말씀의 의미를 인용한 것입니다. "악인의 죄가 그의 마음속으로 이르기를 그의 눈에는 하나님을 두려워하는 빛이 없다 하니."

우리는 바울 사도의 이런 자세를 잠시 주목해야 합니다. 사도는 자신의 사고(思考)나 통찰력을 의존하지 않습니다. '기록된 말씀으로서의 성경'을 절대 의존하고 있습니다. 사도는 그것을 자기 설교 사역의 철저한 법으로 의식하였습니다. "형제들아 내가 너희를 위하여 이 일에 나와 아볼로를 가지고 본을 보였으니 이는 너희로 하여금 기록한 말씀 밖에 넘어가지 말라 한 것을 우리에게서 배워 서로 대적하여 교만한 마음을 먹지 말게 하려 함이라."(고전 4:6) 필자의 신학 스승이셨던 박 윤선 박사께서는 늘 우리에게 '계시의존 사색(啓示依存思索)'을 강조하셨습니다. 하나님의 기록된 계시의 말씀인 성경에 입각한 사유(思惟)와 사색(思索)이 신앙과 신학의 방식이라고 누차 강조하신 것입니다. 그러합니다. 신약의 사도 바울은 자기가 하나님께 부르심을 받아 전하는 복음이 '기록된 말씀'인 구약성경에 준거한 그리스도 예수님의 대속을 그 중심에 두고 있다는 확신을 가지고 있었습니다. 그래서 항시 그냥 그리스도를 전한 것이 아닙니다. "바울이 자기 관례대로 그들에게 들어가서 세 안식일에 성경을 가지고 강론하며 뜻을 풀어 그리스도가 해를 받고 죽은 자 가운데서 다시 살아나야 할 것을 증언하고 이르되 내가 너희에게 전하는 이 예수가 곧 그리스도라 하니."(행 17:2,3)

율법 아래 있는 인생

"**3:19우리가 알거니와 무릇 율법이 말하는 바는 율법 아래에 있는 자들에게 말하는 것이니.**" 모든 인생은 태어나는 즉시 바로 율법 아래 들어오는 것입니다. 사도 바울은 갈라디아서에서 사람이 이 세상에 태어나는 것이 율법과 관련하여 어떤 지위인지를 증거합니다. "때가 차매 하나님이 그 아들을 보내사 여자에게서 나게 하시고 율법 아래 나게 하신 것은."(갈 4:2) 예수님께서 동정녀 마리아에게 성령님으로 잉태되시어 태어나신 것을 '율법 아래 나신 것'으로 이해하고 있습니다. 마치 제작 공장에서 완성된 자동차가 출고됨과 동시에 자동차 법규 아래 들어오는 것과 같습니다. 그 자동차가 폐차되는 순간까지 자동차 관련 법규에 매이게 되는 것입니다. 사람도 태어나는 즉시 '율법 아래' 나는 것입니다. 그래서 여기 "율법 아래 있는 자들"이란 유대인들만을 일컫는 표현이 아닙니다. 사도가 지금까지 논증해 온 대로 유대인과 헬라인을 포함한 모든 이방인 전체도 '율법 아래 있는 자들'의 범주에 들어 있습니다.

"이는 모든 입을 막고 온 세상으로 하나님의 심판 아래에 있게 하려 함이라." 그러면 율법이 그 아래 있는 모든 인생들에게 무엇을 말합니까? 율법은 "이것을 행하라 그러면 살리라"고 말합니다. 어떤 율법사가 예수님께 "내가 무엇을 하여야 영생을 얻으리이까?"라는 질문을 던졌습니다. 그랬더니 예수님께서 되물으셨습니다. "율법에 무엇이라 기록되었으며 네가 어떻게 읽느냐?" "네 마음을 다하며 목숨을 다하며 힘을 다하며 뜻을 다하여 주 너의 하나님을 사랑하고 또한 네 이웃을 네 자신 같이 사랑하라 하였나이다." "네 대답이 옳도다 이를 행하라 그러면 살리라."(눅 10:25-27) 사도 바울이 로마서 10장에서 그 점을 다시 확증합니다. "모세가 기록하되 율법으로 말미암는 의를 행하는 사람은 그 의로 살리라 하였거니와."(롬 10:5)

모세를 통하여 하나님께서 주신 율법(또는 이방인들의 마음에 새겨두신 양심의 법)은 '인생이 하나님 앞에서 마땅하게 행할 도리와 의의 표준'을 제시하며 그것을 실천하고 행하라고 요구합니다. 그 율법을 거역할 입장에 있는 이는 하나도 없습니다. 그런 입장에서 가히 그 율법은 그 율법 아래 있는 이들에게 절대적인 권위를 가지고 있습니다. 율법은 우리를 향해 요구하시는 '하나님의 의의 표준'으로서 위엄있게 서 있습니다. 그 율법이 행하라는 요구를 완전하게 만족시킬 정도로 행한다면, 그 율법은 그 사람의 영원한 생명의 보증이 될 것입니다. "이를 행하라 그러면 살리라" 할 때 '살리라'는 것은 '하나님 앞에서 죽지 않고 살아 있을 것이라'는 의미입니다.

이는 로마서 2:6에서 "하나님께서 각 사람에게 그 행한 대로 보응하신다"고 한 것과 같은 개념입니다. 바로 이어 2:7에서 "참고 선을 행하여 영광과 존귀와 썩지 아니함을 구하는 자에게는 영생으로 하신다"고 하였는데, '참고 선을 행하여 영광과 존귀와 썩지 아니함을 구한다'는 것이 구체적으로 무엇입니까? 바로 '모세를 통해서 하나님께서 주시어 이스라엘이 받은 성문 율법, 또는 이방인의 마음에 새긴 율법(롬 2:15)'의 요구에 간단(間斷)없이 완전하게 순응하여 하나님의 보시기에 완전한 의(義)를 이루어가는 것을 가리킵니다. 그것이 사실 하나님 앞에서 인생이 항상 견지하고 있어야 하는 마땅한 바입니다. 그런 사람이 있다면 '그 자신의 의로 영생을 얻게' 되겠지요. 그럴 자가 누구입니까?

율법의 법정적 기능

"3:19이는 모든 입을 막고 온 세상으로 하나님의 심판 아래에 있게 하려 함이라." 앞에서 이미 사도는 인생 중에 "의인은 없나니 하나도 없다" 하시는 하나님의 판단을 인용하였습니다. 율법이 말하는 바를 어기거나 그 요구에 만족하지 못할 때 '율법은 단박에 하나님의 법정에 그 사람의 불의를 고발하는 기능'을 발휘합니다. 여기 "하나님의 심판 아래 있게 한다"는 함은, '하나님의 법정적인 정죄(定罪, condemnation)의 판결을 받게 한다'는 말입니다. 사도가 앞에서 논증해 온 바대로 모든 인생은 부패하고 불의합니다. 그러니 율법은 대번에 '그런 모든 인생을 하나님의 법정에 고발하되, 자기 죄에 대한 여러 가지의 핑계와 구실의 여지를 허락하지 않고 하나님의 정죄 판결을 받아 내게 하는 역할'을 감당합니다. 실로 율법은 "모든 입을 막아" 핑계하지 못하게 합니다. 유대인이든 이방인이든, 어느 시대 어느 족속 어느 문화권에 속하든지 율법의 정죄를 받게 되어 있습니다. 그런 의미에서 사도는 이미 3:10에서 "의인은 없나니 하나도 없다"하시는 하나님의 판단을 선포하였습니다.

하나님께서 당신의 법정에 선 자에게 요구하는 의(義)는 '율법을 완전하게 지키는 것'입니다. 그것이 로마서에서 말하는 '의'의 개념입니다 '율법을 완전하게 지킨다'는 것은 무엇인가? 하나님께서 율법과 계명을 주실 때 요구하시는 의도와 정신을 전인적으로 완전하게 만족시킬 수준으로 지키는 것을 의미합니다.

우리 주님께서는 산상설교(마 5-7장)에서 '계명을 지키는 것이 무엇인지'를 분명하게 가르쳐 주셨습니다. "옛 사람에게 말한 바 살인치 말라 누구든지 살인하면 심판을 받게 되리라 하였다는 것을 너희가 들었으나 나는 너희에게 이르노니 형제에게 노하는 자마다 심판을 받게 되고 형제를 대하여 라가라 하는 자는 공회에 잡혀가게 되고 미련한 놈이라 하는 자는 지옥 불에 들어가게 되리라."(마 5:21,22) "나는 너희에게 이르노니 음욕을 품고 여자를 보는 자마다 마음에 이미 간음하였느니라."(마 5:28)

바리새인들과 서기관들의 율법관은 달랐습니다. 그들은 율법 조문의 '문자적이고 표면적인 의미' 만을 취하여 백성들을 가르쳤습니다. 예를 들어 '살인하지 말라'는 계명을 가르칠 때 그 계명이 의미하는 바는 '사람의 육체의 목숨을 실제로 끊는 행위를 하지 말라'는 식으로만 이해하고 가르쳤습니다. 그러므로 '이웃을 괴롭게 하고 미워하고 죽지 않을 정도의 위해(危害)를 가했어도 그 계명을 어긴 것은 아니라'는 식으로 이해한 셈입니다. 그러니 그런 식으로 조성된 '의의 개념'이 얼마나 그 율법을 지키라 명하신 하나님의 표준에서 멀리 떨어진 것인지 말해서 무엇하겠습니까! 그래서 우리 주님께서는 "내가 너희에게 이르노니 너희 의가 서기관과 바리새인보다 더 낫지 못하면 결단코 천국에 들어가지 못하리라"(마 5:20) 하신 것입니다. 여기서 우리 주님께서 '나를 믿는다 하여도 너희 의가 있어야 구원 받는다'고 말씀하신 것이 아닙니다. 예수님을 진실로 믿어 은혜로 구원을 얻는 이마다 반드시 '바리새인이나 서기관들이 이해하고 가르쳤던 식의 의' 보다 나은 의의 열매를 맺음에 틀림없다는 것입니다. 만일 그런 것이 전혀 없다면, 그 믿음은 '천국에 들어갈 만한, 구원받기에 합당한 믿음(saving faith)'은 아니라는 것입니다. 야고보서 2:5에서 "영혼 없는 몸이 죽은 것 같이 행함이 없는 믿음은 죽은 것이니라" 말씀하신 바와 같습니다.

하여간 '하나님의 법정에 설 모든 인생들에게 요구하시는 의는 율법이 요구하는 바를 완전하게 수행하는 것'입니다. 그런 식의 의를 자신이 갖추어 하나님의 법정 앞에 서려면 어느 정도로 율법을 지켜야 하겠습니까? 성령께서는 갈라디아서를 통해서 그 의문에 대한 답을 주셨습니다. "무릇 율법 행위에 속한 자들은 저주 아래에 있나니 기록된 바 누구든지 율법 책에 기록된 대로 모든 일을 항상 행하지 아니하는 자는 저주 아래에 있는 자라 하였음이라."(갈 3:10) 자기의 의로 하나님 앞에 서려 하는 자는 사는 날 동안 '단 한 번'이라도 '율법 책에 기록된 조항들 중에 단 한 조목을 어긴 일'이 있다면, 그 날 즉시 '율법의 정죄' 아래 처하게 되는 셈입니다. "누구든지 온 율법을 지키다가 그 하나에 거치면 모두 범한 자가 되나니 간음하지 말라 하신 이가 또한 살인하지 말라 하셨은즉 네가 비록 간음하지 아니하여도 살인하면 율법을 범한 자가 되느니라."(약 2:10,11)

이런 말을 하면 우리 마음에 이런 의문이 금방 떠오릅니다. '어떻게 사람이 그럴 수 있는가? 지금의 우리 수준에서 최선을 다하여 율법을 지키려고 애를 쓰면 그것을 하나님께서 감안하시어 우리를 받아 주시지 않을까?' 그것은 우리들 인간의 생각이고 하나님의 요구와 기준은 변하지 않았습니다. 채무자의 능력이 모자라면 채무액이 저절로 내려가는 것은 아닙니다. 우리 인간의 의의 능력의 수준이 내려갔다고 해서 하나님께서 우리에게 요구하시는 수준이 내려갔다고 하면 안 됩니다. 하나님께서 인간에게 요구하시는 의의 수준은 아담이 범죄하기 이전에 완전한 상태에서 요구하시던 의의 수준이나 다를 바가 없습니다. 하나님께서는 우리의 수준을 보시고 당신의 요구사항을 변경하시는 것이 아닙니다.

이 점에 대하여 분명하지 않으면 '복음의 진수'에 이를 수 없습니다. '복음은 우리를 향하신 하나님의 의의 요구 수준을 내려뜨리신 무엇'이 결코 아닙니다. 오늘날 많은 이들이 그런 오해를 하고 있습니다. 그러나 '하나님의 은혜'는 우리 수준에 맞추신 하나님의 배려가 아닙니다. 하나님께서 우리를 불쌍히 여기사 '우리 대신 하나님의 완전한 의의 요구를 만족하도록 그리스도 예수님을 보내신 의롭고 자비로우신 행사,' - 그것이 바로 '복음 안에 있는 하나님의 은혜와 자비와 긍휼'입니다. 우리는 지금 그 복음의 '은혜의 영광의 대 절정'을 향하여 나아가고 있습니다.

자력으로 '의롭다 하시는 하나님의 판결'을 받아 내려는 미련함

"**3:20**그러므로 율법의 행위로 그의 앞에 의롭다 하심을 얻을 육체가 없나니 율법으로는 죄를 깨달음이니라." 하늘 법정에서 하나님께 '의롭다 하시는 판결'을 받는다는 것은 무엇입니까? 하나님께서는 불꽃같은 눈으로 살피시며 각 사람의 모든 행실을 익히 다 아십니다. 아니 하나님의 법정에는 우리 각 사람의 행실이 기록된 숨길 수 없는 책이 있습니다. "죽은 자들이 자기 행위를 따라 책들에 기록된 대로 심판을 받으니."(계 20:12) 그 행실에 하나님의 율법의 척도를 들이대어 조금이라도 부족함이 발견되면 그는 대번에 '죄 있다'는 정죄의 판결을 받게 됩니다. 그 하나님의 법정에서는 '웬만한 좋은 수준의 의'가 통하는 것이 아닙니다. 오직 '하나님의 완전하신 율법의 요구를 완전무결하게 만족시킨 의'를 가진 자에게만 '의롭다'는 판결을 내리시는 것입니다. 그 사람이 영생을 얻게 되는 것입니다. "하나님께서 각 사람에게 그 행한 대로 보응하시되 참고 선을 행하여 영광과 존귀와 썩지 아니함을 구하는 자에게는 영생으로 하시고 오직 당을 지어 진리를 따르지 아니하고 불의를 따르는 자에게는 진노와 분노로 하시리라."(롬 2:6-8)

그러므로 "율법의 행위로 그의 앞에 의롭다 하심을 얻을 육체가 없나니." "**율법으로는 죄를 깨달음이니라.**" 그러니 율법은 궁극적으로 사람을 착하게 하거나 개선시켜 하나님 앞에 서기에 합당한 자로 만드는 능력은 없습니다. 우리가 지금까지 보아온 대로, 유대인들이 모세를 통해서 주신 율법을 가졌으나 그들이 그 율법을 갖지 못한 이방인들보다 결코 더 착하지 못하였습니다. 율법은 하나님 앞에서 우리가 행할 마땅한 도리가 무엇인지를 알게 하고 행하라 요구합니다. 그래서 율법은 죄를 알게 하는 데까지만 갑니다. 그러나 죄를 이기고 죄에서 벗어나게 하는 '능력이나 효력'은 전혀 주지 않습니다. 그래서 결국 사람은 율법으로 말미암아 착해지는 것이 아니라 '죄를 알게 되고 결국 정죄감'을 가지게 만듭니다. 율법이 아니면 사람은 자기가 죄인인지 몰랐습니다. 율법이 있어도 자기 죄에 대한 구실을 대려고 갖은 수를 다 동원하는 것이 우리네 사람의 실상입니다. 만일 율법이 없었다면 '나는 불완전하여도 여전히 의인이라'는 의식을 '당당하게' 가지고 안심하였을 것입니다. 그런 자기기만에 처하여 있는 인생의 비참이여!

그러므로 자력으로, 율법을 지켜 "율법의 행위로," 자기 자신의 의(義)로 하나님의 법정에 서려는 것은 '대단한 용기'가 아닙니다. '무지로 기름통을 짊어지고 불속에 뛰어드는 망발 그 이상'입니다. 지옥은 하나님의 의로운 진노가 불이 되어 꺼지지 않는 영원한 형벌의 장소이기 때문입니다.

하나님의 판단에 의인은 하나도 없음에도 불구하고
영생을 얻은 자들이 있도다!

"기록된 바 의인은 없나니 하나도 없으며." 이 선언에서 예외 되는 사람은 없습니다. 에녹도 노아도 엘리야도 자신의 행실 자체로 보면 다 이 범주에 들어 있었습니다. 그런데 그들은 영생을 얻었습니다. 그들이 어떻게 영생을 얻었는지 알고 그것을 자신의 것으로 삼고 그들이 얻은 영생에 참여하는 자만 복이 있습니다. 아멘

part

3

복음의 심장부,
이신칭의 교리의 정곡

로이드 존스 목사는 '이신칭의 교리의 진수를 진술한 이 대목이 복음의 심장부다'라 하였습니다. '복음이 무엇이냐'를 규정하기 위해서 이 대목을 반드시 언급해야 한다는 것입니다. 복음에 대한 모든 이단들과 현대신학의 오류는 이 대목의 해석의 오류와 항상 연계됩니다. 오늘날 '바울의 새 관점'을 말하는 이들도 이 대목에 대한 오해나 충분한 인식 결여를 보여줍니다. 우리는 이 대목 안에서 로마서 아니 성경의 복음의 진수를 만나봅시다.

14

율법 외에 나타난
'하나님의 한 의'

3:21 이제는 율법 외에 하나님의 한 의가 나타났으니 율법과 선지
자들에게 증거를 받은 것이라
3:22 곧 예수 그리스도를 믿음으로 말미암아 모든 믿는 자에게 미
치는 하나님의 의니 차별이 없느니라

필자가 복음의 소명을 받고 섬기는 중에서 하나님께로부터 받은 은사
중에서 가장 귀한 것으로 여기는 것이 있습니다. 그것은 로이드 존스 목
사님의 '로마서 강해' 전 14권 전체를 번역하는 영광이었습니다. 그분의
로마서 강해는 실로 20세기 이후 현대 교회에서 가히 '가장 탁월한 로마
서 강해(the most excellent exposition of Romans)'로 불릴 만합니다. 필자

의 이 책을 읽는 분들은 반드시 그 '로이드 존스의 로마서 강해를 사서 읽으시라'는 권면을 해 드리고 싶습니다. 그 책은 단순한 로마서의 주해가 아니라 목양적 안목을 가지고 로마서를 해석하고 영혼에 적용하는 강해서입니다. 그의 강해서는 예수님 오실 때까지 주님의 교회 성도들에게 읽혀질 것입니다. 그런데 지금으로부터 40년 전 이 대목의 강해를 번역할 때 가졌던 감격을 지금도 기억합니다. 특히 로마서 3:21의 흠정역(KJV)의 본문의 'But now(그러나 이제는)'로 표현된 대목을 집중하면서 복음의 영광을 파헤치는 그의 영적 혜안에 놀라움을 금치 못하였습니다. 로이드 존스 목사님의 '로마서 강해' 제 1권이 로마서 1장 강해가 아니라 로마서 3:20-4:25 대목을 강해한 내용입니다. 물론 '로마서 연속 강해'는 1장으로부터 시작되었습니다. 그런데도 책을 낼 때는 그렇게 하였습니다. 그이유에 대하여 로이드 존스는 말합니다. '독자로 하여금 복음의 심장으로 빨리 달려가게 하고 싶은 저의 간절함 때문에 실제 강해할 때와는 달리 이렇게 3:20-4:25 부분의 강해를 제 로마서 강해의 첫 번째 책으로 냅니다.'

그러합니다. 로이드 존스 목사님의 말대로 "(그러나) 이제는"으로 시작되는 대목은 사도 바울의 논증의 대 전환점일 뿐 아니라 '복음의 심장'입니다. 그리고 예수님을 주님으로 믿는 사람들 모두가 여기서 자기를 구원하시는 하나님의 위대하신 사랑과 은혜의 방식을 만나게 됩니다. 그방식에 눈을 뜰 때에 그 사람의 생애에 위대한 전환점을 맞게 됩니다.

사도 바울은 지금까지 창조주 하나님 앞에 나아가 자기 행실, 곧 인격활동 전체의 정당성 여부를 판단받기 위해서 직고(直告)해야 할 모든 인생의 피할 수 없는 입장을 논증하고 결론내렸습니다. "그러므로 율법의 행위로 그의 앞에 의롭다 하심을 얻을 육체가 없나니."(롬 3:20) 이 말씀이 함축하는 것이 무엇인지 알면 우리 모두 떨지 않을 수 없습니다. 하나님의 법정에서 '의롭다'는 판결을 받지 못하면 그것으로 끝이 나는 것이 아닙니다.

하나님의 법정에서는 단 두 가지의 선고만 떨어집니다. '의롭다 하심(칭의)'의 선고와 '죄 있다' 하시는 '정죄의 선고'입니다. '칭의의 선고'를 받는 이들에게는 하나님과 더불어 화평하고 영원히 끊어지지 않을 영원한 생명의 교제를 나누게 됩니다. "영생은 곧 유일하신 참 하나님과 그가 보내신 자 예수 그리스도를 아는 것이니이다."(요 17:3) '안다'는 것은 단순하게 '알고 지내는 것' 이상의 깊은 교제를 말합니다. 그러니 '의롭다 하심'을 받은 이들을 위해서 하나님께서 예비하신 구원의 범주가 얼마나 웅대한지요! 그러나 그 정반대로 '의롭다 하심'을 받지 못한 모든 사람은 바로 '정죄와 그에 따라 부과되는 형벌'입니다. 그 형벌은 하나님과의 생명의 교제가 단절된 상태에서 영원한 하나님의 진노와 흑암의 고통을 맛보게 하시는 것입니다. "살아 계신 하나님의 손에 빠져 들어가는 것이 무서울진저."(히 10:31) 하나님의 진노의 형벌, 곧 지옥에서 고정된 영원한 흑암에서 존재해야 한다는 것을 생각해 보세요! 그것이 바로 성경이 말하는 '멸망'입니다. 책의 서두 부분에서 몇 차례 지적하였듯이 요한복음 3:16에서 말하는 '멸망'은 '영혼 소멸'이 아니라 '불 가운데서 물 한 방울의 혜택도 허락되지 않은 가운데서 영혼이 존재하는 말로 다 할 수 없는 참담한 상태'를 이름입니다.

"(그러나) 이제는 율법 외에"

　"**3:21이제는 율법 외에 하나님의 한 의가 나타났으니.**" 여기서 사도가 "율법 외에"라고 한 것은, '이를 행하라 그러면 살리라'고 명하고 요구하는 모세의 율법 양식(樣式)과 구분되는 '복음의 방식'을 마음에 두고 있기 때문입니다. 사도가 이미 로마서 1:17에서 "복음에는 하나님의 의가 나타나서"라고 한 사실을 상기하면 그 표현의 의도를 이해하는 빛을 얻습니다. 물론 사도가 로마서에서 '율법'과 '복음'을 서로 대적하는 반대 개념으로 놓고 있지 않음을 항시 유념해야 합니다. 다만 죄 가운데 있는 우리 자신의 영적 실상 때문에 그 구분이 필요합니다.

　율법은 항상 우리에게 하나님의 공의의 요구를 제시합니다. 그러니 율법은 '의의 정로(正路)'를 지시하고 있다고 하겠습니다. 그 율법이 요구하는 '의의 정로'를 벗어나면 대번에 율법은 하나님의 법정에 우리를 고발하는 기소자의 역할을 수행합니다. 그러니 율법은 죄에 빠져 그 율법의 요구를 수행할 수 없는 죄인들을 구원할 요소나 기능이나 능력을 그 자체에 가지고 있지 못합니다. 다른 말로 해서, 하나님께서는 율법을 지키는 것 자체만으로는 '우리를 의롭다 하시기'에는 전혀 불가능함을 익히 알고 계십니다. 하나님께서 모세를 통해서 율법을 주신 것은 '율법을 지키어 의롭다 하심을 얻는 자가 있을지도 모른다'는 기대감이나 희망 때문이 아닙니다. 이미 사도를 통해서 성령께서는 "율법의 행위로 그의 앞에 의롭다 하심을 얻을 육체가 없나니 율법으로는 죄를 깨달음이니라"(롬 3:20)라고 선언하신 바 있습니다. 거듭 말하지만, 하나님께서 율법을 주신 것은 그것으로 우리를 구원하려 하심이 아니었습니다. 다만, 우리를 구원하시려고 창세전에 성 삼위(三位) 간에 도모하신 언약, 곧 '구속 언약(covenant of redemption)'을 이루어 나가시는 경륜의 일환으로 율법을 주신 것입니다. 모세를 세우시어 율법을 백성에게 광포하게 하신 바로 그 하나님께서 당신의 아들 예수 그리스도를 보내시어 구원하게 하신 것입니다.

"이제는 율법 외에 하나님의 한 의가 나타났으니." 율법은 '이를 행하라 그리하면 살리라'는 구도로만 사람들에게 군림합니다. '그러나 이제는' 그런 구도 밖에 다른 양식으로 사람들에게 나타난 것이 있으니 "하나님의 한 의"입니다. 다시 말하면 이제는 우리에게 '율법을 순종하는 행위로 의를 이루어 내 앞에 가져 오라'는 방식과는 대조되는 '다른 방식'이 나타났다는 것입니다. 하나님께서 친히 당신 앞에 정죄(定罪) 아래 있는 백성을 구원하시려고 예비하신 '하나님의 한 의의 행사'가 나타났다는 것입니다. 그럼으로써 모세의 율법 자체로는 절대 불가능한 '구원의 길'이 '복음 안에' 나타난 것입니다.

"복음에는 하나님의 의가 나타나서 믿음으로 믿음에 이르게 하나니"(1:17) 1:17 이후 3:21까지는 '하나님의 한 의'라는 말이 언급된 적이 없습니다. 사도가 1:18 이후에는, 하나님 앞에서 경건하지 않고 불의한 사람의 영적 실상과 그에 대한 하나님의 진노의 정당성을 논증하는데 집중하였기 때문입니다. 이제 그런 곤경에 처한 백성에게 '복된 기쁨의 좋은 소식'이 전파되었으니, 곧 "율법 외에 하나님의 한 의가 나타났으니." 그 "복음 안에 나타난 하나님의 한 의"가 "모든 믿는 자들을 구원하시는 하나님의 능력"이 된다는 것입니다.

'하나님의 한 의(義)'의 개념

여기서 그냥 '하나님의 의'라고 하지 않고 '하나님의 한 의'라고 한 것을 주목해야 합니다. 여기서 사도는 '하나님의 의로운 성품'을 말하지 않습니다. 이 부분을 영역본들에서는 '하나님의 바로 그 의(the righteousness of God)'로 번역하기도 하고, 어떤 영역본들은 '하나님으로부터 온 한 의 (a righteousness from God)'로 번역하기도 합니다. KJV, NAS, ESV 에서는 전자를 택하였습니다. NIV 2011 역본은 로마서 1:17에서는 the righteousness of God 이라고 해 놓고는 바로 뒤이어 그것을 '한 의(a righteousness)'로 설명을 붙이고 있습니다. ＜For in the gospel the righteousness of God is revealed - a righteousness that is by faith from first to last, just as it is written: "The righteous will live by faith."＞

성경전체에서 '의(義)'는 옳고 바르고 정직하고 성실하고 거룩한 행실을 지칭합니다(출 9:27; 욥 22:3 ; 잠 11:5 ; 13:6). 구약에서는 그것이 주로 '체데크'라는 단어로 표현되고, 어떤 경우에는 '야솨르'라는 단어도 쓰입니다. 신약에서는 '디카이오스'라는 말이 우리말로 '의'로 번역할 수 있는 단어입니다. 물론 성경이 '어떤 사람의 행실이 옳고 바르고 정직하고 성실하고 거룩하다' 할 때 단순하게 인간의 도덕성이나 양심이나 교양에 준한 것이 아닙니다. 근본적으로는 '완전하신 하나님께 완전하게 순종하는' 사람을 가리켜 '저가 의로운 사람이라'고 합니다. 이미 앞에서 사도는 그런 척도로 평가하여 경건하지 않고 불의한 사람들의 영적 실상을 성토하였습니다. 그는 성경에 입각하여 "의인은 없나니 하나도 없도다"라고 선언하였습니다. 그러니 성경에서 '의'는 단순한 도덕적 개념이 아니라, 하나님께 순종함으로 말미암아 하나님과 바른 관계에 들어가 있는 사람의 상태를 가리킨다고 보아야 합니다. 구약시대에는 기본적으로 모세를 통하여 주신 '율법과 계명을 지키는 것'을 '의'로 보았습니다. 사도는 로마서 2장에서 이미 그 전제를 받아 자기의 논증에 사용한 바 있습니다. "하나님 앞에서는 율법을 듣는 자가 의인이 아니요 오직 율법을 행하는 자라야 의롭다 하심을 얻으리니."(롬 2:13)

그러므로 여기서 '하나님의 한 의'라 할 때는 '하나님으로부터 주어진 한 의의 체계'를 가리킵니다. '한 의의 체계'란 '어떤 목적을 세우시고 이루시고자 하시는 하나님의 뜻을 실제로 완성한 일련(一連)의 행사(行事)들의 체계'라고 정의해야 합니다. 사도는 '율법 외에 나타난 그 하나님의 한 의가 율법과 선지자들의 증거를 받은 것이라'고 진술합니다. 구약성경 전체가 증거하는 '그 일련의 행사들의 체계'가 무엇입니까? 아니, 사도가 로마서 1:2에서 자기가 증거하는 복음을 구약적인 면에서 무어라 규정하였습니까? "이 복음은 하나님이 선지자들을 통하여 그의 아들에 관하여 성경에 미리 약속하신 것이라."

그러므로 여기서 말하는 '하나님의 한 의'는 '하나님의 뜻을 완전하게 이루신 하나님의 아들의 일련의 행사들의 체계'가 아니면 무엇이겠습니까? 그것이 바로 '복음으로 복음되게 하는' 요점입니다. 그래서 사도는 1:16,17에서 그런 진술을 한 것입니다. "내가 복음을 부끄러워하지 아니하노니 이 복음은 모든 믿는 자에게 구원을 주시는 하나님의 능력이 됨이라 먼저는 유대인에게요 그리고 헬라인에게로다 복음에는 하나님의 의가 나타나서 믿음으로 믿음에 이르게 하나니 기록된바 오직 의인은 믿음으로 말미암아 살리라 함과 같으니라."

그 일을 누가 주도하셨습니까? 하나님께서 주도하셨습니다. 창세전에 성삼위 간에 우리의 구원을 위하여 거룩한 회합을 가지시고 계획과 구체적인 실행계획을 세우셨습니다(엡 1:3-14). 그것을 신학적으로는 '구속(救贖)의 언약(covenant of redemption)'이라고 합니다. 우리 사람 편에서 하나님께 탄원한 반응으로 주신 것이 아니라 하나님께서 주도하시어 시행하신 것입니다. 그래서 '그 의'는 '하나님의 의요, 하나님께서 복음 안에 계시하시고 제공하신 의'입니다.

그리고 하나님의 법정에 서서 자기의 모든 행실을 사실대로 아뢰고 나서 판단 받아야 하는 인생의 지위를 의식하여 사도는 '의'라는 말을 썼습니다. 우리의 구원을 위한 '하나님과 그 아들의 일련의 행사 전 체계'를 "하나님의 한 의"라는 독특한 표현을 쓴 것은 로마서가 전제로 채용한 '하나님의 법정' 개념 때문이라는 말입니다. 하나님의 판단 법정에 선 사람에게 있어서 진정으로 필요한 것은 '하나님의 정죄의 선고를 면하고 대신 의롭다 하시는 판단을 끌어낼 의'입니다. "율법의 행위로 의롭다 하심을 받을 육체가 없나니." 그것이 바로 자력으로 그런 '의'를 제시할 자가 하나도 없다는 말입니다. 그런데 '율법 외에' '하나님께로부터 한 의'가 제공되었습니다.

다른 말로 해서, 하나님의 법정에 선 사람이 그 하나님의 법정에서 의롭다 하심을 받게 하는 '한 의의 체계'가 그를 위해 나타났다는 것입니다. '복음으로 복음되게 하는 것'이 바로 그것입니다. 그 방식이 아니고는 어떤 사람도 하나님의 법정에서 '정죄의 판결'을 면하고 그에 따른 '영원한 지옥의 형벌'에서 자유로울 수 없습니다.

하나님의 법정에 서는 두 양식

그러니 모든 인생들 앞에 이제는 하나님의 법정에 서는 두 양식이 제시된 셈입니다. 하나는 '자력으로, 율법의 행위로, 자기의 의로' 하나님의 법정에 서려는 것입니다. 또 다른 하나는 '그리스도 안에서 하나님께서 제공하신 의를 믿음으로 의존하고' 하나님의 법정에 서는 양식입니다. 모든 인류는 반드시 그 둘 중 하나에 반드시 서게 되어 있습니다. "복음이 모든 믿는 자에게 구원을 주시는 하나님의 능력이 되는" 이유는, 바로 그 "율법 외에 나타난 하나님의 한 의" 때문입니다.

구약성경에서 약속되고 예언된 '하나님의 의'

"3:21··· 율법과 선지자들에게 증거를 받은 것이라." '율법 외에 복음에 나타난 하나님의 한 의'는 갑자기 아무 예고도 없이 불쑥 나타난 것이 아닙니다. "율법과 선지자들을" 통해서 미리 약속되고 증거를 받은 것입니다. 사도가 로마서 1:2에서 "이 복음은 하나님이 선지자들을 통하여 그의 아들에 관하여 성경에 미리 약속하신 것이라" 한 것과 같습니다. 사도는 여기서 오늘날 우리가 구약성경으로 알고 있는 책을 가리켜 '율법과 선지자들'이라고 하였습니다. 구약 39권의 책은 '모세의 율법'으로 지칭되는 '모세의 다섯 책(창세기, 출애굽기, 레위기, 민수기, 신명기)과 선지자들의 글'로 구성되어 있습니다. 빌립이 자기가 만나 믿게 된 예수님을 나다나엘에게 소개하면서 한 말을 들어 보십시오. "빌립이 나다나엘을 찾아 이르되 모세가 율법에 기록하였고 여러 선지자가 기록한 그 이를 우리가 만났으니 요셉의 아들 나사렛 예수니라."(요 1:45) "이에 모세와 모든 선지자의 글로 시작하여 모든 성경에 쓴 바 자기에 관한 것을 자세히 설명하시니라."(눅 24:27) 그리고 율법의 역할 중에, 사람으로 하여금 자기 죄를 인지하게 하여 그리스도를 믿음으로 말미암아 구원을 주시는 하나님의 행사를 의존하게 유도하는 역할이 있습니다. "이같이 율법이 우리를 그리스도께로 인도하는 초등교사가 되어 우리로 하여금 믿음으로 말미암아 의롭다 함을 얻게 하려 함이라."(갈 3:24)

모세를 필두로 하여 모든 구약 시대의 선지자들의 사역에 두 큰 중심이 있습니다. 하나는 죄 가운데 있는 백성들의 영적 악독을 고발하고, 하나님의 심판의 현실에 눈을 뜨게하는 것이었습니다. 또 하나는 장차 오실 하나님의 아들 그리스도를 믿음으로 말미암아 구원을 주시는 하나님을 경외하고 믿게 하는 일입니다. 그래서 모든 선지자들의 글에는 죄로 말미암아 하나님의 진노를 격발하는 백성들의 영적인 실상이 강하게 지적되어 있습니다. 그러면서도 아들로 말미암아 그 진노에서 구원하시는 하나님의 은혜의 방식을 줄기차게 증거합니다. 그래서 성령님의 감동하심을 따라 구약성경을 자세하게 읽으며 그에 비추어 예수님의 행적을 주목하여 보면 반드시, '이 예수님께서 그리스도시오 살아계신 하나님의 아들이시라'는 고백을 하지 않을 수 없습니다.

믿음의 방편

"**3:22**곧 예수 그리스도를 믿음으로 말미암아 모든 믿는 자에게 미치는 하나님의 의니 차별이 없느니라." 앞에서 말한 '하나님의 한 의'는 "예수 그리스도를 믿음으로 말미암아 믿는 자의 것으로 '전가(轉嫁)되는 하나님의 의'"라는 말입니다. 거기에는 유대인이나 이방인들 사이의 구분이 없습니다. 오직 '믿음' 여부만이 차별을 가져 옵니다. 그 "하나님의 한 의" 가 '믿음이 없는 이들'에게는 미치지 않습니다. 다시 말하면 예수 그리스도를 믿는 믿음이 없이는 그 '하나님의 한 의'가 그 사람의 것으로 전가되는 일이 없다는 말입니다. 그러므로 '믿음'은 '율법 외에 복음 안에 나타난 하나님의 한 의'가 그 사람에게 흘러가는 방편, 또는 통로입니다. 우리 집의 수도꼭지를 틀면 물이 나옵니다. 그것은 물을 보내는 수원지(水源池)로부터 시작하여 우리 집 수도꼭지까지 파이프가 연결되어 있기에 가능한 것입니다.

그러면 여기서 한 가지 중요한 요점을 짚고 넘어가야 합니다. 우리가 '그리스도를 믿는 믿음'을 행위나 공로로 보느냐, 아니면 방편으로 보느냐의 문제입니다. 만일 '믿음'을 하나의 행위나 공로로 보기 시작하면 자랑할 것이 있게 됩니다. 그러나 방편으로 본다면 '믿음'을 가졌다는 것을 자랑할 필요가 없습니다. 믿음의 주체는 믿는 그 사람 자신입니다. 그러나 그 '믿음'을 그 사람의 공로의 영역에 넣고 보면 '한 행위'로 보는 셈입니다. 그러면 우리 믿음을 '하나님의 주권적인 은혜'의 소산으로 보는 성경이 줄기차게 강조하는 것과는 다른 견해가 됩니다.

'믿음'의 주체가 그 사람 자신임에도 불구하고, 그 믿음은 그 사람 자신에게서 온 것이 아니라 선물입니다. 본래 '믿음'의 발단은 믿는 자로부터 시작된 것이 아닙니다. 일반적으로 어떤 일에 누가 다른 이에 대하여 믿음을 가졌다 하면, 그 믿음의 근본적인 출처는 믿음의 대상에게 있기 마련입니다. 다른 말로 해서, '내가 누구를 믿는다' 하는 말을 하려면 내 자신의 마음의 결심이 먼저가 아니란 말입니다. '내가 그를 겪어보니 정말 믿을 만한 사람이다.' 그 사람을 믿기 전에 그 사람을 겪어 본 일이 있습니다. 그것이 믿음의 이치입니다. 남에게 신뢰성을 주기 전에는 그를 믿는 자가 나올 수 없습니다. 그런데 만일 어떤 사람이 '저 사람이 어떻게 하든 나는 믿을 테야' 한다고 합시다. 그런 경우는 그 믿음의 정로를 벗어난 셈입니다. 사도 베드로를 통하여 주님께서는 나면서부터 걷지 못하여 성전 미문에 앉아 구걸하던 장애인을 일어나게 하셨습니다. 그 일로 사람들이 기이하게 여기며 사도들을 주목하였을 때에 한 말 중에 중요한 말이 있습니다. "그 이름을 믿으므로 그 이름이 너희가 보고 아는 이 사람을 성하게 하였나니 예수로 말미암아 난 믿음이 너희 모든 사람 앞에서 이같이 완전히 낫게 하였느니라."(행 3:16) "예수로 말미암아 난 믿음" - 그러합니다. 예수님을 믿는 믿음의 주체는 믿는 사람 그 자신이지만, 그의 믿음의 발단은 자신에게 있는 것이 아니라 믿음의 대상이신 예수님께 있습니다. 그러므로 우리가 예수님을 믿는 것을 하나의 공로나 행위로 삼아 '저 사람들은 예수님을 믿지 않지만 우리가 예수님을 믿는 착한 일로 인하여 우리가 구원받는다'고 말하면 어폐(語弊)가 있습니다. "너희는 그 은혜에 의하여 믿음으로 말미암아 구원을 받았으니 이것은 너희에게서 난 것이 아니요 하나님의 선물이라 행위에서 난 것이 아니니 이는 누구든지 자랑하지 못하게 함이라."(엡 2:8,9)

'구원받을 만한 믿음'은 말씀으로 거듭나게 하시는 성령님으로 말미암아 주어지는 것입니다. 사도 베드로의 신앙고백을 들으신 예수님께서 그런 믿음이 베드로 자신에게서 난 것이 아님을 분명하게 말씀하셨습니다. "시몬 베드로가 대답하여 이르되 주는 그리스도시요 살아 계신 하나님의 아들이시니이다 예수께서 대답하여 이르시되 바요나 시몬아 네가 복이 있도다 이를 네게 알게 한 이는 혈육이 아니요 하늘에 계신 내 아버지시니라."(마 16:16,17) 사도들은 한결같이 구원받을 만한 바른 믿음이 우리 자신에게서 시작된 것이 아니라 하나님의 선물임을 강조합니다. "예수 그리스도의 종이며 사도인 시몬 베드로는 우리 하나님과 구주 예수 그리스도의 의를 힘입어 동일하게 보배로운 믿음을 우리와 함께 받은 자들에게 편지하노니."(벧후 1:1)

이같이 '믿음'을 자기 행위의 영역에 넣지 말고 방편으로 넣어야 합니다. 믿음을 방편으로 해서 '하나님의 의'가 그에게 전가되는 것입니다. 그러므로 믿음은 필수적인 방편입니다. 하나님께서 궁극적으로 모든 이들을 구원하실 것이라는 보편구원론(普遍救援論, universalism)을 주장하는 이들은 '믿음'의 방편적 단서를 무시하고 있습니다. 그러나 성경은 항상 '믿음'을 강조합니다. 우리 주 예수님께서 당신 앞에 나와 은혜받기를 원하는 이들에게 항시 '네가 믿느냐?'고 하시면서 '믿음'을 강조하셨습니다. "예수께서 집에 들어가시매 소경들이 나아오거늘 예수께서 이르시되 내가 능히 이 일 할 줄을 믿느냐 대답하되 주여 그러하오이다 하니 이에 예수께서 저희 눈을 만지시며 가라사대 너희 믿음대로 되라 하신대 그 눈들이 밝아진지라."(마 9:28-30) 예수님께서 그리스도시오 하나님의 아들이시라는 표적을 나타내실 때에 예수님께 이적적인 치유를 받은 이들은 다 '믿음'의 사람들이었습니다. 앞에서도 이미 예를 든 것 같이, 12년 동안 혈류증으로 고생하던 여인이 우리 주 예수님을 믿음으로 말미암아 자기의 병에서 놓임 받는 장면은 가히 감동적입니다. "이에 열두 해를 혈루증으로 앓는 중에 아무에게도 고침을 받지 못하던 여자가 예수의 뒤로 와서 그 옷 가에 손을 대니 혈루증이 즉시 그쳤더라 예수께서 이르시되 내게 손을 댄 자가 누구냐 하시니 다 아니라 할 때에 베드로가 이르되 주여 무리가 밀려들어 미나이다 예수께서 이르시되 내게 손을 댄 자가 있도다 이는 내게서 능력이 나간 줄 앎이로다 하신대 여자가 스스로 숨기지 못할 줄 알고 떨며 나아와 엎드리어 그 손 댄 이유와 곧 나은 것을 모든 사람 앞에서 말하니 예수께서 이르시되 딸아 네 믿음이 너를 구원하였으니 평안히 가라 하시더라."(눅 8:43-48)

"**율법 외에 나타난 하나님의 한 의**" 속에 우리를 구원하시는 '하나님의 은혜의 방식 전체'가 들어 있습니다. 그러므로 우리는 그 "하나님의 한 의"에 총집중해야 합니다. 로마서는 바로 그 '하나님의 의'로 말미암아 믿는 자들을 구원하시는 하나님의 방식을 가르쳐주시는 성령님의 책입니다. 이후로 이 '하나님의 한 의'로써 우리를 구원하시는 하나님의 방식에 집중하여 강론할 것입니다. 로마서의 본문이 그렇게 우리를 인도하기 때문입니다. 아멘.

15

'죄인을 의롭다'고 판결하시는
하나님의 역설逆說

3:23 모든 사람이 죄를 범하였으매 하나님의 영광에 이르지 못하더니
3:24 그리스도 예수 안에 있는 속량으로 말미암아 하나님의 은혜로
값없이 의롭다 하심을 얻은 자 되었느니라

필자는 두려운 마음으로 이런 가정을 해 봅니다. 만일 위의 두 구절의
본문이 성경에서 빠져 있다면 어떻게 되었을까? 가상적으로 그런 경우라
면 필자는 감히 다음과 같은 일이 벌어질 것이라 단언합니다. 성경에 나
타나 있는 '사람을 구원하시는 하나님의 방식'에 대한 이해가 아주 근본
적으로 달라졌을 것이라고 말입니다. 그리고 종교개혁은 일어나지 않았
을 것이며, 사람들은 자기 구원을 위한 사람 편에서의 '공로 쌓음이 당연

하다'고 생각하였을 것입니다. 사탄의 훼방과 참소는 제지받지 않은 채 세력을 부렸을 것입니다. 이 구절이 엄연하게 성경에 존재하는데도 자기 구원을 위하여 '자기 의나 자기 공로(행위)'를 더하고 싶어 안달하는 이들이 적지 않으니 말입니다. 그런 이들이 교회사 내내 끊이지 않고 등장하였고 현재도 그러합니다.

실로 이 두 구절이 '복음의 전 체계를 붙들고 있는 축'과 같은 역할을 하는 두 요점을 선언하고 있습니다. 다른 말로 해서, 이 두 구절은 아주 의심할 여지없이 선명하게, 남녀노소 구분 없이 누구나 변박할 수 없게 직설적으로 우리의 처지와 거기서 우리를 구원하시는 하나님의 방식을 적확하게 표현합니다. 그러므로 누가 복음을 전한다 하면서 이 본문에 저촉되는 말을 한다면, 이 두 구절은 그 사람을 정죄하려고 떨쳐 일어날 것입니다. 그러므로 우리는 이 두 구절을 정확하게 이해해야 합니다. 만일 누가 이 두 구절에 대한 적확한 이해가 없이 복음을 안다하며 설교한다면, 그는 분명 복음이 아닌 것을 복음으로 호도하는 '매우 나쁜 설교자' 일 것입니다. 그런 의미에서 오늘날 현대 교회의 강단에서 외쳐지는 메시지들이 바로 이 두 구절의 검증을 받아야 할 것입니다.

다시 말하건대, 이 두 구절이 성경 전체가 말하는 하나님의 복음을 압축하고 있습니다. 하나님 앞에서의 인간의 죄와 그로 인한 영적 실상, 그리고 그 인간을 향하신 하나님의 구원의 실제를 두 구절은 아주 명료하게 표현하고 있습니다. 사도가 로마서를 통하여 계속 견지하는 논리의 요점은, '하나님의 진노 아래 있는 인간의 죄악적인 참상'과 거기서 인간을 '구원하시는 하나님의 은혜의 방식과 그 열심'입니다. 사도는 로마서에서 그 둘을 대조하는 방식을 반복적으로 채용합니다. 우리는 이 두 구절을 심도 있게 살펴봄으로써 우리의 영적인 실상과 하나님의 복음의 영광을 아는 확실한 기반 위에 서야 할 것입니다. 주 성령님이시여, 이 대목을 강론하는 필자와 이 대목을 읽는 독자 모두에게 기름 부으심을 허락하여 주옵소서!

"**3:23모든 사람이 죄를 범하였으매 하나님의 영광에 이르지 못하더니.**" 사도는 지금까지의 논증을 통해서 한 사람도 예외 없이 "모든 사람들"이 다 하나님께 죄를 범하였음을 역설하였습니다. 죄는 본질적으로 하나님을 대항하여 거스르는 행위입니다. 사도는 1:18부터 3:20까지 '모든 사람들의 죄'를 '경건치 않음과 불의'한 실상을 통해서 확증하였습니다. 죄가 사람을 하나님의 의로운 진노 아래 있게 하였습니다. 그 '하나님의 진노'는 하나님의 법정적 심판으로 나타납니다. 그 결론에 이의를 제기할 여지가 전혀 없습니다.

"**모든 사람이 죄를 범하였더니.**" 이는 모든 사람이 예외 없이 자력으로는 다 하나님의 진노를 받아 영원한 지옥형벌에 처하게 되었다는 말입니다. 그것이 성경이 말하는 '멸망'입니다. 복음은 멸망에 처한 그 인간의 실상을 전제하고 있습니다. 이를 부인하면 성경의 복음을 부인하는 셈입니다. "하나님이 세상을 이처럼 사랑하사 독생자를 주셨으니 이는 그를 믿는 자마다 멸망하지 않고 영생을 얻게 하려 하심이라."(요 3:16)

"**하나님의 영광에 이르지 못하더니.**" 칼빈은 여기 '하나님의 영광'이 요한복음 12:43에서 예수님 말씀하신 바와 같이 '하나님의 인정과 칭찬'을 의미하는 표현이라고 말하였습니다. 바리새인들은 눈에 보이지 않으시는 하나님께 인정을 받는 것 보다 눈에 보이는 사람들의 칭찬과 인정을 받기를 더 좋아하였습니다. "그들은 사람의 영광을 하나님의 영광보다 더 사랑하였더라."(요 12:43) 위선적이고 가식적인 신자는 그 눈이 하나님을 우러러 보지 않고 오직 자기를 칭찬해 줄 사람만 찾습니다. 로마서에서 '하나님의 인정과 칭찬'은 '하나님의 법정에서 적용되는 공의의 척도에 비추어 하나님의 인정과 칭찬'을 의미하는 것입니다. 그러므로 이 대목에서 "하나님의 영광에 이르지 못하였다"는 것은, '하늘 보좌에서 판단하시는 하나님께 의롭다는 선고를 받지 못하게 되었다'고 말하는 셈입니다. 인생이 하나님께 '의롭다 하심'을 받지 못하면 그것으로 끝나는 것이 아닙니다.

'의롭다 하시는 하나님의 판결'의 내용

"**3:24그리스도 예수 안에 있는 속량으로 말미암아 하나님의 은혜로 값없이 의롭다 하심을 얻은 자 되었느니라.**" 이 구절에 쓰인 단어들 마다 천근만근의 무게를 가졌습니다. 성경의 모든 어휘나 문장이 다 하나님의 성령님의 감동하심을 받은 것이기에 성경의 어느 부분의 표현도 가볍게 넘길 것이 없습니다. 그러나 이 구절의 표현은 '성경 전체를 견지하는 심부(深部)와 같은 내용'을 담고 있습니다. 그러니 모든 단어 하나하나를 그냥 스치고 지나쳐서는 안 됩니다. 이 부분에 대한 확실한 이해가 없이는 로마서의 나머지 부분으로 빨리 달려 나가는 것은 무엇에 비유할까요? 마치 릴레이 경주에서 바통을 놓친 주자(走者)가 그 상태로 계속 질주하는 것과 같다 할 것입니다.

"**의롭다 하심을 얻은 자 되었느니라.**" 이 구절에서 가장 먼저 주목해야 할 단어가 무엇인지는 강해하는 자가 무엇을 강조해야 하느냐에 따라서 달라질 수도 있습니다. 그러나 사도가 지금까지 로마서를 이끌어온 방식에 따라서는 "의롭다 하심을 얻은 자 되었다"는 말이 무엇인지를 알아보는 것이 우선일 듯합니다. 우리말 개역개정이나 개역한글 모두 우리말 형식으로 풀어 번역하였습니다. 그것이 잘못된 것은 아닙니다. 각 족속의 언어 구조가 다양하고, 우리말 번역본은 우리말 형식을 따른 것뿐이기 때문입니다. 그런데 헬라원어에서는 '의롭다고 선언하다(to declare righteous)'는 의미의 동사 '디카이오오'의 수동형입니다. 그러니 '디카이오오'가 무슨 의미요 그 범주가 무엇인지를 알아야 할 것입니다.

우리가 반복적으로 지적하였듯이 로마서는 하늘에 있는 하나님의 심판보좌, 곧 '하늘의 하나님의 법정'을 배경으로 하고 있습니다. 그러니 '디카이오오'는 하나님의 법정에서 '재판장이신 하나님께서 그 앞에 서 있는 사람을 향하여 판결을 내리시되 의롭다고 선고하시다'는 의미로 받아야 합니다. '디카이오오'를 영어로는 'justify'로 번역하고 있습니다. 그래서 신학적인 용어 '이신칭의(以信稱義)'를 'justification by faith'로 번역하고 있습니다. 우리말 개역한글이나 개역개정의 "의롭다 하심을 얻은 자 되었느니라"를 NIV에서는 'are justified'로, KJV는 'Being justified'로 번역하고 있습니다. 그러니 의미를 더 적확하게 말하면, '의롭다 하시는 하나님의 판결을 받게 되었다'입니다.

그러면 우리는 이렇게 물어야 합니다. 하나님께서는 당신의 하늘 법정에 서 있는 사람에게 '의롭다'고 선고 하시려면 그 사람이 어느 정도의 의(義)를 제출해야 합니까? 다른 말로 해서, 사람이 하나님의 법정에서 '의롭다 하시는 하나님의 선고'를 받으려면 어느 정도로 의로워야 합니까? 또 그 사람이 의로운지 불의한지 그 진상을 가리려고 재판장이신 하나님께서 적용하시는 척도는 무엇입니까? 앞에서도 여러 차례 말씀드렸지만, 모세를 통해서 주신 '율법'이 그 척도입니다. 이방인들에게는 '마음에 새긴 율법'(롬 2:14,15)이 그 척도가 될 것입니다. 그러니 그 율법의 요구를 완전하게 만족시킨 사람, 한 번도 율법을 어긴 적이 없는 사람, 행동으로만 아니고 마음으로도 한 번도 율법과 계명의 정신에 저촉되는 일을 한 적이 없는 사람만이 '네가 의롭도다'는 하나님의 선고를 들을 수 있습니다. 만일 율법의 한 조목만 어겼어도 그 '칭의'의 선고를 받을 수 없습니다. 사도 바울이 갈라디아서에서 말한 것이 이 요점을 확증해 줍니다. "무릇 율법 행위에 속한 자들은 저주 아래에 있나니 기록된 바 누구든지 율법 책에 기록된 대로 모든 일을 항상 행하지 아니하는 자는 저주 아래에 있는 자라 하였음이라."(갈 3:10)

그러니 그런 식으로 '의롭다 하시는 하나님의 선고'를 스스로 받아낼 자가 누구입니까? "모든 사람이 죄를 범하였으매 하나님의 영광에 이르지 못하더니." 하나님의 "의롭다 하심"을 스스로 얻어낼 자는 아무도 없습니다. 여기서 예외되는 자는 창세 이후 하나도 없습니다.

예수 그리스도의 속량(贖良)

"그리스도 예수 안에 있는 속량으로 말미암아." 개역한글에서는 여기 '속량'을 '구속(救贖)'으로 읽습니다. 영어로는 redemption 으로 번역됩니다. 이 말의 헬라어는 '아폴뤼트로시스'인데 문자적으로는 '매인 데서 해방시키기 위해 지불되는 대가'란 의미입니다. '빚 때문에 노예나 종으로 팔려 있거나 죄로 인하여 옥에 갇힌 자를 그 곤경에서 건져내려 하는 자가 지불해야 할 응분의 대가(代價)'를 표시할 때 이 말을 썼습니다. 또는 조상으로부터 물려받은 땅이 사정상 남의 손에 넘어간 경우에, 형편이 나아져서 그 땅을 도로 찾을 힘이 생기면 그 땅값을 가지고 가서 지불하면 다시 그 땅을 찾아 올 수 있었습니다. 그런 때에도 이 말을 썼습니다.

성경에서 이 말이 사용될 때는 '자신에게 주어진 책임은 아니나 다른 이를 위하여 그 책임을 대신 걸머지고 그를 그 책임의 압박에서 벗어나게 하기 위해 지불하는 대가'에 이 말을 쓰고 있습니다. 신약이 구약의 성취이니 신약에서 이 말이 쓰일 때에는 구약에서 그 말이 쓰인 용도의 기원을 찾아야 합니다. 구약성경은 '자기의 책임이 아닌데도 자기 책임 같이 남의 것을 대신 지고 그 대가를 지불한다'는 '대속(代贖)'의 규례로 가득 찬 책이라고 해도 과언이 아닙니다. 창세기 3장에서부터 그에 대한 실마리를 발견합니다. 아담과 하와가 범죄하여 에덴동산에서 추방됩니다. 그런데 하나님께서는 그들을 거기서 내어 보내실 때에 그들이 입었던 무화과나무 잎으로 만든 치마를 벗기시고 어떻게 하셨습니까? "여호와 하나님이 아담과 그의 아내를 위하여 가죽옷을 지어 입히시니라"(창 3:21) 가죽옷은 무엇을 의미합니까? 아담과 하와를 위하여 무죄한 어떤 짐승이 죽임을 당하였다는 말이 아닙니까? 아담과 하와의 범죄로 말미암아 에덴동산에 최초의 비명(悲鳴)이 들려 평화롭던 그 동산의 분위기를 갈라버린 것입니다. 범죄한 아담과 하와 때문에 죄 없는 짐승이 죽임을 당한 것입니다. 하나님께서 아담과 하와를 위하여 짐승을 죽이시어 가죽옷을 지어 입히신 것입니다. 이 일은 범죄한 인생을 '대속(代贖)의 방식'으로 구원하시려는 하나님의 계획을 드러내는 한 줄기 강한 '계시의 빛'이었습니다.

그런 후에 하나님께서는 죄 가운데 있는 인간들과의 교통을 위하여 '제사제도'를 부여하셨습니다. 아벨이 믿음의 바른 제사를 올려 드리는 것을 하나님께서 가납(嘉納)하셨습니다(창 4:4). 그런 이후 구약성경 역사(歷史)의 흐름은 그 제사제도가 섬세하게 정교해집니다. 하나님께서 모세를 통하여 주신 율법은 '의식법(儀式法), 도덕법, 시민법'으로 구성되어 있는데, 그 중 '의식법'은 제사법입니다. 레위기 전체 내용은 바로 그 제사법에 관한 것입니다. 그 제사법의 중심에 '백성들의 죄를 속하기 위한 피의 희생제물'이 있습니다. 레위기에 제시된 속죄제, 속건제, 화목제는 반드시 '대속의 피의 제물'을 요건으로 하였습니다. 구약 시대 백성이 하나님께 나아가 예배하려는 이는 반드시 제사장을 통한 제사의 규례에 복종해야 했습니다. 하나님께서는 이스라엘로 하여금 매년 한 차례씩 '대 속죄일'을 정하여 지키게 하셨습니다. "이스라엘 자손의 회중에게서 속죄제물을 위하여 숫염소 둘과 번제물을 위하여 숫양 하나를 취할지니라 아론은 자기를 위한 속죄제의 수송아지를 드리되…"(레 16:5,6) "오직 둘째 장막은 대제사장이 홀로 일 년 일 차씩 들어가되 피 없이는 아니하나니 이 피는 자기와 백성의 허물을 위하여 드리는 것이라."(히 9:7)

"그리스도 예수 안에 있는 속량으로 말미암아." 구약시대의 성전 제사제도는 모두 '예수 그리스도와 그 대속(代贖)의 행사'를 모형적으로 예표하고 상징합니다. 예수 그리스도께서 구약의 모든 성전 제도의 규례를 통하여 예표된 그 '대속'의 실체를 십자가에서 피흘려 죽으심으로 완성하셨습니다. 그래서 히브리서 기자는 그 점을 이렇게 확증합니다. "이 장막은 현재까지의 비유니 이에 의지하여 드리는 예물과 제사가 섬기는 자로 그 양심상으로 온전케 할 수 없나니 이런 것은 먹고 마시는 것과 여러 가지 씻는 것과 함께 육체의 예법만 되어 개혁할 때까지 맡겨 둔 것이니라 그리스도께서 장래 좋은 일의 대제사장으로 오사 손으로 짓지 아니한, 곧 이 창조에 속하지 아니한 더 크고 온전한 장막으로 말미암아 염소와 송아지의 피로 아니하고 오직 자기 피로 영원한 속죄를 이루사 단번에 성소에 들어가셨느니라."(히 9:9-12)

예수님께서는 성령님으로 말미암아 동정녀에게서 태어나시어 아담의 후손이 아니어 원죄(原罪)가 없습니다. 또한 자범죄(自犯罪)도 없습니다. 그 요점을 분명하게 계시하는 사건이 바로 40일간 금식 후에 성령님께 이끌리어 사탄 마귀의 시험을 받으시고 이기신 일입니다.

공생애를 시작하기 전에 성령님께 이끌리시어 40일 금식하시면서 마귀에게 이끌려 시험을 받으시고 이기심으로 '무죄하신 하나님의 아들이심'을 드러내셨습니다(마 4:1-11). 예수님께서 마귀에게 당하신 시험은 사람들이 지상의 조건 속에서 만나 범죄로 이어지게 되는 모든 시험의 경로를 총망라한 것이라 할 수 있습니다.

40일간 주리시어 곤비한 상태에서 마귀에게 당하신 첫번째 시험은 '떡'의 문제입니다. 지상의 조건 속에서 사람에게 있어서 '떡'의 문제는 결코 작은 문제가 아닙니다. 그로 인하여 유혹도 많고 죄도 짓습니다. 거기서 자유로울 사람이 없습니다. 죄 가운데 있는 사람은 배가 불러 있는데도 불구하고 '떡'의 문제에 집중합니다. 그러나 우리 주 예수님께서는 40일 금식하신 후라 심히 주리신 상태에서도 그 시험을 이겨내셨습니다. 예수님께서는 사람이시면서 여전히 하나님이시기에 어느 때라도 모든 것을 행하실 수 있습니다. '돌로 떡을 만들어 먹을 수도' 있었습니다. 그러나 예수님께서는 성경 말씀을 의지하여 마귀의 시험에 대응하셨습니다. "기록되었으되 사람이 떡으로만 살 것이 아니요 하나님의 입으로부터 나오는

모든 말씀으로 살 것이라 하였느니라."(마 4:4 ; 신 8:3)

두번째로 '종교적' 시험입니다. 자기 종교성의 연장선상에서 하나님의 말씀도 자기에게 편리한대로 적용하여 하나님을 시험하는 악행에 빠지기 쉬운 것이 인생입니다. 마귀는 시편 91:10의 말씀을 인용하여 예수님을 시험하였습니다. "그가 너를 위하여 그 사자들을 명하시리니 그들이 손으로 너를 받들어 발이 돌에 부딪히지 않게 하리로다." 그러나 이 말씀은 자의적으로 적용하여 필요하면 언제라도 활용하게 주어진 말씀이 아닙니다. 오직 하나님을 경외하고 그에게 피하는 자를 보호하시겠다는 하나님의 약속입니다. 그런데 그 말씀을 제멋대로 아무 때나 자기 편리한대로 적용하고 싶은 충동을 받을 수 있습니다. 그것이 죄 가운데 있는 부패한 인생의 종교성의 악한 열매입니다. 그 죄에서 완전하게 자유롭다 할 자가 없습니다. 우리 주님께서는 그렇게 하라고 시험하는 마귀에게 단호하게 대응하십니다. "또 기록되었으되 주 너의 하나님을 시험하지 말라 하였느니라."(마 4:7 ; 신 6:16)

그리고 세 번째 시험에서 마귀는 '세상의 영광'과 '하나님 앞에서의 순전을 지키는 것'을 바꾸라고 하였습니다. "마귀가 또 그를 데리고 지극히 높은 산으로 가서 천하만국과 그 영광을 보여 이르되 만일 내게 엎드려 경배하면 이 모든 것을 네게 주리라."(마 4:8,9) 사람이 세상에 있는 동안 누구든지 '세상이 주는 영광'을 맛보려는 시험과 유혹으로 죄를 짓는 데서 자유로울 수 없습니다. 우리가 사는 날 동안 매일 이 시험을 당하며 하나님의 계명을 어겨 넘어집니다. 그러나 우리 주 예수님께서는 "사탄아 물러가라 기록되었으되 주 너의 하나님께 경배하고 다만 그를 섬기라 하였느니라"고 말씀하셨습니다(마 4:10 ; 신 6:13) '세상의 영광'을 그 자체로 보면 찬란하고 우리 존재 전체를 드려 추구할 만해 보입니다. 그래서 이 책의 필자나 독자 모두를 포함한 본질상 하나님의 진노 아래 있는 인생들은 그 시험을 이기지 못하고 곧잘 넘어집니다. 그러나 예수님께서는 '주 하나님의 영광' 앞에 그 '세상의 영광'을 놓고 보셨습니다. 비록 지금은 주리시어 곤비하고 힘들어 그 세상의 영광을 차지하고 싶은 유혹이 밀려 왔겠으나 '천하만국과 그 영광'은 시간이 지나면 사라지는 바람에 불과함을 아셨습니다. "이에 마귀는 예수를 떠나고 천사들이 나아와서 수종드니라."(마 4:11)

예수님이 40일 동안 주리신 후에도 그 시험을 이기신 일은 아담이 완전하고 풍요한 가운데서 마귀에게 시험을 받아 범죄한 일과 극명한 대조를 이룹니다. 예수님과 아담은 자기들이 대표한 백성들을 위한 언약적인 머리입니다. 그래서 사도 바울은 고린도전서 15장에서 그런 의미로 아담과 예수님을 대조합니다. "기록된 바 첫 사람 아담은 산 영이 되었다 함과 같이 마지막 아담은 살려 주는 영이 되었나니 그러나 먼저는 신령한 자가 아니요 육 있는 자요 그 다음에 신령한 자니라 첫 사람은 땅에서 났으니 흙에 속한 자이거니와 둘째 사람은 하늘에서 나셨느니라 무릇 흙에 속한 자는 저 흙에 속한 자들과 같고 무릇 하늘에 속한 자는 저 하늘에 속한 자들과 같으니 우리가 흙에 속한 자의 형상을 입은 것같이 또한 하늘에 속한 자의 형상을 입으리라."(고전 15:45-49)

"그리스도 예수 안에 있는 속량으로 말미암아." 예수님은 죄 가운데 있는 자기 백성들을 대신하여 자신의 몸을 속죄 제물로 내어 주실 만한 완전한 자격을 갖추신 분입니다. 무죄하시다는 말입니다. 그리고 우리 예수님의 무죄성은 정지된 개념이 아니라 역동적(力動的)인 개념입니다.

예수님은 죄가 되는 일은 아무 것도 하지 않으셨고, 더 나아가 하나님께서 율법과 계명을 통하여 사람에게 요구하시는 바를 적극적으로 완전하게 만족시키셨다는 말입니다. 예수님께서 신적(神的) 본체로는 하나님이시지만 여전히 사람이 되셨으니, 하나님께서 사람에게 요구하시는 의(義)의 요구를 완전하게 이루시어 하나님 아버지께 제출할 의무를 가지신 것입니다. "때가 차매 하나님이 그 아들을 보내사 여자에게서 나게 하시고 율법 아래에 나게 하신 것은."(갈 4:4) 사람들은 누구나 나면서부터 '율법' 아래 납니다. 그 말은 누구라도 '율법'을 이행할 의무 아래 처하게 된다는 말입니다. 예수님도 사람으로 나시는 순간부터 '율법'을 이행할 의무 아래 자신을 두신 것입니다. 예수님께서는 본질적으로 무죄하신 분이심과 아울러 율법을 완전하게 이행하심으로 '완전한 의'를 이루신 것입니다. 그러니 예수님은 자기 백성들을 위한 희생제물이 되기에 합당하신 구속주(救贖主)의 자격을 충분하고 완전하게 갖추신 분입니다.

그러므로 예수님은 자신을 위하여 어떤 이유로도 죽으실 수 없었습니다. "죄의 삯은 사망이요."(롬 6:23) 그것이 하나님께서 정하신 법입니다. 그렇게 예수님은 무죄(無罪)하시나 실상은 '죄인처럼' 십자가를 지시고 피 흘려 죽으셨습니다. 예수님께서 십자가에 달리어 죽으실 때에 양 옆에 흉악범 둘이 잡혀 십자가에 달려 사형을 당하고 있었습니다. 그것은 예수님께서 '흉악한 강도처럼' 여김을 받았다는 말입니다. "그는 강포를 행하지 아니하였고 그의 입에 거짓이 없었으나 그의 무덤이 악인들과 함께 있었으며 그가 죽은 후에 부자와 함께 있었도다."(사 53:9) 예수님의 죽으심은 바로 백성들을 위한 속량(贖良)의 행위였습니다. 다른 말로 해서, 예수님의 죽으심은 '하나님께서 율법을 통하여 백성들의 죄에 대하여 요구하시는 공의의 대가'를 지불하시는 행위였습니다. "그는 실로 우리의 질고를 지고 우리의 슬픔을 당하였거늘 우리는 생각하기를 그는 징벌을 받아 하나님께 맞으며 고난을 당한다 하였노라 그가 찔림은 우리의 허물 때문이요 그가 상함은 우리의 죄악 때문이라 그가 징계를 받음으로 우리는 평화를 누리고 그가 채찍에 맞음으로 우리는 나음을 받았도다 우리는 다 양 같아서 그릇 행하며 각기 제 길로 갔거늘 여호와께서는 우리 모두의 죄악을 그에게 담당시키셨도다."(사 53:4-6) "하나님이 죄를 알지도 못하신 이를 우리를 대신하여 죄로 삼으신 것은 우리로 하여금 그 안에서 하나님의 의가 되게 하려 하심이라."(고후 5:21)

'다 이루었다'

예수님께서 운명하시기 전에 발하신 '다 이루었다'는 말씀은, 그분의 구속(救贖, 贖良)의 대업(大業)을 완성하신 것을 선포하신 말씀입니다. 그래서 이 부분에서 그 말씀이 의미하는 바를 숙고하는 것은 매우 중요합니다.

"다 이루었다"는 말씀은 예수 그리스도께서 십자가에서 죽으시기 직전에 외치신 말씀입니다. 이 말씀이 기록된 것은 요한복음 19:30입니다. "예수께서 신 포도주를 받으신 후 가라사대 '다 이루었다' 하시고 머리를 숙이시고 영혼이 돌아가시니라." 그런데 누가복음 23:46에는 예수님의 죽으심과 관련하여 이렇게 기술하고 있습니다. "예수께서 큰 소리로 불러 가라사대 아버지여 내 영혼을 아버지 손에 부탁하나이다 하고 이 말씀을 하신 후 운명하시다." 요한복음만 보면 "다 이루었다"고 말씀하신 후에 바로 "머리를 숙이시고 영혼이 돌아가신 것이라"는 결론을 내릴만합니다. 그러나 누가복음만 보면 "큰 소리로 아버지여 내 영혼을 아버지 손에 부탁하나이다"라고 하신 말씀만 부각되어 있습니다.

그러나 이런 차이는 둘의 모순을 드러내기 보다는 두 복음서가 가진 각각의 저작 의도와 방식에서 생긴 것으로 서로 보충관계에 있다고 보아야 합니다. 요한복음은 네 복음서 중에서 가장 늦게(주후 90년 대) 기록된 복음서로서 다른 세 복음서에 비하여 신학적이고 교리적입니다. 이 말은 다른 복음서들은 신학이나 교리가 없다는 것이 아닙니다. 공관복음서들은 예수님의 행적의 역사적 사실성에 초점을 맞추면서 그것이 구약의 메시야 예언과 어떻게 일치하는지에 주목합니다. 반면에 요한복음은 신인(神人)으로서의 예수 그리스도의 정체성과 그 직무(職務)를 중심으로 메시야로서의 행사를 기록하되, 그 행사의 의미를 신학적이고 교리적으로 진술합니다. 요한복음 1:1의 "태초에 말씀이 계시니라"는 말씀은 매우 교리적이고 신학적인 진술입니다. 그 선포는 독자로 하여금 처음부터 예수 그리스도의 신성(神性)을 기본 전제로 하고 요한복음을 읽게 합니다. 그러면서 요한복음의 특성을 처음부터 각인시킵니다. 그러면서 1:14에서 "말씀이 육신이 되어 우리 가운데 거하시매"라는 진술로 '참 사람'이신 예수님의 정체성을 분명하게 밝힙니다. 당시 신플라톤주의 영향을 받은 영지주의자(靈知主義者, Gnostic)들이 일어나 예수님의 인성(人性)을 부인하는 일이 있었는데, 그것이 큰 세력을 떨치고 있었습니다. 요한 사도는 성령님의 인도 아래서 그 이단의 교훈을 염두에 두고 배격할 양으로 '말씀이 사람이 되었다'고 하는 대신 "말씀이 육신이 되셨다"고 기록하였습니다. 그의 요한일서 4:1,2에서 그 영지주의 이단을 강력하게 탄핵하면서 말합니다. "사랑하는 자들아 영을 다 믿지 말고 오직 영들이 하나님께 속하였나 분별하라 많은 거짓 선지자가 세상에 나왔음이라 이로써 너희가 하나님의 영을 알지니 곧 '예수 그리스도께서 육체로 오신 것'을 시인하는 영마다 하나님께 속한 것이요."(요일 4:1,2) 그같이 사도 요한은 예수님의 인성의 실제성을 부각하기 위하여 '말씀이 사람이 되었다'고 해도 될 것을 굳이 "말씀이 육신이 되었다"고 한 것입니다.

다른 복음서들은 역사적 사실들을 제시하고 그것을 구약의 메시야 예언과 대조하여 '예수님의 하나님의 아들과 그리스도이심'을 논증하는 형식입니다. 그러나 요한복음은 다른 복음서들로 말미암아 메시야로서의 예수님에 대한 역사적 사실들이 입증되었다고 여긴 입장에서 '참 하나님과 참 사람'으로서의 예수님의 정체성을 신학적이고 교리적으로 표명하였습니다. 요한복음 제 2-21장은 제 1장의 그 선포적 진술의 정당성을 입증하는 실증적 진술이라 해도 과언이 아닙니다.

그와 같이 누가복음은 역사적 사실에 초점을 맞추어 예수님의 죽으심의 장면을 '아버지와 아들 사이의 관계적' 차원에서 묘사하고 있습니다. 그래서 "아버지여 내 영혼을 아버지 손에 부탁하나이다"라는 외침을 운명 직전의 일로 관찰한 것입니다. 그러나 요한복음은 '아버지께서 아들에게 맡기신 사명, 곧 아버지께서 아들에게 주신 자들의 구원'(요 6:36-40)과 관련하여 예수님의 죽으심의 의미에 초점을 맞추고 있습니다. 그래서 예수님께서 죽으시기 직전에 "다 이루었다"고 하신 말씀을 놓치지 않고 있습니다.

이를 정리하여 예수님의 죽으심의 정황을 추적하면, "다 이루었다" 하시고 나서 바로 "내 아버지여 내 영혼을 아버지 손에 부탁하나이다"라고 크게 외치신 후 운명하셨다고 보는 것이 자연스럽습니다.

"다 이루었다."(요 19:30) 그러면 그 말씀이 함축하는 것을 알아봅시다.

이 말씀이 함축하는 바를 어떤 조명으로 보아야 하는지 그 실마리를 우리는 이미 앞에서 보았습니다. 우리는 이 말씀을 하나님께서 예수님께 맡기신 사명의 차원에서 이해해야 합니다. "내가 하늘로서 내려온 것은 내 뜻을 행하려 함이 아니요 나를 보내신 이의 뜻을 행하려 함이니라 나를 보내신 이의 뜻은 내게 주신 자 중에 내가 하나도 잃어버리지 아니하고 마지막 날에 다시 살리는 이것이니라."(요 6:38,39) 여기서 "마지막 날에 다시 살리는 이것이니라"는 말씀은, 당신 자신의 재림 때에 "아버지께서 내게 주신 자 중에 하나도 잃어버리지 않고 다 다시 살리시어 영화롭게 하실 것"을 내다보시고 하신 말씀입니다. 예수님의 구원은 '소극적으로는 죄로부터의 구원'입니다. 곧, '죄책(罪責)과 죄의 오염(汚染)과 영향과 세력과 그 모든 결과로부터의 구원'입니다. 그런데 하나님께서 의도하신 구원의 적극적인 목적은 '우리로 하여금 하나님 보시기에 죄와는 상관없는 완전한 의인(義人), 곧 그리스도의 형상을 본받게 하려는 것'입니다. "하나님이 미리 아신 자들을 또한 그 아들의 형상을 본받게 하기 위하여 미리 정하셨으니 이는 그로 많은 형제 중에서 맏아들이 되게 하려 하심이니라."(롬 8:29) 그와 같이 예수님은 '그 구원'을 위해 지불해야 할 완전 충분한 대가를 지불하셔야 할 사명을 띠고 이 땅에 오셨습니다. 곧, 구속 (救贖, 또는 贖良, redemption)의 대업(大業)을 이루기 위하여 아버지의 보내심을 받아 자원하심으로 오셨습니다.

'구속(救贖)의 대업'은 예수님의 가르치심과 병 고침과 이적과 권능으로 될 일이 아니었습니다. 복음서에 나타나는 예수님의 그런 일들은 예수님의 정체성과 그 행사를 알게 하는 계시적인 표적들(signs)이었습니다. 구속의 대업은 우리가 지은 죄에 대한 하나님의 공의의 요구를 완전하게 만족시키는 것을 내용으로 하고 있었습니다. "죄의 삯은 사망이요"(롬 6:23 ; 롬 1:32) 그리고 죄를 지은 자는 하나님의 영원한 진노의 대상입니다. "하나님의 진노가 불의로 진리를 막는 사람들의 모든 경건치 않음과 불의에 대하여 하늘로 좇아 나타나나니."(롬 1:18)

예수님께서 우리를 대신하여 죄를 속(贖)하실 자격자가 되기 위하여 '완전한 의인'이어야 합니다. 그러면서 당신을 제물로 드려 모든 믿는 자들의 속전(贖錢)으로서의 효력을 갖추기 위하여 예수님은 '무한자(無限者)'서야 합니다. 만일 그 중 하나에 결격(缺格)이 생기면 예수님은 우리의 대속주가 되실 수 없었습니다. 그러나 예수님은 "세상 죄를 지고 가는 하나님의 어린양"(요 1:29)으로서의 자격을 충분하고 완전하게 갖추신 오직 유일하신 분입니다. 하나님이시면서 사람이신 그 분만이 아버지의 택하신 백성들을 대속하실 구주가 되시는 것입니다.

예수님은 십자가상에서 모든 택한 백성들의 죄에 대하여 하나님의 공의가 요구하는 영원한 의분(진노)을 다 받아내신 것입니다. 그래서 예수님은 그 모든 고난과 수욕을 받으셨습니다. 창조주 하나님 아버지께서 창조주 당신의 아들을 향하여 '의분으로 이글거리시는 성난 얼굴'을 들이대셨습니다. 필자는 속으로, 예수님께서 겟세마네 동산에서 제자들에게 친히 "내 마음이 고민하여 죽게 되었다"(마 26:38) 하신 이유가 어디 있는가 하고 곰곰이 생각해 보았습니다. "아버지여, 할 수만 있으면 이 잔을 내게서 옮기소서"라고 탄원하며 그 피땀 흘리시는 기도를 드리셨습니다. 이렇게 생각하면 무리가 없을 것입니다. 우리를 대속하시기 위하여 예정대로 내일 죽으셔야 합니다. 그러나 그 일이 '하나님 아버지와 성자 예수님 사이'에 '불화와 분리와 버리고 버림 당하는 것'을 수반하게 되어 있습니다. 그 일은 '성부와 성자 사이만 생각한다면' 전혀 상상할 수도 없는 심대한 사변(事變)입니다. 한 번도 성자께서 자신을 향하여 분노하시는 성부의 얼굴을 대하신 적이 없었습니다. 성부께서는 성자를 향하여 "이는 내 사랑하는 자요 내 기뻐하는 자라"는 정서로 충만하셨습니다(마 3:17). 그런데 예수님 당신이 내일 엄중한 재판장의 얼굴로 사정없이 분노를 발하시는 성부의 얼굴을 대면해야 합니다. 그것이 참을 수 없는, 정말 마음이 고민하여 죽게 될 정도의 고뇌요 아픔이었을 것입니다. 이렇게 생각하는 것이 무리일까요?

오! 우리 때문에, 죄에서 우리를 구원하시기 위해서 성부와 성자 사이에 주고 받으셨던 그 거래의 진통이여! 그 '거룩한 거래'를 잊지 않고 성삼위 하나님을 기리는 자는 영원히 복되도다! 창세전부터 영원까지 아버지와 아들과 성령, 성 삼위 간에 '불화와 분리'는 본체론적으로는 전혀 있을 수 없습니다. 그러나 우리의 '구속(속량)'을 위하여 십자가상에서 죽으시는 일 속에 그 일이 일어난 것입니다. "제 구시 쯤에 예수께서 크게 소리질러 이르시되 엘리 엘리 라마 사박다니 하시니 이는 곧 나의 하나님, 나의 하나님, 어찌하여 나를 버리셨나이까 하는 뜻이라."(마 27:46)

그러나 그 일이 우리 하나님의 택한 백성들의 구원을 위하여 불가피하였습니다. 그것을 아시는 우리 예수님께서는 "그러나 나의 원대로 마옵시고 아버지의 원대로 하옵소서"(마 26:39)라고 하신 것입니다. 오! 주님 저희로 하여금 우리 주님의 구속(救贖)의 대업이 함축하는 '그 무한한 성삼위의 사랑의 깊은 바다'를 헤엄치는 특권을 더욱 더하소서. 그리하여 어떤 상황에서도 바로 그 일 때문에 기뻐하고 찬미하고 감사함이 저희 존재와 삶의 동기와 동력이 되게 하옵소서!

"다 이루었다."(요 19:30) 이 말씀은 창세전에 아버지와 아들과 성령께서 도모하신 목적과 뜻대로 택한 백성들의 구원을 위하여 지불되어야 할 '값'이 다 지불되었음을 선포하시는 '장엄한 결어(結語)'입니다. 아더 핑크 (A. Pink)는 '속죄의 희생 제물로 드려지는 일의 완성을 선포한 것이라'고 말하였습니다.

그러므로 이제 우리의 구원을 위하여, 하나님과 우리 사이의 영원한 화평과 생명의 관계를 위하여 지불되어야 할 '값'은 전혀 없게 되었습니다. 예수님의 부활은 '다 이루었다'는 말씀의 진정성과 그 효력을 확증한 역사적 사실입니다.

"다 이루었다." 이 구속(救贖)의 완성을 선포하는 그리스도의 이 말씀과 우리의 구원과의 관계는 어떠합니까? 우리의 개인의 구원은 '예수님의 구속의 효력을 우리에게 적용하는 실제'로 볼 수 있습니다. 그래서 조직신학에서 '구원론'을 '성령론'과 동일 개념으로 취급합니다. 성령께서 예수님의 구속의 효력을 가지고 말씀을 통하여 택한 백성들에게 역사하시고 적용하시기 때문입니다. 구원의 서정(序程), 곧 '부르심, 중생, 회심, 믿음, 칭의(稱義), 아들로 받아 주심, 성화(聖化), 성도의 견인(堅忍), 영화(榮化)'의 전 과정이, 성령님께서 예수님의 '다 이루신 구속'의 효력을 적용하시는 일련의 행사입니다.

주님 안에 있는 믿음과 소망과 위로와 담대함의 샘이 그 "다 이루었다"(요 19:30)는 말씀 속에 들어 있습니다. 오, 그 샘에 나가서 마시는 자는 복이 있도다. "명절 끝 날 곧 큰 날에 예수께서 서서 외쳐 가라사대 누구든지 목마르거든 내게로 와서 마시라 나를 믿는 자는 성경에 이름과 같이 그 배에서 생수의 강이 흘러나리라 하시니 이는 그를 믿는 자의 받을 성령을 가리켜 말씀하신 것이라 (예수께서 아직 영광을 받지 못하신 고로 성령이 아직 저희에게 계시지 아니하시더라)."(요 7:37-39) "형제들아 너희가 알지 못하기를 내가 원치 아니하노니 우리 조상들이 다 구름 아래 있고 바다 가운데로 지나며 모세에게 속하여 다 구름과 바다에서 세례를 받고 다 같은 신령한 식물을 먹으며 다 같은 신령한 음료를 마셨으니 이는 저희를 따르는 신령한 반석으로부터 마셨으매 그 반석은 곧 그리스도시라."(고전 10:1-4)

예수님을 믿는 자를 향하여 의롭다 선고하시는 하나님

"**3:24그리스도 예수 안에 있는 속량으로 말미암아 하나님의 은혜로 값없이 의롭다 하심을 얻은 자 되었느니라.**" 여기서 사도 바울은 이미 예수님을 믿고 있는 로마교회의 성도들에 대한 "하나님의… 의롭다 하심"을 과거시제로 표현하고 있습니다. 이미 이 책의 앞의 여러 부분에서 반복적으로 지적하였듯이 "하나님의… 의롭다 하심"은 하늘에 있는 하나님의 법정에서 그 법정에 소환된 자를 향하여 '너는 한 번도 율법을 어긴 적이 없이 완전하게 율법을 순종하여 의에 이른 완전한 자로 여기노라'고 판결하시어 선고하시는 성부 하나님의 행위입니다. 사람 중에서 그런 판결을 자신의 의로 받아낼 이는 아무도 없습니다. "기록된바 의인은 없나니 하나도 없으니"(롬 3:10) 그러나 "그리스도 예수 안에 있는 속량"의 효력을 입은 자는 "하나님의 은혜로 값없이 의롭다 하심을 얻은 자 되었느니라." 그 '속량의 효력'을 누가 입습니까? 앞의 로마서 3:22이 그 점을 명시합니다. "곧 예수 그리스도를 믿음으로 말미암아 모든 믿는 자에게 미치는 하나님의 의니 차별이 없느니라." 그러니 "하나님의 의롭다 하심"을 얻는 자는 '예수 그리스도를 믿음으로 말미암아 하나님의 의가 미쳐진 자(전가 받은 자)'입니다. 그러므로 "하나님의 의롭다 하심"은 예수 그리스도를 믿는 자에게 내려지는 하나님의 선고입니다.

"하나님의 은혜로 값없이." "은혜"란 그것은 받을 만한 조건이 없는 자에게 아무 대가도 요구하지 않고 베푸는 호의입니다. "하나님의 의롭다 하심"의 선고를 받는 자 편에서 '예수님 안에 있는 속량' 외에 부가적으로 지불할 '공로나 공적이나 의'가 전혀 필요하지 않음을 명시하느라 "하나님의 은혜로 값없이"라는 표현을 쓴 것입니다. 사람이 하나님께 의롭다 하심을 받는 것은 오직 "그리스도 예수님 안에 있는 속량으로 말미암은 하나님의 은혜"만으로 충분합니다. 다시 강조하거니와, 하나님께서 그리스도 예수님 안에 있는 사람을 향하여 '의롭다' 선고하실 때, 그가 믿는 예수님과 그 이루신 속량의 효력만 근거한 행사입니다. 정말 구원은 처음부터 끝까지 '그리스도 예수님 안에 있는 속량(구속)으로 인한 하나님의 은혜'에 속한 것입니다. 사도 바울이 항상 하나님의 은혜를 자랑한 이유가 바로 거기에 있습니다. "내가 나 된 것은 하나님의 은혜로 된 것이니 내게 주신 그의 은혜가 헛되지 아니하여 내가 모든 사도보다 더 많이 수고하였으나 내가 한 것이 아니요 오직 나와 함께 하신 하나님의 은혜로라."(고전 15:10) 성경 전편에 걸쳐 나타나는 '하나님의 은혜'는 바로 '오직 그리스도 예수님 안에 있는 속량으로 인한 혜택'입니다. 그러므로 그리스도를 떠나서는 하나님의 은혜를 생각할 수 없습니다. 물론 불신자들에게도 베풀어지는 일반은총은 이것과 별개의 것으로 여겨질 수 있습니다. 그러나 따지고 보면 역사가 진행되는 일과, 그 역사 속에서 태어나서 살다 죽는 모든 이들에게 베푸시는 하나님의 일반적인 은혜도 그리스도 예수님의 구속사(救贖史)의 일환으로 주어지는 것입니다.

'칭의'와 관련하여 야고보서의 논리에 대한 바른 이해

이 대목을 공부할 때 야고보서 2장의 말씀을 들고 질문을 던지는 이들을 만나기 십상입니다. "이로 보건대 사람이 행함으로 의롭다 하심을 받고 믿음으로만은 아니니라."(약 2:24) 그러나 여기서 말하는 '행함'을 "하나님의 법정적 선고로서의 의롭다 하심"을 받기 위한 '선행적 조건'으로 이해하면, 다시 '율법의 행위로 의롭다 하심을 받으려'는 율법주의로 회귀하는 것입니다. 그러면 대번에 갈라디아서 3:10의 정죄를 받게 됩니다. "무릇 율법 행위에 속한 자들은 저주 아래 있나니 기록된 바 누구든지 율법책에 기록된 대로 온갖 일을 항상 행하지 아니하는 자는 저주 아래 있는 자라 하였음이라."(갈 3:10) 그리하면 또한 야고보서와 로마서를 충돌시키는 어리석음을 범하게 됩니다. 야고보서에서 말하는 '행함'은 이미 의롭다 하심을 받은 사람, 곧 '구원받을 만한 참된 믿음'의 표지로서의 '행위'를 말하는 것입니다. 칭의를 받기 위한 선행적 조건으로서의 '행함'이 아니라 '칭의'의 은혜를 받은 자다운 후행적(後行的) 표지로서의 '행함'이란 말입니다.

이 점에 대한 바른 접근을 위하여 야고보서가 저작되었다고 보아야 합니다. 야고보서의 저작 동기는 복음의 이치를 깨우치기 위한 것이 아닙니다. 다시 말하면, '죄 가운데 있는 사람이 회개하고 그리스도를 믿음으로 말미암아 하나님께 죄사함을 받고 의롭다 하심을 받는 은혜의 복음의 교리'를 제시하기 위해 야고보서를 쓴 것이 아니란 말입니다. 그것은 로마서를 저작하게 하신 성령님의 의도입니다. 그러나 야고보서는 '이미 그리스도를 믿고 있는' 사람들의 삶의 실제를 다룹니다. 이미 예수님을 믿음으로 말미암아 의롭다 하심을 받아 하나님의 자녀가 된 자들에게 주어진 것입니다. "하나님과 주 예수 그리스도의 종 야고보는 흩어져 있는 열두 지파에게 문안하노라 내 형제들아 너희가 여러 가지 시험을 만나거든 온전히 기쁘게 여기라 이는 너희 믿음의 시련이 인내를 만들어 내는 줄 너희가 앎이라."(약 1:1-3) 야고보서를 처음 받았던 이들은 이미 믿는 이들로서 어떻게 하는 것이 믿음에 부합한 삶의 행실인지를 가르침 받고 있었던 것입니다.

존 칼빈은 이 대목에 대해서 이렇게 주석합니다. "여기서 '열 두 지파'는 여러 지역에 널리 흩어져 있는 유대인 그리스도인들을 두고 하는 말이다. 이 서신의 기자가 수신자들을 다 개인적으로 알고 있지는 않다. 그리고 이 내용 속에 예수 그리스도를 믿는 것에 대해서 언급하지 않은 것은 이미 그들이 다른 이들을 통해서 바르게 잘 배웠기 때문일 것이다. 그래서 야고보서는 교리 보다는 권면과 격려가 많다."

그래서 야고보서는 처음부터 교리 보다는 믿음 생활의 실제를 다룹니다. "내 형제들아 너희가 여러 가지 시험을 만나거든 온전히 기쁘게 여기라 이는 너희 믿음의 시련이 인내를 만들어 내는 줄 너희가 앎이라."(약 1:2,3) 그리고 믿음을 가진 자들 중에 지적(知的)으로 복음의 교리를 아는 것에 머물러 안주하고는 부르심에 합당한 삶, '복음에 합당하게 생활하는 것'(빌 1:27)에 대하여는 무관심해도 되는 것처럼 여기는 것을 지적하여 깨우칠 필요를 야고보는 알았습니다. 그래서 야고보서 2장의 내용이 나온 것입니다. 이런 일은 어느 특정인들에게만 나타나는 특징이 아닙니다.

우리 모두가 들어야 하는 경계의 말씀입니다. 우리가 믿음으로 말미암아 의롭다 하심을 받은 후에도 여전히 '육체에 속한 옛 사람의 본성'을 소유하고 있습니다. 이 문제를 사도 바울은 로마서 7장에서 다룹니다. "내 속사람으로는 하나님의 법을 즐거워하되 내 지체 속에서 한 다른 법이 내 마음의 법과 싸워 내 지체 속에 있는 죄의 법으로 나를 사로잡는 것을 보는도다 오호라 나는 곤고한 사람이로다 이 사망의 몸에서 누가 나를 건져내랴."(롬 7:22-24) 사도 바울은 거기서 믿기 이전의 영적 상태를 말함이 아니라 예수님을 믿음으로 말미암아 죄 사함 받고 의롭다 하심을 받은 이후의 성도가 직면하여 대처해야 하는 내면의 실상을 말합니다. 그 문제는 로마서 7장을 강론할 때 더 자세하게 다룰 것입니다.

성령께서는 야고보서를 통하여 믿음으로 말미암아 의롭다 하심을 받아 하나님의 자녀가 된 우리 모두가 빠져들 수 있는 연약을 강력하게 경계하신 것입니다. 그리스도 예수님을 믿음으로 말미암아 은혜로 의롭다 하심을 받아 하나님의 자녀가 된 우리는 마땅하게 우리 안에 내주하시는 성령님의 인도를 따라 '선한 행실'의 열매를 맺어야 함을 강력하게 권하신 것입니다. "우리를 구원하시되 우리의 행한 바 의로운 행위로 말미암지 아니하고 오직 그의 긍휼하심을 따라 중생의 씻음과 성령의 새롭게 하심으로 하셨나니 우리 구주 예수 그리스도로 말미암아 우리에게 성령을 풍성히 부어 주사 우리로 그의 은혜를 힘입어 의롭다 하심을 얻어 영생의 소망을 따라 상속자가 되게 하려 하심이라."(딛 3:5-7) 그런 사람들은 어떤 삶을 영위하여야 하는가요? "이 말이 미쁘도다 원하건대 너는 이 여러 것에 대하여 굳세게 말하라 이는 하나님을 믿는 자들로 하여금 조심하여 선한 일을 힘쓰게 하려 함이라 이것은 아름다우며 사람들에게 유익하니

라."(딛 3:8)

이 디도서에서 사도 바울이 말하는 '선한 일'은 '칭의의 선행적 조건'이 아님이 문맥으로 확연하게 드러납니다. 야고보서의 '행함'은 디도서의 '선한 일을 힘쓰는 것'과 같은 것입니다. "어떤 사람은 말하기를 너는 믿음이 있고 나는 행함이 있으니 행함이 없는 네 믿음을 내게 보이라 나는 행함으로 내 믿음을 네게 보이리라 하리라 네가 하나님은 한 분이신 줄을 믿느냐 잘하는도다 귀신들도 믿고 떠느니라."(약 2:18,19) 지적으로 하나님을 알고 예수님을 믿는다 하면서 그 삶의 양식이 불신자와 동일하다면, 그런 믿음은 죽은 믿음이라는 것입니다. 야고보가 예로 든 아브라함이나 라합이 하나님을 진실로 믿고 경외하는 중에 행한 순종의 행실은, '의롭다 하심을 받을 만한 믿음'의 소유자들이 드러내 보일 것에 틀림없는 믿음의 표증입니다. "아아 허탄한 사람아 행함이 없는 믿음이 헛것인 줄을 알고자 하느냐 우리 조상 아브라함이 그 아들 이삭을 제단에 바칠 때에 행함으로 의롭다 하심을 받은 것이 아니냐 네가 보거니와 믿음이 그의 행함과 함께 일하고 행함으로 믿음이 온전하게 되었느니라."(약 2:20-22)

그런데 다음의 구절이 또 혼란을 주기 십상입니다. "이에 성경에 이른바 아브라함이 하나님을 믿으니 이것을 의로 여기셨다는 말씀이 이루어졌고 그는 하나님의 벗이라 칭함을 받았나니 이로 보건대 사람이 행함으로 의롭다 하심을 받고 믿음으로만은 아니니라."(약 2:23,24) 이 부분에 대하여 존 칼빈은 이렇게 주석합니다. "이 대목을 제시하며 야고보가 아브라함의 행위들을 하나님께서 그를 '의로 여기신' 근거로 말한다고 주장하려 애쓰는 자들이 있다. 그러면 야고보가 성경의 논리를 왜곡시켰다는 결론 밖에 나오지 않는다. 그런 주장을 하는 이들이 말을 이리 돌리고 저리 돌리고 해 보았자 결과를 그 자체의 원인으로 만들지는 못한다. 야고보서 2:23은 창세기 15:6의 인용이다. 거기서 모세가 '하나님께서 아브라함의 믿음을 의로 여기신 일'을 언급한다. 그 일은 아브라함이 이삭을 제물로 바치기 30년 전의 일이다. 그러니 아브라함이 의롭다 하심을 받은 것이 이삭을 제물로 바친 행위로 말미암은 것이 아님은 분명하다. 내 생각에는, 아브라함이 이삭을 바친 일로 인하여 아브라함이 하나님께 의롭다 하심을 받았다고 상상하는 모든 이들은 풀리지 않는 매듭에 자신을 결박한 셈이다. 아브라함이 의롭다 하심을 받았다고 성령께서 선언하신 때는 이삭이 아직 태어나지도 않았던 때였다."

야고보서 2장에서의 '의롭다' 하심은 로마서에서 사도 바울이 말하는 '법정적인 칭의의 선고로서의 의롭다 하심'이 아님이 분명합니다. 다만 이미 그런 칭의를 받은 믿음의 정당성을 입증하는 후행적 표지로서의 '옳은 행실'입니다. 다시 말하여, 그리스도 안에서 하나님께 받은 은혜와 긍휼에 합당한 '선한 일'을 말하는 것입니다. 만일 어떤 이가 '나는 믿음을 가졌다'고 하면서도 그의 삶의 실제가 불신자와 하등 다를 바가 없다면, 그 삶의 실제로 자기 '믿음'의 거짓됨을 드러내는 셈입니다. "어떤 사람은 말하기를 너는 믿음이 있고 나는 행함이 있으니 행함이 없는 네 믿음을 내게 보이라 나는 행함으로 내 믿음을 네게 보이리라… 영혼 없는 몸이 죽은 것 같이 행함이 없는 믿음은 죽은 것이니라."(약 2:18,26)

16

'의롭다 하심'의
성질과 효력

3:23 모든 사람이 죄를 범하였으매 하나님의 영광에 이르지 못하더니
3:24 그리스도 예수 안에 있는 속량으로 말미암아 하나님의 은혜로
값없이 의롭다 하심을 얻은 자 되었느니라

사람을 어떤 방식으로 연마하고 고양시킨다 하여도 이 두 구절로 압축
된 성경이 말하는 복음의 영광을 스스로 알게하는 일은 불가능합니다.
"예수께서 대답하여 이르시되 진실로 진실로 네게 이르노니 사람이 거듭
나지 아니하면 하나님의 나라를 볼 수 없느니라 사람이 물과 성령으로
나지 아니하면 하나님의 나라에 들어갈 수 없느니라."(요 3:3,5) 실로 성
령님으로 말미암아 거듭나지 않고 하나님을 아는 살아있는 지각과 거기

에 비추어 자신을 아는 지각이 허락되지 않고서는 어느 누구도 이 두 구절로 압축된 복음의 진수를 맛볼 수 없습니다. 어느 누가 자신을 연마하여 '하나님을 아는 참 지식'에 이르러 그 앞에 자신이 '전적으로 부패하여 하나님의 의로우신 진노 받기에 합당한 죄인'임을 알겠습니까? 그런 지각에 이르지 않은 채 구주 예수 그리스도와 그 구속(속량)의 절대적인 필요성을 인지할 자가 누구란 말입니까? 그리고 어느 누가 성령님의 도우심을 받지 않은 채, 예수 그리스도의 속량을 근거로 죄 밖에 없는 자를 향하여 '절대적이고 완전한 의'를 요구하시는 하나님께서 그 법정에서 '의롭다' 선고하시는 엄청난 행사를 이해할 수 있다는 말입니까?

복음은 그 이치가 어렵고 복잡해서 믿기 어려운 것이 아닙니다. 복음은 어린이라도 쉽게 이해할 만한 교리의 구조를 가지고 있습니다. 그러나 복음은 거듭나지 않은 사람, 영적으로 죽어 있는 사람에게는 전혀 감히 잡히지 않는 '난제'입니다. 그래서 다른 분야에서는 대단한 전문가요 가히 석학이라고 불릴 만큼 높은 지성의 경지에 이르러도 거듭나지 않은 자연인의 상태에서는 복음에 대하여 문외한이 될 수밖에 없는 것입니다. 우리 주 예수님의 기도와 말씀이 그 점을 확증합니다. "그 때에 예수께서 대답하여 이르시되 천지의 주재이신 아버지여 이것을 지혜롭고 슬기 있는 자들에게는 숨기시고 어린 아이들에게는 나타내심을 감사하나이다 옳소이다 이렇게 된 것이 아버지의 뜻이니이다 내 아버지께서 모든 것을 내게 주셨으니 아버지 외에는 아들을 아는 자가 없고 아들과 또 아들의 소원대로 계시를 받는 자 외에는 아버지를 아는 자가 없느니라."(마 11:25-27)

사도 바울을 통하여 성령께서 그 점을 거듭 확증하여 주셨습니다. "형제들아 너희를 부르심을 보라 육체를 따라 지혜로운 자가 많지 아니하며 능한 자가 많지 아니하며 문벌 좋은 자가 많지 아니하도다 그러나 하나님께서 세상의 미련한 것들을 택하사 지혜 있는 자들을 부끄럽게 하려 하시고 세상의 약한 것들을 택하사 강한 것들을 부끄럽게 하려 하시며 하나님께서 세상의 천한 것들과 멸시 받는 것들과 없는 것들을 택하사 있는 것들을 폐하려 하시나니 이는 아무 육체도 하나님 앞에서 자랑하지 못하게 하려 하심이라."(고전 1:26-29) "이 지혜는 이 세대의 통치자들이 한 사람도 알지 못하였나니 만일 알았더라면 영광의 주를 십자가에 못 박지 아니하였으리라 기록된 바 하나님이 자기를 사랑하는 자들을 위하여 예비하신 모든 것은 눈으로 보지 못하고 귀로 듣지 못하고 사람의 마음으로 생각하지도 못하였다 함과 같으니라 오직 하나님이 성령으로 이것을 우리에게 보이셨으니 성령은 모든 것 곧 하나님의 깊은 것까지도 통달하시느니라 사람의 일을 사람의 속에 있는 영 외에 누가 알리요 이와 같이 하나님의 일도 하나님의 영 외에는 아무도 알지 못하느니라 우리가 세상의 영을 받지 아니하고 오직 하나님으로부터 온 영을 받았으니 이는 우리로 하여금 하나님께서 우리에게 은혜로 주신 것들을 알게 하려 하심이라."(고전 2:8-12)

그러므로 우리가 로마서를 공부하려 할 때에 지적 단순한 종교적 호기심의 차원에서 접근하는 것은 금물입니다. 항상 하나님을 경외하며 성령님의 가르치심을 간구하며 긍휼을 바라는 심정으로 공부해야 합니다. 그리고 로마서가 다루는 문제는 우리의 영원한 내세와 그 영욕(榮辱)이 걸린 사활을 좌우하는 주제임을 잊어서는 안 됩니다. 로마서는 인간의 철학적 개념을 말하고 있는 것이 아니라 천지를 지으신 하나님과 그 피조물인 우리 사이의 영원한 문제에 집중되어 있습니다.

지금 우리는 '그리스도 예수님의 속량을 근거로 믿는 우리를 그 하늘 법정에서 의롭다고 선고하시는 하나님의 거룩하고 위대하신 행사'를 공부하고 있습니다. 그러니 어찌 두렵고 떨리는 마음으로 해야 하지 않겠습니까? 지금 우리가 로마서의 본문에 따라서 공부하고 있는 '이신칭의(以信稱義, justification by faith)' 교리는 무엇입니까? '예수님을 믿는 이들의 행위나 공로를 불문하고 오직 그리스도 예수님의 속량을 근거로 하여 그 믿는 자들을 믿음으로 말미암아 은혜로 값없이 의롭다 선고하시는 하나님의 법정적인 행위'의 진리입니다. 그 영광을 아는 빛이 주어져 믿는 사람이 바로 성경에서 말하는 '복 있는 사람'입니다. 그 사람이 구원을 받은 자요, 그 사람이 하나님의 자녀가 된 자요, 그 사람이 하나님의 영원한 나라를 그리스도와 함께 상속할 자들입니다(요 1:12,13 ; 롬 8:15-19).

그러므로 이 진리를 훼손하거나 수정하는 자가 있다면, 그 사람은 '다른 복음'을 전하는 자요 저주받을 자입니다(갈 1:6-9). 모든 이단은 '이 교리의 요점'을 수정하려 드는 것으로 나타나기 마련입니다. 그래서 '오직 그리스도를 믿음으로 말미암아 은혜로'의 절대적인 요점에 손을 대어 감하거나 더하는 쪽으로 그 정체를 드러내기 마련입니다. 어떤 이단은 '칭의'의 후행적(後行的) 표지로서의 성화(聖化)의 열매를 '칭의'의 조건에 포함시키려고 합니다. 아니면 '칭의와 성화'가 한 연장선상에 있다는 것을 빌미로 '칭의와 성화'를 구분하지 않고 하나로 보고 마지막 심판 때까지는 '칭의가 유보되어 완성되지 못하였다'는 식으로 주장함으로 그 정체를 드러내는 이단도 있습니다. 이 구별은 신학적인 조밀한 논리력을 갖추지 않으면 구분하기 힘듭니다. 불행하게도, 오늘날 신학자들 사이에서 '칭의'를 받은 자가 보이게 되어 있는 후행적 성화의 열매 자체를 '칭의의 선행적 조건의 자리'로 옮기려는 시도가 줄기찹니다. 그것은 로마서에 계시된 사도의 복음의 핵심에 이르지 못한 처사입니다. 아니면 '칭의'의 은혜를 빙자하여 후행적 삶의 표지를 무시한 도덕폐기론(Anitinomianism)적인 방종주의로 나타나는 이단도 있습니다.

그래서 우리는 이 교리에 대하여 제기될 수 있는 몇 가지 주대한 요점들을 이 강론에서 살펴보고자 합니다.

'의롭다 하심(칭의)'의 조건

"**3:24그리스도 예수 안에 있는 속량으로 말미암아 하나님의 은혜로 값없이 의롭다 하심을 얻은 자 되었느니라.**" '의롭다 하심'의 조건은 우리 주 예수 그리스도와 그 행하신 일, 곧 '율법 외에 나타난 하나님의 의'입니다. 여기 본문에서 "그리스도 예수 안에 있는 속량"입니다. "은혜로 값없이" - 이는 의롭다 하심을 받을 자에게 칭의를 위해 부가적으로 요구할 것이 하나도 없음을 의미합니다. 달라고 해도 줄 것이 없습니다. 그러므로 이런 방식이 아니고 조금이라도 우리에게 요청하는 무엇이 있다면 '한 사람도 구원'을 받을 자가 없을 것입니다. 이미 "의인은 없나니 하나도 없다."한 선언이 그 점을 함축합니다. 그러니 '칭의'는 우리의 믿음의 삶과 행실 이전에 오직 주 예수님의 것만으로 이루어지는 하나님의 행사입니다. 그러므로 '성화의 열매'를 '칭의'의 조건으로 삼으려 하면 거기에 복음을 변조하려는 인간적인 술수나 마귀의 간계가 숨어 있습니다. 그것은 우리 주 예수님의 대속의 역사의 완전성과 충분성을 부인하는 처사이기 때문입니다. 다른 말로 해서, 그리되면 성경에 기록된 '우리 주님의 하늘로서 오시어 행하신 모든 행사'를 무익하고 헛된 것으로 만들려는 악한 흉계가 숨어 있는 셈입니다.

'의롭다 하심'의 객관성

'칭의'는 우리의 주관적 행위가 아닙니다. 연이어 거듭 강조하여 왔거니와 재판장 되신 하나님께서 그리스도 예수님을 믿는 우리를 향하여 당신의 하늘 법정에서 행하시는 객관적 선고 행위입니다. '칭의'는 그런 의미에서 우리 인격 밖에서 일어나는 일입니다. '성화'는 우리 인격 내면에서 일어나는 주관적인 것입니다. 예를 들어 마치 이와 같다 하겠습니다. 사형 판결을 받고 집행을 기다리고 있는 사람이 있다 합시다. 그런데 그는 감옥에서 자신의 처지를 바라보면서 그 마음이 항시 짓눌려 있습니다. 온갖 후회 속에서 앞으로 언제라도 닥쳐 올 사형집행의 참담함을 인하여 두려워 떨며 매일 보내고 있습니다. 그야말로 흑암의 권세 아래 있는 셈이지요. 그런데 놀랍게도 그의 그런 상태와는 관계없이 그를 향한 사면(赦免) 논의가 정부에서 진행 중이었다 합시다. 그리고 결론이 나서 대통령이 가진 사면권으로 그 사람을 사면하는 조처가 취해졌습니다. 그 결정이 대통령 궁의 홍보 대변인을 통하여 반포되었습니다. 그 조처가 공식적으로 반포되자 마자 그는 사형판결에서 자유하게 되었습니다. 그러나 그가 아직은 감옥에 있습니다. 그 결정문이 그가 갇힌 감옥의 소장에게 하달되고 그를 석방하는 절차까지는 얼마간의 시간이 걸리겠지요. 그 때까지 그는 여전히 감옥에 갇혀 있습니다. 그러나 객관적으로 그가 사면을 받아 자유의 신분이 된 것은 이미 돌이킬 수 없이 끝난 일입니다. 그러나 그 사면의 행복이 그에게 느껴지는 것은 그 결정문이 그 감옥의 소장에게 하달되고 그에게 공지될 때입니다.

우리가 하나님께 '의롭다 하심'을 받는 것은 우리가 예수님을 믿을 때에 하늘 법정에서 이미 객관적으로 일어난 일입니다. 그러나 그 사실을 알게 된 것은 그로부터 얼마 동안의 기간이 지난 다음입니다. 어느 누구나 예수님을 믿음으로 말미암아 죄사함 받고 의롭다 하심을 받은 자신의 입장과 그 영예의 신분을 인지(認知)하는 것은 하나님의 말씀인 성경의 교리를 웬만큼 배웠을 때입니다. 성령께서 말씀을 통하여 그를 거듭나게 하시었으나 그가 그 영광의 사실을 인지하는 것은 그 뒤의 일입니다. 사람마다 그것을 인지하는 기간이나 방식이 차이가 납니다. 듣기로 존 번연(John Bunyan, 1628-1688)은 처음 회심할 때 거의 반년이나 죄책감으로 시달렸다고 합니다. 어찌나 그 고통이 심하였던지 나뭇가지에 앉아 있는 새가 부러웠다 합니다. '저 새는 죽으면 그만이지만 나는 죽으면 지옥에 가게 되었구나!' 그 죄를 깨닫고 회개하는 기간이 고통의 시간이었습니다. 물론 예수님께서 자신을 위하여 죽으셨고 그를 믿으면 은혜로 값없이 죄사함 받고 의롭다 하심을 받는다는 성경을 듣고는 있었지만 자기 죄가 너무 커 보여 한 동안 고통의 시간들을 보냈다는 것입니다. 이것이 모든 신자들에게 공통되는 것은 아닙니다. 사람마다 차이가 있습니다. 그러나 예수님을 믿음으로 그 즉시 죄사함 받고 의롭다 하심을 받는 일은 같습니다. 존 번연이 복음의 은혜와 그 영광을 알고 큰 설교자가 되었습니다. 그가 주관적으로 복음의 영광을 더 아는 것과 의롭다 하심을 받는 일은 동시적으로 일어났다고 보기 어렵습니다. '칭의'는 믿는 우리 인격 밖 하나님의 법정에서의 하나님의 행사입니다. '성화'는 그런 '칭의'를 받은 자가 그 영광과 은혜와 행복을 인식하며 그 영광에 비추어 하나님께 대한 자신의 내면의 주관적 반응입니다.

우리가 하나님께 은혜로 의롭다 하심을 받음과 동시에 우리의 신분은 바로 하나님의 자녀입니다. "영접하는 자 곧 그 이름을 믿는 자들에게는 하나님의 자녀가 되는 권세를 주셨으니 이는 혈통으로나 육정으로나 사람의 뜻으로 나지 아니하고 오직 하나님께로부터 난 자들이니라"(요 1:12,13)

칭의의 단회성

'단회성'이란 이 '하나님의 칭의적 선고는 단 한 번으로 완성되고 끝나버려 그 이상의 반복은 없다'는 말입니다. 그것은 이 '칭의적 선고'가 완전하기 때문입니다. 그 완전성은, (1) 하나님의 속성과 (2) 그 법정적 선고의 독특한 성질과 (3) 그리스도의 속량의 완전성 때문입니다.

하나님은 완전하시고 전지전능하십니다. 또한 하나님은 지존하시어 하나님 보다 더 높은 권위는 존재하지 않습니다. 그러므로 하나님께서 당신의 하늘 법정에서 행하시는 선고에 대하여 이의를 제기할 수 없습니다. 그 선고는 불완전하지 않습니다.

세상 나라들의 재판제도는 대부분 삼심제도(三審制度)입니다. 일심으로 재판이 종결될 경우 오판의 가능성을 막을 수 없기 때문입니다. 삼심제도를 통하여 오판의 가능성을 최소화하려 한 것입니다. 그런 과정의 재판을 거친 안건도 나중에 보면 오판일 경우가 있습니다. 여전히 인간의 재판들은 불완전하다는 이야기지요. 사람은 누구나 불완전하기에 불완전한 판단을 낼 가능성이 상존합니다.

그러나 하나님의 행사는 언제나 완전합니다. 하나님께서 행하신 일 중에 실수하거나 그릇된 일이 발견되어 수정한 일은 있을 수 없습니다. 그리고 하나님께서는 모든 것을 아십니다. 우리 사람들에게는 과거나 현재와 미래에 속한 일들에 대하여 우리가 어떻게 할 수 없는 한계를 지니고 있습니다. 그러나 하나님께는 그런 한계가 존재하지 않습니다. 창세전에 창세 이후 영원한 미래를 다 아십니다. 우리에 대하여도 마찬가지입니다. "주께서 내가 앉고 일어섬을 아시고 멀리서도 나의 생각을 밝히 아시오며 나의 모든 길과 내가 눕는 것을 살펴보셨으므로 나의 모든 행위를 익히 아시오니 여호와여 내 혀의 말을 알지 못하시는 것이 하나도 없으시니이다."(시 139:2-4)

그런 하나님께서 하늘 법정 앞에 서 있는 사람을 향하여 '네가 의롭도다'라고 선언하신 것은 완전한 것입니다. 나중에 가서 변동될 수 있는 요소를 하나라도 남겨둔 상태에서 그런 선고를 하셨다면 그런 선고는 전혀 의미가 없습니다. 하나님께서는 당신의 속성과 성품의 완전하심 때문에 그런 식으로 일하시지 않습니다. 그러므로 하나님의 '의롭다 하심'의 선고는 완전하여 변개의 가능성이 전혀 없습니다.

하나님께서는 완전한 의의 척도를 적용하여 한 작은 점 하나 만큼의 부족이 없는 완전한 '그리스도의 속량'을 보셨습니다. 그리고 그리스도의 이루신 '완전한 의'를 아셨습니다. 하나님께서는 그 '그리스도의 완전한 속죄의 대가와 그리스도의 이루신 의'를 그리스도를 믿는 이에게 전가(轉嫁)하셨습니다. 왜냐하면 그리스도께서 '완전하게 이루신 그 의'가 다 그리스도 자신을 위한 것이 아니라 하나님께서 택하시어 맡기신 백성들을 위한 것이었기 때문입니다. "내가 하늘에서 내려온 것은 내 뜻을 행하려 함이 아니요 나를 보내신 이의 뜻을 행하려 함이니라 나를 보내신 이의 뜻은 내게 주신 자 중에 내가 하나도 잃어 버리지 아니하고 마지막 날에 다시 살리는 이것이니라."(요 6:38,39) "우리는 다 양 같아서 그릇 행하며 각기 제 길로 갔거늘 여호와께서는 우리 모두의 죄악을 그에게 담당시키셨도다."(사 53:6)

그러니 택한 백성들을 위한 그리스도의 속량(구속)이 완전하여 더 이상의 '부가적인 방식의 속량'은 있을 수 없기 때문입니다. "예수께서 신 포도주를 받으신 후 이르시되 다 이루었다 하시고 머리를 숙이니 영혼이 떠나가시니라."(요 19:30) 히브리서 기자는 "그는 저 대제사장들이 먼저 자기 죄를 위하고 다음에 백성의 죄를 위하여 날마다 제사드리는 것과 같이 할 필요가 없으니 이는 그가 단번에 자기를 드려 이루셨음이니라."(히 7:27)고 하였습니다. 이 본문에서 우리말로 '단번에'로 번역한 말을 NIV에서는 once for all(죄다 한번에)로 번역하고 있습니다. 그것은 그리스도의 속량(贖良)의 완결성을 나타내고 있습니다. 그리스도께서는 더 이상 다른 속량이 필요하지 않게 완전하고 충분하게 끝내버리셨다는 것입니다. "그가 죽으심은 죄에 대하여 단번에 죽으심이요 그가 살아 계심은 하나님께 대하여 살아 계심이니."(롬 6:10) "염소와 송아지의 피로 하지 아니하고 오직 자기의 피로 영원한 속죄를 이루사 단번에 성소에 들어가셨느니라… 그리하면 그가 세상을 창조한 때부터 자주 고난을 받았어야 할 것이로되 이제 자기를 단번에 제물로 드려 죄를 없이 하시려고 세상 끝에 나타나셨느니라… 이와 같이 그리스도도 많은 사람의 죄를 담당하시려고 단번에 드리신 바 되셨고 구원에 이르게 하기 위하여 죄와 상관없이 자기를 바라는 자들에게 두 번째 나타나시리라."(히 9:12,26,28)

하나님께서 예수님을 믿는 이들을 향하여 당신의 하늘 법정에서 '의롭다'고 선고하신 것은, 그 믿는 자의 것은 하나도 참조하지 않으시고 오직 그리스도의 것만을 보신 행사입니다. 그러므로 이 '칭의적 선고'는 단회적이고 반복되지 않습니다. 이미 '그리스도께서 이루신 완전한 의'에 의한 것이기 때문입니다.

'칭의'의 시점

그러면 대번에 이런 질문이 나올 만합니다. 이 하나님의 '칭의적 선고'가 언제 발해지는가? 이와 관련하여 결론적으로 말하면, 예수님을 자기의 구주로 믿는 순간, 곧 예수님과 신비로운 연합이 이루어지는 순간에 그 선고가 내려진다고 보아야 합니다. 로마서 3:24에서 사도는, "그리스도 예수 안에 있는 속량으로 말미암아 하나님의 은혜로 값없이 의롭다 하심을 얻은 자 되었느니라"고 하였습니다. 이 본문의 동사형 '의롭다 하심을 얻은 자 되었느니라' 한 원어는 '의롭다 하심을 받는다'는 현재 수동형입니다. NIV에서는 are justified 로 번역하고 있습니다. 3:24의 진술은 사람이 하나님께 '의롭다 하심을 받는' 방식에 대한 사실적인 표현입니다. 그런데 로마서 5:1에서는 동사형의 시제가 바뀌어 있습니다. 거기서는 이미 과거로 끝나버린 사건으로 표현하고 있습니다. "그러므로 우리가 믿음으로 의롭다 하심을 받았으니."(Therefore, since we have been justified through faith-NIV) '칭의'의 사건이 이미 일어난 일로 말하고 있습니다. 그러니 '의롭다 하심을 받는 것'은 마지막 심판 때에 되는 것이 아니라 우리가 지상에 생존해 있을 때, 예수 그리스도를 구주로 영접하는 순간에 일어나는 일로 보아야 합니다. 그 사람의 앞으로의 행실 여부를 더 기다리실 필요가 없음을 아시는 분이 하나님이시지 않겠어요? 이미 우리 속에는 하나님의 법정에서 '의'로 여겨질 만한 것이 하나도 없다는 것을 다 아시기 때문입니다. 그러니 그 사람의 그 후의 행실 여부를 따질 필요가 없이 그가 믿고 의뢰하는 그리스도 예수님의 의를 믿음으로 말미암아 그 사람에게 즉시로 전가시키시어 '의롭다' 선포하시는 것입니다.

로마 가톨릭에서 현세에서는 구원의 확신을 가져서는 안 된다고 가르칩니다. 그들이 주장하는 구원의 도식 '믿음＋행위 ＝ 구원'이기 때문입니다. 루터는 로마 가톨릭의 전통에서 자라며 교회가 그에게 부과하는 여러 규례들을 준행하는 일이 구원에 필수 사항이라고 여겼습니다. 이와 관련하여 로이드 존스 목사는 그의 장대한 '로마서강해 제 1권(로마서 3:20-4:25의 강해) 제 4강, 곧 로마서 3:24를 강론할 때' 외쳤습니다. "큰 빛이 루터에게 비침으로 믿음으로 말미암아 의롭다 함을 얻는다는 것이 지금 이 순간 즉각적으로 가능하다는 것을 깨닫게 되었습니다. 그러므로 이 구절은 여러 방면에서 종교개혁을 일으켰습니다. 이 구절이야 말로 종교개혁을 설명해주는 여러 위대한 진술들 중에 하나입니다."

하나님께서 '그리스도를 믿는 사람을 향해 의롭다'고 선언하시는 법정적인 선고는 현재, 곧 그리스도를 믿음으로 영접하는 순간에 이루어진다고 보아야 합니다. 만일 하나님께서 '의롭다 하심'을 주시려 할 때 그 사람의 행실 여부를 참조하신다면, 그 사람의 믿음 이후의 행실을 지켜보고 나신 후에 그 선고를 하신다고 보아야 합니다. 그러나 '칭의적 선고'의 완전 충분한 근거는 오직 '우리 주 예수 그리스도께서 이루신 대속과 그의 의'뿐입니다. 그러므로 믿는 자의 행실을 지켜보고 난 뒤까지 기다릴 필요가 없습니다. 오늘 신학계에서 '칭의'를 최후의 심판 때에 다시 일어날 일로 말하는 이들이 있습니다. 처음 예수님을 믿을 때에 받는 '칭의' 외에 그

'심판 때의 칭의'를 또 받아야 하는 것 같이 주장합니다. 그래야 '종말론 적'인 긴장 속에서 '의와 거룩'에 대한 동기를 상실하지 않고 윤리적 탈선 을 막을 수 있다는 식의 논리를 폅니다.

미국 풀러 신학교의 김 세윤 교수가 이런 주장의 대열에 서 있습니다. 그는 자기의 「칭의와 성화」(두란노, 2013) 240면에서 이렇게 말하고 있습 니다.

"바울은 우리의 칭의가 종말에 주 예수 그리스도의 재림 때 하나님의 심 판석 앞에서 완성된다고 가르칩니다. 그 때 하나님의 아들 주 예수 그리 스도의 중보로 우리의 칭의가 확인되어 우리가 하나님의 영광에 이르고 완전한 구원을 얻는다고 가르칩니다(롬 8:32-39). 그러나 그 최후의 심판 에서 하나님이 우리를 우리의 행위대로 심판하신다고도 가르칩니다. 그 렇게 가르치는 구절들이 한두 개가 아니고 많습니다(롬 2:5-16 ; 고전 10:14 ; 고전 3:11-15 ; 4:1-4 ; 5:5 ; 9:16-27 ; 고후 5:10 ; 갈 6:8 ; 골 3:23-25 등) 바울은 그러기에 우리가 하나님의 심판대 앞에서 '책망할 것이 없는 자' 또는 '흠 없는 자'로 서야 한다는 것을 강조합니다(예를 들어 고전 1:6-8 ; 빌 1:10-11 ; 2:15 ; 골 1:22 ; 살전 3:13). 우리가 칭의된 자로서, 의인의 신분을 가진 자로 서, 죄사함을 받고 하나님과 올바른 관계에 회복된 자로서, 하나님 나라 에 들어간 자로서, 지금 하나님의 통치에, 즉 그 통치를 대행하는 하나님 의 아들 주 예수 그리스도의 주권에 순종하여 '의의 열매'를 맺는 삶을 살 았는가, 그리고 각자에게 주신 소명, 즉 하나님 나라 실현을 위하여 감당 하도록 각자에게 할당된 역할을 제대로 수행하였는가(골 3:23-25 참조)를 판결하는 하나님의 최종심판에서 우리가 '책망할 것이 없는' 의인으로, 또 는 '흠 없이' 거룩한 제물(주께 온전히 헌신된 백성)로 확인되어야 한다는 것입니다.”

김 세윤 교수가 위에서 말하는 대로 하면, 예수님을 처음 믿을 때 즉각
적으로 받는 칭의, 곧 은혜로 값없이 오직 '주님의 의와 속량'만으로 받는
'칭의'는 완성적이지 못하다는 논리가 됩니다. 달리 말해서 처음 '칭의'를
받았다 해도 그 이후 그 사람의 삶의 자세 여하에 따라서는 그 효력이 상
실될 수 있고, 그래서 최후 심판석에서는 정죄를 받을 수 있다는 논리가
되는 것입니다. 물론 김 교수가 "우리가 하나님의 의롭다 하심을 받은 자
로서, 의인의 신분을 가진 자로서, 죄 사함을 받고 하나님과 올바른 관
계에 회복된 자로서, 하나님 나라에 들어간 자로서, 지금 하나님의 통치
에, 즉 그 통치를 대행하는 하나님의 아들 주 예수 그리스도의 주권에 순
종하여 '의의 열매'를 맺는 삶을 살아야 한다"는 것을 강조한 것 자체에
대하여는 어떤 이의도 없습니다. 그러나 그 삶의 실상이 최후의 심판에서
판단 받아 '책망할 것이 없는 의인, 또는 흠 없이 거룩한 제물같이 주님께
온전하게 헌신한 백성으로 살았는지를 확인받아야 한다.'고 말하고 그
것을 '최후 심판석에 받을 칭의'로 내세우고 있다는 것이 문제입니다. 결
코 가볍게 넘겨 버리지 못할 것입니다. 이는 루터와 칼빈의 종교개혁 이후
500여 년 세계의 견실한 프로테스탄트 교회들이 외쳐온 '이신칭의(以信稱
義)' 교리 체계를 전복시키는 논리입니다. 아니 종교개혁의 의미와 가치에
대한 도전입니다. 아니 그 교리의 터 위에서 복음의 은혜의 영광 속에서
안식하며 감격하고 있는 모든 성도들의 터를 무너뜨리는 '무시무시한 큰
공격'입니다. 그 논리대로라면 어느 누구도 자기가 '구원받았음을 기뻐하
거나 확신하는 것'은 주제넘음이 되는 셈이지요.

물론 사도 바울이 고린도후서 5:10에서 "이는 우리가 다 반드시 그리

스도의 심판대 앞에 나타나게 되어 각각 선악간에 그 몸으로 행한 것을 따라 받으려 함이라."고 말하여 우리 모두가 지상에서의 삶의 실상에 대해 주님께 판단을 받고 '그 몸으로 행한 것을 따라 주님께 받는다'는 것을 부인하지 말아야 합니다. 그러나 문제는 사도 바울이 고린도후서 5:10에서 말하는 '그리스도의 심판대에서 받는 것'이 로마서 3:24에서 말하는 바 '성부 하나님의 의롭다 하심'의 법정적 선고와 동일한 가치와 효력과 무게를 지닌 것인가 하는 문제입니다. 만일 고린도후서 5:10의 말씀에서 말하는 바 '그리스도의 심판대 앞에 나타나 각각 선악간에 그 몸으로 행한 것을 따라 받는 것'이 로마서 3:24에서 말하는 '의롭다 하심'과 동일한 성질의 것이라면, 김 세윤 교수의 말이 백번 맞습니다.

만일 김 세윤 교수의 이해하는 대로 고린도후서 5:10의 '그리스도의 심판대에서 받는 것'과 로마서 3:24의 '의롭다' 하심이 동일한 가치와 효력을 지닌 것이라면, 그것이 사도의 복음의 정론이라면, 사도의 복음은 더 이상 '어느 누구에게도 기쁘고 복된 소식'이 될 수 없습니다. 왜냐하면 어느 누구도 '그리스도의 심판대 앞에서 자기의 삶의 실상을 제출하여 흠 없고 책망할 것이 없는 의인이라 판결 받을 사람'이 없을 것이기 때문입니다. 이 로마서 강해를 하는 필자 본인부터 '오호라 나는 망하게 되었도다.'라고 외쳐야 할 판입니다. 제 자신이 볼 때에도 자신의 연약과 허물이 큰데 하물며 모든 것을 아시는 그리스도께서 보시면 얼마나 더 하겠습니까! 그런데 어떻게 담력을 가지고 그리스도의 심판대에 나아갈 수 있겠습니까? 사도 바울이 자신을 '나는 죄인 중의 괴수라'(딤전 1:15)고 한 것이 예수님을 믿기 이전의 자기 상태만을 말하는 것으로 오해하면 큰일입니다. 그가 로마서 7장에서 자기의 내면의 실상을 체험적이고 자서전적으로 진술합니다. 사도 바울 자신도 자기 속에 옛 사람, 죄로 기울어지는 육체에 속한 성향이 있음을 인하여 애통하였습니다. "그러므로 내가 한 법을 깨달았노니 곧 선을 행하기 원하는 나에게 악이 함께 있는 것이로다 내 속사람으로는 하나님의 법을 즐거워하되 내 지체 속에서 한 다른 법이 내 마음의 법과 싸워 내 지체 속에 있는 죄의 법으로 나를 사로잡는 것을 보는도다 오호라 나는 곤고한 사람이로다 이 사망의 몸에서 누가 나를 건져내랴."(롬 7:21-24) "내 속 사람으로는 하나님의 법을 기뻐한다"는 말을 예수님 믿기 이전 율법 아래 있었던 때의 자기 심정을 말한 것이 아닙니다. 예수님을 믿고 의롭다 하심을 받고 구원을 받아 하나님의 자녀가 되어 하나님을 기쁘시게 하려고 하나님의 뜻(계명)을 순종하는 삶을 시도하자마자 당면한 난제를 말한 것입니다. 자기 속에 옛 사람의 본성이 있어 하나님의 법을 지키지 못하게 한다는 것을 알았습니다. 그래서 갈라디아서에서 '육체의 소욕'과 '성령의 소욕'을 대조하기도 합니다(갈 5:11-26).

김 세윤 교수가 「칭의와 성화」 213면 이하에서 '성삼위 하나님의 은혜의 구원의 전 과정을 말하고 난 뒤' 이어서 '행위대로 심판하시는 하나님의 행사'를 말하고 있습니다. 그 논리를 추적하면, 그가 '이신칭의' 교리에 대해 어떤 이해를 하고 있는지를 가늠하게 됩니다. 그가 '칭의와 성화를 한 연장선상'에서 보고 있는 듯합니다. 그러면서도 '칭의와 성화의 유기적 연관성'에 대해 이해하고 있는 것 같으면서도 '칭의와 성화 사이의 차별'을 구분하지 못하고 있는 듯합니다. 예를 들어 우리 '머리와 가슴'이 '하나의 몸 안에 유기적으로 연관되어' 있음은 분명합니다. 그러하듯이 '칭의와 성화'가 우리를 구원하시는 하나님의 은혜의 방식이라는 큰 체계 속에서 유기적으로 연관되어 있음은 분명합니다. 그러나 '한 몸의 지체들 간의 유기적 연관이 있으면서도 지체들 각기 서로 구별되는 독특한 기능'을 수행합니다. '머리'와 '목'과 '가슴'은 '한 몸 안에 서로 유기적 연관'을 가집니다. 서로 따로 떨어뜨리면 대번에 '몸의 생명'에 파국이 일어납니다. 그러면서도 '머리와 목과 가슴'은 구별되는 기능과 특성을 가지고 있습니다. 각 지체의 그 독특한 특성을 무시하면 몸의 생명에 또한 중대한 파국이 일어날 수 있습니다. '칭의'와 '성화' 사이도 마찬가지입니다. '칭의'는 오직 '그리스도와 그 십자가에 못 박히심과 부활하심으로 완성된 의'를 믿는 자에게 전가시켜 그의 것으로 여겨 '의롭다 선고하시는 하나님의 행사'입니다. 그러므로 '성화의 열매'를 강조하는 것은 좋으나 '칭의의 조건'으로 그것을 내세우는 순간 '다른 복음'이 되는 것입니다. 다른 말로 해서, 그리하면 '칭의의 조건에 그 믿는 자의 의'를 첨가시키는 율법주의로 떨어지고 맙니다. 그것은 더 이상 '사도가 전한 복음이 아닌 다른 복음'이 되는 것입니다. "그러나 우리나 혹 하늘로부터 온 천사라도 우리가 너희에게 전한 복음 외에 다른 복음을 전하면 저주를 받을지어다 우리가 전에 말하였거니와 내가 지금 다시 말하노니 만일 누구든지 너희가 받은 것 외에 다른 복음을 전하면 저주를 받을지어다."(갈 1:8,9)

칭의와 성화의 바른 관계

그리스도를 믿는 순간 즉각적으로 '칭의'가 이루어지고 하나님과 화평한 관계가 시작된 것입니다. "그러므로 우리가 믿음으로 의롭다 하심을 받았으니 우리 주 예수 그리스도로 말미암아 하나님과 화평을 누리자."(롬 5:1) 이제 그 사람에게만 '성화'의 씨(원리)와 능력이 주어지게 됩니다. 그러니 '성화'는 '칭의'의 후행적 동작입니다. 이 요점은 5장을 강론할 때 더 다루어지게 될 것입니다. 하여간 '믿음으로 말미암아 의롭다 하심을 입은 자'가 '성화'의 걸음마를 시작합니다. '칭의'는 죄로 인하여 원수된 하나님과 우리의 관계 회복을 위해 필요한 하나님의 사법적 조처입니다. 그를 위해 필요한 조건을 그리스도께서 완성하셨습니다. 그리스도의 것을 가지고 '그리스도를 믿는 죄인에게 다른 어떤 의도 요구하지 않고 값없이 은혜로 의롭다' 하십니다. 그 법정적인 '칭의의 선고'는 '하나님의 법리에 있어서 완전한 것'입니다. 칭의로 말미암아 하나님께서도 당신의 의로우심을 확증하신 것입니다. "이 때에 자기의 의로우심을 나타내사 자기도 의로우시며 또한 예수를 믿는 자를 의롭다 하려 하심이라."(롬 3:26)

김 세윤 교수는 그의 책에서 '기존의 이신칭의 교리대로 하면 칭의를 죄를 지을 방종의 도구가 되게 하여 신자의 윤리적 동기를 상실시켜 종말론적 긴장을 해제하는 셈이라'는 식의 논리를 펴고 있습니다. 더 들어 봅시다. "선행으로 이루는 것이 아니라 믿음으로 받는 것이라고 요약되는 칭의론은 많은 피상적인 사람들에게 방종을 위한 면허증쯤으로 오해되어 왔습니다. 그 현상은 바울 시대부터 일어난 일입니다. 바울은 로마서 6:1에서… 우리가 율법의 행위가 아니고 오로지 그리스도 안에 있는 하나님의 은혜에 의해 의인이 된다는 복음에 대해서 율법주의자들이 던진 '그렇다면 계속 죄를 저질러도 되겠네. 그러면 그럴수록 은혜가 더 클 것 아닌가?'라는 냉소적 비판에 대해 답합니다." 그러면서 그 답변으로 사도가 칭의가 요구하는 것이 무엇인지를 "로마서 6:12-22에서 윤리적 명령을 되풀이하여 좀 더 구체적으로 표현한다"고 김 교수는 지적합니다. 그 대목만 보면 김 세윤 교수와 기존의 '이신칭의' 교리와 아무런 충돌이 없어 보입니다. 그러나 그는 신자의 '윤리적 동기와 종말론적 긴장'을 위하여 그의 책 240면 이하에서 '행위대로의 심판'을 말합니다. 예수님을 믿을 때 처음 받는 칭의가 완전하지 못하고 완성된 것이 아니라며 최후에 '부가적인 칭의'를 더 받아야 사람의 구원이 완성된다는 식으로 들리게 만들고 있습니다. 그러면 복음은 더 이상 은혜의 복음이 아니게 됩니다.

그리고 그가 주장하는 대로 '최후 행위대로 심판'을 위해서 근거로 제시한 구절들을 보면 그가 생각하는 '칭의관'의 허술함이 분명하게 드러납니다. 특히 로마서 2:5-16과 고린도후서 5:10, 빌립보서 1:10,11 등을 들어 '최후 행위 심판'을 말하는 것을 보면 그의 칭의관에 심각한 오해가 내재함을 단박에 알 수 있습니다. 로마서 2:5-16에 대해서 필자가 앞의 강론들에서 몇 번 강조한 바와 같이, 그 대목은 '각각 몸으로 행한 것을 따라 받는 최후의 그리스도의 심판'을 말하지 않고 도리어 '사람을 판단하시는 재판장되시는 하나님의 공의의 대 원칙'을 말하는 것입니다. 그런 원칙에 비추어 볼 때에 율법을 가진 유대인이든, 율법이 없어도 '마음에 새긴 율법'으로서의 양심의 증거를 가진 이방인까지 다 그 하나님의 법정적 판단의 원칙 아래 있다는 것입니다. 그러면 유대인이든 헬라인(이방인)이든 다 하나님의 영원한 진노의 대상이라고 사도는 역설하고 있습니다. "다만 네 고집과 회개하지 아니한 마음을 따라 진노의 날 곧 하나님의 의로우신 심판이 나타나는 그 날에 임할 진노를 네게 쌓는도다 하나님께서 각 사람에게 그 행한 대로 보응하시되 참고 선을 행하여 영광과 존귀와 썩지 아니함을 구하는 자에게는 영생으로 하시고 오직 당을 지어 진리를 따르지 아니하고 불의를 따르는 자에게는 진노와 분노로 하시리라."(롬 2:5-8) 그러므로 이 대목은 '신자의 최후의 행위 심판'을 말하는 대목이 아닙니다. 일반적인 하나님의 심판의 원칙을 말하는 것입니다. 그런 차원에서 유대인이든 이방인이든 모든 이들은 '본질상 진노의 자녀'라는 것입니다(엡 2:3).

앞에서 말한 것 같이 고린도후서 5:10의 "그리스도의 심판대"는 로마서 3:24의 '하나님의 의롭다 하심을 선고하는 성부의 법정적 심판대'가 아닙니다. 물론 믿는 자든 믿지 않는 자든 재림 시에 최후의 그리스도의 심판대 앞에 서게 됩니다. "또 내가 크고 흰 보좌와 그 위에 앉으신 이를 보니 땅과 하늘이 그 앞에서 피하여 간 데 없더라 또 내가 보니 죽은 자들이 큰 자나 작은 자나 그 보좌 앞에 서 있는데 책들이 펴 있고 또 다른 책이 펴졌으니 곧 생명책이라 죽은 자들이 자기 행위를 따라 책들에 기록된 대로 심판을 받으니 바다가 그 가운데에서 죽은 자들을 내주고 또 사망과 음부도 그 가운데에서 죽은 자들을 내주매 각 사람이 자기의 행위대로 심판을 받고 사망과 음부도 불못에 던져지니 이것은 둘째 사망 곧 불못이라 누구든지 생명책에 기록되지 못한 자는 불못에 던져지리라."(계 20:11-15) 그러나 요한계시록에서 말하는 '최후의 그리스도의 심판'은 로마서 3:24의 '의롭다 하심'의 칭의적 심판과는 다릅니다. 사도가 말한바 고린도후서 5:10에서는 '의롭다 하심을 받은 그리스도인들이 죽으면 지상에 있을 때에 몸으로 행한 행실의 실상에 따라 주시는 상급의 심판'으로 이해해야 합니다. 사도 바울은 자기의 죽음의 때가 가까이 온 것을 알고 그리스도께 어떤 기대를 하고 있었던 것을 디모데후서 4장에서 실토하였습니다. "전제와 같이 내가 벌써 부어지고 나의 떠날 시각이 가까웠도다 나는 선한 싸움을 싸우고 나의 달려갈 길을 마치고 믿음을 지켰으니 이제 후로는 나를 위하여 의의 면류관이 예비되었으므로 주 곧 의로우신 재판장이 그날에 내게 주실 것이며 내게만 아니라 주의 나타나심을 사모하는 모든 자에게도니라."(딤후 4:6-8) "내가 그리스도와 그 부활의 권능과 그 고난에 참여함을 알고자 하여 그의 죽으심을 본받아 어떻게 해서든지 죽은 자 가운데서 부활에 이르려 하노니 내가 이미 얻었다 함도 아니요 온전히 이루었다 함도 아니라 오직 내가 그리스도 예수께 잡힌 바 된 그것을 잡으려고 달려가노라 형제들아 나는 아직 내가 잡은 줄로 여기지 아니하고 오직 한 일 즉 뒤에 있는 것은 잊어버리고 앞에 있는 것을 잡으려고 푯대를 향하여 그리스도 예수 안에서 하나님이 위에서 부르신 부름의 상을 위하여 달려가노라 그러므로 누구든지 우리 온전히 이룬 자들은 이렇게 생각할지니 만일 어떤 일에 너희가 달리 생각하면 하나님이 이것도 너희에게 나타내시리라."(빌 3:10-15)

'칭의'는 믿는 즉시 순간적으로 하나님 법정에서 완성되는 단회적 사건입니다. 더 이상의 '부가적 칭의'는 없습니다. 그러기에 우리가 아무리 연약하고 허물이 많아도 그 사실을 의지하여 하나님 앞에 당당하게 나아갈 수 있는 것입니다. "우리가 그 안에서 그를 믿음으로 말미암아 담대함과 확신을 가지고 하나님께 나아감을 얻느니라."(엡 3:12) "그 때에 너희는 그리스도 밖에 있었고 이스라엘 나라 밖의 사람이라 약속의 언약들에 대하여는 외인이요 세상에서 소망이 없고 하나님도 없는 자이더니 이제는 전에 멀리 있던 너희가 그리스도 예수 안에서 그리스도의 피로 가까워졌느니라 그는 우리의 화평이신지라 둘로 하나를 만드사 원수 된 것 곧 중간에 막힌 담을 자기 육체로 허시고 법조문으로 된 계명의 율법을 폐하셨으니 이는 이 둘로 자기 안에서 한 새 사람을 지어 화평하게 하시고 또 십자가로 이 둘을 한 몸으로 하나님과 화목하게 하려 하심이라 원수 된 것을 십자가로 소멸하시고 또 오셔서 먼 데 있는 너희에게 평안을 전하시고 가까운 데 있는 자들에게 평안을 전하셨으니 이는 그로 말미암아 우리 둘이 한 성령 안에서 아버지께 나아감을 얻게 하려 하심이라."(엡 2:12-18) "또 범죄와 육체의 무할례로 죽었던 너희를 하나님이 그와 함께 살리시고 우리의 모든 죄를 사하시고 우리를 거스르고 불리하게 하는 법조문으로 쓴 증서를 지우시고 제하여 버리사 십자가에 못 박으시고 통치자들과 권세들을 무력화하여 드러내어 구경거리로 삼으시고 십자가로 그들을 이기셨느니라."(골 2:13-15)

실로 그리스도를 믿는 이들은 이제 하나님의 진노, 곧 율법의 정죄와 지옥형벌에서 완전하게 자유함을 받았습니다. 이제 오늘 그리스도를 믿은 후 어떤 순간에도 그리스도를 힘입고 하나님 아버지의 보좌 앞에 설 완전한 준비가 되어 있습니다. 그래서 십자가의 강도가 회개하고 예수님을 믿고 나서 "예수여 당신 나라에 임하실 때에 나를 기억하소서"하였을 때에, 예수님께서 무어라 답하셨습니까? "아니다. 너무 늦었다. '최후의 심판을 준비할 시간이 얼마 남지 않았구나" 하셨습니까? 아닙니다. "내가 진실로 네게 이르노니 오늘 네가 나와 함께 낙원에 있으리라."(눅 23:42,43) "우리로 하여금 빛 가운데서 성도의 기업의 부분을 얻기에 합당하게 하신 아버지께 감사하게 하시기를 원하노라 그가 우리를 흑암의 권세에서 건져내사 그의 사랑의 아들의 나라로 옮기셨으니 그 아들 안에서 우리가 속량 곧 죄 사함을 얻었도다."(골 1:12-14) 또 예수님을 영접한 삭개오의 집에 가신 예수님께서, "오늘 구원이 이 집에 이르렀으니 이 사람도 아브라함의 자손임이로다"(눅 19:9)라고 하신 것도 그런 맥락에서 이해해야 합니다.

'칭의'의 효력의 시한(時限)

하나님께서 예수님 믿는 자들을 믿는 즉시 '의롭다 하신 선고'의 효력의 시한은 어떠합니까? 아니면 이렇게 물어 봅시다. '칭의를 받은 자가 어떤 죄를 지으면 그 칭의의 효력이 무효화 되는가?' 결론부터 말씀드리면, 절대 그런 일은 없습니다. 앞에서 누누이 말하였거니와, '칭의'의 근거는 우리 자신의 행실 여부가 아니라 오직 '그리스도와 그 대속의 십자가상의 죽으심과 부활'이기 때문입니다. 그러므로 '한 번 의롭다 하심'을 받은 이는 영원히 그 효력을 소유하게 됩니다.

사도는 로마서 8장 후반부 12절 이하에서 마지막 절까지에서 당신의 택한 백성들을 향하여 세우신 계획의 큰 그림을 보여주고 있습니다. 특히 28절 이하는 이 칭의의 영광과 효력의 문제와 관련하여 매우 중요한 대목입니다. "우리가 알거니와 하나님을 사랑하는 자 곧 그의 뜻대로 부르심을 입은 자들에게는 모든 것이 합력하여 선을 이루느니라 하나님이 미리 아신 자들을 또한 그 아들의 형상을 본받게 하기 위하여 미리 정하셨으니 이는 그로 많은 형제 중에서 맏아들이 되게 하려 하심이니라 또 미리 정하신 그들을 또한 부르시고 부르신 그들을 또한 의롭다 하시고 의롭다 하신 그들을 또한 영화롭게 하셨느니라 그런즉 이 일에 대하여 우리가 무슨 말 하리요 만일 하나님이 우리를 위하시면 누가 우리를 대적하리요 자기 아들을 아끼지 아니하시고 우리 모든 사람을 위하여 내주신 이가 어찌 그 아들과 함께 모든 것을 우리에게 주시지 아니하겠느냐 누가 능히 하나님께서 택하신 자들을 고발하리요 의롭다 하신 이는 하나님이시니 누가 정죄하리요 죽으실 뿐 아니라 다시 살아나신 이는 그리스도 예수시니 그는 하나님 우편에 계신 자요 우리를 위하여 간구하시는 자시니라 누가 우리를 그리스도의 사랑에서 끊으리요 환난이나 곤고나 박해나 기근이나 적신이나 위험이나 칼이랴… 내가 확신하노니 사망이나 생명이나 천사들이나 권세자들이나 현재 일이나 장래 일이나 능력이나 높음이나 깊음이나 다른 어떤 피조물이라도 우리를 우리 주 그리스도 예수 안에 있는 하나님의 사랑에서 끊을 수 없으리라."(롬 8:28-35,38,39)

어떤 이는 이런 말씀을 드리면 이런 의문을 제기할 것입니다. '그러면 우리가 예수님을 믿고 죄를 지으면 회개할 필요가 없습니까? 우리가 이미 의롭다 하심을 얻었으니 죄를 지어도 지옥에는 가지 않잖아요?' 회개해야 마땅합니다. 그러나 그 회개가 '의롭다 하심'의 효력이 취소될까 보아, 지옥으로 다시 떨어질까 보아서가 아닙니다. 그런 일은 없습니다. 이제 우리의 회개는 피고가 재판장 되시는 하나님께 회개하는 것이 아니라, 자녀로서 '하늘에 계신 우리 아버지 하나님께' 회개하는 것입니다. 나를 사랑하시어 아들을 주시어 구원하시어 의의 거하는 바 새 하늘과 새 땅과 그 나라를 우리에게 상속하신 하나님 아버지의 은혜와 사랑을 배반하여 지은 죄를 회개하며 용서를 구하는 것입니다. 주님께서 가르쳐 주신 기도에서 "우리가 우리에게 죄 지은 자를 용서해 준 것 같이 우리 죄를 사하여 주시옵고"(마 6:12)라 하신 것을 그런 맥락에서 이해해야 합니다. 우리가 누구에게 그 기도를 합니까? "하늘에 계신 우리 아버지께" 하는 것입니다.

이제 우리 속에 있는 죄는 정죄의 대상이 아닙니다. 형벌의 대상도 아닙니다. "그러므로 이제 그리스도 예수 안에 있는 자에게는 결코 정죄함이 없나니."(롬 8:1) 우리의 죄성과 죄행은 여전히 하나님의 자녀인 우리에게 어울리지 않고, 하나님 우리 아버지의 이름과 나라와 뜻에 대해 누추하기

그지없습니다. 그래서 '그 죄악성'은 우리를 사랑하시는 하나님 아버지의 징계의 대상입니다. "주께서 그 사랑하시는 자를 징계하시고 그가 받아들이시는 아들마다 채찍질하심이라 하였으니 너희가 참음은 징계를 받기 위함이라 하나님이 아들과 같이 너희를 대우하시나니 어찌 아버지가 징계하지 않는 아들이 있으리요 징계는 다 받는 것이거늘 너희에게 없으면 사생자요 친아들이 아니니라 또 우리 육신의 아버지가 우리를 징계하여도 공경하였거든 하물며 모든 영의 아버지께 더욱 복종하여 살려 하지 않겠느냐 그들은 잠시 자기의 뜻대로 우리를 징계하였거니와 오직 하나님은 우리의 유익을 위하여 그의 거룩하심에 참여하게 하시느니라 무릇 징계가 당시에는 즐거워 보이지 않고 슬퍼 보이나 후에 그로 말미암아 연단 받은 자들은 의와 평강의 열매를 맺느니라 그러므로 피곤한 손과 연약한 무릎을 일으켜 세우고 너희 발을 위하여 곧은 길을 만들어 저는 다리로 하여금 어그러지지 않고 고침을 받게 하라."(히 12:6-13)

'이신칭의 교리'와 신자의 윤리적 동기

사도 시대부터 '복음이 제시하는 칭의의 은혜'를 빙자하여 '악행을 정당화한' 이들이 있었습니다. 유다서가 그런 악행에 빠져들지 말도록 강력하게 경고하고 있습니다. "이는 가만히 들어온 사람 몇이 있음이라 그들은 옛적부터 이 판결을 받기로 미리 기록된 자니 경건하지 아니하여 우리 하나님의 은혜를 도리어 방탕한 것으로 바꾸고 홀로 하나이신 주재 곧 우리 주 예수 그리스도를 부인하는 자니라."(유 1:4) 앞에서도 잠깐 언급하였지만, 그 후 교회사에서 '도덕폐기론(또는 무율법주의)'(Antinomianism)을 주장한 이단들이 일어났고 지금도 있습니다.

이 문제에 대해서는 앞으로 로마서를 계속 공부해 가면서 좀 더 세밀하게 알면 더 바른 시각을 가지게 될 것입니다. 그러나 여기서 결론적으로 말씀드리면, '이신칭의' 교리에 대해 바른 이해를 가진 사람들이 많았던 교회 시대가 '성화의 열매'가 가장 가득한 세대, 윤리적으로 가장 정결한 시대였다는 것을 잊어서는 안 됩니다. 사도들이 활동하던 초대교회 시대, 16세기 종교개혁 시대, 뒤이어 16-17세기의 청교도 시대, 18세기의 영적 대각성 시대, 19세기의 영적 부흥 시대, 20세기 초엽의 영적 부흥 시대 - 그 시대들은 '복음의 복음 됨'에 대한 선명한 이해를 가진 성도들로 가득 찬 '선한 사람들의 시대'였습니다. 영국 국민의 주를 이루고 있던 앵글로 색슨족들은 바이킹의 후손들입니다. 거친 해적들의 후손들이 어떻게 '신사의 나라'라는 별명을 얻었는가? 복음적인 대각성 때문이었다는 것은 다 알려진 사실입니다. 영국의 무혈혁명과 복음적인 대각성 사이의 함수 관계를 우리는 잊어서는 안됩니다.

사도는 '이신칭의 교리'를 믿는 에베소 그리스도인들에게 말하였습니다. "너희는 그 은혜에 의하여 믿음으로 말미암아 구원을 받았으니 이것은 너희에게서 난 것이 아니요 하나님의 선물이라 행위에서 난 것이 아니니 이는 누구든지 자랑하지 못하게 함이라 우리는 그가 만드신 바라 그리스도 예수 안에서 선한 일을 위하여 지으심을 받은 자니 이 일은 하나님이 전에 예비하사 우리로 그 가운데서 행하게 하려 하심이니라."(엡 2:8-10)

'칭의'의 말로 할 수 없는 그 영광스런 효력과 그 은혜를 주목하는 사람이, 하나님의 거룩하신 부르심에 부응하기 위한 '성화'의 동기와 목적에 가장 충실한 상태가 됩니다. '칭의'의 영광을 모르는 자가 '성화'를 위해 힘쓴다는 것은 얼토당토 않는 말입니다. 그런 식은 '자기 의를 쌓기 위한 애절하나 자유함이 없는 율법주의, 또는 도덕주의의 굴레 안에' 갇혀 있는 자의 어리석은 희망일 뿐입니다. "내가 증언하노니 그들이 하나님 께 열심히 있으나 올바른 지식을 따른 것이 아니니라 하나님의 의를 모르고 자기 의를 세우려고 힘써 하나님의 의에 복종하지 아니하였느니라 그리스도는 모든 믿는 자에게 의를 이루기 위하여 율법의 마침이 되시니라 모세가 기록하되 율법으로 말미암는 의를 행하는 사람은 그 의로 살리라 하였거니와 믿음으로 말미암는 의는 이같이 말하되 네 마음에 누가 하늘에 올라가겠느냐 하지 말라 하니 올라가겠느냐 함은 그리스도를 모셔 내리려는 것이요 혹은 누가 무저갱에 내려가겠느냐 하지 말라 하니 내려가겠느냐 함은 그리스도를 죽은 자 가운데서 모셔 올리려는 것이라 그러면 무엇을 말하느냐 말씀이 네게 가까워 네 입에 있으며 네 마음에 있다 하였으니 곧 우리가 전파하는 믿음의 말씀이라 네가 만일 네 입으로 예수를 주로 시인하며 또 하나님께서 그를 죽은 자 가운데서 살리신 것을 네 마음에 믿으면 구원을 받으리라."(롬 10:2-9)

17

예수님의 피의 '화목제물'로
자신의 의로우심을 확증하신 하나님

3:25 이 예수를 하나님이 그의 피로써 믿음으로 말미암아 화목제물로 세우셨으니 이는 하나님께서 길이 참으시는 중에 전에 지은 죄를 간과하심으로 자기의 의로우심을 나타내려 하심이니

3:26 곧 이 때에 자기의 의로우심을 나타내사 자기도 의로우시며 또한 예수를 믿는 자를 의롭다 하려 하심이라

하나님의 모든 행사는 다 의로우십니다. 우리가 이미 살펴보았던 바와 같습니다. "사람은 다 거짓되되 오직 하나님은 참되시다 할지어다 기록된 바 주께서 주의 말씀에 의롭다 함을 얻으시고 판단 받으실 때에 이기려 하심이라 함과 같으니라."(롬 3:4) 하나님의 뜻, 곧 하나님의 세우신 계

획과 목적과 실행 전체가 다 하나님의 이름이 걸린 일입니다. 그래서 눈에 보이지 않으시는 하나님의 완전하심과 영화로우심과 의로우심과 거룩하심을 '그 행하신 일들'을 통하여 알게 됩니다. 사도가 로마서 1:20에서 말한 바와 같습니다. "창세로부터 그의 보이지 아니하는 것들 곧 그의 영원하신 능력과 신성이 그가 만드신 만물에 분명히 보여 알려졌나니 그러므로 그들이 핑계하지 못할지니라." 하나님의 창조의 일이 하나님의 하나님 되심과 그 영광과 그 능력을 드러내었습니다. 하나님께서 자신을 알리신 것을 신학적으로 '계시(啓示, revelation)'라고 말합니다. 창조와 섭리와 통치의 행사를 통하여 자신의 하나님 되심을 드러내셨습니다. 그것을 우리는 '자연계시' 또는 '일반계시'라고 말합니다.

하나님께서 당신의 사랑하시는 백성들을 죄에서 구원하시는 방식과 그 행사를 통하여 그 이름의 영광을 나타내셨습니다. 하나님께서 당신의 백성들을 구원하시고 그들로 당신의 나라를 이루기 위하여 나타내신 일련의 모든 행사의 체계를 신학적으로 '특별계시'라 부릅니다.

성경에서는 그것을 가리켜 '하나님의 말씀'이라고도 합니다. 히브리서 기자는 서두에서 그 점을 분명하게 보여줍니다. "옛적에 선지자들을 통하여 여러 부분과 여러 모양으로 우리 조상들에게 말씀하신 하나님이 이 모든 날 마지막에는 아들을 통하여 우리에게 말씀하셨으니 이 아들을 만유의 상속자로 세우시고 또 그로 말미암아 모든 세계를 지으셨느니라."(히 1:1,2) 사도 베드로도 '모든 믿는 자들을 구원하시는 능력'으로서의 복음을 '하나님의 말씀'으로 규정합니다. "너희가 거듭난 것은 썩어질 씨로 된 것이 아니요 썩지 아니할 씨로 된 것이니 살아 있고 항상 있는 하나님의 말씀으로 되었느니라 그러므로 모든 육체는 풀과 같고 그 모든 영광은 풀의 꽃과 같으니 풀은 마르고 꽃은 떨어지되 오직 주의 말씀은 세세토록 있도다 하였으니 너희에게 전한 복음이 곧 이 말씀이니라."(벧전 1:23-25) "오직 주의 말씀은 세세토록 있도다"라고 한 것은 무엇입니까? 하나님께서 당신의 백성들을 구원하시려 창세전에 뜻을 세우시고 그 뜻대로 예수님을 통하여 이루시고 성령님으로 적용하시는 행사와 그 영광과 효력은 영원하다는 말입니다.

우리가 로마서를 공부해 나간다는 것은, '좁게 보면' 우리를 구원하시는 하나님의 은혜의 방식을 배우는 것이라 할 수 있습니다. 그러나 '넓게 보면' 하나님의 이름과 나라와 그 뜻의 영광을 나타내시는 하나님의 위대하시고 거룩하신 역사의 대 파노라마를 배우는 셈입니다. 우리의 구원을 '우리의 행복' 중심으로 이해하는 것이 아주 잘못된 것이라고 할 수는 없습니다. 그러나 '하나님의 영광' 중심으로 이해하면 '견고한 행복의 이치'를 포함한 더 광대하고 높고 깊게 보는 시야가 트입니다. 그렇게 해야 하나님의 복음의 깊이와 넓이와 높이와 길이를 제대로 파악할 수 있습니다.

사도는 3:24에서 '예수님을 믿는 죄인을 값없이 은혜로 의롭다' 하시는 법정적인 선고의 영광을 진술하였습니다. 이제 25,26절에서는 하나님의 그 은혜의 행사를 하나님의 이름과 관련하여 진술하고 있습니다. 25절에서 "… 자기의 의로우심을 나타내려 하심이니"라고 하였는데, 사도는 우리를 구원하시는 하나님의 방식이 당신의 이름과 영예와 어떤 관련이 있는지를 주목하게 하려 함입니다.

화목제물

"**3:25이 예수를 하나님이 그의 피로써 믿음으로 말미암아 화목제물로 세우셨으니.**" 하나님께서 우리 주 예수님을 '화목제물(和睦祭物)'로 세우셨습니다. 여기 '화목제물'에 대하여 로이드 존스 목사가 그의 「로마서 강해」에서 말한 것을 참조하는 것이 좋습니다. 필자 나름으로 그의 논리를 요약하여 소개하려 합니다. "이 본문 속에 언급된 화목제물을 구약의 레위 제사제도에 나오는 '화목제'의 제물로 이해하는 것은 무리가 될 수 있습니다. 왜냐하면 이 로마서는 전문적으로 구약의 레위 제사제도에 대한 지식을 가지고 있는 유대인 그리스도인들에게 전해진 것이라기보다는 이방의 그리스도인들에게 전해진 것이기 때문입니다. 학자들 중에 여기 나오는 화목제물(propitiation)을 '속죄제물(sacrifice of atonement)'로 번역해야 한다고 가르치는 이들이 있습니다. 그래서 여러 영어성경들이 그 관점을 따라서 '속죄제물'로 읽기도 합니다. 물론 어떻게 하든 사도의 복음의 근간이 달라지는 문제는 아닙니다. 또 원어상으로도 어떤 번역도 가능해 보입니다. 그리고 어떻게 번역하든지 결과가 같기도 합니다. 그러나 로마서의 문맥으로 판단한다면 '속죄제물'로 보기보다는 '화목제물'로 보는 것이 좋습니다. 왜냐하면 사도는 로마서의 처음부터 죄 가운데 있는 인생들을 향한 '하나님의 진노'를 언급하고 있기 때문입니다(1:18). '화목'의 개념은 그 화목의 두 상대 사이에 '불화'를 전제합니다. 어떤 경위로든 누가 다른 사람에게 피해를 입혀 가해자와 피해자 사이에 '불화'가 파생하게 됩니다. 그런 경우 '화목'은 어떻게 이루어집니까? 그 가해자가 피해자의 노(怒)와 손해 감정을 유화시키고 가라앉히는 응분의 조처를 해야

'화목'이 이루어집니다. 여기서 사도는 사람이 죄를 지음으로 인하여 '하나님의 의분'을 사게 되고, 두 사이가 '불화하고 서로 대적하는 원수' 사이가 된 것을 염두에 두고 있습니다. 그런 두 사이의 관계를 해소하지 않으면 사람은 하나님의 무서운 진노의 대상으로 영원한 형벌에 처해지게 됩니다. 사람들 사이에서는, 가해자와 피해자 두 사이의 관계 회복, 곧 '화목'은 가해자 편에서 피해자의 손해를 배상함으로 성립됩니다."

그러나 죄로 인하여 진노하시는 하나님과 '화목'하기 위하여 우리 사람 편에서 할 수 있는 일이 있습니까? 없습니다. 다른 이방의 미신들과 우상 숭배의 종교들은 무엇이 잘못된다 싶으면 자기들이 섬기는 '신(神)'이 노했다고 여기고 나름으로 '액땜'을 하여 무엇인가를 바칩니다. 그러나 그것은 잘못된 종교성에서 비롯된 허구적인 발상이요 마귀의 술수에 넘어간 일입니다. 누가 살아계신 하나님의 의로우신 분노를 잠재우고 가라앉힐 수 있습니까? 아무도 없습니다. 그래서 인간 스스로는 절망의 포구에서 헤어날 길이 없는 것입니다. 스스로는 가만히 앉아서 하나님의 의로우신 진노를 받아 영원한 지옥 형벌에 처해질 날만 기다리고 있을 판입니다. 그러나 너무나 감사하고 기쁜 것은 '우리를 향하여 분노 중에도 우리를 긍휼히 여기시고 사랑하시어 우리 대신 하나님 자신의 노를 가라앉힐 방도를 친히 마련하셨다.'는 사실입니다.

"이 예수를 하나님이 그의 피로써 믿음으로 말미암아 화목제물로 세우셨으니." 하나님께서 죄로 인하여 우리에게 쏟아야 할 '의로운 진노'를 대신 받을 '화목제물'로 당신의 친 아들이신 예수님을 세우셨다는 것입니다. "사람들의 모든 경건치 않음과 불의에 대하여 하늘로부터 나타난 하나님의 진노"(롬 1:18)가 우리에게 쏟아지지 않고 바로 예수님께 쏟아졌습니다. 죄 없으신 예수님께서 고난당하시고 십자가 위에서 '피 흘려 죽으신' 일이 바로 그 일이었습니다. 그 점은 십자가에 달리사 고난 당하시는 예수님의 입에서 나온 울부짖음으로 확증되었습니다. "제 구시쯤에 예수께서 크게 소리 질러 이르시되 엘리 엘리 라마 사박다니 하시니 이는 곧 나의 하나님, 나의 하나님, 어찌하여 나를 버리셨나이까 하는 뜻이라."(마 27:46)

"그의 피로써." 우리 예수님께서 교훈을 주시어 우리를 교화하여 하나님 앞에 그 전보다 착한 사람으로 살게 하려 이 땅에 오신 것이 아닙니다. 그런 식으로 말하면 기독교의 핵심을 빠뜨린 거짓된 도덕주의입니다. 그런 입장에서 도덕감화설(道德感化說)을 주장한 이들이 교회사 중에 나타났고 현대에서 그런 시각으로만 예수님의 생애와 죽으심을 보려는 이들이 있습니다. 예수님께서 십자가에 못 박혀 "피 흘려 죽으신" 것은 우발적인 일이 아니라 이미 구약성경을 통해서 예언되고, 구약의 여러 제사들을 통해서 예표된 일입니다. 그래서 세례요한은 자기 제자들에게 예수님의 구주되심을 가리켜 말할 때에 "보라 세상 죄를 지고 가는 하나님의 어린양이로다"고 외친 것입니다(요 1:19).

예수님께서 십자가에서 피를 흘리신 일은 '예수님의 죽으심이 허구적이지 않고 사실적임을 증거하는 확증적인 표'였습니다. 왜냐하면 "육체의 생명은 피에 있음이라 내가 이 피를 너희에게 주어 제단에 뿌려 너희의 생명을 위하여 속죄하게 하였나니 생명이 피에 있으므로 피가 죄를 속하느니라."(레 17:11) "죄의 삯은 사망이요."(롬 6:23) 우리의 죄에 대한 하나님의 진노는 '우리의 죽음과 영원한 지옥형벌'입니다. 그러니 우리 주 예수님께서 우리가 받을 하나님의 영원한 진노를 다 받아내신 것입니다. 우리가 죽어서 죄의 대가로 지옥에서 영원히 당해야 할 것 모두를 예수님께서 다 받아내신 것입니다. 그 표중이 바로 십자가에서 못 박혀 흘리신 '우리 주 예수님의 피'입니다.

예수님께서는 사흘째 되는 날 다시 살아나심으로 그 십자가에서 '피 흘려 죽으신 일'이 당신 자신의 죄 때문이 아니라 아버지께서 맡기신 자기 백성들의 죄 때문임을 광포하셨습니다. 그리고 그 주님의 부활은 백성들에 대한 하나님의 진노가 다 풀렸음을 광포하는 사건이기도 하였습니다. 그 일을 누가 주도하셨으며 누가 그 일을 감당하셨습니까? 하나님 아버지께서 주도하셨고 아들이신 예수님께서 감당하셨습니다. 성령께서 성부의 뜻을 따라 이루신 그 '화목'의 효력을 하나님의 사랑하시는 백성들에게 믿음으로 말미암아 적용하십니다. 그것이 하나님께서 우리를 사랑하시는 영원한 표입니다. "사랑은 여기 있으니 우리가 하나님을 사랑한 것이 아니요 하나님이 우리를 사랑하사 우리 죄를 속하기 위하여 화목 제물로 그 아들을 보내셨음이라."(요일 4:10)

이같이 하나님께서는 '죄로 인한 우리에 대한 의로운 진노'를 영원히 푸신 것입니다. "그런즉 누구든지 그리스도 안에 있으면 새로운 피조물이라 이전 것은 지나갔으니 보라 새 것이 되었도다 모든 것이 하나님께로서 났으며 그가 그리스도로 말미암아 우리를 자기와 화목하게 하시고 또 우리에게 화목하게 하는 직분을 주셨으니 곧 하나님께서 그리스도 안에 계시사 세상을 자기와 화목하게 하시며 그들의 죄를 그들에게 돌리지 아니하시고 화목하게 하는 말씀을 우리에게 부탁하셨느니라 그러므로 우리가 그리스도를 대신하여 사신이 되어 하나님이 우리를 통하여 너희를 권면하시는 것 같이 그리스도를 대신하여 간청하노니 너희는 하나님과 화목하라 하나님이 죄를 알지도 못하신 이를 우리를 대신하여 죄로 삼으신 것은 우리로 하여금 그 안에서 하나님의 의가 되게 하려 하심이라."(고후 5:17-21)

"믿음으로 말미암아." '예수님의 피로써 하나님께서 우리를 위하여 세우신 화목제물'의 효력은 '모든 인생 전체'에 해당되는 것이 아닙니다. 오직 '믿는 자에게만' 국한됩니다. 이 로마서에서, 아니 구약성경과 신약성경 전체를 통해 그 요점이 계속 강조되고 있습니다. 이전에도 강조하였거니와, '믿음'은 하나님의 은혜가 우리에게 임하는 '통로요 방편'입니다. "믿음이 없이는 하나님을 기쁘시게 하지 못하나니 하나님께 나아가는 자는 반드시 그가 계신 것과 또한 그가 자기를 찾는 자들에게 상(賞) 주시는 이심을 믿어야 할지니라."(히 11:6) 바울 사도는 "믿음은 모든 사람의 것이 아니니라"고 분명하게 못을 박았습니다. "또한 우리를 부당하고 악한 사람들에게서 건지시옵소서 하라 믿음은 모든 사람의 것이 아니니라."(살후 3:2)

보편구원론의 허구

이와 관련하여 반드시 지적할 사항이 있습니다. 그것은 교회사적으로 일어난 '보편구원론(普遍救援論, universalism)'입니다. 그 이론은 한 마디로 말해서 '그리스도의 대속의 은혜가 결국 모든 인생들 전체에게 미쳐 한 사람도 구원받지 못하는 일이 없게 된다'는 것입니다. 그런 이론들을 들고 나오는 이들은 항시 '하나님의 자비와 사랑의 속성'에 호소합니다. '하나님께서 자비하시고 긍휼에 풍성하신 분이신데 어떻게 영원토록 형벌을 가하시겠는가? 성경에 지옥에 대한 위협의 말씀이 있기는 하나 그것은 위협에 불과하지 실제는 지옥 같은 것은 없다. 혹 있더라도 일정 기간이 지나면 거기서 나오게 하여 결국 천국에 참여하게 하신다.' 오리게네스(Origenes, 또는 Origen, 185-254)는 '영원한 형벌'의 개념을 거부하였습니다. 심지어 '악마를 포함한 사악한 자들도 어떤 기간 동안 지옥의 고통을 겪은 후에 천국에 들어가기 위해 깨끗함을 받게 될 것이라'고 그는 주장했습니다. 얼른 보기에 하나님의 사랑을 극대화시킨 것 같이 보입니다. 또 죄의 즐거움을 누리는 것을 버리기 싫어하나 '하나님의 심판과 진노'의 현실에 대해 막연하게나마 두려워하는 인생들에게 호소력을 가질 만한 이론입니다.

그러나 문제는 그런 이론이 성경에 나타난 하나님의 성품과 그 행사에 비추어 볼 때 정당성이 있느냐 하는 것입니다. 성경으로 자신을 계시하신 하나님께서는 피조물을 다루실 때 그 속성과 성품의 어떤 요소도 다치지 않게 하십니다. '사랑'의 성품 때문에 '공의와 거룩'의 성품을 잠재우시는 일은 없습니다. 하나님의 모든 속성과 성품의 완전성이 그런 일을 불가하게 만듭니다. 그러므로 '하나님의 완전한 공의와 완전한 사랑의 총합인 예수님의 대속(代贖)의 방식'은 그 자체로 완전합니다. 그리고 믿음이 있거나 없거나 관계없이 그 은택이 모든 이들에게 대등하게 주어진다면, 결국 하나님의 공의와 사랑의 종합인 우리 주님의 대속의 역사(役事)가 높여질까요? 절대 아닙니다. 사람들은 예수 그리스도의 대속의 은혜를 영예롭게 여기기는커녕 무가치하게 여겨 시궁창에 던져 버릴 것입니다. 우리가 지금까지 누누이 지적한 '사람의 부패한 죄악적 본성'은 하나님의 존재 자체도 부인하는데 어떻게 자기들을 위해서 대속하신 구주를 인정할 수 있겠습니까? 만일 '믿음으로 말미암지 않고' 그 사람의 의사(意思)와는 상관없이 예수님의 대속의 은혜가 모든 이들에게 미친다면, 사도 바울이 무엇 때문에 이 로마서를 썼겠습니까? 그렇게 아니 할지라도 결국 모든 이들에게 예수님의 대속의 은혜가 미치게 될 판인데 말입니다. 하나님께서 전 인류를 위한 '보편적 구속(universal redemption)'을 이루신 것이 사실이고, 그것이 모든 이들에게 다 적용된다고 하면, 성경 전체가 수정되어야 합니다. 성경은 처음부터 끝까지 '하나님을 경외하는 믿음'을 강조하기 때문입니다. 성경을 아무리 건성으로 읽는다 하여도 '하나님을 믿는 믿음'을 가진 자와 그렇지 않은 자 사이를 엄격하게 구분하고 계시는 하나님의 처사를 모른 채 할 수 없습니다.

"**믿음으로 말미암아.**" 다시 강조하거니와 '믿음'이 '우리의 행위나 공로' 개념은 아닙니다. 이미 그 점에 대하여 앞의 어느 부분에서 자세하게 언급한 바 있습니다.

자기 의로우심을 변호하시는 하나님

"**이는 하나님께서 길이 참으시는 중에 전에 지은 죄를 간과하심으로.**" 이 대목을 믿는 각 개인의 과거 죄에 대한 하나님의 처사를 말하는 것으로 오해하기 쉽습니다. 그러나 사도가 여기서 말하는 것은, 과거 율법의 제도 아래 있었던 시대, 곧 '구약의 경륜'에 속한 자들의 죄에 대한 하나님의 처사를 말하는 것으로 이해해야 합니다. 칼빈의 말을 들어 보십시오. "이 대목에 대한 구구한 해석이 시도되나 내가 보기에는 바울이 율법의 제도 아래서의 속죄(贖罪) 방식을 염두에 두었을 개연성이 짙다. 그 속죄 방식은 장차 올 완전한 속죄를 예표하는 증거였다. 그 방식 자체로는 하나님의 진노를 가라앉혀 화목을 이룰 수는 없었다. 히브리서 9:15도, 구약의 제도 아래서는 유보되었던 죄로부터의 구속(救贖)을 그리스도께서 이루신 것이라 진술한다." 히브리서 9:15가 여기 로마서 3:25와 유사한 논리를 펴고 있음을 칼빈은 지적한 것입니다. "이로 말미암아 그는 새 언약의 중보자시니 이는 첫 언약 때에 범한 죄에서 속량하려고 죽으사 부르심을 입은 자로 하여금 영원한 기업의 약속을 얻게 하려 하심이라."(히 9:15)

구약시대 성도들도 '속죄'와 '칭의'를 받았습니다. 곧 신약시대의 성도들과 동일한 은혜와 구원을 받은 것입니다. 그런데 구약시대와 신약시대의 구주가 따로 계셨던 것이 아닙니다. 자기 백성을 그들의 죄에서 구원하실 이는 오직 한 분 예수 그리스도뿐입니다. "다른 이로써는 구원을 받을 수 없나니 천하 사람 중에 구원을 받을 만한 다른 이름을 우리에게 주신 일이 없음이라 하였더라."(행 4:12)

"전에 지은 죄를 간과하심으로." '간과하셨다'는 것은 '적법대로 처리하여 벌하지 않으시고 지나치셨다'는 의미입니다. 모세의 율법에 명시된 바 구약시대의 제사제도는 당시 백성들의 죄를 사해주시는 하나님의 자비와 긍휼의 법인 것은 확실합니다. 그러나 사도는 "전에 지은 죄를 간과하셨다"고 말함으로써 '그 제도가 죄를 처리하시는 하나님의 공의의 완전한 시행은 아니었다'고 말하고 있는 셈입니다. 그 말은 '완전한 공의의 시행'을 유보하였다는 말이 됩니다. 그러나 구약의 성도들은 신약의 성도들과 동일한 구원을 받았습니다. 심지어 죽음을 보지 않고 하늘로 올리심을 받은 에녹과 엘리야를 보십시오. 그들은 예수님의 재림 때에 모든 성도들이 참여할 영광을 미리 적용받은 셈입니다. 그렇다고 구약 시대 성도들의 구원을 위한 하나님의 행사가 다 구약 제도 자체 속에서 종결이 되었다면, '하나님의 공의의 완전한 시행'이 묻히게 되는 셈입니다. 그러면 구약시대의 성도들을 구원하신 하나님의 행사에 흠결이 발생하게 되는 것입니다. 사도는 이 대목에서 그러한 의문을 제기할 여지를 차단하고 있습니다. 구약시대 자체만 보면, 마치 하나님의 행사에 흠결이 있는 것 같이 보일 수 있습니다. 그러나 구약의 경륜은 완성된 종결점이 아니라 신약의 경륜과 이어지는 연장선 위에 있고, 또 신약에 나타나실 그리스도와 그 구속의 실제를 예언적으로 예표하는 모형이었습니다.

"자기의 의로우심을 나타내려 하심이니." 하나님께서 구약의 경륜 속에서 성도들을 구원하신 행사가 '정당하여 아무런 하자가 없다'는 것을 드러내셨다는 말입니다. 무엇을 통해서 말입니까? 바로 "예수님의 피로써 믿음으로 말미암는 화목제물로 세우신 일"을 통해서입니다. 예수님께서 십자가에 못 박혀 피 흘리시고 죽으신 것은 예수님의 이후의 사람들만을 위한 것이 아니었다는 말입니다. 예수님 오시기 이전의 구약의 경륜 속에서 구원을 받은 모든 성도들의 죄를 위한 것이기도 하다는 말입니다. 다시 말하면, 구약의 경륜 속에서 믿음으로 말미암아 '짐승의 피'를 통해서 죄 사함을 받고 구원받은 구약의 성도들의 죄에 대한 응분의 하나님의 진노가 어떻게 처리되었습니까? 십자가에 못 박히시어 피 흘리사 죽으신 예수님을 통해서 정당하게 처리되었습니다. 그럼으로써 하나님께서는 구약의 성도들의 구원을 위해 받아 내서야 할 '속량'을 다 받으셨습니다. 하나님께서 구약시대 백성들의 '모든 경건치 않음과 불의에 대하여 부으시는 의로우신 분노'를 예수님께서 다 받아 내시게 하셨다는 말입니다. 그래서 구약 시대의 믿음의 성도들에 대해서든, 신약 시대 이후의 믿음의 성도들 모두에 대해서든 구원을 위한 하나님의 행사가 '완전하게 의로우십니다.' 누가 이에 대하여 이의를 제기할 수 있습니까? 그러니 구약의 성도들도 오직 '그리스도의 피와 그 의로써 죄 사함과 의롭다 하심'을 받은 것입니다. 이럼으로써 하나님께서 "전에 지은 죄를 간과하신 일"의 부당성을 제기하며 참소할 자의 입을 막으신 것입니다.

구약의 경륜 속에 있던 성도들은 하나님의 약속을 따라 그리스도를 바라보는 믿음을 가지고 있었습니다. 그래서 "다윗은 하늘에 올라가지 못하였으나 친히 말하여 이르되 주께서 내 주에게 말씀하시기를 내가 네 원수로 네 발등상 되게 하기까지 너는 내 우편에 앉았으라 하셨도다 하였으니 그런즉 이스라엘 온 집이 정녕 알지니 너희가 십자가에 못 박은 이 예수를 하나님이 주와 그리스도가 되게 하셨느니라 하니라."(행 2:34-35)

"**3:26곧 이 때에 자기의 의로우심을 나타내사.**" 여기서 "곧 이 때에"는 그리스도 예수님께서 십자가에 못 박히신 때를 가리킵니다. 그 일을 통하여 하나님께서 당신 자신의 의로우심을 나타내셨다는 말입니다. 실로 예수님과 그 행사 전체는 창세전에 성삼위 간에 세우신 뜻을 이루신 놀라운 대사(大事)였습니다. 실로 성경에 기록된 하나님의 행사들 중에서 크지 않은 일이 어디 있겠습니까? "하나님이여 주의 의가 또한 지극히 높으시니이다 하나님이여 주께서 대사를 행하셨사오니 누가 주와 같으리이까."(시 71:19) "그 때에 우리 입에는 웃음이 가득하고 우리 혀에는 찬양이 찼었도다 열방 중에서 말하기를 여호와께서 저희를 위하여 대사를 행하셨다 하였도다 여호와께서 우리를 위하여 대사를 행하셨으니 우리는 기쁘도다."(시 126:2,3) 그러나 그 모든 하나님의 대사(大事)들은 다 그리스도 예수님 안에서 하나님께서 행하신 구속(救贖)의 일에서 그 중심적 의미를 찾습니다. 사도행전 2장에 보면, 오순절에 성령께서 임하신 후 사도들이 여러 각 방언으로 하나님께서 그리스도 예수님 안에서 행하신 일을 듣

는 자마다 말하였습니다. "우리가 다 우리의 각 언어로 하나님의 큰일을 말함을 듣는도다."(행 2:11)

하나님께서는 당신의 행사의 핵심인 그리스도의 대속의 큰일을 통하여 "자기의 의로우심을 나타내사 자기도 의로우시며 또한 예수를 믿는 자를 의롭다 하려 하심이라." 하나님께서 그리스도의 죽으심을 통하여 구약 시대의 성도들을 구원하신 행사의 '부당성'을 들고 나올 자들의 입을 막으신 것입니다. 하나님께서 원수들과 싸우실 때에 '완력'을 행사하지 않고 오직 '의로우신 처사'로 그들의 참소할 근거를 제시하지 못하게 하시는 방식을 쓰십니다. 그리고 스스로는 '죄만 있는 자들'을 그리스도 안에서 의롭다 하시는 당신의 행사의 정당하고 완전하고 충분한 근거를 마련하신 것입니다. 그러므로 하나님께서 그리스도의 죽으심을 통하여 "자기도 의로우시며 또한 예수 믿는 자를 의롭다 하려 하시는" 목적을 이루신 것입니다. 그러니 하나님께서 '예수님 믿는 우리를 의롭다 하신 행사'에 아무런 흠결이 없게 하신 것입니다. 그렇게 하심으로써 우리의 구원에 대하여 흔들 자가 없습니다. 그리하여 하나님과 그리스도의 뜻과 행사에 대하여 도전하는 모든 세력들을 굴복시키신 것입니다. "우리를 거스르고 불리하게 하는 법조문으로 쓴 증서를 지우시고 제하여 버리사 십자가에 못 박으시고 통치자들과 권세들을 무력화하여 드러내어 구경거리로 삼으시고 십자가로 그들을 이기셨느니라."(골 2:14,15) 우리를 그리스도 안에서 구원하신 하나님의 행사는 견고하여 우리가 받은 구원도 확실하고 견고한 것입니다. 그러므로 '구원의 확신'은 본질상 우리의 주관적인 체험이나 느낌의 문제이기 이전에 '우리를 그리스도 안에서 구원하신 하나님의 의로우신 방식에 대한 바른 인식'입니다.

18

'자랑할 데가 어디냐'

3:27 그런즉 자랑할 데가 어디냐 있을 수가 없느니라 무슨 법으로 냐 행위로냐 아니라 오직 믿음의 법으로니라

3:28 그러므로 사람이 의롭다 하심을 얻는 것은 율법의 행위에 있지 않고 믿음으로 되는 줄 우리가 인정하노라

3:29 하나님은 다만 유대인의 하나님이시냐 또한 이방인의 하나님은 아니시냐 진실로 이방인의 하나님도 되시느니라

3:30 할례자도 믿음으로 말미암아 또한 무할례자도 믿음으로 말미암아 의롭다 하실 하나님은 한 분이시니라

사도 바울은 이 로마교회에 보낸 편지가 당시 로마교회의 성도들에게

만 읽혀질 것이라고 여기지 않았을 것입니다. 왜냐하면 자기가 로마서를 통하여 증거하는 복음은 만민에게 전파될 것임을 알고 있었기 때문입니다. 그리고 이 로마서가 자신의 사상과 철학이나 인생에 대한 자기 나름의 통찰력에서 나온 것이 아님을 사도는 너무나 잘 알고 있었을 것이기 때문입니다. 이 로마서를 기록하면서 사도는 하나님과 예수 그리스도의 뜻을 따라 자기 속에서 역사하시는 성령님의 감동을 인지하고 있었습니다. 아니 성령께서는 사도 바울의 의식을 주장하시어 오고 오는 모든 세대의 하나님의 사람들을 염두에 두시고 이 로마서를 저작하게 하신 것입니다. "먼저 알 것은 성경의 모든 예언은 사사로이 풀 것이 아니니 예언은 언제든지 사람의 뜻으로 낸 것이 아니요 오직 성령의 감동하심을 받은 사람들이 하나님께 받아 말한 것임이라."(벧후 1:20-21) 사도 베드로의 이 확신은 구약성경에만 해당되는 것이 아니라 신약의 모든 책들에도 동일하게 해당되는 진실입니다. 구약시대의 성경의 저작자들인 모세와 선지자들을 감동하신 성령께서 신약의 기자들을 감동하셨습니다. 그러므로 우리가 이 로마서를 공부할 때에 여전히 사도를 통해 말씀하시는 성령님의 음성을 듣고 있음을 잊지 말아야 합니다.

사도가 자기가 증거하는 하나님의 복음을 듣는 이들에게 아주 강력하게 학습케 하려는 요점은 무엇일까요? 하나님께서 사랑하시는 백성들을 죄에서 구원하시는 방식의 요지는 '백성들의 행위가 아니라 그리스도 예수님과 자기 백성들을 위한 그분의 행사'라는 것입니다. 그래서 로마서에서 강조하는 '의'는 사람이 자기 행위로 이룩하여 하나님께 제출해야 할 '자기의 의'가 아니라는 것입니다. 하나님께서 당신의 아들 예수님 안에서 '자기 백성들을 위하여 이루신 의'를 처음부터 끝까지 강조하고 있습니다. 그것이 1:17에서 말하는 '복음에 나타난 하나님의 의'입니다. '복음에 나타난 의'가 사람에게서 난 것이 아니고 하나님에게서 왔기 때문에 '하나님으로부터 온 의(righteousness from God)'입니다. 아울러 그것이 사람이 이룩한 '의'가 아니라 '하나님께서 사랑하시는 백성들을 위하여 당신의 아들 안에서 특별하게 이루신 의'이기 때문에 '하나님의 한 의(a righteousness of God)'입니다.

그러니 성령님의 인도하심과 조명하심을 따라서 로마서를 바르게 학습한 사람들은 반드시 '하나님의 아들 우리 주 예수 그리스도와 그 행하신 일'에 온통 마음을 기울이게 됩니다. 그것이 성령께 거듭나서 회심하여 '구원받을 만한 믿음(saving faith)'을 가진 자들의 의식의 열매입니다.

"3:27그런즉 자랑할 데가 어디냐 있을 수가 없느니라 무슨 법으로냐 행위로냐 아니라 오직 믿음의 법으로니라." 사도는 지금까지 자기의 증거를 들어온 구원받을 만한 믿음을 가진 자가 마땅하게 내려야 할 결론을 수사적인 기법의 반문(反問)으로 강조하고 있습니다. "그런즉 자랑할 데가 어디냐?" 이는 죄악된 모든 인생의 본성의 성향을 의식한 반문입니다. 우리 모두는 남과 비교하여 자기가 낫다는 생각이 들거나 무슨 업적을 내었다 하면 대번에 자랑하고 싶어 합니다. 그러나 로마서를 통하여 사도의 증언을 들어온 사람은 '자기를 내세워 자랑할 것이 전혀 없다'는 결론에 이르러야 마땅합니다. "있을 수가 없느니라." 정말 우리는 자랑할 수 없습니다. 어떤 경우에도 남이 받지 못한 구원을 우리가 받은 공로를 우리 자신에게 조금이라도 돌리면 사도의 이 논리를 거역하는 셈입니다. 그것은 사도 속에서 역사하시는 성령님의 가르침을 대항하는 셈입니다.

"그런즉 자랑할 데가 어디냐 있을 수가 없느니라." 이 말씀은 '구원이 우리 자신에게서 난 것 같이 자랑할 아무 근거도 없다'는 것을 강하게 지적합니다. 그 말은 바꾸어서 더욱 적극적으로, '우리의 진정한 자랑은 오직 우리 주 예수 그리스도와 그 대속의 행사에 있다'는 진리를 부각합니다. 우리는 이미 우리 자신을 포함한 "모든 사람이 죄를 범하여 하나님의 영광에 이르지 못하였다"는 사실을 인지하였습니다. "의인은 없나니 하나도 없도다"는 선언도 우리에게 그대로 적용됨을 알고 있습니다. 그러니 우리 중 누가 무엇을 자랑할 수 있겠습니까? 성경에서 사람의 죄를 탄핵하는 모든 진술들이 하나님의 공의대로 심판하시면 다 우리 각 자에게 해당되는 비참을 표현한 것입니다. 하나님께서 그런 상태의 우리를 내어 버려두시면 어떤 누추함에 처하게 됩니까? 우리가 이미 학습한 바와 같이, 사도는 로마서 1:18-3:19에서 하나님의 의로우신 진노를 받아 영원한 형벌을 받아야 할 인생의 본질적 상태를 논증하였습니다. 그러니 진정으로 자신을 위한다면 우리 자신을 기대하거나 바라보지 말고 오직 그리스도 예수님 안에서 하나님께서 우리를 위하여 뜻하시고 이루신 복음의 은혜와 그 방식에 온통 집중해야 합니다. 정말 우리 자신은 '자랑할 데가 전혀 없습니다.'

"무슨 법으로냐 행위로냐 아니라 오직 믿음의 법으로니라." 여기서 사도는 '행위의 법'과 '믿음의 법'을 대조하고 있습니다. '행위의 법'은 우리 자신의 의지로 율법을 지켜 '그 의로써 하나님 앞에 의롭다 하심을 받으려는 방식'을 말합니다. '믿음의 법'은 하나님께서 우리를 위하여 그리스도 예수님 안에서 뜻하시고 이루신 것만을 '믿음으로 말미암아 하나님께 값없이 은혜로 의롭다 하심을 얻는 방식'입니다. 만일 '행위의 법'을 고집하는 자가 있다면, 그는 '자랑할 것이 아직 내게 있다'고 여길 것입니다.

그러나 '믿음의 법'을 따르는 자는 '자랑할 것이 자기에게 있지 않고 오직 하나님과 우리 주 예수님께만' 있다고 여길 것입니다.

 "**3:28그러므로 사람이 의롭다 하심을 얻는 것은 율법의 행위에 있지 않고 믿음으로 되는 줄 우리가 인정하노라.**" 우리가 학습을 할 때 싫어하면서도 가장 필요로 하는 것은 '반복 학습'입니다. 학생들 중에 우등생과 그렇지 못한 학생들의 학습의 습관들 중에서 보이는 현저한 차이가 무엇입니까? '반복 학습'입니다. 이것의 유익을 익힌 학생은 우등생이 됩니다. 거기서 빗나가면 성적이 떨어집니다. 하물며 '하나님께 의롭다 하심을 받는 일의 영원한 영광과 효력과 그것을 받지 못한 자가 받을 영원한 비참'을 반복적으로 확인하는 것은 정말 얼마나 더욱 중요하겠습니까!

 사도 속에서 역사하시는 하나님의 성령께서 당신의 사랑하시는 백성들에게 줄기차게 쓰시는 방식이 '반복 학습'입니다. 실로 성경전서는 '거룩한 반복의 예술'을 보이는 책이라 말해서 누가 책하겠습니까? 로이드 존스 목사님의 「로마서 강해」가 로마서 1장에서 14장 17절까지의 강해인데 무려 전체 14권의 책들로 구성되어 있습니다. 어떤 이는 '무엇이 그리도 할 말이 많으셨던가?'라며 이해하지 못하겠다는 식의 투정을 부릴지도 모릅니다. 아니 필자는 그 책을 번역한 사람으로서 '그런 정서를 보이는 여러분'을 만난 적이 있습니다. 그러나 제가 만난 그런 이들의 수는, 그 책을 읽고 놀라워하면서 '하나님의 복음의 은혜에 감격하며 감사하는 이'들의 수에 비하면 지극히 적었습니다. '무의미한 반복'으로 여겨지면 지루하기 짝이 없습니다. 그러나 성령님의 인도하심을 받는 믿음으로 말씀을 듣는 이들은 성경의 반복을 '나로 하여금 더 확실하게 알게 하시려는 하나님의 자비와 긍휼의 소산이라.' 하면서 감사하기 마련입니다.

진정 그러합니다. "사람이 의롭다 하심을 얻는 것"은 자신의 '율법의 행위'로 말미암지 않고 오직 그리스도 예수님을 "믿음으로 되는 줄 우리가 인정하노라." 여기서 "우리가 인정하노라"라는 것은 '우리 생각에는 그러하다.'는 표현이 아닙니다. '앞에서 우리가 살펴 보면서 논증한 바와 같이 그 이상의 다른 이의를 제기하지 못할 만큼의 확증된 결론이라.'는 말입니다.

필자가 로마서 강해를 하는 중에 어떤 이가 이런 질문을 던진 적이 있었습니다. "목사님, 우리가 의롭다 하심을 받는 것이 그렇게 쉽습니까? 우리 것은 하나도 들어가지 않고 오직 예수님께서 하신 일만 계산된다는 것입니까? 너무 쉬워 믿겨지지 않네요." 그래서 저는 그분에게 반문하였습니다. "그럼 그런 방식이 아니고 어떤 다른 방식으로 우리가 하나님께 의롭다 하심을 받아 구원에 이를 수 있나요? 물론 예수님이 하신 일에다가 우리의 행위와 공로를 조금 더함으로 의롭다 하심을 받는다고 하면 우리 사람 편에서 이해하기는 더 쉬워 보이고, 그것이 복음이라고 하면 더 믿기가 쉬울 수 있습니다. 그런 논리가 사람들에게 훨씬 더 잘 받아드려질 것입니다. 그러나 그런 방식으로 구원을 받을 자가 누구입니까? 만일 〈예수님께서 하신 일 99.99999999% + 우리 편에서의 행위의 의 0.00000001 = 구원〉이라고 하더라도 누가 하나님께서 인정하실 '행위의 의'를 하나님의 법정에서 제출하여 인정을 받을 수 있겠습니까? 사람은 나면서부터 '원죄, 곧 죄를 지은 자로 여김을 받고' 태어납니다. 칼빈이 말한 것과 같이, 하나님의 절대적인 척도로 보건대 사람이 행하는 의로운 행위 속에 반드시 '죄의 오염'이 서려 있습니다. 그러니 아무도 하나님 앞에 제출하여 인정을 받을 만한 '의'에 이를 자가 없습니다."

그러므로 우리가 성경에서 '은혜'를 '우리의 행위에 덧입혀진 도금' 정도로 이해하면 큰 오산입니다. '은혜'는 전적으로 하나님께서 그리스도 예수님 안에서 베푸신 '긍휼과 자비의 혜택'입니다. 그러므로 우리가 어떤 경우에도 우리 자신에게서 난 것 같이 자랑할 수 없습니다. 그래서 사도는 모든 이들이 인정하고 높이 찬하할 자신의 헌신과 수고를 하였어도 자랑하지 않았습니다. "그러나 내가 나 된 것은 하나님의 은혜로 된 것이니 내게 주신 그의 은혜가 헛되지 아니하여 내가 모든 사도보다 더 많이 수고하였으나 내가 한 것이 아니요 오직 나와 함께 하신 하나님의 은혜로라."(고전 15:10)

그러면 어떤 이는 이렇게 의문을 제기할 것입니다. "그러면 우리 믿음생활에 있어서 우리의 행위는 전혀 무의미한 것입니까?" 물론 그리스도 안에 있는 우리 믿음의 삶에 있어서 우리의 행위는 매우 중요합니다. 하나님의 주시는 구원은 우리의 행위를 무의미하게 만드는 것이 아닙니다. 우리의 행위도 죄의 오염과 세력과 영향에서 벗어나게 하는 능력이 하나님의 복음의 능력입니다. 그래서 우리가 하나님의 목적하신 대로 구원이 완성되면 우리의 '행위'가 '그리스도의 행위'를 본받아 완전하게 의롭게 될 것입니다.

그러나 여기서는 사도가 말하는 대로 일단 '우리가 죄책을 진 죄인으로 오직 그리스도를 믿음으로 그만 의지하여 하나님께 의롭다 하심을 받는 일'에 집중해야 합니다. '하나님께 의롭다 하심을 받는 것의 은혜와 영광'에 대하여 제대로 학습하지 않은 채 '신자의 행위'의 주제로 나아가면 반드시 혼란을 맞게 됩니다. 이미 앞의 어느 부분 강론에서 말씀드린 바와 같이, '칭의와 성화가 하나라'고 주장하면서도 '칭의와 성화 사이를 구별하지 못하면' 성화 논리로 '이신칭의 교리'의 기초를 흔들어 버리는 일이 그래서 일어나는 것입니다. 그런 일이 교회사 내내 일어났고 현재도 진행되는 '칭의 논쟁'의 핵심에 그런 혼란이 깔려 있습니다. 복음의 핵심을 보지 못하게 사람들의 눈을 가리려는 마귀의 음흉한 간계가 그런 혼란 속에 있습니다. "만일 우리의 복음이 가리었으면 망하는 자들에게 가리어진 것이라 그 중에 이 세상의 신이 믿지 아니하는 자들의 마음을 혼미하게 하여 그리스도의 영광의 복음의 광채가 비치지 못하게 함이니 그리스도는 하나님의 형상이니라."(고후 4:3,4)

이렇게 말하면 어떤 이는 '그것은 구원파적 칭의론이 아닌가?'라고 말하고 싶어 할 것입니다. 그러나 필자는 '구원파적 칭의론'과 전혀 다른 논리로 말하고 있습니다. 하나님의 복음이 주는 '구원을 칭의 자체만으로' 여기고 '그리스도의 형상을 본받게 하시려는 구원의 완성 목표'에는 전혀 관심을 두지 않는 집단이 '구원파'입니다. 제 16 강에서 지적한 바와 같이, '칭의와 성화(聖化)를 하나로 보아야 한다'면서 '칭의의 법정적인 완성적 단회적 선언'의 특성을 인정하지 않고 추후, 또는 최후의 심판 때에 '나머지 미진한 부분의 칭의'를 주장하면 벌써 사도의 복음이 아닌 '다른 복음'입니다. 그것은 '성화의 열매'를 '칭의의 조건'으로 삼는 무서운 오류이고, 그러면 '그리스도의 것 외에 신자의 행위의 의'를 칭의의 조건으로 삼는 셈입니다. 그러면 그것은 사도 바울이 갈라디아서에서 정죄한 '다른 복음'이 되어 이단이 되는 것입니다. '그리스도인 자신의 행위'를 '칭의의 선행 조건'으로 다루려는 어떤 시도도 다 '다른 복음'의 시각에서 난 것입니다. '그리스도인의 행위'의 문제는 '그리스도 안에 있는 믿음으로 말미암아 은혜로 죄 사함과 의롭다 하심을 받고 하나님의 자녀가 된 사람으로서의 도리'의 문제로 다루어져야 합니다. '성화'는 하나님의 자녀의 도리이지 '하나님의 자녀가 되기 위한 조건'이 아닙니다. 이 문제는 앞으로 로마서를 더 학습하여 나가면서 더 심도 있게 다루어질 것입니다.

또 '칭의는 은혜의 영역이고 성화는 행위의 영역이라'고 여겨도 그릇된 발상입니다. '칭의이든 성화이든, 아니 우리 구원의 전 과정이 다 하나님의 은혜 안에 있다'는 복음의 절대 진리를 항상 견지해야 합니다. 그래서 사도들의 모든 서신들은 항상 "그리스도 예수님 안에 있는 은혜"를 강조합니다. "내 아들아 그러므로 너는 그리스도 예수 안에 있는 은혜 가운데서 강하고."(딤후 2:1) "그러나 내가 나 된 것은 하나님의 은혜로 된 것이니 내게 주신 그의 은혜가 헛되지 아니하여 내가 모든 사도보다 더 많이 수고하였으나 내가 한 것이 아니요 오직 나와 함께 하신 하나님의 은혜로라."(고전 15:10). 이미 구약의 성도들도 그것을 알았습니다. 그래서 시편 119편 기자는 '하나님의 계명을 순종하고 지키는 행위'를 위하여 전심으로 하나님의 은혜를 구하였습니다. "여호와의 증거들을 지키고 전심으로 여호와를 구하는 자는 복이 있도다… 거짓 행위를 내게서 떠나게 하시고 주의 법을 내게 은혜로이 베푸소서… 여호와는 나의 분깃이시니 나는 주의 말씀을 지키리라 하였나이다 내가 전심으로 주께 간구하였사오니 주의 말씀대로 내게 은혜를 베푸소서."(시 119:2,29,57,58)

"**3:29하나님은 다만 유대인의 하나님이시냐 또한 이방인의 하나님은 아니시냐 진실로 이방인의 하나님도 되시느니라.**" 하나님께 의롭다 하심을 받아 구원에 이르는 길'이 유대인이나 이방인에게 다 하나입니다. 사도가 이 점을 짚고 넘어갈 필요가 있음을 성령님의 인도하심 속에서 감지한 것입니다. 왜냐하면 사도 바울이 이 로마서를 쓸 당시 유대인들이 극복해야 하는 것이 바로 그 요점이었기 때문입니다. 그들 유대인들은 하나님께서 자기들과 이방인들을 다루시는 방식이 다르다고 생각하는 습관이 있었습니다. 사실 구약의 경륜 속에서 '이스라엘과 이방인' 사이를 구분하는 여러 규례들이 있었던 것은 사실입니다. 그러나 이제는 그리스도께서 오시어 모든 것을 완성하신 마당에 그런 구분은 사라지게 되었습니다. 그런데도 현대 유대인들마저 자기들과 이방인들을 구분하여 보는 습관이 남아 있습니다.

"**3:30할례자도 믿음으로 말미암아 또한 무할례자도 믿음으로 말미암아 의롭다 하실 하나님은 한 분이시니라.**" '할례'는 구약적인 경륜 속에서 아브라함 때로부터 그와 그 후손들로 지키게 하신 하나님의 명하신 규례였습니다. 그러나 이제 그리스도 안에서 할례를 통하여 의도하신 것이 완성되었으니 그 규례는 더 이상 유효하지 않습니다. 그 구분은 구약 시대에 한정된 것이었습니다. 그러나 그리스도께서 구약의 모든 규례들이 예표하고 의미하는 바를 완성하였기에 더 이상 그런 규례들은 필요가 없었습니다. 사도는 이방의 에베소교회에 보낸 서신인 에베소서에서 그리스도 안에서 유대인과 이방인 사이를 구분하던 '중간에 막힌 담이 무너졌음'을 분명하게 말합니다. "그러므로 생각하라 너희는 그 때에 육체로 이방인이요 손으로 육체에 행한 할례당이라 칭하는 자들에게 무할례당이라 칭함을 받는 자들이라 그 때에 너희는 그리스도 밖에 있었고 이스라엘 나라 밖의 사람이라 약속의 언약들에 대하여 외인이요 세상에서 소망이 없고 하나님도 없는 자이더니 이제는 전에 멀리 있던 너희가 그리스도 예수 안에서 그리스도의 피로 가까와졌느니라 그는 우리의 화평이신지라 둘로 하나를 만드사 중간에 막힌 담을 허시고 원수 된 것 곧 의문에 속한 계명의 율법을 자기 육체로 폐하셨으니 이는 이 둘로 자기의 안에서 한 새 사람을 지어 화평하게 하시고 또 십자가로 이 둘을 한 몸으로 하나님과 화목하게 하려 하심이라 원수 된 것을 십자가로 소멸하시고 또 오셔서 먼 데 있는 너희에게 평안을 전하고 가까운 데 있는 자들에게 평안을 전하셨으니 이는 저로 말미암아 우리 둘이 한 성령 안에서 아버지께 나아감을 얻게 하려 하심이라."(엡 2:11-18) "거기에는 헬라인과 유대인이나 할례파나 무할례파나 야만인이나 스구디아인이나 종이나 자유인이 차별이 있을 수 없나니 오직 그리스도는 만유시요 만유 안에 계시니라."(골 3:11)

유대인이든 이방인이든 그리스도 안에서 의롭다 하심을 받아 하나님의 자녀가 된 이들은 항상 그리스도 안에 있는 하나님의 은혜의 영광만 높이고 자랑해야 마땅합니다. 이에서 조금이라도 벗어나면 그릇된 것이 되는 것입니다. "그런즉 자랑할 데가 어디냐 있을 수가 없느니라 무슨 법으로냐 행위로냐 아니라 오직 믿음의 법으로니라."(롬 3:27)

19

복음이 율법을 파기하는가

3:31 그런즉 우리가 믿음으로 말미암아 율법을 파기하느냐 그럴 수 없느니라 도리어 율법을 굳게 세우느니라

사도가 증언한 복음, 곧 하나님께서 그리스도 예수님 안에서 죄인을 구원하시는 방식을 둘러싸고 여러 가지 오해가 일어날 수 있음을 사도는 알고 있었습니다. 그 중에서 '복음과 율법'의 관계에 대한 문제는 복음을 증언하는 자리에서 항상 제기되는 문제였습니다. 분명 그 둘 사이는 서로 간에 유기적인 연관을 가지기도 하고 구분도 됩니다. 그래서 사도 요한이 자기 복음서에서 그 점을 의식하여 이렇게 말하였습니다. "율법은 모세로 말미암아 주어진 것이요 은혜와 진리는 예수 그리스도로 말미암아 온 것이라."(요 1:18) 이 본문에서 사도 요한은 '율법'을 대변하는 자로서의 모세와, '복음'을 대변하는 분이신 그리스도 예수님을 대조하고 있습니다. 그렇게 '율법'과 '복음'은 서로 구분점이 있습니다. 그래서 사도 바울도 "복음에는 하나님의 의가 나타나서…"(롬 1:17)라고 단언해 놓고, 3:21에서는 "이제는 율법 외에 하나님의 한 의가 나타났으니"라고 하였습니다. 그러나 그 구분은 구원의 계획을 이루어나가시는 하나님의 경륜적인 질서에 따른 구분일 뿐, '복음이 율법을 파기하여 더 이상 무의미하게 만든다'는 의미는 결코 아닙니다.

사도 바울의 지금까지의 논리는 '율법 외에 나타난 하나님의 한 의' 되신 예수 그리스도를 믿는 믿음의 법을 통해서만 사람이 구원을 받을 수 있다는 것을 강조해 왔습니다. 그것이 자칫 '율법'을 무의미하고 무가치하고 더 이상 쓸모없는 것으로 만들었다는 인상을 가지게 할 만하다는 것을 사도는 인식한 것입니다. 그래서 그런 오해를 차단할 필요성을 의식한 것입니다.

"**3:31그런즉 우리가 믿음으로 말미암아 율법을 파기하느냐 그럴 수 없느니라 도리어 율법을 굳게 세우느니라.**" 여기서 사도는 "믿음"을 '그리스도 안에 있는 믿음으로 말미암아 구원을 주시는 하나님의 법으로서의 복음'과 동일 개념으로 쓰고 있습니다. '율법'은 모세를 통해서 주신 법으로서 우리가 마땅히 하나님 앞에서 행할 '행위의 준거'로서의 법입니다. 그러므로 이미 우리가 학습한 바와 같이 율법은 "행한대로 보응하시고 심판하시는 하나님의 법정적 심판의 척도"가 되는 것입니다(롬 2:6). '복음'은 그런 율법의 역할이나 기능을 무시한 것이 아니라 그 율법의 역할과 기능의 정당성을 높이고 완전하게 만족시킨 유일한 방식입니다. 그런 의미에서 "우리가 믿음으로 말미암아… 율법을 굳게 세우느니라"란 논리가 성립되는 것입니다.

그리스도와 율법

그리스도처럼 '율법'을 존중하고 그 요구에 완전무결하게 순응한 이가 누구입니까? "모든 사람이 죄를 범하였다"는 것은, '모든 사람이 율법의 요구를 어기어 율법의 정죄로 인하여 하나님의 진노를 받게 되었다'는 것입니다. 이미 우리는 로마서 3:23의 부분을 학습하면서 배운 바입니다.

그리스도께서 세례요한에게 세례를 받으러 나오셨을 때에 요한이 말렸습니다. "내가 당신에게 세례를 받아야 할 터인데 당신이 내게로 오시나이까."(마 3:14) 그러나 그에 대해 예수님께서 무어라 답하셨습니까? "예수께서 대답하여 가라사대 이제 허락하라 우리가 이와 같이 하여 '모든 의를 이루는 것이 합당하니라' 하신대 이에 요한이 허락하는지라."(마 3:15) "모든 의를 이루는 것이 합당하니라" 하신 대목은 예수님께서 얼마나 철저하게 율법의 요구에 순복하셨는지를 보여 줍니다. '모세의 율법'도 하나님으로부터 주어진 것이지 모세 자신이 제정한 것이 아닙니다. 우리 주 예수님께서 하나님 아버지와 동등한 신적 본체(本體)시어 하나님이시지만, 여자에게서 나시어 사람이 되신 것은 '율법 아래,' 곧 율법을 준수할 의무 아래 자신을 두신 것입니다. "때가 차매 하나님이 그 아들을 보내사 여자에게서 나게 하시고 율법 아래에 나게 하신 것은…"(갈 4:4)

그리스도의 속량 자체가 율법의 요구를 순응하신 것입니다. 율법은 정죄 받은 자에게 죽음을 요구합니다. "죄의 삯은 사망이라"고 정한 것이 바로 율법입니다. "모세가 기록하되 율법으로 말미암는 의를 행하는 사람은 그 의로 살리라 하였거니와."(롬 10:5) 그 말씀은 '율법으로 말미암는 의를 행하지 못하는 이는 죽으리라'는 단서를 함축합니다. 자신은 의로워 율법이 예수님께 죽음을 요구할 수 없습니다. 그러나 예수님께서 중보자가 되어 우리 죄인들을 속량하시는 구속주(救贖主)로 자처하신 입장에서는 율법의 요구대로 죽음을 면할 수 없었습니다. 그래서 죄 없으신 그분이 '대속의 혜택을 입는 자들의 죄를 대신 둘러쓰시고 율법의 정죄를 당하여 죽음을 당하시어' 하나님의 의로우신 진노를 받으신 것입니다. "우리는 다 양 같아서 그릇 행하며 각기 제 길로 갔거늘 여호와께서는 우리 모두의 죄악을 그에게 담당시키셨도다."(사 53:6) 성부 하나님께서는 우리의 죄를 대신 짊어지신 예수님께 율법의 척도를 들이대시고 정죄의 선고와 함께 진노, 곧 사망의 형벌을 가하지 않으실 수 없었습니다. 그러므로 그리스도를 통해서 우리를 구원하시는 하나님의 은혜의 방식인 복음이 '율법을 파기하고 못쓰게 만든 것이 아니라 율법의 요구와 정신을 완성시킨 것'입니다.

율법과 신자와의 관계

그러나 이렇게 말함으로 '복음을 믿는 믿음의 법이 율법을 파기한 것이 아님'을 다 설명한 것은 아닙니다. 왜냐하면 그 정도로 설명을 마치면 자칫 율법이 복음을 믿어 구원에 이른 사람들에게는 더 이상 요구할 것이 없게 되었다는 식의 발상이 나올 수도 있기 때문입니다. 그래서 '그리스도를 믿음으로 말미암아 값없이 은혜로 의롭다 하심을 입은 자들에게 이제 율법(또는 계명)은 어떤 의미를 가지게 되는가?'의 질문에 답해야 합니다. 율법, 또는 계명이 예수님을 믿어 구원을 받은 이들에게 더 이상 상관이 없는 것입니까? 이제 계명을 지키는 여부는 의롭다 하심을 받은 그 사람의 입장에 어떤 변화도 가져오지 않으니 계명에 관심을 가질 필요가 없다고 해도 되는 것입니까? 예수님께서 이런 의문에 대하여 포괄적인 답변이 될 만한 말씀을 '산상설교(마 5-7장)에서 하셨습니다.

"내가 율법이나 선지자를 폐하러 온 줄로 생각하지 말라 폐하러 온 것이 아니요 완전하게 하려 함이라 진실로 너희에게 이르노니 천지가 없어지기 전에는 율법의 일점일획도 결코 없어지지 아니하고 다 이루리라 그러므로 누구든지 이 계명 중의 지극히 작은 것 하나라도 버리고 또 그같이 사람을 가르치는 자는 천국에서 지극히 작다 일컬음을 받을 것이요 누구든지 이를 행하며 가르치는 자는 천국에서 크다 일컬음을 받으리라 내가 너희에게 이르노니 너희 의가 서기관과 바리새인보다 더 낫지 못하면 결단코 천국에 들어가지 못하리라."(마 5:17-20)

이 대목은 사람이 구원을 받는 문제를 다루는 부분이 아닙니다. 다시 말하면 사람이 천국에 들어가느냐 지옥에 들어가느냐의 주제를 다루는 대목이 아니란 말씀입니다. 산상설교는 '죄 가운데 있는 자기 백성을 구원하시는 하나님의 방식'을 설명하는 말씀이 아닙니다. 우리가 지금 공부하고 있는 로마서는 구원의 문제를 전문적으로 다루는 책입니다. 산상설교는 이미 구원을 받고 하나님의 자녀, 또는 '천국 백성'이 된 이들이 이후 지상생애에서 어떤 방식의 삶을 영위해야 하는지의 문제를 다루는 말씀입니다. 그래서 예수님께서는 산상설교에서 '너희'로 지칭되는 천국의 백성들과 믿지 않는 불신자들을 '이방인'으로 구분하고 있습니다. "그러므로 염려하여 이르기를 무엇을 먹을까 무엇을 마실까 무엇을 입을까 하지 말라 이는 다 이방인들이 구하는 것이라 너희 하늘 아버지께서 이 모든 것이 너희에게 있어야 할 줄을 아시느니라 너희는 먼저 그의 나라와 그의 의를 구하라 그리하면 이 모든 것을 너희에게 더하시리라."(마 6:31,32)

그러므로 "너희 의가 서기관과 바리새인보다 더 낫지 못하면 결단코 천국에 들어가지 못하리라"란 말씀은 구원의 조건으로서의 '의(義)의 행위'를 강조하신 것이 아닙니다. 도리어 오직 예수님을 믿음으로 말미암아 구원을 받아 하나님의 자녀가 된 자들은, '자기 행위로 하나님 앞에 서려는 목적으로 계명과 율법을 지키는 자들의 대표격인 바리새인이나 서기관의 의의 행실' 보다 '더 나은 의의 행위'를 보이기 마련이라는 말씀입니다. 만일 어떤 이가 예수님을 믿는다 하면서 그 행실의 전반적인 추세가 '믿지 않으면서도 도덕적인 사람들' 보다 못하다면, 그가 구원을 받았다고 할 수 없다는 말입니다.

예수님께서 그런 의미의 의를 말씀하시기 바로 앞에서 하신 말씀을 들어 보십시오. "내가 율법이나 선지자를 폐하러 온 줄로 생각하지 말라 폐하러 온 것이 아니요 완전하게 하려 함이라."(마 5:17) 이 말씀 바로 앞에서 무어라 하셨습니까? "이같이 너희 빛이 사람 앞에 비치게 하여 그들로 너희 착한 행실을 보고 하늘에 계신 너희 아버지께 영광을 돌리게 하라."(마 5:16) 그 예수님의 말씀의 문맥을 보면, 복음을 믿는 이들이 '율법과 선지자'를 통해서 계시된 계명의 정신을 자신들의 삶 속에서 완성지으려는 자세를 가져야 함을 말씀하신 것입니다. 그런 의미에서 "그런즉 우리가 믿음으로 말미암아 율법을 파기하느냐 그럴 수 없느니라 도리어 율법을 굳게 세우느니라"고 말할 수 있습니다.

앞에서 말한 것을 이렇게 정리할 수 있습니다. '복음을 믿는 사람들에게 율법은 더 이상 정죄의 척도가 될 수 없다. 그러나 여전히 율법은 복음과 함께 하나님의 자녀들에게 하나님을 기쁘시게 하는 삶의 법칙과 척도의 역할을 한다. 복음의 빛 아래서는, 율법주의자들보다 율법의 정신에 대해 더 잘 알고 성령님의 능력으로 그 정신을 따라 순종할 능력을 얻는다.' 이 문제는 로마서 8장 초두에서 더 다루게 될 것입니다.

앞에서 이미 지적한 것같이, 예수님께서 '율법과 선지자'를 통해서 주신 계명의 정신을 구현할 것을 말씀하시기 전에 마태복음 5:13-16에서 이미 '구원받아 하나님의 자녀가 된 자로서의 그리스도인의 행실'에 대해서 말씀하기 시작하셨습니다. "너희는 세상의 소금이니… 너희는 세상의 빛이라… 이같이 너희 빛이 사람 앞에 비치게 하여 그들로 너희 착한 행실을 보고 하늘에 계신 너희 아버지께 영광을 돌리게 하라." 그런 맥락에서 또 이어 말씀하신 것입니다. "내가 율법이나 선지자를 폐하러 온 줄로 생각하지 말라 폐하러 온 것이 아니요 완전하게 하려 함이라 진실로 너희에게 이르노니 천지가 없어지기 전에는 율법의 일점일획도 결코 없어지지 아니하고 다 이루리라 그러므로 누구든지 이 계명 중의 지극히 작은 것 하나라도 버리고 또 그같이 사람을 가르치는 자는 천국에서 지극히 작다 일컬음을 받을 것이요 누구든지 이를 행하며 가르치는 자는 천국에서 크다 일컬음을 받으리라."(마 5:17-20)

또 예수님께서 최후의 만찬석의 마지막 강화(講話)의 말씀 중에 제자들에게 그런 차원에서 말씀하셨습니다. "너희가 나를 사랑하면 나의 계명을 지키리라… 나의 계명을 지키는 자라야 나를 사랑하는 자니 나를 사랑하는 자는 내 아버지께 사랑을 받을 것이요 나도 그를 사랑하여 그에게 나를 나타내리라."(요 14:15,21)

사도 요한이 요한일서에서 말한 것도 그런 맥락으로 이해되어야 합니다. "사랑하는 자들아 내가 새 계명을 너희에게 쓰는 것이 아니라 너희가 처음부터 가진 옛 계명이니 이 옛 계명은 너희가 들은 바 말씀이거니와 다시 내가 너희에게 새 계명을 쓰노니 그에게와 너희에게도 참된 것이라 이는 어둠이 지나가고 참 빛이 벌써 비침이니라."(요일 2:7,8) 여기서 사도 요한이 '참 빛'이라 할 때 '그리스도의 복음의 은혜와 그 영광'을 가리키는 것입니다. 요한 사도는 표현적으로 보면 모세를 통하여 주신 계명을 성도들이 지킬 것을 말하였습니다. 그래서 "내가 새 계명을 너희에게 쓰는 것이 아니라… 너희가 처음부터 가진 옛 계명이니"라고 한 것입니다. 그러나 이내 사도 요한은 방금 한 말을 뒤집는 표현을 합니다. "다시 내가 너희에게 새 계명을 쓰노니"라고 말합니다. 일반의 관점에서 보면 이 구절의 진술은 '모순의 극치'입니다. 그러나 '그리스도 안에 있는 복음의 빛을 받은 이들'에게는 이 진술이 '복음의 빛에 조명된 계명의 영성'을 표현한 놀라운 진술입니다. 그리고 사도 요한은 요한일서 3장에서 '그리스도 안에 있는 믿음을 가진 자의 계명의 실천'을 무섭게 강조하고 있습니다. "우리가 그의 계명을 지키면 이로써 우리가 그를 아는 줄로 알 것이요 그를 아노라 하고 그의 계명을 지키지 아니하는 자는 거짓말하는 자요 진리가 그 속에 있지 아니하되 누구든지 그의 말씀을 지키는 자는 하나님의 사랑이 참으로 그 속에서 온전하게 되었나니 이로써 우리가 그의 안에 있는 줄을 아노라."(요 3:3-5)

"그런즉 우리가 믿음으로 말미암아 율법을 파기하느냐 그럴 수 없느니라 도리어 율법을 굳게 세우느니라." 흔히 '복음을 믿는 이들의 행실이 복음을 믿지 않는 도덕주의자, 또는 율법주의자의 행실보다 못하다'는 말이 들립니다. 그러나 그것은 오해입니다. '복음'의 교리에 문제가 있는 것이 아니라 우리 연약의 문제입니다. 도리어 성경대로 하나님의 은혜의 복음에 충실하였던 영적 시대가 가장 윤리적이고 가장 도덕적이고 가장 의로운 행실의 시대였음을 필자가 앞에서 지적한 바 있습니다. 우리 속에 계신 보혜사 성령님을 힘입어 사는 사람들에게는 '계명과 율법과 선지자의 정신'의 구현이 삶의 목표입니다. 그들만이 그것을 행할 능력이 있습니다. 그리스도의 형상의 진수는 하나님의 '계명과 율법과 선지자'를 통해서 주신 하나님 아버지의 뜻에 철저하게 복종하심이었기 때문입니다. "율법이 육신으로 말미암아 연약하여 할 수 없는 그것을 하나님은 하시나니 곧 죄로 말미암아 자기 아들을 죄 있는 육신의 모양으로 보내어 육신에 죄를 정하사 육신을 따르지 않고 그 영을 따라 행하는 우리에게 율법의 요구가 이루어지게 하려 하심이니라."(롬 8:3,4)

실로 그리스도와 그 행사로 인하여 복음이 복음된 일이나, 복음을 인하여 구원에 이른 그리스도인이나 다 '율법을 멸시하고 파기한 것이 아니라 율법을 굳게 세웁니다.' "그런즉 우리가 믿음으로 말미암아 율법을 파기하느냐 그럴 수 없느니라 도리어 율법을 굳게 세우느니라." 아멘.

4

구약성경과
이신칭의 교리

복음은 신약시대부터 시작된 것이 아닙니다. 복음의 원초적
인 기원은 '창세전'입니다. "찬송하리로다 하나님 곧 우리 주 예
수 그리스도의 아버지께서 그리스도 안에서 … 창세 전에 그리
스도 안에서 우리를 택하사 … 그 기쁘신 뜻대로 우리를 예정
하사 예수 그리스도로 말미암아 자기의 아들들이 되게 하셨으
니."(엡 1:3-5) 그러므로 구약의 언약(약속)과 예언의 조명照明 아
래서만 신약을 바르게 이해할 수 있습니다. 예수님의 구속救贖
과 '이신칭의 교리'도 신약에서 처음 시작하여 나타난 것이 아니
라 '구약성경에 기록된 약속과 예언의 성취'로 보아야 합니다.
그래서 사도는 로마서 4장에서 구약성경 속의 두 인물, 그리스
도 예수님의 육신적 혈통을 잇는 두 정봉頂峯과도 같은 아브라
함과 다윗의 경우를 통하여 이신칭의 교리를 예증하고 있습니
다. 이 대목을 통하여 우리는 '복음에 대한 원만한 이해'의 분량
을 더 크게 할 것입니다.

20

구약시대 성도들과
이신칭의 교리

4:1 그런즉 육신으로 우리 조상인 아브라함이 무엇을 얻었다 하리요

4:2 만일 아브라함이 행위로써 의롭다 하심을 받았으면 자랑할 것이 있으려니와 하나님 앞에서는 없느니라

4:3 성경이 무엇을 말하느냐 아브라함이 하나님을 믿으매 그것이 그에게 의로 여겨진 바 되었느니라

4:4 일하는 자에게는 그 삯이 은혜로 여겨지지 아니하고 보수로 여겨지거니와

4:5 일을 아니할지라도 경건하지 아니한 자를 의롭다 하시는 이를 믿는 자에게는 그의 믿음을 의로 여기시나니

4:6 일한 것이 없이 하나님께 의로 여기심을 받는 사람의 복에 대하

여 다윗이 말한 바

4:7 불법이 사함을 받고 죄가 가리어짐을 받는 사람들은 복이 있고

4:8 주께서 그 죄를 인정하지 아니하실 사람은 복이 있도다

4:9 그런즉 이 복이 할례자에게냐 혹은 무할례자에게도냐 무릇 우리가 말하기를 아브라함에게는 그 믿음이 의로 여겨졌다 하노라

4:10 그런즉 그것이 어떻게 여겨졌느냐 할례시냐 무할례시냐 할례시가 아니요 무할례시니라

4:11 그가 할례의 표를 받은 것은 무할례시에 믿음으로 된 의를 인친 것이니 이는 무할례자로서 믿는 모든 자의 조상이 되어 그들도 의로 여기심을 얻게 하려 하심이라

4:12 또한 할례자의 조상이 되었나니 곧 할례 받을 자에게뿐 아니라 우리 조상 아브라함이 무할례시에 가졌던 믿음의 자취를 따르는 자들에게도 그러하니라

4:13 아브라함이나 그 후손에게 세상의 상속자가 되리라고 하신 언약은 율법으로 말미암은 것이 아니요 오직 믿음의 의로 말미암은 것이니라

4:14 만일 율법에 속한 자들이 상속자이면 믿음은 헛것이 되고 약속은 파기되었느니라

4:15 율법은 진노를 이루게 하나니 율법이 없는 곳에는 범법도 없느니라

4:16 그러므로 상속자가 되는 그것이 은혜에 속하기 위하여 믿음으로 되나니 이는 그 약속을 그 모든 후손에게 굳게 하려 하심이라 율법에 속한 자에게뿐만 아니라 아브라함의 믿음에 속한 자에게도 그러하니 아브라함은 우리 모든 사람의 조상이라

사도는 로마서 3장에서 자기 백성을 구원하시는 하나님의 은혜의 방식인 복음의 핵심, '이신칭의' 교리를 논증적으로 증거하였습니다. 이제 로마서 4장에서는 자기의 논증을 구약성경의 성도들의 믿음에 비추어 예증하고 싶어 합니다.

그 점은 매우 필요합니다. 왜냐하면 그 교리가 구약성경에 기록된바 구약시대 성도들의 믿음과 구원에 부합하지 않으면 성립될 수 없기 때문입니다. 예수님의 행사의 정당성은 전적으로 하나님의 뜻을 성취한데 있습니다. '하나님의 뜻'이 바로 구약성경에 계시되었습니다. 그래서 예수님께서는 '이 땅에 오시어 이루실 자신의 모든 일은 전부 구약성경에 계시된 하나님의 뜻을 이루는 것이라'고 이해하셨습니다. "너희가 성경에서 영생을 얻는 줄 생각하고 성경을 연구하거니와 이 성경이 곧 내게 대하여 증언하는 것이니라."(요 5:39) 여기서 예수님께서 "내게 대하여 증언하는 것이니라"고 하신 것은, '구약성경이 내가 아버지의 보내심을 받아 이루실 아버지의 뜻을 증언하는 것이니라'는 의미입니다. 그래서 우리 주 예수님께서는 당신 자신의 모든 행동 기준을 구약성경에서 찾으셨습니다. 또 제자들에게 당신 자신이 하나님의 아들 그리스도이심을 가르치실 때에 구약성경을 가지고 가르치셨습니다. 앞에서 여러 번 지적한 바와 같이, 예수님께서 3년 반의 공생애 동안 제자들을 가르치신 교육 내용이 전부 "모세와 모든 선지자의 글로 시작하여 모든 성경에 쓴 바 자기에 관한 것을 자세히 설명하시는" 방식이었습니다(눅 24:27). 부활하신 예수님께서 엠마오로 가는 두 제자를 가르쳐 돌이키신 방식은 이전 공생애 기간 중에 늘 행하시던 교육 방식의 일환이라고 해야 할 것입니다. "이르시되 미련하고 선지자들이 말한 모든 것을 마음에 더디 믿는 자들이여 그리스도가 이런 고난을 받고 자기의 영광에 들어가야 할 것이 아니냐 하시고 이에 모세와 모든 선지자의 글로 시작하여 모든 성경에 쓴 바 자기에 관한 것을 자세히 설명하시니라."(눅 24:25-27)

그러므로 복음서들에 기록된 모든 예수님의 교훈은 전에 없던 새로운 교훈이 아니라 '이미 구약성경에서 증언된 바의 의미를 더욱 선명하게 확대 설명하고 확증하신 것이라' 할 수 있습니다. 부활하신 예수님께서 승천하시기 전에 예수님께서 공생애 기간 동안의 가르치심을 상기하시며 제자들에게 재확인한 것도 바로 그 점입니다. "또 이르시되 내가 너희와 함께 있을 때에 너희에게 말한바 곧 모세의 율법과 선지자의 글과 시편에 나를 가리켜 기록된 모든 것이 이루어져야 하리라 한 말이 이것이라 하시고 이에 그들의 마음을 열어 성경을 깨닫게 하시고 또 이르시되 이같이 그리스도가 고난을 받고 제 삼일에 죽은 자 가운데서 살아날 것과 또 그의 이름으로 죄 사함을 받게 하는 회개가 예루살렘에서 시작하여 모든 족속에게 전파될 것이 기록되었으니 너희는 이 모든 일의 증인이라."(눅 24:44-48)

예수님께서 구약성경에 얼마나 충실하게 자신을 복종시키셨는지에 대해서 이미 우리가 여러 차례 지적한 바 있습니다. 성령님께 이끄심을 받아 40일 금식하신 후 마귀에게 시험을 받으실 때에도 구약성경의 말씀으로 마귀를 이기셨습니다.

사도 바울도 자기에게 맡겨진 복음을 증거할 때에, "하나님이 선지자들로 말미암아 자기 아들에 관하여 성경에 미리 약속하신 것이라"(롬 1:2)는 사실을 염두에 두지 않은 적이 없었습니다. 사도행전에 나타난 사도 바울의 행적은 그 점을 확증해 줍니다. 그와 관련하여 두어 군데를 인용해 보면 이러합니다. "바울이 자기의 관례대로 그들에게로 들어가서 세

안식일에 성경을 가지고 강론하며 뜻을 풀어 그리스도가 해를 받고 죽은 자 가운데서 다시 살아야 할 것을 증언하고 이르되 내가 너희에게 전하는 이 예수가 곧 그리스도라 하니."(행 17:2,3) "저희가 날짜를 정하고 그가 유숙하는 집에 많이 오니 바울이 아침부터 저녁까지 강론하여 하나님 나라를 증언하고 모세의 율법과 선지자의 말을 가지고 예수에 대하여 권하더라."(행 28:23) '모세의 율법과 선지자의 말'은 '구약성경'을 가리킨 것이 아니면 무엇입니까?

이와 같이, 사도가 증언하는 '이신칭의'의 교리는 신약시대에 갑자기 새롭게 나타난 것이 아닙니다. 그 교리는 구약성경에 이미 계시된 하나님의 구원 방식에 관한 진리의 중추(中樞)입니다. 그래서 사도는 로마서 4장에서 구약시대의 대표적인 두 믿음의 영웅, 곧 '아브라함과 다윗'의 경우를 들어 그 교리를 예증하고 있습니다.

아브라함의 경우

"**4:1그런즉 육신으로 우리 조상인 아브라함이 무엇을 얻었다 하리요.**" 사도는 '우리 모든 믿는 자의 조상'인 아브라함의 경우를 '이신칭의' 교리의 정당한 예증으로 제시합니다. 우리 믿음의 진정성은 우리의 믿음이 아브라함의 믿음과 동일할 때 확증됩니다. 하나님께서 아브라함을 '믿음의 사표(師表)'로 성경에 우뚝 세워 놓으셨기 때문입니다. 본질에 있어서 내 믿음이 아브라함의 믿음과 다르다면 내 믿음이 잘못되어 있습니다. 반면에 누가 무어라 해도 내 믿음이 그 본질에 있어서 아브라함의 믿음과 일치하면 내 믿음이 하나님 앞에서 옳은 것으로 판명된 것이나 마찬가지입니다.

"**육신으로.**" '육신으로'란 말이 어디에 걸리느냐로 주석가들 사이에 논쟁이 있었습니다. '우리 조상인 아브라함이 육신으로(육신적 본성으로) 무엇을 얻었다 하리요'라는 식으로 이해하는 주석가도 있고, '육신으로(육신적 혈통을 따라) 우리 조상인 아브라함이 무엇을 얻었다 하리요'라는 식으로 이해하는 주석가도 있습니다. 흠정역(KJV)은 What shall we say then that Abraham our father, as pertaining to the flesh, hath found?(육신에 속한 대로 하여, 우리 조상인 아브라함이 무엇을 얻었다 하리요)로 번역하였습니다. NKJV는 What then shall we say that Abraham our father has found according to the flesh?(그런즉 우리 조상인 아브라함이 육신을 따라서는 무엇을 얻었다 하리요)로 번역하고 있습니다. 반면에 1984년 판 NIV는 What then shall we say that Abraham, our forefather, discovered in this matter?(우리 조상인 아브라함이 이 일에 관한 한 무엇을 얻었다 하리요)로 번역하였습니다. 2011판 NIV는 1984년 판 번역을 보충할 양으로 What then shall we say that Abraham, our forefather according to the flesh, discovered in this matter?(그런즉 육체를 따라 우리 조상된 아브라함이 이 일에 관하여 무엇을 얻었다 하리요)라는 식으로 읽습니다. KJV와 NIV의 번역자들의 시각이 서로 차이나는 것을 발견합니다.

이에 대하여 존 칼빈과 로이드 존스는 NKJV 번역문과 같이 이해하고 있습니다. What then shall we say that Abraham our father has found according to the flesh?(그런즉 우리 조상인 아브라함이 '육신'을 따라서는 무엇을 얻었다고 하리요?) 로이드 존스는, 여기서 사도가 '육신'이라는 말을 단순한 '살과 뼈'의 물리적인 우리의 '몸'을 가리키지 않고 '영적인 원리'를 가리킨다고 지적합니다.

그러합니다. 사도 바울이 그의 서신들에서 '육신(또는 육체, flesh)'이란 단어를 '나면서부터 가지고 태어나는 죄악적인 본성(sinful nature)'을 지시하는 용어로 쓰고 있음은 분명합니다. 로마서 8장에서 사도는 그 점을 분명하게 합니다. "율법이 육신으로 말미암아 연약하여 할 수 없는 그것을 하나님은 하시나니 곧 죄로 말미암아 자기 아들을 죄 있는 육신의 모양으로 보내어 육신에 죄를 정하사 육신을 따르지 않고 그 영을 따라 행하는 우리에게 율법의 요구가 이루어지게 하려 하심이니라."(롬 8:3,4) 갈라디아서에서도 마찬가지입니다. "내가 이르노니 너희는 성령을 따라 행하라 그리하면 육체의 욕심을 이루지 아니하리라 육체의 소욕은 성령을 거스르고 성령은 육체를 거스르나니 이 둘이 서로 대적함으로 너희가 원하는 것을 하지 못하게 하려 함이니라."(갈 5:16,17)

"그런즉 육신으로 우리 조상인 아브라함이 무엇을 얻었다하리요." 우리가 로마서 3장에 있는 사도의 논리를 상기하면 이 말이 무엇을 의미하는지 분명해집니다. 3장에서 사도는 무엇을 말하였습니까? '죄 밖에 없는 사람이 하나님 앞에 제출할 아무런 행위의 의(義)가 없어 오직 그리스도를 믿음으로 말미암아 전가된 그리스도의 의(義)만 보시고 그 믿는 자를 의롭다고 선포하시는 하나님의 법정적 행사'를 선포하고 논증하였습니다. 그러니 '이신칭의' 교리는 '오직 그리스도 안에 있는 하나님의 은혜의 행사'를 집중합니다.

사도는 그 하나님의 '이신칭의'의 위대한 구원의 방식을 예증하기 위해 구약시대, 아니 신약시대까지 모든 참된 믿음의 사람들의 모델격인 아브라함을 제시합니다. 그러면서 도전적으로 묻고 있습니다. '가정하여 유대인의 조상이요 믿음의 조상도 되는 아브라함이 육신, 곧 자기 본성적 성향을 따라서라면, 곧 자기 행위대로라면 하나님의 법정에서 어떤 판결을 받아 냈다고 우리가 말하겠는가?' 사도 바울은 이 로마서를 공부할 이들을 위하여 수사적으로 그런 식으로 도전적인 질문을 던진 것입니다. 그런 다음에 그 질문에 대하여 이제까지의 사도의 논리를 따라온 이들에게는 너무나 명백한 답을 다음 구절에서 제시합니다.

"**4:2만일 아브라함이 행위로써 의롭다 하심을 받았으면 자랑할 것이 있으려니와 하나님 앞에서는 없느니라.**" 사도는 여기서도 가정법을 사용하여 앞 절에서 던진 도전적 질문에 대한 답을 하고 있습니다. 그는 "아브라함이 행위로써 의롭다 하심을 받았으면"이라는 수사적 가정을 해 봅니다. "행위로써"란 표현은 '자기 스스로 율법을 지킴으로 이룩한 자기 의(義)로 말미암아'라는 의미입니다. 아브라함이 하나님께 그런 방식으로 의롭다 하심을 받았다면 아브라함은 "자랑할 것이 있으려니와." 그러나 "하나님 앞에서는 없느니라." 하나님 앞에서 그런 식으로 의롭다 하심을 받았을 리가 없다는 것입니다. 이미 사도는 "의인은 없나니 하나도 없다"는 말씀을 인용하여 "모든 사람이 죄를 범하였다"고 선언하였기 때문입니다(롬 3:10,23). 그러므로 아브라함도 그 점에서 예외는 아닙니다. 사도 바울 자신도 다메섹 도상에서 자기를 부르신 그리스도를 뵙기 이전까지 "나는 율법의 의로는 흠이 없는 자라"고 생각하며 자랑하였습니다(빌 3:5). 그러나 그는 그리스도를 만난 뒤에 "나는 죄인 중의 괴수라"는 의식을 버린 적이 없습니다(딤전 1:15). 아브라함도 자기의 의를 제출하여 인정 받아 하나님 앞에서 의롭다 하심을 받았을 리가 없습니다. 그러므로 아브라함도 자랑하려면 하나님의 은혜의 영광을 찬미하고 높여야지 자신의 의를 내세우며 자랑할 근거가 전혀 없는 것입니다.

"**4:3성경이 무엇을 말하느냐 아브라함이 하나님을 믿으매 그것이 그에게 의로 여겨진바 되었느니라.**" 여기서 사도는 창세기 15:6의 말씀을 인용하고 있습니다. "아브람이 여호와를 믿으니 여호와께서 이를 그의 의로 여기시고."(개역한글) 아브라함도 우리와 동일한 성정을 가진 인간이기에 창세기 12:1-4에 기록된 하나님의 약속이 더디 이루어지자 두려워했습니다. 물론 하나님께서 그 약속을 여러 차례 확인하여 주셨습니다. 조카 롯이 요단 지경으로 떠난 후에 하나님께서 아브라함에게 나타나시어 말씀하셨습니다. "롯이 아브람을 떠난 후에 여호와께서 아브람에게 이르시되 너는 눈을 들어 너 있는 곳에서 북쪽과 남쪽 그리고 동쪽과 서쪽을 바라보라 보이는 땅을 내가 너와 네 자손에게 주리니 영원히 이르리라 내가 네 자손이 땅의 티끌 같게 하리니 사람이 땅의 티끌을 능히 셀 수 있을진대 네 자손도 세리라 너는 일어나 그 땅을 종과 횡으로 두루 다녀 보라 내가 그것을 네게 주리라."(창 13:14-17) 그러나 하나님의 그 약속이 실현될 가망이나 개연성이 전혀 보이지 않은 채 아브라함의 나이는 더해 갔습니다. 그러니 아브라함이 두려워하게 되었습니다. 그 때 하나님께서 아브라함에게 나타나시었습니다. "이 후에 여호와의 말씀이 환상 중에 아브람에게 임하여 이르시되 아브람아 두려워하지 말라 나는 네 방패요 너의 지극히 큰 상급이니라."(창 15:1) 아브라함은 이 하나님의 말씀을 듣고 자기 마음 심중에 있는 생각을 아룁니다. "아브람이 이르되 주 여호와여 무엇을 내게 주시려 하나이까 나는 자식이 없사오니 나의 상속자는 이 다메섹 사람 엘리에셀이니이다 아브람이 또 이르되 주께서 내게 씨를 주지 아니하셨으니 내 집에서 길린 자가 내 상속자가 될 것이니이다."(창

15:2,3) 그 때에 하나님께서 아브라함에게 말씀하십니다. "여호와의 말씀이 그에게 임하여 이르시되 그 사람이 네 상속자가 아니라 네 몸에서 날 자가 네 상속자가 되리라 하시고 그를 이끌고 밖으로 나가 이르시되 하늘을 우러러 뭇별을 셀 수 있나 보라 또 그에게 이르시되 네 자손이 이와 같으리라."(창 15:4,5)

아브라함은 잠시 자기의 좁은 소견에 따라 하나님의 완전하심과 그 미쁘심에 대하여 오해하였습니다. 그 말씀을 들은 아브라함은 어떻게 하였습니까? "아브람이 여호와를 믿으니"(창 15:6) 아브라함은 자기 소견에 따라서는 의심하며 두려워하였습니다. 그러나 '하나님의 말씀을 듣고는 하나님을 믿었습니다.' 하나님께서 그렇게 당신 자신의 말씀을 듣고 믿는 아브라함을 향하여 어떻게 하셨습니까? "여호와께서 이를 그의 의로 여기시고."(창 15:6)

우리는 여기서 '아브라함이 하나님을 믿으니 이를 그의 의로 여기신' 하나님의 처사를 어떻게 이해해야겠습니까? 사도는 이 말씀이 단순하게 '네가 내 말을 듣고 나를 믿으니 그것이 옳구나' 하신 것이라고 보지 않습니다. 도리어 '하나님을 믿은 아브라함의 믿음을 보시고 의롭다고 선포하시는 하나님의 법정적 선언'으로 보고 있습니다. 그래서 "성경이 무엇을 말하느냐 그것이 그에게 의로 여겨진바 되었느니라"고 한 것입니다.

"아브라함이 하나님을 믿으매." 칼빈은 "아브라함이 하나님을 믿었다"는 것에 대하여 포괄적 이해를 해야 함을 지적합니다. 하나님께서 그날 밤에 나타나 말씀하신 대로 '가나안 지경 전체를 너와 네 후손에게 주겠고 네 자손이 하늘의 별들같이 많게 하시겠다는 것' 자체만을 믿은 것이 아니란 말입니다. 아브라함이 '하나님께서 은혜로 구원하시고 구원하신 자들을 아들들로 받아 드리시려는 구원의 언약 전체'를 믿었습니다. 아브라함이 지상적인 의미의 '땅과 거기에 거하게 될 별과 같이 많은 자기 후손들의 행복'의 차원에서 하나님의 말씀을 믿은 것이 아닙니다. 하나님께서 아브라함에게 하신 언약의 핵심은 '그리스도와 그의 행사를 통하여 자기 백성을 구원하실 뜻'이었습니다. 그래서 우리 주 예수님께서 "너희 조상 아브라함은 나의 때 볼 것을 즐거워하다가 보고 기뻐하였느니라"(요 8:56) 하신 것입니다. 구약시대에 구원받은 모든 성도들은 하나님과 그 언약을 믿되, '그리스도 안에서 은혜로 구원하시는' 하나님을 믿은 것입니다. 히브리서 11장에 나오는 구약시대의 믿음의 영웅들 전체가 다 그런 믿음을 가졌습니다. "믿음으로 아벨은… 믿음으로 에녹은… 믿음으로 노아는… 믿음으로 아브라함은… 믿음으로 모세는… "(히 11장) 그들은 우리와 동일한 믿음을 가졌습니다. 실로 구약시대나 신약시대 이후나 하나님께서 당신의 사랑하시는 백성들을 구원하시는 방식은 그 본질에 있어서 항상 하나입니다. "다른 이로써는 구원을 받을 수 없나니 천하 사람 중에 구원을 받을 만한 다른 이름을 우리에게 주신 일이 없음이라 하였더라."(행 4:12)

다윗의 경우

"**4:4일하는 자에게는 그 삯이 은혜로 여겨지지 아니하고 보수로 여겨지거니와.**" 여기서 사도는 '일'과 '품삯' 사이의 보편적인 율례를 들어, '이신칭의'가 전적으로 '행한 일'에 대한 보상이 아니라 '행한 일이 없이 오직 은혜로만 주어진' 것임을 다시 강조합니다. 일을 하고 나서 대가로 받는 품삯은 '은혜'가 아니라 '정당한 보수'입니다. 만일 어떤 일꾼이 일을 하였는데도 그에 상응하는 품삯을 주지 않으면 그 주인은 그 일꾼에 대해 빚을 진 셈입니다. 그 일꾼은 그 주인에 대하여 자기 '일한 것'을 근거로 정당한 보수를 요구할 권리를 가진 것입니다. 그러나 일꾼이 전혀 일을 하지 않았는데도 주인이 일을 다 한 것 같이 여겨 온전한 삯을 주었다면, 그 일꾼은 주인에게 은혜의 빚을 진 것입니다.

"4:5일을 아니할지라도 경건하지 아니한 자를 의롭다 하시는 이를 믿는 자에게는 그의 믿음을 의로 여기시나니." "경건하지 아니한 자를 의롭다 하시는" 하나님의 행사는 마치 '일을 한 적이 전혀 없는 사람에게 온전한 품삯을 쳐 주는 것'과 같은 일입니다. 그 일 자체만 보면 "각 사람에게 그 행한 대로 보응하시는" 하나님의 심판의 원칙을 어긴 것 같아 보입니다(롬 2:6). 그럼에도 불구하고 "경건하지 아니한 자를 의롭다 하시는" 방식으로 구원하시는 하나님을 믿는 믿음을 "의로 여기시나니." 복음은 '일반적인 하나님의 심판의 원칙을 어긴 것이 아니라 그리스도 안에서 그 원칙을 존중하여 만족시킨 법'입니다. 그 복음으로 자기 백성을 구원하시는 하나님의 미쁘심을 믿고 의뢰하는 사람의 '믿음'을 하나님께서는 '의'로 여기십니다.

물론 여기서 "그의 믿음을 의로 여기시나니"라고 한 것을 보고 '그의 믿음을 의롭다 하신 공로'로 여기신다 하면 잘못입니다. 도리어 '그의 믿음으로 말미암아 그에게 전가되는 의'를 보시는 하나님의 행사로 이해해야 합니다. 칼빈은 그 표현을 이렇게 주석합니다. "믿음은 우리를 다른 이의 의로 꾸며 준다. 믿음은 하나님께서 은사(恩賜)로 베푸시는 그 의를 추구한다. 그래서 사도는 여기서 하나님을 가리켜 말하기를, 죄인들에게 대가를 요구하지 않으시고 용서하시고 호의를 베푸시어 의롭다 하시는 하나님으로 말한다. 하나님께서는 공의대로라면 진노로 대하실 이들을 사랑으로 대우하시는 것이다."

"4:6일한 것이 없이 하나님께 의로 여기심을 받는 사람의 복에 대하여 다윗이 말한 바." 구약시대 성도들 중에 아브라함과 다윗은 우뚝 솟아 있는 산의 정봉과 같은 인물들입니다. 사도는 성령님의 인도하심을 따라 하나님의 구속사(救贖史)의 맥을 이어가는 두 큰 인물들을 통해서 하나님의 '이신칭의' 교리를 예증하고 있습니다. 실로 아브라함과 다윗은 그리스도 안에서 당신의 백성을 구원하시는 일련의 하나님의 행사, 곧 구속사(救贖史)에 있어서 중요한 인물들입니다. 우리가 이 로마서 1:2의 강해 부분에서 반복하여 지적한 것 같이, 그들은 하나님의 섭리와 경륜 속에서 '그리스도의 육신적 혈통의 계보'에서 두 큰 포인트입니다. "아브라함과 다윗의 자손 예수 그리스도의 계보라."(마 1:1) 아울러 하나님의 구속의 계획을 계시하시고 이루시는 과정에서 그들의 생애는 하나님의 손에서 거룩한 도구입니다. 그래서 아브라함과 다윗의 생애에 할애된 분량이 성경의 다른 모든 인물들의 것을 능가합니다. 그래서 사도는 '이신칭의'의 교리를 예증하면서 아브라함과 다윗을 들어 말하고 있습니다. 다른 말로 하여, 구약성경에 기록된 그들의 행적 속에 '이신칭의' 교리가 선명하게 계시되어 있음을 사도는 알고 있습니다. 그래서 다윗의 입을 통해서 증언되어 기록된 구약의 말씀을 인용하고 있는 것입니다.

"4:7불법이 사함을 받고 죄가 가리어짐을 받는 사람들은 복이 있고." 사도는 다윗의 시편 32:1,2의 말씀을 자기 나름으로 간추려 인용합니다. 시편 32편의 진술을 그대로 옮기면 이러합니다. "허물의 사함을 받고 자신의 죄가 가려진 자는 복이 있도다 마음에 간사함이 없고 여호와께 정죄를 당하지 아니하는 자는 복이 있도다.” 이 진술이 구약성경의 모든 진술들 중에서 ‘이신칭의’ 교리를 가장 포괄적으로 표현하고 있다고 하면 과언일까요? 로마서 3장에서 진술한 ‘이신칭의’ 교리의 내용이 무엇인지에 대하여 아직도 석연하지 못한 이라도 이 인용구를 보면 그 모호함에서 자유하게 되리라고 필자는 봅니다. 하나님께서 죄인을 구원하시는 은혜의 방식인 ‘이신칭의’의 행사는 무엇입니까? 그 은택을 누리게 된 이들이 구체적으로 어떤 내용의 복을 누리게 됩니까? 그의 “불법이 사함을 받고 죄가 가리어짐을 받는” 것이 아니면 무엇입니까?

칼빈은 이 대목을 이렇게 주석합니다. “사도 바울이 말하는 ‘의’란 바로 죄의 사면(赦免)이 아니면 무엇이겠는가? 이것이 은혜에 속한 것은 그것이 아무런 공로가 없이 주어지기 때문이다. 채무자가 빚을 갚기 전에는 그 채무가 면제되지 않는다. 그러나 채권자가 순전한 자비를 베풀어 아무 대가 없이 채무증서를 도말하면 채무자는 즉시 그 채무에서 자유함을 얻는다. 사도는 그 도식을 빌어 하나님께서 믿는 자에게 순전하게 은혜로 베푸시는 ‘의(義)’를 입증한다.” 그리고 칼빈은 “죄가 가리어진다”는 것이 ‘하나님의 면전에서 우리의 죄가 옮겨진다’고 선언한 것이라고 말합니다. “우리의 죄를 따라 우리를 처벌하지는 아니하시며 우리의 죄악을 따라 우리에게 그대로 갚지는 아니하셨으니… 동(東)이 서(西)에서 먼 것 같이 우리의 죄과를 우리에게서 멀리 옮기셨으며.”(시 103:10,12) “내가 네 허물을 빽빽한 구름의 사라짐같이, 네 죄를 안개의 사라짐같이 도말하였으니 너는 내게로 돌아오라 내가 너를 구속하였음이니라.”(사 44:22 - 개역한글)

"4:8주께서 그 죄를 인정하지 아니하실 사람은 복이 있도다." 여기서 "인정하지 아니한다"는 말을 KJV에서는 Blessed is the man to whom the Lord will not impute sin(주께서 죄를 돌리지 않으실 그 사람은 복이 있도다)로 번역하고 있습니다. NIV에서는 Blessed is the one whose sin the Lord will never count against them(주께서 그 사람의 죄를 결코 그 사람의 것으로 여기지 않으실 사람은 복이 있도다)로 읽습니다. 사도가 시편의 말씀을 인용하고 나타내고자 하는 바는 무엇입니까? '일반적인 심판의 법칙으로 볼 때에 응당 죄로 말미암아 정죄 받아야 마땅한데도 불구하고, 주님께서 어떤 사람을 향하여서는 그 죄를 죄로 여기지 않아 결코 정죄하지 않으신다'는 말입니다. 그 말은 '그 어떤 이의 죄는 더 이상 하늘에 있는 하나님의 법정에서 정죄 판결의 대상이 되지 않는다'는 말입니다. 이런 일이 '그 어떤 사람에게는 한시적으로만 주어지는 것'이라면 복이 될 수 없습니다. 그러나 사도가 인용한 시편의 진술은 그 효력이 영원한 것입니다. 그래서 NIV 역본의 번역자들이 다른 역본에는 넣지 않은 'never'라는 수식어를 첨가한 것입니다. '다시는, 아니 이후 영원히 주 하나님께서 죄가 있어도 그를 법정에 다시 세워 정죄하는 일은 결코 없는 그 사람'의 행복이여! 누가 그 복을 누릴 것입니까? "그러므로 이제 그리스도 예수 안에 있는 자에게는 결코 정죄함이 없나니."(롬 8:1) '이신칭의'의 진리는 '그 은택을 입은 자들의 죄가 더 이상 하나님의 법정적인 정죄의 대상이 되지 못하게 하신' 이가 하나님이십니다. 이후 로마서를 학습해 나가면서 알아보겠지만 이 교리의 진수에 손을 대어 흠집을 내거나 이 진리를 악용하여 '색욕거리로 삼아 죄를 마음대로 지을 구실'을 삼는다면 사람을 멸망하게 하는 마귀의 간계의 소산인 이단으로 떨어져 저주를 받는 것입니다

(갈 1:6-9).

실로 '이신칭의'의 복을 누리는 이의 행복을 사람의 말로 다 나타낼 재간이 없습니다. 그래서 우리 찬송 304장(통일찬송가 404장) 작시자의 표효는 터무니없는 과장법이 아닌 것입니다. '하나님의 무한한 사랑과 은혜의 분량'에 감격하여 주체할 수 없어 세상에서 '가장 거룩하고 아름답고 적확한 표현'을 쓴 것이라고 해서 누가 비웃겠습니까? '무한자의 무한한 사랑'을 '유한한 인간이 유한한 피조물의 재료'로 다 묘사할 수 없어 그리 표현한 것이라고 해서 누가 나무랄 것입니까!'

'하늘을 두루마리 삼고
바다를 먹물로 삼아도
한없는 하나님의 사랑 다 기록할 수 없겠네.'

정말이지 세상이 주는 모든 영화와 존귀와 행복을 다 누린다 하여도 이 복에서 제외되면 '차라리 나지 않았으면 나을 뻔' 한 사람입니다(막 14:21). 반면에 세상에서 그 어떤 모진 삶의 짐을 지고 있다고 해도 '그리스도 안에 있는 이 복에 참여하여 영생'을 얻은 자는 '영원히' 복됩니다. 또 그런 사람이 진 짐이 아무리 무거워도 우리 주님께서 동행하시어 같이 짐을 져 주시니 감당하지 못할 것이 무엇입니까! "수고하고 무거운 짐진 자들아 다 내게로 오라 내가 너희를 쉬게 하리라 나는 마음이 온유하고 겸손하니 나의 멍에를 메고 내게 배우라 그리하면 너희 마음이 쉼을 얻으리니 이는 내 멍에는 쉽고 내 짐은 가벼움이라 하시니라."(마 11:28-30) "날마다 우리 짐을 지시는 주 곧 우리의 구원이신 하나님을 찬송할지로다

하나님은 우리에게 구원의 하나님이시라 사망에서 피함이 주 여호와께로 말미암거니와."(시 68:19, 20)

할례의 의미

"4:9그런즉 이 복이 할례자에게냐 혹은 무할례자에게도냐." 사도는 이 은혜와 연관지어 '할례(割禮)'의 위치와 가치에 대하여 말하고자 합니다. 사도 시대에 있어서 이 문제는 적지 않은 문제였습니다. 갈라디아 교회에 들어온 이단은 '할례'를 구원의 조건으로 제시할 정도였습니다. 유대교의 전통에서는 마치 그와 같은 식으로 '할례'를 크게 높였으니 그 습관에서 벗어나는 것이 쉽지 않았을 것입니다. 이방의 사도 바울은 당시 동서남북 여러 이방인들의 사회에 널리 분포되어 있었던 유대인들과 그들의 유대교적인 문화를 너무나 잘 알고 있었습니다. 그러므로 이 문제를 제대로 짚고 넘어가야 한다는 생각을 하여 이 문제를 여기 로마서에서 거론하고 있습니다. 그리고 이 로마서를 처음 받았던 로마교회 내에도 유대교에 있다가 회심하여 예수 그리스도를 믿는 이들이 있었을 것을 알았습니다. 그래서 이 문제를 짚고 넘어가야 함을 의식하였던 것입니다.

그러나 구약시대에 '할례 제도'를 제정하여 주신 하나님의 본 의도를 살피면 이 문제는 금방 해소됩니다. 할례의 규례를 명받아 시행한 사람은 아브라함입니다. "하나님이 또 아브라함에게 이르시되 그런즉 너는 내 언약을 지키고 네 후손도 대대로 지키라 너희 중 남자는 다 할례를 받으라 이것이 나와 너희와 너희 후손 사이에 지킬 내 언약이니라 너희는 포피를 베어라 이것이 나와 너희 사이의 언약의 표징이니라."(창 17:9-11) 하나님께서 아브라함과 맺은 언약의 징표로 할례를 시행하라 하신 것입니다. 그 말씀이 '할례'를 조건으로 '언약이 네게 유효하고 그렇지 못하면 내 언약이 유효하지 못하다'고 하신 것이 아닙니다. '할례' 자체가 하나님께서 아브라함과 그 후손들에게 약속하신 것을 이루어주시는 '조건'이라고 하면 안된다는 말입니다. '할례'는 '하나님의 언약 아래 있는 자신의 신분을 나타내는 징표이며, 그 언약을 상기하며 그 언약이 이루어질 것을 내다보게 하시기 위한 상징적인 표징'이었습니다.

"4:9무릇 우리가 말하기를 아브라함에게는 그 믿음이 의로 여겨졌다 하노라." 하나님께서 아브라함의 믿음을 의로 여기신 일은 창세기 15:6에 기록되어 있고, 할례를 명하신 일은 창세기 17장의 일입니다. 그러니 '할례'가 아브라함이 하나님께 '의롭다 하심'을 받게 하는데 그 어떤 영향도 미치지 못하였습니다. 그래서 사도는 "우리가 말하노니"라고 말합니다. 이 표현은 '누구나 변박할 수 없어 우리 모두가 인정할 사실을 말하노니'라는 의도를 담고 있습니다. 그 확실한 사실은 무엇입니까? "그 믿음이 의로 여겨졌다"는 사실입니다. 그래서 사도는 그 확실한 사실에 근거하여 '할례'를 '의롭다 하심'을 받는 데 어떤 조건처럼 여기는 자들의 논리를 차단합니다.

"4:10그런즉 그것이 어떻게 여겨졌느냐 할례시냐 무할례시냐 할례시가 아니요 무할례시니라." 아브라함이 '의롭다 하심'을 받은 것은 할례를 받은 후의 일이 아니라 받기 전의 일입니다. 그러므로 '할례와 아브라함이 의롭다 하심을 받은 일' 사이의 관계는 '조건적 관계'가 아니라 '후행적 표징'의 관계였습니다.

"4:11그가 할례의 표를 받은 것은 무할례시에 믿음으로 된 의를 인친

것이니." 그래서 사도는 이 요점을 적용하여 할례를 받지 못한 이방인 그리스도인들을 안심시키고 있습니다. "이는 무할례자로서 믿는 모든 자의 조상이 되어 그들도 의로 여기심을 얻게 하려 하심이라."

그러므로 할례는 '의롭다 하심'을 받는 일에 있어서 아무런 영향을 미치지 않습니다. 그래서 아브라함을 '믿음의 조상이라' 할 때, 할례를 받은 유대인들이나 그렇지 못한 이방인들 모두 "아브라함과 같은 믿음"을 가져야 함을 강조한 것입니다. 그래서 사도는 할례와 '이신칭의'와 관련하여 더 이상 다른 어떤 변박도 못하게 명백한 결론을 내립니다.

"4:12또한 할례자의 조상이 되었나니 곧 할례 받을 자에게뿐 아니라 우리 조상 아브라함이 무할례시에 가졌던 믿음의 자취를 따르는 자들에게도 그러하니라."

아브라함에게 주신 언약의 성취

"4:13아브라함이나 그 후손에게 세상의 상속자가 되리라고 하신 언약은 율법으로 말미암은 것이 아니요 오직 믿음의 의로 말미암은 것이니라." 이렇게 하여 사도는 구약의 성도들의 대표라 할 수 있는 아브라함과 다윗의 경우를 들어 '이신칭의' 진리를 예증하였습니다. 그래서 이제 사도는 구약 시대이든지 신약 시대 이후의 시대이든 모든 시대, 모든 하나님의 경륜에 있어서 일관하는 '이신칭의' 교리의 진수로 돌아옵니다. 그러면서 아브라함과 그 후손에게 하신 '언약'의 성취는 "율법으로 말미암은 것이 아니요 오직 믿음의 의로 말미암은 것이니라"고 강조합니다. 그 말은 '하나님의 언약이 아브라함과 그 후손들에게 미치는 것은 그들이 율법을 지켜 행하는 일을 근거로 한 것이 아니요 아브라함의 믿음을 의로 여기신 하나님의 은혜로 말미암았다'는 것입니다. 하나님의 언약의 중심은 '아브라함과 다윗의 자손으로 오실 예수 그리스도와 그 행하실 일'에 대한 것입니다. "아브라함이 하나님을 믿었다" 함은 바로 그 '언약의 중심'을 믿은 것입니다. 그러니 아브라함이 '의롭다 하심'을 받은 것은 그 '자신의 신실함과 그 행위의 옳음'을 근거한 것이 아니라 '친히 언약하시고 이루시는 하나님을 믿는 믿음으로' 말미암은 것입니다. '언약하신 것을 친히 이루시는 하나님'의 행사의 중심이 무엇입니까? "아브라함과 다윗의 자손"으로 오실 '예수 그리스도와 그 구속(속량)'입니다. 그러므로 구약 시대이든 신약 시대와 그 이후이든 사람이 '죄 사함을 받고 의롭다 하심'을 받는 것은 '조금의 차이도 없는 본질상 하나'입니다.

　"4:14만일 율법에 속한 자들이 상속자이면 믿음은 헛것이 되고 약속은 파기되었느니라." 사도는 거듭하여 '이신칭의' 교리의 진수를 또 다른 각도에서 조명하여 확증하기 위하여 가상적인 가정법을 도입합니다. 특히 여기서 "율법에 속한 자들"은 아브라함의 육신적 혈통의 자손들, 곧 '할례'를 자랑하며 이방인들을 멸시하는 자들을 가리킵니다. 구약 시대 이스라엘 백성들의 실상을 염두에 두고 있습니다. 그들이 '모세를 통하여 받은 율법'에 대하여 어떤 사람들이었습니까? 우리가 책의 앞부분에서 배운 바와 같이, '아브라함의 혈통적 자손 이스라엘'이 모세를 통하여 주신 하나님의 율법을 존중하여 지키기 보다는 늘 배반하였습니다.

　"만일 율법에 속한 자들이 상속자이면." '사람이 의롭다 하심을 받는 행복이 율법을 지키는 자들에게만 해당된다'하면, 어떻게 되었겠느냐는 것입니다. 그렇다면 그들 아브라함과 그 후손들에게 하신 언약은 벌써 파기가 되었을 것입니다. 예수님 시대에도 유대교에 속한 이들은 늘 '모세'를 내세워 예수님을 대적하였습니다. "내가 너희를 아버지께 고발할까 생각하지 말라 너희를 고발하는 이가 있으니 곧 너희의 바라는 자 모세니라 모세를 믿었더라면 또 나를 믿었으리니 이는 그가 내게 대하여 기록하였음이라."(요 6:45, 46)

"4:15율법은 진노를 이루게 하나니 율법이 없는 곳에는 범법도 없느니라." 율법은 우리에게 "이를 행하라 그리하면 살리라"고 말합니다. 그러므로 우리가 그 '율법 아래' 있다면 그 율법은 '그 요구를 행하지 못한 우리에 대한 하나님의 의로우신 판단, 곧 정죄의 판결'을 요청합니다. 결국 하나님의 의로우신 판단은 우리를 정죄하고 진노의 형벌을 부과합니다.

"율법이 없는 곳에는 범법도 없느니라." 율법이 없다면 '이것이 범법이라고 규정하여 하나님의 진노를 발하시는 일도 없을' 것이란 말입니다.

"4:16그러므로 상속자가 되는 그것이 은혜에 속하기 위하여 믿음으로 되나니 이는 그 약속을 그 모든 후손에게 굳게 하려 하심이라." '하나님께서 아브라함에게 하신 언약의 성취와 그 은택을 이어받는 일,' 곧 아브라함과 그 후손들이 상속자가 되는 일은 '율법의 행위에 속한 일이 아니라 은혜에 속한다'는 것입니다. 앞에서 지적한 바와 같이 '이스라엘 자손들의 배역' 자체만 보면 '자기 백성을 구원하시기 위한 하나님의 경륜과 섭리와 통치, 곧 구속사(救贖史)'는 벌써 끝장이 났을 것입니다. 다른 말로 해서, 그들의 '행위'에 근거하여 하나님의 약속이 이루어졌다면 그 약속은 파기되었을 것이란 말입니다. 그러나 우리가 구약성경을 읽어 보면, 그 패역한 이스라엘의 행위에도 불구하고 '구속사(救贖史)'가 끝나지 않았음을 봅니다.

실로 인간들의 패역에도 불구하고 '역사'가 중단되지 않고 이어져 온 이유도 거기에 있습니다. 일반 역사는 구속사를 받혀 주는 환경입니다. 만일 당신의 백성들을 구원하시고 그 백성들로 자녀를 삼고 완전한 당신 나라를 세우실 뜻이 없었다면, 인간의 역사가 진행될 이유가 조금도 없습니다. 만일 하나님의 그 계획과 목적이 없었다면, 인간의 모든 행사는 다 '재와 티끌과 흙'으로 돌아갈 문화입니다. "내가 사람들에게 고난을 내려 맹인 같이 행하게 하리니 이는 그들이 나 여호와께 범죄하였음이라 또 그들의 피는 쏟아져서 티끌 같이 되며 그들의 살은 분토 같이 될지라."(습 1:17) "주께서 사람을 티끌로 돌아가게 하시고 말씀하시기를 너희 인생들은 돌아가라 하셨사오니 주의 목전에는 천 년이 지나간 어제 같으며 밤의 한 순간 같을 뿐임이니이다."(시 90:3,4) "그러나 주의 날이 도둑 같이 오리니 그 날에는 하늘이 큰 소리로 떠나가고 물질이 뜨거운 불에 풀어지고 땅과 그 중에 있는 모든 일이 드러나리로다."(벧후 3:10)

그러나 죄 가운데 있는 인간의 패역에도 불구하고 하나님께서 그리스도 안에서 창세전에 예정하신 뜻을 이루시기 위하여 그리스도의 재림시까지 이어질 것입니다. 구약시대의 인류의 모든 역사는 그리스도의 초림과 갈보리 십자가의 구속(救贖)을 위하여 달려 왔습니다. 그리고 그리스도의 승천 이후 진행되는 역사는 그리스도의 재림을 위하여 달려갑니다.

"은혜에 속하기 위하여 믿음으로 되나니." 로마서에서 "은혜"라고 할 때는 '그리스도의 대속의 효력에 입각하여 하나님께서 그 사랑하시는 자들에게 값없이 베풀어 주시는 호의'입니다. 그러므로 그 '은혜'가 '율법의 행위'를 따라서 주어지는 것이 아닙니다. 만일 그러하다면 '은혜가 아니고 공로'가 되어 모순됩니다. 그 '은혜'는 아무 대가도 요구하지 않고 오직 '믿기만 하라'는 복음의 말씀에 따른 '믿음'을 통해서만 흘러갑니다. 그래서 로마서에서는 '은혜'와 '믿음'이 항상 같이 따라 다닙니다. 그러므로 언약의 '상속자가 되는 것이 행위에 속하지 않고 은혜에 속한 것'이 되는 것입니다. "은혜에 속한다" 함은 '그 언약의 성취가 인간의 행위에 달려 있지 않고 그 언약의 상속자를 위해 그리스도 안에 있는 구속의 뜻을 세우시고 그 뜻을 이루신 하나님의 행사에 달려 있다' 함입니다. 성경에서 '은혜'란 하나님께서 죄인을 위하여 베푸시는 '호의'의 개념입니다. 그 '하나님의 호의'란 단순하게 하나님의 정서적 느낌만을 의미하는 개념이 아닙니다. 그 '호의'에는 백성을 위하신 '하나님의 행사'가 반드시 수반됩니다. "우리가 이를 그들의 자손에게 숨기지 아니하고 여호와의 영예와 그의 능력과 그가 행하신 기이한 사적을 후대에 전하리로다."(시 78:4)

"은혜에 속하기 위하여 믿음으로 되나니." 성경전서에서 '믿음'은 성도가 '하나님을 신뢰하여 그 언약과 그 성취에 자신을 맡기는 것'을 말합니다. 성경에서 말하는 믿음은 '자기 신념'이 결코 아닙니다. 오늘날 흔히 '믿음'과 '자기 신념'을 동일한 것으로 취급하려는 경향을 보이는 이들이 있습니다. 또 그런 식으로 유도하는 설교자들도 있습니다. "믿음을 가지십시오. 여러분이 바라는 바를 마음에 그려 보십시오. 그리고 그것이 이루어질 것이라고, 아니 그것을 주님께서 이루어 주실 것이라고 믿으세요." 이것은 기독교가 아닙니다. 이 방식으로라면 '믿음의 내용'을 그 사람이 먼저 정하고 주님께서 그 정한 내용을 이루어 주시는 분이 되는 셈입니다. 그것이 거짓된 이방 종교 형식입니다. 우상숭배나 미신 전체는 다 이런 형식의 구도 속에서 인간의 종교성을 자극하고 있습니다. 성경이 말하는 '믿음'은 사람으로부터 시작된 것이 아닙니다. 하나님께서 예정하신 계획과 뜻을 계시와 언약을 통해 나타내십니다. 그 말씀을 듣고 나서야 '믿음'이 뒤따라 옵니다. 아브라함이 하나님을 먼저 부른 것이 아닙니다. 하나님께서 먼저 아브라함을 부르시고 언약하셨습니다. "여호와께서 아브람에게 이르시되 너는 너의 고향과 친척과 아버지의 집을 떠나 내가 네게 보여 줄 땅으로 가라 내가 너로 큰 민족을 이루고 네게 복을 주어 네 이름을 창대하게 하리니 너는 복이 될지라 너를 축복하는 자에게는 내가 복을 내리고 너를 저주하는 자에게는 내가 저주하리니 땅의 모든 족속이 너로 말미암아 복을 얻을 것이라 하신지라."(창 12:1-3) 그 말씀을 들은 아브라함이 하나님과 그 하신 말씀을 믿었습니다. 그래서 "이에 아브람이 여호와의 말씀을 따라갔고 롯도 그와 함께 갔으며…"(창 12:4) '믿음'과 '은혜'는 함께 따라가는 것입니다. 그러나 그 순서는 '은혜'가 항상 '믿음'보다 앞섭니다. 그러면서 '믿음'을 통하여 그 '은혜'가 그 믿는 자에게 주어집니다. '율법'과 '행위'와 '정죄'와 '진노'가 같은 노선에 서 있습니다. '은혜'와 '믿음'과 '구원'이 같은 노선에 서 있습니다.

"이는 그 약속을 그 모든 후손에게 굳게 하려 하심이라." 하나님의 약속의 신실성과 그 효력이 아브라함과 그 후손들에게 미치는 것은 '순전하게 하나님의 은혜, 곧 하나님 편에서 그들을 위해 뜻하시고 이루신 일'을 근거한 것입니다. 그러므로 그들이 '율법을 지키는 행위로 인하여 이룩한 의'를 근거하여 하나님의 약속이 이루어졌다면 반드시 약속은 성취되지 못하였을 것입니다. 그러나 하나님의 약속이 견고하게 서서 그 뜻을 성취한 것은 그 일을 하나님 편에서 친히 이루셨기 때문입니다. 그것을 '믿음'으로 말미암아 '하나님의 행사의 은택'이 그 사람의 것이 되는 것입니다.

이것이 바로 "율법 외에 나타난 하나님의 한 의"가 우리 주 예수님을 믿는 모든 이들에게 미치게 되는 방식입니다. 그래서 구약 시대의 모든 성도들이 구원을 받은 것도 다 '이신칭의'의 방식으로 말미암습니다. 구약 시대의 모든 성도들도 우리가 그리스도를 믿음으로 구원받은 것과 동일하게 그리스도를 믿음으로 구원받은 것입니다. 다만 차이가 있다면 구약 시대에는 모형과 그림자를 통하여 '오실 그리스도'를 믿음으로 바라보았다는 데 있습니다. 신약 시대 이후에는 '오시어 그 모든 뜻을 이루신 그리스도'를 믿음으로 말미암아 구원을 받습니다. 그러나 그 구원의 효력에 있어서는 한 가지입니다. 하나님께서 정하신 뜻은 아직 이루어지지 않았다 할지라도 그 신실하심과 그 전지전능하심 때문에 '이미 이룬 것이나 마찬가지'입니다. 그래서 구약 시대의 성도들도 우리와 동일하게 '갈보리 십자가 위에서 흘리신 피'의 효력을 미리 적용받아 구원받은 것입니다. 에녹과 엘리야는 그리스도 주님의 재림 시에 택한 백성들 전체에게 적용될 '영화(榮化, glorification)'의 은택을 미리 적용받아 죽지 않고 몸이 영화롭게 되어 하늘로 올리심을 받았습니다.

이로 인하여 사도는 '이신칭의' 진리를 완전하게 입증한 것입니다. "다른 이로써는 구원을 받을 수 없나니 천하 사람 중에 구원을 받을 만한 다른 이름을 우리에게 주신 일이 없음이라 하였더라."(행 4:12) 이 말씀은 창세 이후 구원을 받는 모든 이들에게 그대로 적용됩니다. 아벨이나 에녹에게도 구주는 오직 예수님 뿐이셨습니다.

21

의로 여기심을 받은
아브라함 믿음의 진수

4:17 기록된 바 내가 너를 많은 민족의 조상으로 세웠다 하심과 같으니 그가 믿은 바 하나님은 죽은 자를 살리시며 없는 것을 있는 것으로 부르시는 이시니라

4:18 아브라함이 바랄 수 없는 중에 바라고 믿었으니 이는 네 후손이 이같으리라 하신 말씀대로 많은 민족의 조상이 되게 하려 하심이라

4:19 그가 백 세나 되어 자기 몸이 죽은 것 같고 사라의 태가 죽은 것 같음을 알고도 믿음이 약하여지지 아니하고

4:20 믿음이 없어 하나님의 약속을 의심하지 않고 믿음으로 견고하여져서 하나님께 영광을 돌리며

4:21 약속하신 그것을 또한 능히 이루실 줄을 확신하였으니

4:22 그러므로 그것이 그에게 의로 여겨졌느니라

4:23 그에게 의로 여겨졌다 기록된 것은 아브라함만 위한 것이 아니요

4:24 의로 여기심을 받을 우리도 위함이니 곧 예수 우리 주를 죽은 자 가운데서 살리신 이를 믿는 자니라

4:25 예수는 우리가 범죄한 것 때문에 내줌이 되고 또한 우리를 의롭다 하시기 위하여 살아나셨느니라

사도는 지금 계속하여 '이신칭의' 교리의 중심이 무엇인지를 논증하고 있습니다. 사도는 4:16에서 아브라함을 가리켜 "우리 모든 사람들의 조상이라" 하였습니다. 물론 '우리 모든 사람들'은 유대인이든 이방인이든 '주님을 믿는 모든 사람들'을 통틀어 표현한 대명사입니다. 하나님께서 구약시대이든 신약시대 이후이든 아브라함을 '모든 믿는 자들'의 표상(表象)으로 세우셨다는 말입니다. 그러므로 참된 믿음을 가진 자들은 아브라함의 믿음이 가진 본질적인 특성을 가져야 합니다. 만일 그것이 없다면 그 믿음은 참 믿음이 아닙니다. 그렇게 되게 하신 이가 하나님이십니다.

하나님께서 아브라함의 믿음을 의(義)로 여기셨습니다. 그러니 만일 우리 믿음이 아브라함의 믿음과 같은 성질의 것이 아니면 참 믿음이 아니요, 참 믿음이 아니면 '구원받을 만한 믿음(saving faith)'은 아닙니다. 성경에 나오는 믿음의 위인들의 이야기는 전부 우리로 하여금 참 믿음이 무엇인지를 실증해 주시는 성령님의 교훈적 본보기들입니다. "아브람이 여호와를 믿으니 여호와께서 이를 그의 의로 여기시고."(창 15:6 -개역한글)

물론 그 말이 '아브라함이 믿은 행위 자체'를 '의로 여기셨다'는 말이 아닙니다. 믿음을 '행위나 공로'의 차원으로 바꾸면 벌써 그 믿는 사람 자신

의 것을 자랑하는 셈이 되는 것입니다. 그러면 '오직 은혜'의 성경의 대 전제를 깨뜨리는 셈입니다. 사람의 어떤 행위도 그 자체로는 하나님께 의롭다는 판단을 받을 수 없습니다. 다만 아브라함이 하나님께 '의로 여기심을 받았다'는 것은 그의 믿음이 '하나님의 약속'을 믿는 정당한 것임을 인치신 것입니다. 그러니 아브라함이 '의로 여기심'을 받은 것의 강조점은 무엇입니까? '하나님의 약속'의 신실성에 철저하게 의존한 그의 믿음을 통하여 일하시며, '믿는 자를 의롭다 하시는 하나님의 의로우신 행사'입니다. 아브라함은 "약속하신 그것을 또한 능히 이루실 줄을 확신하였으니 그러므로 이것을 저에게 의로 여기셨느니라."(롬 4:21,22) 아브라함의 '믿음'은 약속하신 것을 틀림없이 능히 이루실 하나님의 전능성과 그 성품의 신실성에 대한 '전인적 반응'으로서의 '믿음'이었습니다. 성경이 말하는 '믿음'은 바로 그것입니다. 하나님께서는 아브라함의 '믿음'의 정로를 '의'로 여기신 것입니다. 그래서 그 아브라함의 '믿음'을 '하나님의 약속하신 바'를 이루시고 그 은택이 흘러가는 통로로 삼으셨습니다. 사도는 아브라함의 믿음을 통하여 일하시며 또 그에게 '의롭다 하심'을 주신 하나님의 행사를 이 대목에서 실증하려 합니다. 그러기 위해서 사도는 아브라함의 믿음의 실질적 내용을 분석하고 있습니다. 그러니 이 대목을 통하여 우리 자신의 믿음과 아브라함의 믿음이 본질에 있어서 동일한지 확인해 보아야 합니다.

"4:17기록된 바 내가 너를 많은 민족의 조상으로 세웠다 하심과 같으니." 단순하게 혈통적인 면에서 아브라함을 '많은 민족의 조상'으로 세우셨다는 말이 아닙니다. 각 족속과 나라에서 하나님께 택하심을 받아 믿음을 선물로 받아 섬길 모든 백성들의 조상으로 세우셨다는 말입니다.

다른 말로 해서, 하나님께서는 당신의 모든 백성들이 가져야 할 바른 믿음의 본보기로 아브라함을 세우셨다는 말입니다. 그러면 아브라함의 믿음에 있어서 가장 중요한 요점이 무엇입니까? 그 믿음이 '하나님을 아는 바른 지식' 위에 기반을 두었다는 점입니다. 그럼 그가 하나님을 어떤 분으로 알고 있었습니까?

"그가 믿은 바 하나님은 죽은 자를 살리시며 없는 것을 있는 것으로 부르시는 이시니라." 이 대목을 보고 얼른 '하나님의 본질적 속성을 아는 지식'을 가리킨다고 해도 아주 틀린 것은 아닐 것입니다. 아브라함은 전지전능하시고 무한하시고 영원하시고 완전하신 하나님의 속성을 알고 있었음은 의심할 여지가 없기 때문입니다. 그러나 사도가 이 대목에서 그것을 나타내려고 이 표현을 쓰고 있습니까? 앞 뒤 문맥을 살펴 이 대목을 읽으면 '그렇지 않다'고 대답할 수밖에 없습니다. 사도는 아브라함의 믿음의 실질적 내용을 분석하고 있습니다. 그러므로 사도가 아브라함의 믿음의 본질에 있어서 가장 중요한 것을 지적하고 있습니다. 다시 말하면, '하나님과 하나님의 약속'에 대한 아브라함의 인격적 반응으로서의 '믿음'의 실상을 말하고 있습니다. 그러므로 '믿음'은 '하나님의 속성의 본질'을 기본적인 전제로 하나 거기서 더 나아가 '하나님의 약속의 신빙성'을 붙잡는 것으로 나아갑니다.

그러므로 여기서 사도가 "그가 믿은바 하나님은 죽은 자를 살리시며 없는 것을 있는 사람으로 부르시는 이시니라" 한 것이, 단순한 '하나님의 전지전능성'을 가리키는 것이 아닙니다. 성령님의 인도하심을 따라 사도는 아브라함의 믿음의 본질이 '하나님의 약속 성취의 확실성'을 믿는 것임을 지적하고 있는 것입니다. 칼빈도 그런 관점으로 이 대목을 보고 있습니다. "아브라함이 하나님의 입으로 나오는 약속을 받을 때에 그 약속에 대한 아무런 증표가 없었어도 그 약속을 견지해야 하였다. 아브라함은 '힘 있어 왕성할 때'에 그 후손에 대한 약속을 받았다. 그런데 그가 '죽은 것 같이 되었을 때에도' 여전히 그 후손에 대한 약속은 유효하였다. 아브라함은 그런 때에도 죽은 자를 깨우는 것 같이 자기 생각들을 일으켜 하나님의 권능을 주목할 필요가 있었다." 그렇게 보아야 4:17과 4:18의 논리적 연결이 선명하게 보입니다.

"**4:18아브라함이 바랄 수 없는 중에 바라고 믿었으니.**" 아브라함은 '너를 많은 민족의 조상으로 세우겠다' 하신 하나님의 약속을 '힘이 있고 건강하고 왕성할 때만' 믿은 것이 아닙니다. '사람이 보기에' 그 약속 성취의 소망이 완전하게 끊어진 것 같은 상태, 곧 "바랄 수 없는 중에 바라고 믿었으니." 외적인 조건은 그 약속 성취를 믿는 것이 아주 어리석어 보이게 만들었습니다. 그런데도 그는 나타난 현재의 상태에 따라 판단하지 않고 '하나님과 그 하나님의 약속의 말씀' 자체를 의존하는 '믿음'을 견지하였습니다. 그렇게 사도는 아브라함의 '믿음의 본질'을 지적하고 있습니다. 성경이 말하는 '구원받을 만한 믿음'이란 외적인 조건이나 눈에 보이는 현상이나 실제가 어떠하든 궁극적으로 '하나님과 그 말씀을 의존하는' 믿음입니다. 바로 '그 믿음이 하나님께 의로 여기심을 받은' 믿음입니다.

하박국의 믿음

이미 1:17을 강해할 때 언급했으나 이신칭의 교리에 비추어 하박국의 믿음을 반추합니다. 하박국은 자기의 눈에 보이는 현실, '악인들이 득세

해도 징치를 당하지 않고 건재하며 세력을 부리는 모습'을 보고 탄식하고 고민했습니다. '만유를 지으시고 통치하시는 의로우신 하나님의 실존(實存)과 자기 눈에 보이는 현실'을 어떻게 조화시킬지 몰라 애타하였습니다. "어찌하여 내게 죄악을 보게 하시며 패역을 눈으로 보게 하시나이까 겁탈과 강포가 내 앞에 있고 변론과 분쟁이 일어났나이다."(합 1:3) 그에 대한 하나님의 답은 '내가 갈대아 사람들을 일으켜 악인들의 악을 징치하겠다'는 것이었습니다. "보라 내가 사납고 성급한 백성 곧 땅이 넓은 곳으로 다니며 자기의 소유가 아닌 거처들을 점령하는 갈대아 사람을 일으켰나니… 그들의 군마는 표범보다 빠르고 저녁 이리보다 사나우며 그들의 마병은 먼 곳에서부터 빨리 달려오는 마병이라 마치 먹이를 움키려 하는 독수리의 날음과 같으니라."(합 1:6,8) 그러나 그런 하나님의 답변을 들은 하박국은 또 다른 고민에 빠지게 되었습니다. "주께서는 눈이 정결하시므로 악을 차마 보지 못하시며 패역을 차마 보지 못하시거늘 어찌하여 거짓된 자들을 방관하시며 악인이 자기보다 의로운 사람을 삼키는데도 잠잠하시나이까."(합 1:13) 이 하박국의 의문은 무엇입니까? '아무리 해도 할례 받은 이스라엘이 할례 받지 못하고 우상숭배만 하는 이방인들보다는 더 의롭지 않습니까? 그런데 그들로 할례 받은 자들의 악을 징치하는 도구가 되다니요.' 그래서 그 일에 대해서 다시 하나님께 여쭙습니다. 그 대답을 듣기 위해서 얼마나 기다렸는지요! "내가 내 파수하는 곳에 서며 성루에 서리라 그가 내게 무엇이라 말씀하실는지 기다리고 바라보며 나의 질문에 대하여 어떻게 대답하실는지 보리라."(합 2:1) 드디어 하나님의 대답이 주어졌습니다. "여호와께서 내게 대답하여 이르시되 너는 이 묵시를 기록하여 판에 명백히 새기되 달려가면서도 읽을 수 있게 하라 이 묵시는 정한 때가 있나니 그 종말이 속히 이르겠고 결코 거짓되지 아니하리라 비록 더딜지라도 기다리라 지체되지 않고 반드시 응하리라… 의인은 그의 믿음으로 말미암아 살리라."(합 2:3,4) 자, 이 말씀을 들은 하박국의 자세를 주목하십시오. 실로 하나님께서는 하박국에게 유다에 황급하게 닥칠 환난의 날을 백성들보다 먼저 보게 하셨습니다. 그래서 그는 사실 그 '현실'을 눈앞에 두고 떨었습니다. "내가 들었으므로 내 창자가 흔들렸고 그 목소리로 말미암아 내 입술이 떨렸도다 무리가 우리를 치러 올라오는 환난 날을 내가 기다리므로 썩이는 것이 내 뼈에 들어왔으며 내 몸은 내 처소에서 떨리는도다."(합 3:16) 그리고 그런 일이 일어나게 될 때에 유다 전체가 어떤 형국이 될 것인지도 알았습니다. 그 기막히고 그 절망적인 현실 앞에서 하박국은 어떻게 하였습니까? 주저앉아 두 다리를 뻗고 울고만 있었습니까? 아닙니다. '믿음의 사유(思惟)'를 시작하였습니다. 하나님께서 자기들을 치시는 '눈에 보이는 현실' 너머에 '보다 앞서 있었고 어떤 경우에도 변개되지 않을 하나님의 큰 목적'이라는 '더 큰 현실'을 주목하고 일어섰습니다. "비록 무화과나무가 무성하지 못하며 포도나무에 열매가 없으며 감람나무에 소출이 없으며 밭에 먹을 것이 없으며 우리에 양이 없으며 외양간에 소가 없을지라도."(합 3:17) 이는 가상적이지 않고 금방 하박국 앞에 당도할 현실이었습니다. 그러나 그는 '더 크고 영화롭고 영원한 현실, 그리스도 안에서 자기 백성을 구원하시는 하나님의 변하지 않는 목적의 현실'을 주목하며 떨쳐 일어납니다. "나는 여호와로 말미암아 즐거워하며 나의 구원의 하나님으로 말미암아 기뻐하리로다 주 여호와는 나의 힘이시라 나의 발을 사슴과 같게 하사 나로 나의 높은 곳에 다니게 하시리로다."(합 3:18,19) 이것이 바로 '구원을 받을 만한 참 믿음'의 진수입니다. 우리를 괴롭히고 우리로 주눅 들게 하고 낙담하게 하는 '현실들'은 정말 만만치가 않습니다. 그러나 그 현실은 반드시 지나갑니다. 그러나 '우리를 향하신 하나님의 영화로운 목적이라는 현실'은 항상 '현존하는 우리의 영원한 현실'입니다. 참된 믿음은 바로 '그 현실'에 자신을 던지는 담대함입니다. 그것이 아브라함의 믿음의 진수이었고, 사도 바울의 믿음의 중심이었습니다. "그러므로 우리가 낙심하지 아니하노니 우리의 겉사람은 낡아지나 우리의 속사람은 날로 새로워지도다 우리가 잠시 받는 환난의 경한 것이 지극히 크고 영원한 영광의 중한 것을 우리에게 이루게 함이니 우리가 주목하는 것은 보이는 것이 아니요 보이지 않는 것이니 보이는 것은 잠깐이요 보이지 않는 것은 영원함이라."(고후 4:16-18) 또 그것이 우리 믿음의 본질이어야 합니다. "이로 말미암아 내가 또 이 고난을 받되 부끄러워하지 아니함은 내가 믿는 자를 내가 알고 또한 내가 의탁한 것을 그 날까지 그가 능히 지키실 줄을 확신함이라."(딤후 1:12)

믿음의 살아 있는 씨

"4:18··· 이는 네 후손이 이와 같으리라 하신 말씀대로 많은 민족의 조상이 되게 하려 하심이라." 하박국의 믿음 속에 그 조상 아브라함의 믿음의 살아있는 씨가 들어 있었습니다. 하박국은 정말 '바랄 수 없는 중에 그 믿음으로' 이겼습니다. 그래서 하나님께서 예정하신 뜻대로 그는 '많은 민족 중에서 동일한 믿음을 가져 구원받을 백성들'의 조상이 된 것입니다. 어떤 시대, 어떤 문화권, 어떤 족속과 나라에 속하든지 '구원받을 만한 참 믿음'을 가진 자들의 믿음 속에 아브라함의 믿음과 같은 성질이 발견되기 마련입니다. 그 믿음이 하나님께로서 선물로 주어진 믿음입니다. "예수 그리스도의 종이며 사도인 시몬 베드로는 우리 하나님과 구주 예수 그리스도의 의를 힘입어 동일하게 보배로운 믿음을 우리와 함께 받은 자들에게 편지하노니… 그의 신기한 능력으로 생명과 경건에 속한 모든 것을 우리에게 주셨으니."(벧후 1:1-3)

"**4:19그가 백 세나 되어 자기 몸이 죽은 것 같고 사라의 태가 죽은 것 같음을 알고도 믿음이 약하여지지 아니하고 4:20믿음이 없어 하나님의 약속을 의심하지 않고 믿음으로 견고하여져서 하나님께 영광을 돌리며 4:21약속하신 그것을 또한 능히 이루실 줄을 확신하였으니 4:22그러므로 그것이 그에게 의로 여겨졌느니라.**" 사도는 앞에서 말한 대로 아브라함이 어떤 "바랄 수 없는" 상황 속에서 자기 믿음을 발동하였는지를 보여 주고 있습니다. 하나님께서 밤에 아브라함으로 하여금 하늘을 보게 하시며 말씀하셨습니다. "하늘을 우러러 뭇별을 셀 수 있나 보라 또 그에게 이르시되 네 자손이 이와 같으리라."(창 15:5) 그러나 아브라함이 99세나 되어 아들을 낳을 능력이 죽어 버렸습니다. 아울러 그의 아내 사라도 그러하였습니다. "아브라함과 사라는 나이가 많아 늙었고 사라에게는 여성의 생리가 끊어졌는지라."(창 18:11) 그러나 그 현실을 알고도 아브라함은 "하나님의 약속을 의심하지 않고 믿음으로 견고하여져서 하나님께 영광을 돌리며 약속하신 그것을 또한 능히 이루실 줄을 확신하였으니." 그는 하나님을 어떻게 믿었습니까? "그가 믿은바 하나님은 죽은 자를 살리시며 없는 것을 있는 것으로 부르시는 이시니라." 앞에서 지적한 것 같이 아브라함은 '하나님의 속성과 성품을 약속 성취'에 연결시켜 적용하였습니다. 하나님의 전능성과 하나님의 미쁘심의 완전함과 하나님의 목적과 계획의 완전함을 믿었습니다. 그래서 "자기 몸이 죽은 것 같고 사라의 태가 죽은 것 같은" 현실을 보고도 의심하지 않았습니다.

이 지점에서 성령께서 사도로 하여금 이렇게 기록하게 하신 의도를 존중하며 짚고 넘어가야 할 것이 있습니다. 아브라함이 99세 때에 "내년 이맘때 내가 반드시 네게로 돌아오리니 네 아내 사라에게 아들이 있으리라."(창 18:11)는 하나님의 말씀을 듣습니다. 그런데 이런 의문이 떠오를 수도 있습니다. "하늘을 우러러 뭇별을 셀 수 있나 보라 또 그에게 이르시되 네 자손이 이와 같으리라."(창 15:5)하신 말씀을 들은 후에 그때까지 계속 그 '믿음'의 순전을 지키며 '하나님께서 아들을 주시기까지' 기다렸는가? 아브라함에게 '이삭'의 태어남에 대한 약속의 말씀을 주셨을 때에는 사라의 몸종 하갈에게서 난 아들 이스마엘이 13살이었습니다. 그런 것에 비추어 보면 그가 그 믿음을 순전하게 지키고 있었다고 할 수 없습니다. 그럼에도 불구하고 사도 바울은 아브라함이 "믿음이 약하여지지 아니하고 믿음이 없어 하나님의 약속을 의심하지 않고 믿음으로 견고하여졌다."고 하였습니다. 이스마엘의 일은 아브라함의 '연약한 성정'을 보여주는 일이었습니다. 그러나 불신앙의 반동(反動)은 아니었습니다. 불신앙의 반동은 하나님의 미쁘심과 약속 자체를 전혀 믿지 못할 것으로 비하하고 하나님께 등을 돌리는 일을 의미합니다. 광야에서 반동(反動)을 도모하며 모세와 아론을 대적하며 "한 지휘관을 세우고 애굽으로 돌아가자"(민 14:4)고 했던 무리들의 행태가 불신앙적인 행태였습니다. 그러나 아브라함은 여전히 인간의 연약을 지니고 있었지만 하나님의 약속을 의심하지는 않았습니다. 다만 그 약속을 이루시는 하나님의 방식에 대한 완전한 이해가 없어 '두려움'에 처하기도 하였습니다. 그러나 아브라함을 사랑하시며 그 거룩한 뜻을 이루시려는 하나님께서 그를 위로하시며 그의 믿음을 견고하게 붙잡아 주시는 일을 거듭하셨습니다. "이 후에 여호와의 말씀이 환상 중에 아브람에게 임하여 이르시되 아브람아 두려워 말라 나는 너의 방패요 너의 지극히 큰 상급이니라."(창 15:1) 하나님께서 연약한 아브라함을 돕기 위하여 나타나시어 약속을 상기시켜 주실 때마다 아브라함은 언제나 하나님을 믿는 살아있는 '믿음'의 반응을 보였습니다. 아브라함은 이런 면에서 우리 모든 믿는 이들의 본입니다. 아브라함의 연약이 우리 속에도 있고 아브라함을 붙들어 주시는 하나님의 위로의 손이 또 우리에게 있습니다.

"하나님께 영광을 돌리며 약속하신 그것을 또한 능히 이루실 줄을 확신하였으니." 아브라함은 하나님께서 나타나시어 약속을 성취하시는 방식을 말씀하셨을 때에 '불신앙적인 본성의 반응'을 죽이고 "믿음에 견고하여져서 하나님께 영광을 돌리며 약속하신 그것을 또한 능히 이루실 줄 확신"하였습니다. "하나님께 영광을 돌렸다"는 것이 산 믿음의 절대적인 표지입니다. 하나님께 거듭나서 살아있는 믿음을 가지게 된 자는 '하나님을 아는 살아있는 지식'을 접하기 시작하고 "경외하는 두려움"으로 하나님을 예배하며 영광을 하나님께 돌립니다. "그러므로 우리가 진동치 못할 나라를 받았은즉 은혜를 받자 이로 말미암아 경건함과 두려움으로 하나님을 기쁘시게 섬길지니 우리 하나님은 소멸하는 불이심이니라."(히 12:28,29)

실로 사람의 영혼이 말씀을 통하여 성령님으로 말미암아 거듭나서 하나님의 영광과 자신의 죄인됨을 알고 각성하게 되면 거기서 회개가 일어나고 하나님의 긍휼과 자비를 구하게 됩니다. 그 '하나님의 자비와 긍휼'의 완전한 표현이신 '우리 주 예수 그리스도와 그 속량(贖良)'을 믿고 아는 데로 인도하심을 받아 '은혜로 값없이 의롭다 하심'을 받은 '하나님의 은혜의 영광에 눈을 뜬 사람은 어떻게 합니까? 그는 그 구원의 기쁨과 감격'에 겨워 "하나님께 영광을 돌리지 않을 수" 없습니다. 아브라함은 '그런 믿음'의 조상이었습니다. 그래서 자신의 허물과 연약의 전과(前過)에도 불구하고 '은혜의 하나님의 영광을 알고 하나님을 기뻐하며' 모든 영광을 하나님께 돌렸습니다. 그런 믿음의 관점 앞에 하나님께서 친히 주권적으로 "약속하신 것을 능히 이루실 것을 확신하는" 일은 전혀 어렵지 않습니다.

참된 믿음, '의로 여기심을 받은 아브라함의 믿음의 진수'는 '하나님과 그 하나님의 약속과 그 실행'을 전적으로 신뢰하고 일말의 의심도 갖지 않는 데 있습니다. 그것이 아브라함의 믿음의 진수입니다. 물론 아브라함이 본성적으로 가지고 있는 육신적 생각이 그 '하나님의 완전하심'을 신뢰하는 것을 방해한 것이 사실입니다. 지금도 참 믿음의 사람들에게도 '육신적 생각'이 들어오면 '하나님의 완전하심'을 신뢰하는 데 지장을 받습니다. 그런 경우 낙심이 되고 염려가 되고 불안해지기도 하고 실족하기도 합니다. 그것이 믿는 우리 모두가 가지고 있는 연약입니다. 그러나그 '연약'이 '불신앙적 반동(反動)'으로까지 이어져 '믿음을 아주 버리는 데까지' 나아가게 하지는 못합니다. 다른 말로 해서 '참 믿음'의 사람들 속에도 '옛 사람의 성향인 육신의 생각'이 작용하여 '믿음에서 탈선한 실족'이 있을 수 있습니다. 그러나 그것이 그 '믿음'의 진정성을 부인하게 만드는 결정적 증거는 되지 않습니다. 그것은 '믿음의 사람들' 속에도 아직은 '하나님을 불순종하는 옛 사람의 본성, 곧 죄의 성향'이 존재함을 보여주는 증거입니다. 그럼에도 불구하고 그 사실 자체가 그 사람의 '믿음'의 진정성을 완전하게 부인하게 만드는 증거로 생각하지 말아야 합니다. 베드로가 예수님의 예고대로 예수님 잡히시던 날 밤에 '닭 울기 전에 예수님을 세 번이나 맹세하며' 부인하였습니다. 아니 저주까지 하였습니다(마 26:68-74). 그러나 그것이 그의 예수님께 대한 믿음의 고백(마 16:16-18)의 진정성을 부인하는 결정적 증거라고 주장하면 잘못입니다. 그것은 '베드로의 연약'의 차원에서 이해될 문제입니다. "여호와께서 사람의 걸음을 정하시고 그 길을 기뻐하시나니 그는 넘어지나 아주 엎드러지지 아니함은 여호와께서 그의 손으로 붙드심이로다."(시 37:23,24)

성경에 등장하는 믿음의 위인들은 다 나름의 연약을 가지고 있었습니다. 모세나 다윗이나 그 누구도 '본성적 연약'을 가지고 있었습니다. '창세기의 요셉은 흠이 없는 사람이라. 그래서 나는 요셉을 좋아한다.'는 말을 누가 한다 합시다. 그런 말은 사람 각 자가 다 하나님 앞에서 '스스로는 의인이 없으며, 다 죄와 허물로 죽어 있다.'는 성경의 줄기찬 증거를 생각하지 않고 하는 말입니다. 누구나 하나님 앞에서 우리 모두는 다 '죄인 중 괴수라'는 고백을 하지 않을 수 없습니다. 아브라함도 여전히 마찬가지입니다. 그럼에도 불구하고 성령께서는 사도로 하여금 아브라함의 믿음을 주목하게 하셨습니다. "믿음이 없어 하나님의 약속을 의심하지 않고 믿음으로 견고하여져서 하나님께 영광을 돌리며 약속하신 그것을 또한 능히 이루실 줄을 확신하였으니."

그러면 어떤 이는 '큰 믿음, 적은 믿음' 하는 것은 어떻게 이해해야 하는지에 대하여 의문이 일어날 것입니다. 그것은 '믿음의 본질'의 문제가 아닙니다. 다만 '자기 삶의 모든 국면에서 믿음에 합당한 적용을 하는 정도'의 문제입니다. 마태복음 8:23-27에 보면, 제자들이 예수님과 배를 타고 가다가 큰 바람과 풍랑을 만났습니다. 그 때에 예수님께서는 곤하시어 배의 고물을 베고 주무시고 계셨습니다. 물결이 배에 덮이게 되고 제자들은 매우 당황하고 두려워하면서 예수님을 깨웠습니다. "주여 구원하소서 우리가 죽겠나이다." 그 때에 예수님께서 무어라 하셨습니까? "어찌하여 무서워하느냐 믿음이 적은 자들아 하시고 곧 일어나사 바람과 바다를 꾸짖으신대 아주 잔잔하게 되거늘…"(마 8:26) "믿음이 적은 자들아"라는 표현은 '이제 보니 너희가 믿음이 전혀 없는 자들이구나.'라는 뜻이 아닙니다. '믿음을 이 일에 적용하여야 하지 않겠느냐? 그러면 이렇게 무서워하지 않았을 텐데'라고 하신 것입니다. 그러니 여기서 제자들의 문제는 '믿음'의 진위(眞僞)의 문제가 아니었습니다. '그리스도 안에 있는 믿음에 합당하게 자기의 존재와 삶을 영위하는 것'의 문제였습니다. 어떤 의미에서 '큰 믿음, 적은 믿음'의 문제는 '칭의를 받기에 합당한 믿음'의 문제가 아니라 '칭의 후에 성화생활의 영역'에서 취급될 주제입니다.

참 믿음, '아브라함과 같이 의로 여기심을 받은 믿음'은 '하나님과 그 약속과 실행 능력'에 대한 '완전한 신뢰'를 가져야 합니다. 그 점에서 '한 점의 의심'도 발견되면 가짜 믿음입니다. 사도의 진술을 그렇게 이해할 수밖에 없습니다. "믿음이 없어 하나님의 약속을 의심하지 않고 믿음으로 견고하여져서 하나님께 영광을 돌리며 약속하신 그것을 또한 능히 이루실 줄을 확신하였으니 그러므로 그것이 그에게 의로 여겨졌느니라."

아브라함의 칭의는 우리 칭의의 예표

"**4:23**그에게 의로 여겨졌다 기록된 것은 아브라함만 위한 것이 아니요 곧 예수 우리 주를 죽은 자 가운데서 살리신 이를 믿는 자니라." 사도는 그 '아브라함의 믿음의 진수'를 '우리 믿음의 진수'에 바로 적용하여 말합니다. 아브라함의 믿음을 보시고 '의롭다' 하신 하나님께서 "예수 우리 주를 죽은 자 가운데서 살리신 이를 믿는" 그들을 '의롭다' 선고하시는 것입니다. 앞에서도 말하였듯이 아브라함의 '칭의'의 근거는 '그의 믿음' 자체가 아닙니다. 아브라함의 '칭의'의 근거는 여전히 '하나님께서 약속대로 이루실 일'입니다. 다른 말로 해서 '칭의'의 근거는 아브라함의 믿음의 행사 자체에 있는 것이 아니란 말입니다. 오직 주권적으로 약속하신 대로 이루시는 '하나님의 미쁘심과 그 능력의 행사'가 그의 '칭의'의 완전하고 충분한 근거가 됩니다. 다만 그의 '믿음'은 '칭의의 은택을 받는 통로(방편)'입니다. 그러하듯이 "예수 우리 주를 죽은 자 가운데서 살리신" 하나님의 행사가 그를 믿는 모든 자의 '칭의'의 근거가 되는 것입니다. 아브라함에게 하신 약속의 형식이 어떠하든지 그 '알맹이'는 바로 '우리 주 예수 그리스도의 죽으심과 부활하심 안에 있는 하나님의 의의 행사'입니다. "너희 조상 아브라함은 나의 때 볼 것을 즐거워하다가 보고 기뻐하였느니라."(요 8:56)

"**4:25**예수는 우리가 범죄한 것 때문에 내줌이 되고 또한 우리를 의롭다 하시기 위하여 살아나셨느니라." 예수님의 죽으심은 예수님께서 짊어지신 우리의 죄에 대한 '하나님의 공의의 요구'를 만족시킨 것입니다. 그것이 없이 '죄에서의 구원'은 있을 수 없습니다. 그리스도 예수님께서 우리의 '죄책(罪責)'을 지시고 대신 '죄의 삯인 사망'을 당하신 것입니다. 예수님의 피 흘려 죽으심은 '속죄와 속량의 죽으심, 화목제물'이었습니다. 그리고 하나님께서 우리에게 요구하시는 '적극적인 의(義)'를 위하여 예수님께서 우리 대신 온갖 율법을 다 준행하셨습니다. 그러니 예수 그리스도께서는 우리 대신 '하나님 앞에서 우리가 의롭다 하심을 받기에 족한 완전하고 충분한 의'를 이루신 것입니다. 그래서 하나님께서는 친히 주 예수 그리스도를 믿는 자들을 '의롭다' 하지 않으실 수 없는 자리에 스스로 처하신 것입니다. 이것이 '하나님의 복음'의 절대적 법리입니다. 그러므로 우리의 죄책을 다 담당하시어 지불하신 예수님의 행사에 만족하신 하나님께서 더 이상 우리에게 부과하실 죄책은 더 이상 없습니다. 그러니 예수님께서 사망에 더 이상 매여 있을 까닭이 없게 된 것입니다. "하나님께서 그를 사망의 고통에서 풀어 살리셨으니 이는 그가 사망에 매여 있을 수 없었음이라."(행 2:24) 그래서 우리 주님께서 다시 사신 것입니다.

우리 주님의 죽으심과 부활의 사실과 그 의미는, 구약시대에 대속죄일(贖罪日)에 대제사장이 지성소(至聖所)에 들어가서 '염소의 피'를 뿌리고 나오는 규례를 통하여 예표되었다 할 수 있습니다. 하나님께서는 모세에게 명하여 지성소에는 대속죄일에 대제사장이 1년에 한 차례만 들어가게 하셨습니다. 이스라엘 종교력으로 7월 10일(현재 만국에서 쓰고 있는 태양력으로 10월 말이나 11월 초에 해당)이 대속죄일이었습니다. "일곱째 달 열흘날은 속죄일이니 너희는 성회를 열고 스스로 괴롭게 하며 여호와께 화제를 드리고 이 날에는 어떤 일도 하지 말 것은 너희를 위하여 너희 하나님 여호와 앞에 속죄할 속죄일이 됨이니라."(레 23:27,28) 이날에 두 마리의 염소를 취하여 제비뽑아 한 마리는 백성들의 죄를 전가 받아 무참하게 살해하고 그 피를 대제사장이 양푼에 받아 지성소의 '속죄소(贖罪所), 또는 시은소 (施恩所. mercy seat)'에 뿌렸습니다. '속죄소'는 지성소에 안치된 법궤의 금판 뚜껑이었습니다. 하나님께서는 모세에게 명하여 그 법궤 안에 '십계명 두 돌판과 만나를 담은 항아리와 아론의 싹 난 지팡이'를 담게 하셨습니다. 또 금판으로 뚜껑을 만들어 그 법궤를 덮게 하였으니 그것이 '속죄소' 였습니다. 하나님께서는 법궤와 속죄소와 다른 장식을 만드는 규례를 모세에게 주어 만들어 지성소에 안치하게 하셨습니다. 그 규례에 대해서는 출애굽기 25:16-22에 자세하게 명시되어 있으니 거기를 참조하면 됩니다. 속죄소 두 끝에 각각 하나님의 보좌에서 섬기는 천사인 그룹(천사)을 순금판으로 만들어 연하여 붙이되, 서로 마주 보게 하되 그 얼굴은 속죄소를 바라보고 그 날개들로는 속죄소를 덮게 하셨습니다. 이같이 지성소는 하나님의 엄위로우심과 임재와 엄정한 공의와 백성들을 향한 긍휼과 인자하심을 함께 상징하는 성소의 가장 거룩한 영역이었습니다.

대제사장이 대속죄일에 두 마리의 염소를 택하여 제비뽑았습니다. "두 염소를 위하여 제비뽑되 한 제비는 여호와를 위하고 한 제비는 아사셀을 위하여 할지며 아론은 여호와를 위하여 제비뽑은 염소를 속죄제로 드리고 아사셀을 위하여 제비뽑은 염소는 산 대로 여호와 앞에 두었다가 그것으로 속죄하고 아사셀을 위하여 광야로 보낼지니라."(레 16:8-10) 그 두 염소 다 대제사장의 안수로 말미암아 백성들의 죄를 전부 전가(轉嫁) 받아 그 죄의 대가를 받을 처지에 놓이게 된 것입니다. 한 염소는 하나님께 희생제물로 드려질 것입니다. 대제사장은 그 피를 양푼에 담아 가지고 가서 규례를 따라 지성소에 들어가서 '속죄소'에 뿌리고 나와야 했습니다. 아사셀 염소는 대제사장이 다른 염소의 피를 속죄소에 뿌리고 나온 뒤에 산채로 광야에 버림받기 위해 보내졌습니다.

이는 우리 주님께서 백성들의 죄를 지시고 대속의 희생제물로 죽으실 것과, 우리 대신 성부께 버림받으시는 체험을 하실 것을 보여주는 예표와 상징이었습니다. 십자가에 못 박혀 피를 흘려 죽으시기 전에 그 고통 중에 "엘리 엘리 라마 사박다니(나의 하나님, 나의 하나님 어찌하여 나를 버리나셨나이까)"(마 27:46 ; 막 15:34)라고 외치신 것이 다 성경을 응하게 하시는 일이었습니다.

예수님께서 죽으시고 장사되신지 제 삼일에 다시 살아나신 일은 무엇입니까? 대제사장이 속죄소에 피를 뿌리고 살아 나오면 백성들은 자기들의 죄가 용서되었음을 인하여 환호하며 기뻐하였습니다. 예수님께서 우리의 대제사장으로 당신 자신의 피를 하나님께 제물로 드리고 나오신 것이나 마찬가지입니다. 하나님께서 우리의 대제사장이신 그리스도께서 우리의 죄를 대신 담당하시어 대신 드리신 피를 우리의 죄책의 정당한 대가로 만족하게 받으셨음을 광포하는 사건이기도 합니다. "그리스도께서는 참 것의 그림자인 손으로 만든 성소에 들어가지 아니하시고 오직 참 하늘에 들어가사 이제 우리를 위하여 하나님 앞에 나타나시고 대제사장이 해마다 다른 것의 피로써 성소에 들어가는 것같이 자주 자기를 드리려고 아니하실지니 그리하면 그가 세상을 창조할 때부터 자주 고난을 받았어야 할 것이로되 이제 자기를 단번에 제사로 드려 죄를 없게 하시려고 세상 끝에 나타나셨느니라."(히 9:24-26)

그래서 사도는 성령님의 인도하심 속에서 담대하게 말할 수 있었습니다. "예수는 우리 범죄함을 위하여 내어 줌이 되고 또한 우리를 의롭다 하심을 위하여 살아나셨느니라."(롬 4:25)

그러므로 우리는 이런 결론을 내릴 수 있습니다. 의(義)가 하나도 없는 우리가 '하나님 당신께 의롭다' 하심을 받도록 계획하신 성부 하나님과, 우리의 의가 되시려고 성육신(成肉身)하시어 자신의 몸을 단번에 화목제물, 또는 속죄 희생제물로 드리신 성자 예수님, 우리를 그 복음의 말씀을 통해서 거듭나게 하시어 회개하고 예수 그리스도를 믿도록 인도하시는 성령님, 곧 성삼위 하나님께 모든 영광을 돌려드려야 합니다. 우리 주 예수 그리스도 안에서 의롭다 하심을 받아 하나님의 자녀가 된 사람들의 이후 존재의 의미와 목적과 가치는 오직 성삼위 하나님을 영화롭게 하고 그 은혜의 영광을 찬미하는 데 있습니다(엡 1:3-14). "내가 그리스도와 함께 십자가에 못 박혔나니 그런즉 이제는 내가 사는 것이 아니요 오직 내 안에 그리스도께서 사시는 것이라 이제 내가 육체 가운데 사는 것은 나를 사랑하사 나를 위하여 자기 자신을 버리신 하나님의 아들을 믿는 믿음 안에서 사는 것이라."(갈 2:20)

part

5

구원의 확신

신실한 청교도 설교자 토마스 브룩스Thomas Brooks는 "구원의 확신은 지상에서 누리는 천국"이라는 책을 썼습니다. 그런데 청교도들은 '이 구원의 확신이 그렇게 복된 선물임에도 불구하고 그것이 구원의 조건은 아니라'는 관점을 견지하였습니다. 웨스트민스터 신앙고백을 작성하였던 하나님의 사람들도 그렇게 믿었습니다. 그러합니다. 구원의 확신은 '구원의 조건'이 아니라 '그리스도 안에서 자기가 구원받았음을 확인하는 거룩한 조망眺望'이라고 할 수 있습니다. 그 '조망'은 그 사람 자체의 노력으로 도달하는 경지가 아닙니다. 그 '조망'은 '그리스도 예수님 안에 있는 구원의 영광을 진술하는 하나님의 말씀을 믿고 알고, 그 말씀을 통하여 역사하시는 성령님의 인도하심에 순종하는 영혼에게 주시는 직관적 확신'입니다.

그런 의미에서 이 로마서 5장은 '그리스도 안에 있는 우리의 구원이 얼마나 확실하고 완전한 지를 보여주는 말씀으로 우리 속에서 역사하시는 성령님의 거룩한 도구'입니다. 이 로마서 5장을 공부하며 '지상에서 누리는 천국'으로서의 '구원의 확신'의 경지에 오르게 하시는 주님의 긍휼이 우리 모두에게 임하기를 바랍니다.

22

하나님과 화평한 사람

5:1 그러므로 우리가 믿음으로 의롭다 하심을 받았으니 우리 주 예수 그리스도로 말미암아 하나님과 화평을 누리자

5:2 또한 그로 말미암아 우리가 믿음으로 서 있는 이 은혜에 들어감을 얻었으며 하나님의 영광을 바라고 즐거워하느니라

5:3 다만 이뿐 아니라 우리가 환난 중에도 즐거워하나니 이는 환난은 인내를,

5:4 인내는 연단을, 연단은 소망을 이루는 줄 앎이로다

로마서 5장은 "우리 주 예수 그리스도를 믿음으로 말미암아 하나님께 의롭다 하심을 받음"으로 인하여 하나님과 어떤 관계가 수립되었는지를

주목하고 있습니다. '구원'은 '죄로 인하여 어그러진 하나님과의 관계'를 불식하고 '새로운 관계'로의 진입을 의미하는 것입니다. 그렇게 '하나님과 새롭게 수립된 그 관계'를 상실하지 않으면 '구원'에서 떨어지는 일은 없게 되는 것이지요.

이 문제와 관련하여 '구원의 확신'의 문제가 제기됩니다. '구원의 확신'이란 단순한 정서나 주관성의 문제가 아니라 '무너질 수 없는 객관적 사실'을 인지한 담대한 결론입니다. 로마서 5장에서 사도는 구원의 확신의 문제를 다루고 있다고 할 수 있습니다. 참 신자에게 있어서 구원의 확신은 하나님께서 지상에서 주신 '최상의 선물'에 속합니다. 구원의 확신은 '주관성'의 요소를 가지기 마련입니다. 그러나 '구원의 확신'은 우리의 느낌이나 체험이나 어떤 주관성을 앞세우는 순간 빗나가 믿음에 덕을 세우지 못하고 도리어 해롭게 됩니다. '믿음의 확신'도 주관성을 앞세우지 말고 객관성을 항상 앞세워야 합니다. 로마서 5장을 공부하면서 사도의 정돈된 논리를 따라가야 합니다.

웨스트민스터 신앙고백(Westminster Confession) 제 18장 제 2조항에 이렇게 진술되어 있습니다. "이 구원의 확신은 틀릴 수 있는 희망에 근거하여 나온 추측이나 미루어 짐작하여 나온 것이 아니다. 구원의 확신은 다음의 근거들, 곧 구원의 약속들을 말하는 하나님의 진리, 그 약속된 은혜가 내 안에 있다는 마음의 내적 증거, 양자의 영이신 성령께서 내 영으로 더불어 내가 하나님의 자녀인 것을 증거하신다는 사실을 토대로 한 것이다. 성령께서 우리 기업의 보증이 되시어 구속(救贖)의 날을 위해서 우리를 인치셨다(This certainty is not merely a conjectural and probable persuasion grounded on a fallible hope, but an infallible assurance of faith, founded on the divine truth of the promises of salvation, on the evidence in our hearts that the promised graces are present, and on the fact that the Spirit of adoption witnesses with our spirits that we are God's children. The Holy Spirit, by whom we are sealed for the day of redemption, is the pledge of our inheritance.) 그러니 '구원의 확신'은 '그리스도를 믿음으로 말미암아 하나님께 값없이 은혜로 의롭다 하심을 받았다'는 무너질 수 없는 확실한 사실에 근거한 믿는 자의 내면의 확고한 인식입니다. 흔히 '구원의 확신'을 가지게 된 경위를 말하면서 그것과 연관되는 체험에 대하여 말하곤 합니다. 그러나 그런 식의 '확신'은 주관성이 앞서기에 견고하지 못합니다. 앞의 웨스트민스터 신앙고백에서 잘 정리한 것과 같습니다. '구원의 확신'은 '그리스도 예수님께서 하나님 아버지의 뜻대로 이루신 구속(속량)의 객관적 사실과,' 그 효력을 근거하여 하나님께 의롭다 하심을 받은 사람이 말씀을 통해 일하시는 '성령님의 조명을 따라 그 사실을 선명하게 인지하게 됨으로' 발생합니다. 그렇게 생성된 '구원의 확신'이 견실한 것입니다.

물론 '구원의 확신' 자체가 '구원의 조건'은 아닙니다. '구원의 완전 충분한 조건'은 우리 주 예수 그리스도의 '완전한 구속의 은혜'입니다. 어떤 사람이 '나는 구원의 확신은 있다' 하는데 사실은 '아직 구원을 받지 못한 상태에 머물러' 있을 수 있습니다. "나더러 주여 주여 하는 자마다 다 천국에 들어갈 것이 아니요 다만 하늘에 계신 내 아버지의 뜻대로 행하는 자라야 들어가리라 그 날에 많은 사람이 나더러 이르되 주여 주여 우리가 주의 이름으로 선지자 노릇하며 주의 이름으로 귀신을 쫓아 내며 주의 이름으로 많은 권능을 행하지 아니하였나이까 하리니 그 때에 내가 저회에게 밝히 말하되 내가 너희를 도무지 알지 못하니 불법을 행하는 자들아 내게서 떠나가라 하리라."(마 7:21-23)

하나님과의 화평

"**5:1그러므로 우리가 믿음으로 의롭다 하심을 받았으니 우리 주 예수 그리스도로 말미암아 하나님과 화평을 누리자.**" 여기서 우리말 역본들에는 '누리자'는 권면의 형식으로 표현되어 있습니다. 그러나 영어 성경들에서는 직설적으로 표현되어 있습니다. "우리가… 하나님과 (더불은) 화평을 가진다(we have peace with God)." 물론 '믿음'이란 하나님께서 우리를 위해서 이루신 객관적 사실을 아는데서 멈추지 않고 그것을 우리의 것으로 받아 적용하는 것까지를 포괄하는 개념입니다. 그러니 우리말 역본들이 '누리자'로 표현한 것이 잘못이라고 말할 필요는 없습니다. 그러나 '믿음의 적용'에 앞서 '객관적 사실'을 인지(認知)하는 것은 적용의 견고한 터가 됨을 감안한다면 영어 역본들의 번역이 이 대목의 이해에 큰 도움이 되는 것이지요.

로이드 존스 목사님은 이 대목을 강해하면서, 사도가 '하나님의 평화(peace of God)'가 아니라 '하나님과 더불은 평화(peace with God)'라고 말한 것에 유념해야 할 것을 강조하였습니다. 물론 '하나님의 평화(평강)'가 '그 하나님과 더불은 화평'의 열매로 주어지는 것은 분명합니다. 그러나 여기서 사도가 '하나님께서 그 법정에서 그리스도 안에서 우리를 의롭다 하셨다'는 사실에 기초하여 새롭게 구축된 하나님과의 관계를 강조합니다. '그러므로 우리가 믿음으로 말미암아 의롭다 하심을 받았으니 (마땅히) 우리는 (지금) 그리스도로 말미암아 하나님과 더불어 화평한 관계에 처하여 있다(Therefore having been justified by faith, we have peace with God through our Lord Jesus Christ).'

"**하나님의 화평**(하나님과 더불은 화평)" 실로 이 사실의 의미와 그 깊이와 넓이와 길이와 높이를 제대로 묘사해 낼 말이 없습니다. 그리스도 밖에 있었던 이전에는 '죄로 인하여' 하나님과의 관계가 틀어지고 벌어지고 단절되어 원수 관계가 되어 있었습니다. 우리는 이전에 하나님을 미워하고 싫어하고 불순종하고 대적하는 성향으로 가득하였습니다. 하나님께서는 우리를 향하여 정죄하시고 진노하사 영원한 형벌의 장소, 곧 지옥에 던지실 입장에 계셨습니다. 그러나 이제 '그리스도 안에서' 우리와 하나님과의 관계는 '화평의 관계'로 바뀌었습니다. 그 '화평의 관계'는 어떤 것으로도 깨어지지 않습니다. 그 관계를 위한 초석이 무엇입니까? 결코 무너지거나 무효화되지 않는 그리스도의 속량(구속)이 아니면 무엇이겠습니까? 그래서 사도는 그 사실을 기초하여 우리의 입장을 2절에서 바로 선포합니다.

"**5:2또한 그로 말미암아 우리가 믿음으로 서 있는 이 은혜에 들어감을 얻었으며 하나님의 영광을 바라고 즐거워하느니라.**" 여기서 사도는 '그리스도 안에서 믿음으로 말미암아 의롭다 하심을 받은 우리의 처지'를 우리의 마음의 상태에 기초하지 않고 '하나님의 그 법정적 칭의 선고'에 근거하여 선포합니다. 그러니 우리가 "그리스도로 말미암아 우리가 믿음으로 서 있는 이 은혜에 들어감"은 하나님께서 우리에게 주신 권리입니다. 그러니 우리가 당당히 그 권리를 누리고 활용해야 함은 마땅합니다. 정말 '믿음'이란 계속 그리스도 안에서 하나님 아버지께서 우리를 위해서 뜻하시고 이루시고 또 앞으로 완전하게 하시려는 행사를 계속 주시하고 거기에 자신을 거는 것입니다. 그리고 믿음으로 그 하나님 아버지의 허락하신 '은혜의 법리적 권리'를 활용하는 것, 그것이 바로 그리스도인의 삶의 영광입니다. '하나님께 의롭다 하심을 받고 하나님과 화평한 관계'에 들어간 사람은 '이미 은혜 안에 있는 사람'입니다. 그래서 사도는 여기서 '우리가 믿음으로 말미암아 은혜에 들어감을 얻게 되었다' 말하지 않고, 도리어 "(지금) 우리가 믿음으로 서 있는 은혜에 들어감을 얻었다"고 표현하고 있습니다.

하나님의 은혜와 영광의 소망

"우리가 믿음으로 서 있는…" 여기서 '서 있다'는 표현은 대적하는 원수를 대항하여 당당하게 맞서는 전투적인 분위기를 자아내는 동사입니다. 그리스도 예수님을 믿는 이는 어떤 경우, 어떤 상황 속에 있다 할지라도 "예수 그리스도로 말미암아 믿음으로 서 있는 이 은혜"를 자신의 것으로 활용하여 누릴 수 있는 당당한 권리를 얻게 되었습니다.

"은혜에 들어감을 얻었으며." 사탄이 우리의 육신의 생각과 연약을 통하여 우리를 훼방하고 참소하려 해도 그 간계를 당당히 맞설 수 있습니다. 그것은 '우리가 (지금) 믿음으로 서 있는 은혜,' 곧 우리 주 예수 그리스도와 그 이루신 구속(救贖)의 완전한 효력 때문입니다. 그러므로 우리는 '그 은혜'를 우리의 것으로 활용하는 용기와 지혜를 가져야 합니다. 그리하여 우리 마음이 "그리스도 예수 안에 있는 은혜 가운데서 강해져야" 합니다(딤후 2:1).

"하나님의 영광을 바라고 즐거워하느니라." "모든 사람이 죄를 범하였으매 하나님의 영광에 이르지 못하더니."(롬 3:23) 죄는 하나님께서 창조시에 아담과 하와에게 입혀 주셨던 모든 영광을 벗기고 추하게 만들었습니다. 아담이 범죄하지 않았으면 하나님께서 창조시에 부여하셨던 모든 영광을 옷 입고 하나님과의 영화로운 교제를 누릴 수 있었습니다. 사람은 자존(自存)하는 존재가 아니므로 창조주 하나님과의 생명 있는 교제를 통해서 공급되는 자원(資源)을 힘입어야 하고, 하나님께 순종하여 의로운 관계를 지속할 때에만 그 영광의 복락 속에 존재하는 것입니다. "진실로 생명의 원천이 주께 있사오니 주의 빛 안에서 우리가 빛을 보리이다."(시 36:9) "만군의 여호와여 주께 의지하는 자는 복이 있나이다."(시 84:12) 그러나 죄는 하나님께 불순종하고 하나님과의 교제를 단절하고 하나님을 의존하는 것을 부인하는 어리석기 짝이 없는 행위입니다. "어리석은 자는 그의 마음에 이르기를 하나님이 없다 하는도다 그들은 부패하고 그 행실이 가증하니 선을 행하는 자가 없도다."(시 14:1) 우리 모두는 본질적으로 하나님과의 교제를 박탈당하고, 정죄 받아 영원한 지옥 형벌의 진노 아래 있게 되었습니다. 그러나 이제 '그리스도를 믿음으로 의롭다 하심을 받아 그리스도 안에서 하나님과 더불어 화평하게' 되었습니다. 그러니 이제 하나님과의 교제가 허락되어 "하나님의 영광을 바라고 즐거워하는" 입장에 서게 되었습니다.

"하나님의 영광"은 구체적으로 무엇입니까? 존 칼빈은 그의 로마서 주석에서 이 질문에 대한 답으로 베드로후서 1:4과 요한일서 3:2을 제시합니다. "이로써 그 보배롭고 지극히 큰 약속을 우리에게 주사 이 약속으로 말미암아 너희가 정욕 때문에 세상에서 썩어질 것을 피하여 신성한 성품에 참여하는 자가 되게 하려 하셨느니라."(벧후 1:4) "사랑하는 자들아 우리가 지금은 하나님의 자녀라 장래에 어떻게 될지는 아직 나타나지 아니하였으나 그가 나타나시면 우리가 그와 같을 줄을 아는 것은 그의 참 모습 그대로 볼 것이기 때문이니."(요일 3:2) 그러니 사도가 말하는 '하나님의 영광의 소망'은 "하나님의 영광의 광채시요 그 본체의 형상이신"(히 1:3) 우리 주 예수 그리스도의 형상을 본받게 될 소망입니다. "하나님이 미리 아신 자들을 또한 그 아들의 형상을 본받게 하기 위하여 미리 정하셨으니 이는 그로 많은 형제 중에서 맏아들이 되게 하려 하심이니라 또 미리 정하신 그들을 또한 부르시고 부르신 그들을 또한 의롭다 하시고 의롭다 하신 그들을 또한 영화롭게 하셨느니라."(롬 8:29,30) '그리스도의 형상을 본받게 된다'는 것이야말로 그리스도 안에서 믿는 자들이 누리게 될 '하나님의 영광의 소망'의 핵심이요 절정입니다. 실로 놀랍습니다! 죄로 인하여 하나님의 진노 아래서 영원히 하나님의 생명에서 떠나 흑암과 고통의 저주 아래 있을 수밖에 없던 우리가 아니었습니까? 그러나 이제는 그리스도 안에서 하나님께서 창세전에 목적하신 그 영광의 절정에 이르게 될 소망을 가지게 되다니요. 그 소망은 우리 편에서 스스로 가지게 되는 '희망 사항'이 아닙니다. 하나님께서 창세전에 예정하신 뜻의 완전한 성취를 내다보는 확신에 찬 기대입니다. "창세전에 그리스도 안에서 우리를 택하사 우리로 사랑 안에서 그 앞에 거룩하고 흠이 없게 하시려고 그 기쁘신 뜻대로 우리를 예정하사 예수 그리스도로 말미암아 자기의 아들들이 되게 하셨으니 이는 그의 사랑하시는 자 안에서 우리에게 거저 주시는 바 그의 은혜의 영광을 찬송하게 하려는 것이라."(엡 1:4-6)

그리스도인의 소망은 그리스도 안에서 하나님의 변개할 수 없는 완전한 목적과 그 목적을 실행하신 그리스도의 구속의 은혜에 근거한 확신으로 말미암는 소망입니다. 그 소망은 우리 그리스도인들의 길에서 '마르지 않고 항상 솟구쳐 오르는 위로의 샘'이 아닐 수 없습니다. 그래서 우리의 순례길에서 지치고 고단하고 외로움이 밀려오는 것 같을 때에 '그 샘에서 퍼 마시면' 다시 소생함을 얻습니다. 광야의 이스라엘에게 주셨던 '반석의 샘물'이 우리 그리스도인들에게 있습니다. "모세에게 속하여… 모두가 같은 신령한 음식을 먹으며 모두가 같은 신령한 음료를 뒤따르는 신령한 반석으로부터 마셨으니 그 반석은 곧 그리스도시라."(고전 10:1,3,4) "내가 주는 물을 마시는 자는 영원히 목마르지 아니하리니 내가 주는 물은 그 속에서 영생하도록 솟아나는 샘물이 되리라."(요 4:14)

환난의 학교

"**5:3다만 이뿐 아니라 우리가 환난 중에도 즐거워하나니.**" 앞에서 말한 대로 우리 그리스도 안에 있는 자들은 자기들의 인생길을 '하나님의 영광의 소망의 성취'와 맞닿아 있는 것으로 여깁니다. 그런데 우리가 순례길에서 거의 반드시 만나게 되는 단골 메뉴가 있습니다. 그것이 무엇입니까? '환난'입니다. 하나님께서 자녀들인 우리를 향하여 세우신 '섭리의 계획' 속에 우리로 하여금 '환난의 학교'에 들어가 배우게 할 과목이 있습니다. 그래서 하나님께서 당신의 말씀인 성경에 '환난'을 맞이할 때 우리가 하나님 앞에서 어떻게 처신해야 할 것인지를 제시해 놓으셨습니다. "환난날에 나를 부르라 내가 너를 건지리니 네가 나를 영화롭게 하리로다."(시 50:15) 물론 그 "내가 너를 건지시는" 하나님의 방식이나 수준이 우리가 원하고 기대하는 것과는 다릅니다. 사실 우리가 원하는 방식이나 수준대로라면 '보잘 것'이 없을 것입니다. 하나님께서는 우리를 환난에서 건지시되 하나님을 영화롭게 하는 방식으로 건지십니다. 다시 말하면 그 '환난의 학교'에서 배우고 나면 '하나님을 진실로 영화롭게 하고 자기 믿음이 자란 것'을 고백하는 상급을 받습니다. "고난당한 것이 내게 유익이라 이로 말미암아 내가 주의 율례들을 배우게 되었나이다."(시 119:71)

"환난 중에도 즐거워하나니." 여기서 사도가 '환난을 즐거워하나니'라고 말하지 않음을 유념해야 합니다. '환난 중에서도, 환난에도 불구하고 하나님의 영광의 소망을 즐거워한다'고 말하고 있습니다. '환난 자체를 즐거워한다'가 아닙니다. 만일 그런 사람이 있다면 복음에 합당하게 행하는 것과는 전혀 상관이 없습니다. 성경에서 금욕주의를 정당하게 말한 적이 없습니다. 역사적으로 은둔주의자들이나 수도원주의자들이 있었습니다. 그것은 당시의 교회나 사회의 영적인 상황에 대한 반동(反動)으로 일어나 잠시 사람들에게 영향을 미쳤던 운동이지 성경이 주문하는 것이 아닙니다. "그러나 성령이 밝히 말씀하시기를 후일에 어떤 사람들이 믿음에서 떠나 미혹하는 영과 귀신의 가르침을 따르리라 하셨으니 자기 양심이 화인을 맞아서 외식함으로 거짓말하는 자들이라 혼인을 금하고 어떤 음식물은 먹지 말라고 할 터이나 음식물은 하나님이 지으신 바니 믿는 자들과 진리를 아는 자들이 감사함으로 받을 것이니라 하나님께서 지으신 모든 것이 선하매 감사함으로 받으면 버릴 것이 없나니 하나님의 말씀과 기도로 거룩하여짐이라."(딤전 4:1-5) 물론 필요한 경우에 하나님께 전심으로 집중하며 교제하기를 원하여 금식하는 경우가 있습니다. 그러나 금식 자체가 사람을 하나님께 가까이 하게 하는 것은 아닙니다. "이것이 어찌 나의 기뻐하는 금식이 되겠으며 이것이 어찌 사람이 그 마음을 괴롭게 하는 날이 되겠느냐 그 머리를 갈대같이 숙이고 굵은 베와 재를 펴는 것을 어찌 금식이라 하겠으며 여호와께 열납될 날이라 하겠느냐 나의 기뻐하는 금식은 흉악의 결박을 풀어 주며 멍에의 줄을 끌러 주며 압제당하는 자를 자유케 하며 모든 멍에를 꺾는 것이 아니겠느냐 또 주린 자에게 네 식물을 나눠 주며 유리하는 빈민을 네 집에 들이며 벗은 자를 보면 입히며 또 네 골육을 피하여 스스로 숨지 아니하는 것이 아니겠느냐."(사 58:3-7)

"**5:3**… **이는 환난은 인내를, 5:4인내는 연단을, 연단은 소망을 이루는 줄 앎이로다.**" "환난 중에도 즐거워하는" 이유를 사도는 제시하고 있습니다. 흔히 "환난은 인내를 이룬다"는 사도의 말을 더 의인화(擬人化)하여 '환난은 인내의 어머니라'고 말하기도 합니다. 그러나 여기서 주의해야 할 것은 '환난 자체가 인내를 산출한다'고 말해서는 안 된다는 점입니다. 여기서 '환난과 인내의 함수관계'는 '원인과 결과의 직접 관계'가 아닙니다. 존 칼빈은 이 대목의 주석에서 '환난을 통해서 믿는 자 속에서 일하시어 인내를 산출하게 하시는 성령님'의 역사를 지적합니다.

"**환난은 인내를, 인내는 연단을, 연단은 소망을 이루는 줄 앎이로다.**" 이 말씀은 사도가 1, 2절에서 묘사한 사람에게만 해당됩니다. 곧, '그리스도를 믿음으로 말미암아 의롭다 하심을 입어 하나님과 더불어 화평을 이루어 그리스도 안에 있는 은혜에 들어감을 얻고 하나님의 영광의 소망을 가진 자' 속에서 역사하시는 성령님의 열매입니다. 그래서 5절에서 바로 앞에서 말한 '환난과 성도의 인내와 연단과 소망'의 함수관계를 주장하시는 성령님의 역사에 대해서 말합니다. "소망이 우리를 부끄럽게 하지 아니함은 우리에게 주신 성령으로 말미암아 하나님의 사랑이 우리 마음에 부은 바 됨이니."

지금 이 부분에서 사도는 '그리스도의 형상을 본받는 것을 소망하고 목표하도록 하나님 안에서 택하심을 받아 부르심을 받은 사람'의 성품상의 성장과 변화를 다루고 있습니다. '그리스도를 믿음으로 말미암아 하나님께 의롭다 하심을 받아 하나님의 자녀가 된' 사람 속에 여전히 옛 사람의 본성, 곧 죄악적 성향을 가진 '육체의 원리'가 존재합니다. 그것을 죽이고 하나님의 자녀다운 사람, 신의 성품에 참여한 자로서 그리스도의 장성한 분량의 충만에 이르도록 거룩하게 변화되고 성장해야 할 과정이 남아 있습니다. 물론 하나님께서는 당신의 자녀들이 그 과정을 끝내 감당할 은혜를 주십니다. 그것이 성도의 지상 순례길의 의미입니다. 이제 그리스도인은 '환난의 학교'에서 그 영혼에 미치는 하나님의 은혜의 방식을 배움으로 주어지는 성품의 열매가 바로 '인내와 연단'입니다. 존 플라벨 (John Flavel, 1628-91)은 그의 명저(名著) 「은혜의 방식(The Method of Grace in Gospel Redemption)[6]」에서 이 문제를 상세하게 다루고 있습니다. 거기서 그는 이렇게 말합니다. "신자 여러분에게 어려운 일이 닥치는 것을 불평하지 마십시오. 기쁨으로 그것을 참아내십시오. 여러분 속에 있는 마음의 교만과 허영은 너무나 견고한 나머지 그저 한 두 번의 환난으로는 변화되지 않을 수 있습니다. 여러분을 괴롭히는 원수의 말들을 달게 받으십시오. 그것이 차갑고 매서운 서리 속에서 잡초들이 말라지는 것 같은 고통을 줄 수 있으나 여러분에게 유익을 줄 것입니다. 야생의 황소를 제

---

6) 본서는 필자에 의하여 번역되어 2012년에 청교도신앙사에서 역간된 책으로 많은 독자들을 두고 있다. 이 책은 그리스도의 구속의 은혜를 성령께서 어떻게 믿음을 통하여 성도들에게 적용하시는지를 섬세하게 다룬 책이다. 듣기로 19세기 구미의 선교사들은 이 책을 필독서로 알고 여러 번 읽었다고 한다.

어하려고 코에 코뚜레를 거는 것처럼 여러분 마음에도 하나님의 제어를 달게 받을 코뚜레가 필요함을 잊지 마십시오. '고난당하기 전에는 내가 그릇 행하였더니 이제는 주의 말씀을 지키나이다.'(시 119:67) '또 그들 중 지혜로운 자 몇 사람이 몰락하여 무리 중에서 연단을 받아 정결하게 되며 희게 되어 마지막 때까지 이르게 하리니 이는 아직 정한 기한이 남았음이라.'(단 11:35)"

실로 '믿음으로 의롭다 하심을 받은 사람이 우리 주 예수 그리스도로 말미암아 하나님과 화평하고 그 은혜 아래 있는 자는 그리스도의 형상을 본받는 소망의 정점(頂點)을 향해' 나아갑니다. 결국 그 최종 완성의 꼭대기에 승리의 깃발을 꽂고 하나님의 은혜의 영광을 찬미하게 될 것입니다. 사도 베드로가 그리스도를 믿는다는 이유로 박해의 환난 중에서 흩어져 있는 성도들을 위로할 때 어떤 말로 위로하였습니까? 그 소망의 확실성을 견지하게 하지 않았습니까? "그러므로 너희가 이제 여러 가지 시험으로 말미암아 잠깐 근심하게 되지 않을 수 없으나 오히려 크게 기뻐하는도다 너희 믿음의 확실함은 불로 연단하여도 없어질 금보다 더 귀하여 예수 그리스도께서 나타나실 때에 칭찬과 영광과 존귀를 얻게 할 것이니라 예수를 너희가 보지 못하였으나 사랑하는도다 이제도 보지 못하나 믿고 말할 수 없는 영광스러운 즐거움으로 기뻐하니 믿음의 결국 곧 영혼의 구원을 받음이라."(벧전 1:6-9) 아멘.

23

확증된 하나님의 사랑

5:5 소망이 우리를 부끄럽게 하지 아니함은 우리에게 주신 성령으로 말미암아 하나님의 사랑이 우리 마음에 부은 바 됨이니

5:6 우리가 아직 연약한 때에 기약대로 그리스도께서 경건하지 않은 자를 위하여 죽으셨도다

5:7 의인을 위하여 죽는 자가 쉽지 않고 선인을 위하여 용감히 죽는 자가 혹 있거니와

5:8 우리가 아직 죄인 되었을 때에 그리스도께서 우리를 위하여 죽으심으로 하나님께서 우리에 대한 자기의 사랑을 확증하셨느니라

5:9 그러면 이제 우리가 그의 피로 말미암아 의롭다 하심을 받았으니 더욱 그로 말미암아 진노하심에서 구원을 받을 것이니

5:10 곧 우리가 원수 되었을 때에 그의 아들의 죽으심으로 말미암
아 하나님과 화목하게 되었은즉 화목하게 된 자로서는 더욱 그의
살아나심으로 말미암아 구원을 받을 것이니라
5:11 그뿐 아니라 이제 우리로 화목하게 하신 우리 주 예수 그리스
도로 말미암아 하나님 안에서 또한 즐거워하느니라

'사도가 로마교회에 보낸 복음 편지'인 이 로마서를 읽어간다는 것은
'주 예수 그리스도 안에 있는 우리를 향하신 하나님의 간절한 사랑 이야
기(Earnest Love Story)'를 듣고 있는 셈입니다. 사람들 사이의 순전한 '사
랑 이야기'도 아름다워 여러 번 반복해서 듣더라도 들을 때마다 의미가
없지 않습니다. 이미 들어 그 줄거리의 흐름을 뻔히 아는데도 '순애보(純
愛譜)'는 듣는 이의 마음에 일렁임을 줍니다. 그러나 사람들 사이의 '사랑
이야기'는 한계와 아쉬움과 반전과 슬픔의 결말로 이어지기 십상입니다.
그래서 '사랑 이야기'가 배경이 되어 '슬픈 노래'가 나오기도 합니다. 그러
나 성경에 기록된 하나님의 사랑 이야기는 다릅니다. '감사와 기쁨의 찬
미'를 발하게 합니다. 왜냐하면 그리스도 안에서 우리를 사랑하시는 하
나님의 행사는 우리로 '더 없는 지복(至福)'의 세계를 누리게 하기 때문입
니다. 물론 '더 없는 지복의 세계'란 하늘에 있고, 또 그리스도의 재림과
함께 임할 '의의 거하는 바 새 하늘과 새 땅을 그 영역으로 하는 완전한
하나님의 나라(Kingdom of God)'입니다. 물론 이 땅에서도 그리스도를
믿는 이들은 이미 '하나님의 사랑의 아들의 나라로 옮겨진 자들'입니다(골
1:12,13). 그러나 이 땅에서는 그 나라의 시민권을 가진 자들이 환난과 박
해와 고난의 어둔 골짜기를 지나야 합니다. 그러나 그것이 성도들을 잠

시 근심하게 하나 끝내 슬프게 하지는 못합니다. 왜냐하면 그들의 마음에는 '시온의 대로'가 있기 때문입니다. "주께 힘을 얻고 그 마음에 시온의 대로가 있는 자는 복이 있나이다 그들이 눈물 골짜기로 지나갈 때에 그곳에 많은 샘이 있을 것이며 이른 비가 복을 채워 주나이다."(시 84:5,6)

'하나님의 나라'는 '하나님께서 임금이시고 그 통치에 순전하고 달게 복종하는 백성들로 이루어진 나라'입니다. 그래서 사도는 '하나님의 나라'의 영광의 진수가 어디에 있는지를 분명하게 규정하였습니다. "하나님의 나라는 먹는 것과 마시는 것이 아니요 오직 성령 안에 있는 의(義)와 평강과 희락이라."(롬 14:17) 여기서 '의와 평강과 희락'은 백성의 행실과 그 심령의 상태를 가리키는데, 단순하게 백성들 각 자의 '단독적' 존재로서의 상태를 말하지는 않습니다. 성경에서 '의(義)'는 단순한 도덕적 존재로서의 인간의 행동을 말하지 않습니다. 언제나 '의로우신 하나님과의 완전한 관계, 곧 하나님께 완전하게 순종하는 전인적 행사'를 가리키는 명사(名詞)입니다. 거기서 사람이 '하나님과 더불어 화평을 누리는 심령의 상태가 평강'입니다. 그 '평강'은 '하나님 앞에서 누리는 평강'입니다. 그리고 당연히 그 사람은 항상 샘솟듯 하는 '희락'의 샘을 마음에 가지기 마련이지요. 그런 지복의 상태가 중단 없이 영원히 지속되는 나라가 바로 '하나님의 나라'입니다. 그러니 그리스도 안에서 우리가 받는 '구원, 곧 영생'은 바로 그 '하나님 나라'의 백성이 되기에 필요한 조건입니다.

그리스도로 말미암아 죄에서 우리를 구원하시는 하나님의 행사는 우리로 '하나님의 나라'의 백성으로 삼으시려는 하나님의 목적의 실현입니다. 왜냐하면 '하나님 나라'는 '하나님을 불순종하고 대적하는 죄'는 들어설 여지가 전혀 없는 나라이기 때문입니다. 그리스도 안에서 우리가 소망하는 '하나님의 영광'은 바로 그 '하나님 나라'의 완전한 백성이 되기에 필요하고 충분한 조건입니다. 그래서 지복의 '하나님의 나라'의 특성은 '평강과 희락'의 나라요 '완전한 사랑'의 나라입니다. 18세기 미국의 복음 대각성의 주역이던 조나단 에드워즈(Jonathan Edwards, 1705 -1758) 목사는 고린도전서 13장 전문(全文)을 강해한 그의 책 「사랑(Charity and Its Fruits)7)」란 책을 내었습니다. 그 책의 마지막 장에서 그는, 고린도전서 13:13의 "믿음 소망 사랑은 항상 있을 것인데 그 중에 제일은 사랑이라"한 말씀을 근거로 '사랑으로만 충만한 하나님의 나라'의 영광을 놀랍게 강해하고 있습니다. 사도는 그 하나님의 구원의 행사가 그리스도 안에서 우리를 향하신 '하나님의 무궁한 사랑'에서 기인하였음을 생각하고 감격해 합니다. 그래서 로마서 5:5-11에서 '하나님의 사랑의 실상을 확증'하고 있습니다.

부끄럽지 않은 소망

"5:5소망이 우리를 부끄럽게 하지 아니함은 우리에게 주신 성령으로 말미암아 하나님의 사랑이 우리 마음에 부은 바 됨이니." 우리의 현재의 모습과 인격의 실상과, '하나님의 영광의 소망, 곧 그리스도의 완전한 형상을 본받는 데까지 영화롭게 될 소망' 사이에 벌어진 틈이 너무나 광대하여 우리로 낙심하게 합니다. 그 틈을 보고 대번에 '하나님의 영광을 소망하는 일이 우리를 부끄럽게 하기' 십상입니다. 이런 것을 생각해 보

---

7) 본서도 필자가 번역하여 청교도신앙사에서 출간하여 참된 가치의 책을 찾는 독자들의 사랑을 받고 있다. 실로 이 책만큼 고린도전서 13장을 섬세하면서 적확하게 강해한 책이 또 있을까 싶다. 독자들에게 간절하게 추천하는 바이다.

십시오. 술람미 여인이 자기 친구들에게 '솔로몬 임금님과 내가 사랑하는 사이라'고 하였다면, 친구들이 무어라 했겠습니까? 그 친구들은 대번에 어이가 없다는 듯이 질책하였을 것입니다. "아니 너 너무 과분한 생각을 하고 있구나. 올라가지 못할 나무는 쳐다보지도 말라는 말이 있어. 경우에 합당하지 못한 생각은 망상일 뿐이지. 망상에 사로잡히면 잡힐수록 마음이 더 상하고 괴로워질 텐데. 어서 망상에서 깨어 나거라." 그러나 술람미 여인은 친구들의 권면을 받지 않습니다. 도리어 그럴수록 그녀는 솔로몬 임금님의 사랑이 모든 것을 제압하는 변하지 않는 현실이기 때문입니다. 그녀는 속으로 생각했을 것입니다. "나를 향한 솔로몬 임금님의 사랑이 무너지지 않을 것은 이 때문이다. 곧 내가 먼저 솔로몬 임금님을 사랑하여 내게 관심을 기울여 주기를 기대한 결과로 나를 사랑한 것이 아니라 솔로몬 임금님이 먼저 나를 사랑하셨기 때문이다." 솔로몬 왕이 술람미 여인에 대한 사랑의 고백을 들어 보십시오. "내 사랑아 너의 어여쁨이 디르사 같고 너의 고움이 예루살렘 같고 엄위함이 기치를 벌인 군대 같구나… 왕비가 육십 명이요 후궁이 팔십 명이요 시녀가 무수하되 내 비둘기, 내 완전한 자는 하나뿐이로구나."(아 6:4,6-8) "너는 나를 도장 같이 마음에 품고 도장 같이 팔에 두라 사랑은 죽음 같이 강하고 질투는 스올 같이 잔인하며 불길 같이 일어나니 그 기세가 여호와의 불과 같으니라 많은 물도 이 사랑을 알지 못하겠고 홍수라도 삼키지 못하나니 사람이 그의 온 가산을 다 주고 사랑과 바꾸려 할지라도 오히려 멸시를 받으리라."(아 8:6,7)

그렇습니다. "하나님의 영광을 바라고 즐거워하는 것"은 우리 자신의 어떤 신실함이나 공로나 의(義) 때문이 아닙니다. 그런 면에서 우리는 '영점(零點)'임을 압니다. 만일 어느 누가 이 요점을 절실하게 인정하고 싶지 않다면, 그는 아직도 복음의 요점에 이르지 못한 셈입니다. 아니면 논리적으로는 인정하나 마음 중심에서 아직은 받아들이기가 거북하다는 말이지요. 그런 상태에 있는 사람에게 있어서 예수 그리스도의 구속(救贖)의 효력은 자연히 절실하지 못한 것이 됩니다. 사도는 우리 자신에게는 '거룩하시고 악을 차마 보시지 못하시는 하나님'을 감동하게 할 만한 것이 전무(全無)함을 압니다. 그럼에도 불구하고 사도는 성령님의 감동하심 속에서 '그리스도 안에서 우리로 당신의 영광의 소망'을 가지게 하신 하나님의 행사의 이유가 오직 하나 뿐임을 지적하고 있습니다. 그것이 무엇입니까? '사랑'입니다. 하나님께서 우리를 택하시고 구원하시고 그 영광의 소망을 가지게 하신 오직 유일한 이유는 '그 기뻐하심을 따른 사랑'입니다. "곧 창세전에 그리스도 안에서 우리를 택하사 우리로 사랑 안에서 그 앞에 거룩하고 흠이 없게 하시려고 그 기쁘신 뜻대로 우리를 예정하사 예수 그리스도로 말미암아 자기의 아들들이 되게 하셨으니."(엡 1:4,5)

실로 성경은 '택한 백성들을 향하신 하나님의 절절한 사랑의 실화(實話)'입니다. "하나님의 사랑이 우리에게 이렇게 나타난바 되었으니 하나님이 자기의 독생자를 세상에 보내심은 그로 말미암아 우리를 살리려 하심이라 사랑은 여기 있으니 우리가 하나님을 사랑한 것이 아니요 하나님이 우리를 사랑하사 우리 죄를 속하기 위하여 화목 제물로 그 아들을 보내셨음이라."(요일 4:9,10) 그런데 이 '하나님의 사랑의 진실과 그 깊이와 높이와 넓이와 길이'를 누가 알겠습니까? 우리의 이지로 알 수 있습니까? 본성을 연마하여 알 수 있습니까? 그 일은 사람의 능력 밖의 일입니다. 그래서 그 하나님의 사랑을 깨닫고 아는 일도 하나님 편에서 해주시어야 합니다.

  "우리에게 주신 성령으로 말미암아 하나님의 사랑이 우리 마음에 부은 바 됨이니." 그러합니다. 성령님으로 아니하고는 하나님을 알거나 하나님 앞에 자신이 죄인인줄을 누가 알며, 그리스도 안에 있는 하나님의 구원하시는 사랑의 진실을 누가 알 수 있습니까? 아무도 없습니다. 오직 사람이 성령님으로 말미암아 거듭나서 영적인 눈이 열려야 하나님을 경외하는 지각이 생기고 자신이 하나님 앞에 얼마나 죄인인지를 알게 됩니다. 그리고 비로소 그리스도 안에서 값없이 은혜로 우리를 구원하시는 하나님의 사랑에 눈을 뜨게 됩니다. "그러므로 내가 너희에게 알리노니 하나님의 영으로 말하는 자는 누구든지 예수를 저주할 자라 하지 아니하고 또 성령으로 아니하고는 누구든지 예수를 주시라 할 수 없느니라."(고전 12:3) "기록된바 하나님이 자기를 사랑하는 자들을 위하여 예비하신 모든 것은 눈으로 보지 못하고 귀로 듣지 못하고 사람의 마음으로 생각하지도 못하였다 함과 같으니라 오직 하나님이 성령으로 이것을 우리에게 보이셨으니 성령은 모든 것 곧 하나님의 깊은 것까지도 통달하시느니라… 우리가 세상의 영을 받지 아니하고 오직 하나님으로부터 온 영을 받았으니 이는 우리로 하여금 하나님께서 우리에게 은혜로 주신 것들을 알게 하려 하심이라."(고전 2:9-12) 사도는 그리스도 안에 있는 하나님의 사랑의 진실을 우리로 믿게 하시고 그 사랑의 감격을 가지게 하시는 성령님의 역사를 이 대목에서 표현한 것입니다. "우리에게 주신 성령으로 말미암아 하나님의 사랑이 우리 마음에 부은 바 됨이니." 실로 사도와 함께 우리로 하여금 "누가 우리를 그리스도의 사랑에서 끊으리요 환난이나 곤고나 박해나 기근이나 적신이나 위험이나 칼이랴."(롬 8:35)라고 감격하며 모든 만난(萬難)을 극복하게 하시는 이가 바로 성령이십니다. 그러니 이 로마서, 아니 성경 전체는 '지극히 사무적(事務的)인 책'이 결코 아닙니다. 성경은 실로 택한 백성들을 향하신 '하나님의 사랑의 거센 물결'이 그치지 않고 깊고 높고 넓고 길게 파동하는 바다입니다.

그래서 시편 42편 기자는 자기로 낙망하게 하는 '우울의 거센 노도'에 맞서 자기를 여전히 사랑하시는 하나님의 은혜의 도우심을 의뢰하였습니다. "내 영혼아 네가 어찌하여 낙심하며 어찌하여 내 속에서 불안해하는가 너는 하나님께 소망을 두라 그가 나타나 도우심으로 말미암아 내가 여전히 찬송하리로다."(시 42:5) 그러면서 사울 왕을 통한 압박이 어찌나 거세던지 도저히 자기 힘으로는 감당하기 불가한 곤고함이 극에 달하였음을 이렇게 표현합니다. "주의 폭포 소리에 깊은 바다가 서로 부르며 주의 모든 파도와 물결이 나를 휩쓸었나이다."(시 42:7) 다윗은 자기에게 주어진 그 그치지 않는 긴 환난의 압박이 주님의 허용 속에서 주어짐을 믿고 있었습니다. 그래서 사울 왕을 통한 압박과 위협을 자기를 낮추시는 주님의 손에 들린 도구로 보았습니다. 그 도구는 마치 폭포에서 떨어지는 물소리와 같고 그치지 않고 노도(怒濤)하는 바다의 파도와 그 거센 물결에 비유한 것입니다. 그러나 다윗은 그런 중에도 자기를 사랑하시어 궁극적으로 구원하실 하나님의 은혜를 믿었습니다. 그래서 그는 자기가 그런 상황에서 '절망의 결론'을 내리기 보다는 '하나님의 인자하심과 사랑을 믿고 찬송하며 기도할 당위성'을 견고하게 부여잡았습니다. "낮에는 여호와께서 그의 인자하심을 베푸시고 밤에는 그의 찬송이 내게 있어 생명의 하나님께 기도하리로다."(시 42:8) 그렇게 마음을 정하고도 또 '환난과 고통의 현실'을 주목하면 금방 '하나님께서 자기를 버리신 것 같다'는 생각이 불일 듯 일어나 괴로웠습니다. 그래서 울부짖었습니다. "내 반석이신 하나님께 말하기를 어찌하여 나를 잊으셨나이까 내가 어찌하여 원수의 압제로 말미암아 슬프게 다니나이까 하리로다 내 뼈를 찌르는 칼 같이 내 대적이 나를 비방하여 늘 내게 말하기를 네 하나님이 어디 있느냐 하도다."(시 42:9,10) 그러나 다윗은 여전히 자기에게 믿음으로 말합니다. 자기를 사랑하시는 하나님의 권능과 인자하심은 반드시 자기 입에 찬송을 두게 할 것을 믿어 의심하지 않았습니다. "내 영혼아 네가 어찌하여 낙심하며 어찌하여 내 속에서 불안해 하는가 너는 하나님께 소망을 두라 나는 그가 나타나 도우심으로 말미암아 내 하나님을 여전히 찬송하리로다."(42:11)

그러합니다. 사도가 이 서신을 쓸 때에 자기의 모든 형편이 좋은 것을 보고 "하나님의 사랑이 우리 마음에 부은 바 됨이니"라고 말한 것이 아닙니다. 오히려 오직 '한 가지의 큰 일' - 다른 모든 것이 달라지고 사라지고 지나가 버린다 하여도 언제나 변하지 않는 영원한 현실 - 을 주목하며 그렇게 말한 것입니다. 지상에 사는 날 동안 모든 눈에 보이는 현실 속에서 우리가 항상 주목해야 할 오직 그 '한 가지의 큰 일'은 대체 무엇입니까?

하나님의 원수로 죄인되고 연약하였던 바로 그 때에

"5:6우리가 아직 연약한 때에 기약대로 그리스도께서 경건하지 않은 자를 위하여 죽으셨도다." 성령께서 우리 마음에 '하나님의 사랑의 진실을 믿고 알게 하시며 감격하게 하시는 근거'는 '그리스도께서 경건치 않은 자를 위하여 죽으셨다'는 사실입니다. 만일 우리 편의 '열심과 의로운 행위'를 보시고 감동하신 하나님께서 우리를 사랑하시게 된 결과로 그 아들 예수 그리스도를 보내시어 구원하게 하시었다면, '하나님의 영광을 바라고 즐거워하는 우리의 소망'의 근거는 '우리 자신의 의로운 행위'에 달려 있는 셈입니다. 그러나 그 가능성은 전무(全無)함을 사도는 누누이 강조하며 역설하였습니다. 우리 자신 속에는 하나님의 사랑을 이끌어 낼 만한 근거가 하나도 없었습니다. 오직 '하나님께서 그 아들 그리스도를 우리를 위해서 내어 주신 것은 오직 하나님의 기뻐하심을 따라' 된 일입니다. 다시 말하여 하나님께서 그 아들을 우리 위하여 내어 주신 근거는 오로지 우리를 사랑하심 그 자체에 있는 것입니다. 우리는 다 본질상 '경건하지 못합니다.' "전에는 우리도 다 그 가운데서 우리 육체의 욕심을 따라 지내며 육체와 마음이 원하는 것을 하여 다른 이들과 같이 본질상 진노의 자녀이었더니."(엡 2:3) 그와 같이 우리 자신 속에 하나님께서 당신의 아들 그리스도를 보내시어 구원하시도록 한 어떤 공로가 있었던 것이 아니고, 또 그리스도께서 우리를 위해서 대신 죽게 하실만한 이유가 우리 자신 자체 속에서는 없었습니다. "우리가 아직 연약한 때에 기약대로 그리스도께서 경건하지 않은 자를 위하여 죽으셨도다."

"5:7의인을 위하여 죽는 자가 쉽지 않고 선인을 위하여 용감히 죽는 자가 혹 있거니와." 사도는 사람들 중에서 일반적으로 통하는 보편율의 차원에 호소하여 그런 예를 찾게 하고 있습니다. 사람들 중에서는 '의인'을 위하여 죽는 일도 있을 수 있으나 쉽지 않고 "선인을 위하여 용감하게 죽는 자"는 아주 드물게 간혹 있습니다. 그러나 하나님께서 '경건하지 않은 자, 하나님을 부인하고 대적하는 자를 위하여 아들을 내어 주시어 대신 죽어 살리신 일'과 같은 일은 전혀 없습니다. 그래서 사람이 그리스도 안에서 자기를 사랑하신 하나님의 사랑을 알게 될 때, 그 사람은 최고의 사랑을 알게 된 셈입니다. 이런 사랑이 사람들 중에서는 발견되지 않습니다. 오직 하나님께만 있습니다. 그래서 사람 가운데서 사랑을 받지 못하였다고 생각하고 불만과 투정을 하던 이라도 이 하나님의 사랑이 자기를 향하신 사랑임을 알게 되면, '그 사랑에 배부르게' 됩니다. 반면에 모든 조건이 풍족하고 사람 가운데서 존귀함과 명예를 얻어 남들이 다 부러워하여도 이 하나님의 사랑을 알지 못하면, 여전히 그 속에는 '허전의 깊은 구멍'이 있어 외로움을 달랠 길이 없습니다. 그래서 우리 주님께서는 말씀하셨습니다. "예수께서 이르시되 나는 생명의 떡이니 내게 오는 자는 결코 주리지 아니할 터이요 나를 믿는 자는 영원히 목마르지 아니하리라."(요 6:35) 누가 이 하나님의 사랑을 알고 누릴까요? 그 사랑을 아는 이는 세상에서 가장 행복한 사람입니다. 성경이 말하는 그리스도인은 바로 그러한 사람입니다. 그러면 더 이상의 증거가 필요하지 않을 정도로 나를 향하신 하나님의 사랑의 확실성을 확증하는 근거는 무엇입니까?

"5:8우리가 아직 죄인 되었을 때에 그리스도께서 우리를 위하여 죽으심으로 하나님께서 우리에 대한 자기의 사랑을 확증하셨느니라." 이보다 더 우리를 사랑하시는 하나님의 사랑을 확증하는 것이 어디 있습니까? 만일 이것을 제쳐 두고 '하나님이 날 사랑하시는 확실한 증거를 달라'고 한다면, 그는 마치 태양이 찬란하게 비추는 곳에 있으면서 '어두우니 더 밝게 하여 달라' 주문하는 심각한 시각 장애인과 한 가지입니다. 만일 이 본문이 '우리가 나름으로 최선을 다하였을 때에 그리스도께서 그런 우리를 보시고 감동하시어 죽으심으로 하나님께서 우리에 대한 자기의 사랑을 확증하셨다'고 하였다면, 그 자랑은 '우리 절반, 하나님과 그리스도 절반' 나누어 가져야 할 판입니다. 우리가 흔히 그런 논리에 빠져 들곤 합니다. '우리의 열심을 기특하게 여기시어 하나님께서 우리에게 이런 저런 복을 주셨다'는 식의 간증이 그런 논리입니다. 그러면 '하나님의 은혜 절반, 우리의 선행이 절반'이라는 셈입니다. 그러나 그런 논리로 '하나님의 은혜'를 말하는 것은 전혀 앞뒤가 맞지 않습니다. 본래 '은혜'란 그것을 받을 근거나 자격이 전혀 없는 자에게 오직 하나님 편에서 주권적으로 자비와 인자와 긍휼과 사랑을 베푸신 호의입니다. 그런데 그런 식의 '우리의 열심을 기특하게 여기시어 하나님께서 우리에게 복을 주셨다'는 것은 '은혜가 아니라 정당한 공로'를 말하는 것이 됩니다. 그러면 자랑이 하나님께 가는 것이 아니라 우리 자신에게 오는 것입니다. 그러면 '은혜' 가 아니고 '공로를 자랑하는 것'입니다.

그러나 그리스도께서 우리 죄를 위하여 십자가에 못박혀 죽으신 것은 "우리가 아직 죄인 되었을 때"입니다. 우리에게 있는 '선의 열매'를 보시고 그렇게 하신 것이 아니라 오직 우리를 사랑하시어 죄에서 구원하시려고 그리 하신 것입니다. "우리가 아직 죄인 되었을 때에 그리스도께서 우리를 위하여 죽으심으로 하나님께서 우리에 대한 자기의 사랑을 확증하셨느니라." 우리를 향하신 하나님의 사랑을 말할 때에 그리스도의 대속의 죽으심을 빼놓으면 대번에 '그 사랑 이야기는 성경 밖 땅의 문화에서 주워 온 유리구슬 정도'가 되는 것입니다. 우리가 자신을 향한 하나님의 사랑을 말할 때에 항상 필두에 '나를 위하여 하나님의 뜻대로 갈보리 언덕에서 죽으신 그리스도'를 말해야 합니다. 그것이 '하나님의 사랑 이야기의 단초요 전말(顚末)'입니다. 마귀의 시험의 중심에 '이를 빼고 하나님의 사랑 이야기를 마음껏 하게 내버려 두는 데' 있음을 우리는 간파해야 합니다.

그리스도의 피의 효력

"5:9그러면 이제 우리가 그의 피로 말미암아 의롭다 하심을 받았으니 더욱 그로 말미암아 진노하심에서 구원을 받을 것이니." 하나님께서 하늘 법정에서 우리를 보시고 의롭다고 선언하신 것은 우리가 율법과 계명을 지킴으로 이룩한 '의'를 근거한 것이 아닙니다. '오직 하나님께서 우리를 사랑하시어 우리가 죄인 되었을 때에 그리스도께서 십자가에 못박혀 피를 흘리심'을 근거로 우리를 의롭다 선고하신 것입니다. 다시 말하여, 그리스도의 의를 우리에게 전가(轉嫁)하시어 우리의 것으로 여기신 것입니다. 그러니 마땅히 "불의로 진리를 막는 사람들의 모든 경건하지 않음과 불의에 대하여 하늘로부터 나타나는 하나님의 진노"에서 우리가 자유하게 되었습니다(롬 1:13). 우리의 '경건하지 않게 행한 모든 죄악과 불의'에 대하여 내려질 진노를 하나님께서 아들이신 우리 구주 예수님께 다 부으셨습니다. "우리는 다 양 같아서 그릇 행하며 각기 제 길로 갔거늘 여호와께서는 우리 모두의 죄악을 그에게 담당시키셨도다."(사 53:6) "그리스도의 피"는 우리 대신 하나님의 진노를 다 받으셨다는 확실한 증거입니다.

"더욱 그로 말미암아 진노하심에서 구원을 받을 것이니." 여기서 사도가 '하나님의 진노에서 구원을 받을 것이라'는 것은 시간적인 의미로 '장래 노하심에서 구원받을 것이라'로 말하는 것이 아닙니다. 논리적으로 말하고 있습니다. 논리적 이치로 그러하다는 것입니다. '그리스도를 믿음으로 말미암아 의롭다 하심을 받은 자들은 이미 하나님의 진노의 영역에서 하나님과 화평한 자리로 옮겨진 자들'임을 다시 확인하고 있는 셈입니다.

화목의 보편 율례를 초월한 거래

"**5:10곧 우리가 원수 되었을 때에 그의 아들의 죽으심으로 말미암아 하나님과 화목하게 되었은즉 화목하게 된 자로서는 더욱 그의 살아나심으로 말미암아 구원을 받을 것이니라.**" 여기서도 사도는 우리를 향하신 하나님의 사랑의 확증인 그리스도의 죽으심과 부활의 필연적인 귀추를 논리적으로 말하고 있습니다. 우리를 향하신 하나님의 확증인 그리스도의 죽으심은 우리가 선한 열매를 맺어 하나님을 영화롭게 할 때가 아니라 '하나님을 불순종하여 원수 되었을 때'입니다. 그렇게 하신 것은 우리와 화목하시고 우리를 죄에서 구원하시어 당신의 자녀로 삼으시고 당신 나라의 영원한 상속자, 영원한 의의 백성으로 삼고자 함이었습니다. "모든 것이 하나님께로서 났으며 그가 그리스도로 말미암아 우리를 자기와 화목하게 하시고 또 우리에게 화목하게 하는 직분을 주셨으니 곧 하나님께서 그리스도 안에 계시사 세상을 자기와 화목하게 하시며 그들의 죄를 그들에게 돌리지 아니하시고 화목하게 하는 말씀을 우리에게 부탁하셨느니라… 하나님이 죄를 알지도 못하신 이를 우리를 대신하여 죄로 삼으신 것은 우리로 하여금 그 안에서 하나님의 의가 되게 하려 하심이라."(고후 5:18-21)

사실 화목의 보편 율례가 무엇입니까? 가해자 편에서 피해자의 피해와 그 피해의식을 온전하게 불식할 정도로 손해를 배상하는 경우에만 화목이 이루어집니다. 그러나 그런 보편 율례로는 죄 가운데 있는 우리와 하나님의 화목이 전혀 불가능합니다. 우리 편에서 하나님께 '피해보상을 할 만한 능력과 자원'이 전혀 없습니다. 우리가 죄로 인하여 하나님께 지불해야 할 배상은 '하나님의 공의의 척도'가 정하는 대로여야 합니다. 그러나 우리는 누구나 하나님 보시기에 의로운 일을 전혀 할 수 없는 불능자들입니다. 하여간 '우리 편에서 하나님께 드려 그 보답으로 하나님 편에서 좋은 것을 주시는 양식(樣式)'은 전혀 통할 수 없습니다. 오직 한 가지의 가능성만 존재합니다. 우리가 하나님께 지불할 것을 우리를 대신하여 하나님께서 '전적으로' 지불하는 양식 밖에는 없습니다. 그것도 우리 편에서 당당하게 요구할 수 없는 일입니다. 오로지 하나님 편에서 주권적으로 뜻을 정하시어 시행하셔야 합니다. 그런 일은 하나님께서 우리를 사랑하실 때만 일어납니다. 놀랍게도 그런 일이 실제로 일어났습니다. "곧 우리가 원수 되었을 때에 그의 아들의 죽으심으로" 그런 일이 일어난 것입니다. 하나님 편에서 죄만 있는 우리를 대신하여 그 아들을 사람이 되게 하시고 죽음에 내어 주심으로 그 사랑을 확증하시고 '화목'을 이루셨습니다. 그러니 그리스도의 죽으심 안에서 하나님과 우리의 화목은 우리를 향하신 '하나님의 사랑의 완전한 실현'입니다. "사랑은 여기 있으니 우리가 하나님을 사랑한 것이 아니요 하나님이 우리를 사랑하사 우리 죄를 속하기 위하여 화목 제물로 그 아들을 보내셨음이라."(요일 4:10)

"5:11하나님과 화목하게 되었은즉 화목하게 된 자로서는 더욱 그의 살아나심으로 말미암아 구원을 받을 것이니라." '하나님의 아들 그리스도의 죽으심'으로 인하여 하나님과 확실하게 화목한 우리가 "그의 살아나심" 속에서는 확실하게 "구원을 받을 것이라"고 사도는 말합니다. 여기서 '구원을 받을 것이라'라는 표현은 '시간적으로 미래에 있을 구원'을 의미하지 않습니다. 논리적으로 '하나님과 화목한 우리가 구원받을 것은 너무나 분명하다'는 말입니다. 그러합니다. 하나님께서 그 아들 우리 주 예수 그리스도의 성육신과 고난과 죽으심과 부활을 통하여 우리를 구원 하시려는 계획은 완성이 되었습니다. 그러므로 그리스도 예수님을 구주 로 믿는 이들은 그 구원의 영광에 참여할 완전한 자격을 갖춘 것입니다. 그래서 사도는 말합니다. "우리가 그 안에서 그를 믿음으로 말미암아 담 대함과 확신을 가지고 하나님께 나아감을 얻느니라."(엡 3:12) 실로 그리 스도 예수님을 믿음으로 말미암아 그 안에 있는 자가 구원에서 떨어져 다시 이전의 하나님의 진노의 저주 아래로 회귀하는 일은 없습니다.

물론 그 진실을 '우리의 구원은 떨어지지 않으니 이제 우리가 아무렇게 나 해도 된다'는 방종의 구실로 사용하지는 말아야 합니다. 우리 속에 있 는 육체의 정욕은 그 어떤 식으로든 다 악합니다. 그것은 우리를 죄로 나 아가게 하여 하나님과의 의로운 관계를 부수어내는 성향을 가지고 있기 때문입니다. "욕심이 잉태한즉 죄를 낳고 죄가 장성한즉 사망을 낳느니 라."(약 1:15) 복음의 은혜가 요구하는 마땅한 바에만 귀를 기울여야 합니 다. 만일 복음의 은혜를 빙자하여 그 자유를 정욕이 시키는 대로 하면 복 음에 정면으로 대항하는 셈입니다. "형제들아 너희가 자유를 위하여 부 르심을 입었으나 그러나 그 자유로 육체의 기회를 삼지 말고 오직 사랑 으로 서로 종 노릇 하라."(갈 5:13) "이는 가만히 들어온 사람 몇이 있음이 라 저희는 옛적부터 이 판결을 받기로 미리 기록된 자니 경건치 아니하여 우리 하나님의 은혜를 도리어 색욕거리로 바꾸고 홀로 하나이신 주재 곧 우리 주 예수 그리스도를 부인하는 자니라."(유 1:4)

그리스도 안에 있는 은혜의 풍성은 오직 하나님과 의롭고 거룩하고 화평한 관계 속에서 순종하는 사람, 그리스도의 형상으로 나아가게 하려는 목적만을 위해 존재하는 것입니다. "도적이 오는 것은 도적질하고 죽이고 멸망시키려는 것뿐이요 내가 온 것은 양으로 생명을 얻게 하고 더 풍성히 얻게 하려는 것이라."(요 10:10) 사탄은 그리스도를 통해 우리를 구원하시어 그 영광에 이르게 하시려는 하나님의 의도를 주목하지 않고 육체의 정욕을 따라서 '은혜'도 악하게 활용하게 하려고 항상 시험합니다. 그래서 우리로 '우리를 죄에서 구원하시어 그리스도의 형상을 본받게 하시려는' 하나님의 목적을 정면으로 대적하는 자리에 서게 하려고 안달하는 자가 사탄입니다. 그래서 우리는 주님의 말씀대로 '항상 깨어 있어야' 합니다. "시험에 들지 않게 깨어 있어 기도하라 마음에는 원이로되 육신이 약하도다."(마 26:41) 우리가 이 땅에 있을 때에는 '옛 사람,' 또는 '육체의 정욕'이 우리 인격을 이루는 여러 요소(지체) 속에 있습니다. "그러므로 내가 한 법을 깨달았노니 곧 선을 행하기 원하는 나에게 악이 함께 있는 것이로다 내 속사람으로는 하나님의 법을 즐거워하되 내 지체 속에서 한 다른 법이 내 마음의 법과 싸워 내 지체 속에 있는 죄의 법으로 나를 사로잡는 것을 보는도다."(롬 7:21-23) 그러니 우리는 하나님의 성령님을 힘입어 그것을 '죽이는 경건의 연습'을 부단하게 해야 합니다(롬 8:12-14). 그것이 바로 '성화(聖化)의 소극적 내용'입니다. '성화의 적극적 내용'은 하나님의 계명에 순종하여 그리스도의 형상을 본받아 나아가는 것입니다.

이 문제는 로마서 6장 이후에서 본격적으로 다루어질 것입니다. 여기 5장 까지는 그리스도 예수님 안에서 믿는 우리와 하나님 사이에 새롭게 형성된 관계에 집중하고 있습니다. 그 '그리스도 안에서 새롭게 수립된 관계'는 결코 무효화되지 않습니다. 우리가 여전히 연약에 휩싸여 있지만

'하나님께서 그리스도 예수님 안에서 우리를 사랑하신 그 사랑으로 이루신 의'는 천지가 변하여도 변하지 않으며 하늘이나 땅이나 그 어디에고 그것을 무효화시킬 것이 전혀 존재하지 않습니다.

이로 보건대, '구원의 확신'의 터는 그 확신을 가진 자의 '주관적 의식'의 영역 이전에 '우리를 위하여 하나님께서 그리스도의 죽으심과 다시 사심으로 이룩하신 완전한 의' 안에 있습니다. 견실한 '구원의 확신'은 우리 그리스도의 사람들의 지상생애에 있어서 말로 할 수 없는 '큰 위로의 샘'입니다. 그런데 그 '확신의 터'가 우리 자신에게 있지 않고 오직 그리스도 안에 있음을 언제나 견지하는 것이 중요합니다. 우리의 의식의 세계는 늘 변하기 쉽습니다. 그래서 우리의 '구원의 확신'도 크게 흔들리고 약화될 수 있습니다. 그러하다고 우리의 '구원의 진실'도 약화되는 것이 아닙니다. '그리스도 예수님 안에 있는 하나님의 사랑과, 그 죽으심과 다시 사심으로 인하여 이룩된 구속(救贖)의 완전성이라는 진실'은 절대 흐려지거나 약화되지 않습니다. 구름이 짙게 끼어 음산한 날씨에도 태양은 구름 뒤에 여전히 힘 있게 비취고 있는 것과 같습니다. 아멘.

24

아담과 그리스도

5:12 그러므로 한 사람으로 말미암아 죄가 세상에 들어오고 죄로 말미암아 사망이 들어왔나니 이와 같이 모든 사람이 죄를 지었으므로 사망이 모든 사람에게 이르렀느니라

5:13 죄가 율법 있기 전에도 세상에 있었으나 율법이 없었을 때에는 죄를 죄로 여기지 아니하였느니라

5:14 그러나 아담으로부터 모세까지 아담의 범죄와 같은 죄를 짓지 아니한 자들까지도 사망이 왕노릇 하였나니 아담은 오실 자의 모형이라

5:15 그러나 이 은사는 그 범죄와 같지 아니하니 곧 한 사람의 범죄를 인하여 많은 사람이 죽었은즉 더욱 하나님의 은혜와 또한 한 사

람 예수 그리스도의 은혜로 말미암은 선물은 많은 사람에게 넘쳤느니라

5:16 또 이 선물은 범죄한 한 사람으로 말미암은 것과 같지 아니하니 심판은 한 사람으로 말미암아 정죄에 이르렀으나 은사는 많은 범죄로 말미암아 의롭다 하심에 이름이니라

5:17 한 사람의 범죄로 말미암아 사망이 그 한 사람을 통하여 왕 노릇 하였은즉 더욱 은혜와 의의 선물을 넘치게 받는 자들은 한 분 예수 그리스도를 통하여 생명 안에서 왕노릇 하리로다

5:18 그런즉 한 범죄로 많은 사람이 정죄에 이른 것 같이 한 의로운 행위로 말미암아 많은 사람이 의롭다 하심을 받아 생명에 이르렀느니라

5:19 한 사람이 순종하지 아니함으로 많은 사람이 죄인 된 것 같이 한 사람이 순종하심으로 많은 사람이 의인이 되리라

5:20 율법이 들어온 것은 범죄를 더하게 하려 함이라 그러나 죄가 더한 곳에 은혜가 더욱 넘쳤나니

5:21 이는 죄가 사망 안에서 왕 노릇 한 것 같이 은혜도 또한 의로 말미암아 왕 노릇 하여 우리 주 예수 그리스도로 말미암아 영생에 이르게 하려 함이라

우리가 성경을 읽을 때에 흔히 우리가 세상에서 익숙한 논리로 이해하려 드는 경향이 있습니다. 그것이 성경을 바르게 읽지 못하게 하는 데 나쁘게 기여합니다. 성경은 하나님의 말씀으로서 성경에 독특하게 적용되는 원리가 있습니다. 그 원리를 인식하지 않으면 성경은 열려지지 않습니다. 특히 하나님께서 우리를 구원하시는 방식을 이해하려면 그 원리의 노

선을 따라야 합니다. 특히 여기 로마서를 읽을 때에 '대표 원리,' 또는 '연합의 원리'를 염두에 두는 것은 매우 중요합니다. 이는 하나님께서 창조하실 때에 설정하여 부여하신 원리입니다.

'대표 원리'란 '한 사람이 다른 모든 이들을 대표하여 하나님 앞에 언약의 머리로 서게 하시는 방식'입니다. 모든 사람 각 자가 개별적으로 하나님과 직접적인 관계를 가진다는 것은 엄숙한 진리입니다. 그러면서도 하나님께서는 '언약의 구조' 속에서 하나님 앞에 서게 하셨다는 것도 잊지 말아야 합니다. 그러므로 우리 각 자는 '내가 속한 언약의 머리와 연합된 상태에서 하나님 앞에 서 있다'는 것을 유념해야 합니다. 이의 정당성 여부에 대한 논의(論議)는 의미가 없습니다. 다시 말하거니와 하나님께서 창조의 질서로 부여하신 것이니 믿음으로 받기만 해야 합니다. 하나님의 창조 질서에 대하여 '왜 하나님께서 그렇게 하셨습니까? 그렇게 하시는 것이 어떻게 옳을 수 있습니까?'라는 질문은 던지지 말아야 합니다. 우리는 하나님의 주권의 정당성과 그 행사의 완전하심을 믿고 받아야 합니다.

사도는 우리가 알아보려는 로마서 5:12-21에서 '언약의 두 머리와 우리의 관계'를 제시합니다. 그럼으로써 그리스도 예수님을 믿음으로 말미암아 은혜로 베푸신 하나님의 구원의 확실성을 논증합니다. 우리는 이 대목을 통하여 그리스도 안에서 우리를 구원하신 하나님의 행사의 아름다움과 그 은혜의 영광을 더욱 알아야 합니다. 그 은혜를 하나님께 구하면서 이 대목을 읽어야 할 것입니다.

각기 대표하는 이들의 머리로 선 '두 사람'

"**5:12그러므로 한 사람으로 말미암아 죄가 세상에 들어오고 죄로 말미암아 사망이 들어왔나니 이와 같이 모든 사람이 죄를 지었으므로 사망이 모든 사람에게 이르렀느니라.**" 여기서 사도가 "그러므로"란 말을 써서 이후의 진술들이 앞에서 말한 것과 논리적 연장선상에 있음을 밝히고 있습니다. 그러면 앞에서 말한 어떤 요점과 논리적 연관을 가질까요? 앞에서 사도는 '그리스도 안에서 믿음으로 말미암아 의롭다 하신 하나님의 은택을 입은 우리가 하나님과 더불어 화평을 누리며 화목한 상태에 있음'을 역설하였습니다. 그러니 우리가 그리스도 안에서 받은 구원의 확실성은 어떤 경우에도 무너지지 않아 하나님의 영광의 소망을 가지는 것이 전혀 부끄러워할 일이 아닙니다. 사도는 그 요점의 확실성을 더 강화시키려고 우리의 구원이 '하나님의 자원하시는 전적인 사랑의 발로임'을 말하였습니다.

이제 사도는 '그리스도 안에 있는 우리 구원의 확실성의 논리'를 또 다른 차원에서 강화하려 합니다. 그러니 여기서 사도가 "그러므로"라고 한 것은 앞에서 말한 '구원의 확실성'의 연장선상에서 말하려 함을 상기하게 하려 함입니다.

"**한 사람… 모든 사람.**" 사도는 이 대목에서 '한 사람'이 '모든 사람'의 운명을 결정지은 것으로 말합니다. 이 구절에서 "한 사람"은 에덴동산의 아담입니다. "모든 사람"은 아담의 혈통적인 모든 후손 전체를 가리킵니다. 아담은 '모든 사람'의 혈통적인 조상이면서도 그 모든 사람의 '언약의 머리'였습니다. 그래서 하나님 앞에서의 그의 행동 전체는 자기의 모든 후손, 곧 '모든 사람들'에게 아담 자신에게와 동일한 영향과 효력을 가져오게 되어 있었습니다. 그런데 아담이 어떻게 하였습니까? 하나님께서 "선악을 알게 하는 나무의 열매는 먹지 말라 네가 먹는 날에는 반드시 죽으리라 하시니라."(창 2:17) "여자가 그 나무를 본즉 먹음직도 하고 보암직도 하고 지혜롭게 할 만큼 탐스럽기도 한 나무인지라 여자가 그 열매를 따먹고 자기와 함께 있는 남편에게도 주매 그도 먹은지라."(창 3:6) 여기서 우리가 주목해야 하는 것은 '아담의 범죄'입니다. '하와의 범죄'는 하나님 앞에서 여전히 악한 행동이었지만 '대표성'을 가진 것은 아니었습니다. 그러나 아담의 범죄는 '대표성'을 가진 것입니다.

그래서 "한 사람(아담)으로 말미암아 죄가 세상에 들어오고 죄로 말미암아 사망이 들어왔나니." 그 일은 아담 한 사람에게만 해당되는 것이 아니고 모든 사람에게 동등하게 미치게 되었습니다. "이와 같이 모든 사람이 죄를 지었으므로 사망이 모든 사람에게 이르렀느니라." 이것이 모든 인생이 나면서부터 처한 입장입니다. 모든 인생은 나면서부터 '아담의 죄와 그에 따른 사망'을 그 속에 품고 있습니다. 아담 안에서 우리 모두는 나면서부터 '죽어 있었습니다.' 그러므로 그 상태를 바꾸는 모종의 일이 일어나지 않고는 아무리 멋진 인생을 구가하는 것 같아도 결국 '하나님의 진노 아래서 영원한 지옥 형벌'을 면할 길이 없습니다. 이것이 인생의 비참입니다. 누가 스스로 이 비참을 깨달아 알겠습니까? 사도는 이런 인간의 근본 상태를 더 설명해 나갑니다.

"5:13죄가 율법 있기 전에도 세상에 있었으나 율법이 없었을 때에는 죄를 죄로 여기지 아니하였느니라." 모세가 율법을 받아 백성에게 반포하기 이전에도 "죄가 있었습니다." 그러나 그 죄를 모세의 율법의 법리(法

理)로 판단하여 정죄 선고하고 사망을 부과하는 일은 가능하지 못합니다. 왜냐하면 "율법이 없었을 때에는 죄를 죄로 여기지 아니하였느니라." 물론 사도가 여기서 '모세 이전의 죄는 죄가 아니었다'고 말하는 것은 아닙니다. 죄가 있었음은 사실이나 그 죄를 '모세의 율법으로 판단하여 정죄하는 일'은 불가능하였다는 것입니다. 법을 반포하지 않았는데 그 법으로 죄를 정할 수는 없기 때문입니다. 모세의 율법이 반포된 뒤에야 그 법을 적용하여 판단할 수 있는 것입니다. 그러면 모세 이전의 죄는 어떻게 처리되었고 어떤 법으로 모세 이전의 사람들은 죽었습니까? 모세 이전의 사람들이 죽었다는 것은, 그들이 죄를 지었고 그 죄에 대한 하나님의 정죄 선고가 있었다는 말입니다. 그러면 모세 이전의 사람들은 어떤 법의 판단으로 정죄를 받고 죽었습니까? 사도는 그 질문에 대한 오직 하나의 답을 진술합니다.

"**5:14그러나 아담으로부터 모세까지 아담의 범죄와 같은 죄를 짓지 아니한 자들까지도 사망이 왕노릇 하였나니 아담은 오실 자의 모형이라.**" 아담 이후 모세까지의 사람들의 죄를 정하는 것은 모세의 율법이 아니었는데도 그들이 죽었습니다. 그 말은 무엇입니까? 그들은 '다른 법'으로 정죄를 받아 사망의 왕노릇 아래 있었습니다. 그 '다른 법'이 무엇입니까? 우리가 앞의 12절에서 말한 대로 '아담과 그 후손들'이 하나님 앞에서 한 언약 아래서 '연대적인 연합(federal union)'을 이루고 있는 법입니다. 아담 '한 사람'은 한 개인의 자격으로 하나님 앞에 섰던 것이 아니라 '언약의 머리로 자신과 그 후손 전체'를 대표하여 섰던 것입니다. 그래서 "아담의 범죄와 같은 죄를 짓지 아니한 자들까지도 사망이 왕노릇 하였나니." 그러니 본성적으로 모든 인류는 태어날 때부터 '아담이 지은 죄를 지은 자처럼 여김 받아 사망의 왕 노릇 아래' 있는 것입니다. 그 언약의 관계를 해소하지 않고는 '반드시 정죄를 받아 그 삯으로 사망의 굴레를 벗는 것'은 불가능합니다.

"**아담은 오실 자의 모형이라.**" '오실 자'는 바로 '새 언약의 중보'이신 우리 주 예수 그리스도이십니다. 그리스도는 이제 '새 언약'의 중보이자 자기에게 속한 모든 이들의 '언약의 머리'로 하나님 앞에 서게 되신 것입니다. 그래서 "아담의 죄를 짓지 아니한 자들까지도 사망이 왕 노릇 한 것 같이" 이제 '자신이 의가 없어도 그리스도를 믿음으로 말미암아 그리스도께 속한 자들이 의롭다 하심'을 받게 되고 그 은혜로 영생을 얻게 되는 것입니다. 사도는 그런 의미에서 "아담은 오실 자의 모형(표상)이라" 한 것입니다. 사도는 15절 이하에서 그 이치를 반복적으로 상술합니다.

'아담의 범죄'와 대칭을 이루는 '예수님의 은사'의 범주

"**5:15그러나 이 은사는 그 범죄와 같지 아니하니.**" 사도는 그리스도와 아담을 "이 은사와 그 범죄"로 표시합니다. 그러면서 그 둘이 "같지 않다"고 하여 그 차이를 말합니다. 칼빈이 이 부분을 주석하면서 주의해야 하는 것을 지적합니다. 이 본문이 둘 사이의 대칭적인 차이점들을 '아주 세밀하고 미세한 부분에까지 확대하여 말하지 말라'는 것입니다. 성경에서 비유나 상징이나 비교법적인 표현을 그것이 들어 있는 문맥에서 지시하는 범주를 벗어나 임의로 확대하여 해석하지 않아야 함을 유념하여야 합니다. 그러면 성경이 말하지 않는 것을 부연하여 오류를 범하게 됩니다. 여기서 아담과 그리스도 사이의 대칭적 차이는 '각기 언약의 머리로 자기에게 속한 자들을 대표하여 행한 일의 효력'에 국한하여 말하고 있습니다.

"**5:15곧 한 사람의 범죄를 인하여 많은 사람이 죽었은즉 더욱 하나님의 은혜와 또한 한 사람 예수 그리스도의 은혜로 말미암은 선물은 많은 사람에게 넘쳤느니라.**" '한 사람' 아담의 범죄를 인하여 그가 대표하는 모든 후손들이 죽었습니다. 그러나 '한 사람' 그리스도의 의로 인하여 그에게 속한 이들에게 그 은택이 주어지게 되었습니다. 사도는 그것을 "하나님의 은혜"로 표현하기도 하고 "한 사람 예수 그리스도의 은혜"로 표현하기도 합니다. "은혜"는 그것을 받을 만한 아무런 공로나 대가가 없는데도 그 모든 자격을 갖춘 자처럼 대우를 받는 것을 의미합니다.

"**은혜로 말미암은 선물.**" 이것은 무엇입니까? "그리스도 예수 안에 있는 속량(贖良), 또는 구속(救贖)으로 말미암아 하나님의 은혜로 값없이 의롭다 하심을 얻은 자 되었느니라."(롬 3:24) 실로 '이신칭의'의 진리는 하나님의 은혜의 복음의 진수입니다. 이 은택의 효력과 영광과 그로 인하여 주시는 복락을 믿고 아는 자가 참 그리스도인입니다. 만일 이 교리에 손을 대는 자가 있다면 그는 저주를 받을 것입니다. 사도가 "우리가 전에 말하였거니와 내가 지금 다시 말하노니 만일 누구든지 너희가 받은 것 외에 다른 복음을 전하면 저주를 받을지어다."(갈 1:9)라고 한 것이 누구를 겨냥한 것입니까? '이신칭의'의 교리의 정론을 무시하거나 훼손하거나 거기에 무엇을 더하여 '구원'을 주장하는 자를 겨냥한 것입니다. '이신칭의'의 완전하고 충분한 근거는 '한 사람 그리스도의 의'입니다. 그래서 성도의 성화(聖化)와 성도의 견인(堅忍)과 영화(靈化)는 칭의(稱義)로부터 그 원리와 그 동력과 목표를 받는다 해도 과언이 아닙니다.

"**은혜로 말미암는 선물은 많은 사람에게 넘쳤느니라.**" 모든 인류가 본성으로는 나면서 '한 사람 아담' 안에 있습니다. 그러나 "은혜로 말미암는 선물은 많은 사람에게 넘쳤느니라."에서 '많은 사람(들)'은 자동적으로 '모든 인류'를 가리키지는 않습니다. 보편구원론(universalism)을 주장하는 이들은 여기서 '많은 사람들'을 모든 인류를 가리키는 것으로 이해하려 할 것입니다. 그래야 '아담 안에서 모든 인류가 정죄를 받고 사망에 이른 것 같이 그리스도 안에서 모든 인류가 정죄에서 벗어나 의롭다 하심을 받게 되어 언약적 연합 원리에 합당하다'는 주장입니다. 그러나 그렇게 되면 '하나님께서 마치 채무자가 되어 우리를 구원하셨다'는 도식이 성립이 된 것입니다.

하나님께서는 모든 인류를 구원하셔야 할 당위적 책무를 지고 계신 분이 아닙니다. 당위성과 공정성과 공의로 따지자면 '모든 인류가 다 멸망'에 처해야 마땅합니다. 그리스도를 통해서 믿는 자들을 구원하시는 것은 순전한 하나님의 긍휼과 은혜의 선물이지 의무적 책무를 이행하신 것이 아닙니다. '보편구원론'을 주장하는 이들은, '모든 인류를 구원하시는 것이 하나님의 사랑의 속성에 부합한 것이라'는 식의 논리를 제기합니다. 그런 논리는 마치 도둑이 들켜 붙잡힌 후에 주인에게 '당신은 나에게 마땅히 긍휼을 베풀어 주셔야 마땅하다'고 말하며 윽박지르며 억지를 부리는 격입니다.

"**5:16또 이 선물은 범죄한 한 사람으로 말미암은 것과 같지 아니하니 심판은 한 사람으로 말미암아 정죄에 이르렀으나 은사는 많은 범죄로 말미암아 의롭다 하심에 이름이니라.**" 아담 한 사람의 범죄로 그 후손들이 심판을 받아 정죄에 이르렀습니다. 그러나 그리스도 예수님 안에 있는 '은사, 은혜의 선물'은 그 혜택을 받는 믿음의 사람들로 하여금 그들의 많은 범죄에도 불구하고 '의롭다 하심'을 받게 했습니다. 참으로 하나님의 은혜의 영광을 무엇으로 표현하여야 마땅하겠으며 그 은혜를 무엇으로 갚겠습니까. "내게 주신 모든 은혜를 내가 여호와께 무엇으로 보답할까."(시 116;12)

"**5:17한 사람의 범죄로 말미암아 사망이 그 한 사람을 통하여 왕 노릇 하였은즉 더욱 은혜와 의의 선물을 넘치게 받는 자들은 한 분 예수 그리스도를 통하여 생명 안에서 왕 노릇 하리로다.**" "한 사람" 아담의 범죄로 말미암아 "사망이 그 한 사람을 통하여" 모든 사람들 위에 왕 노릇 하였습니다. 그에 대칭하여 "은혜와 의의 선물을 넘치게 받는 자들은 한 분 예수 그리스도를 통하여 생명 안에서 왕 노릇합니다." '아담' 안에 있다는 것과 '그리스도' 안에 있다는 것의 차이의 깊이와 높이와 넓이와 길이를 어떤 표현으로 다 담아내겠습니까? 모든 인류는 둘 중 하나에 속하여 있습니다. '아담 안에' 있든지 아니면 '그리스도 안에' 있든지 둘 중 하나에 속하여 있습니다. 하나는 '사망'이 왕 노릇합니다. 다른 하나는 '생명 안에서' 왕 노릇합니다. 이것도 아니고 저것도 아닌 중간 점이지대(漸移地帶)와 같은 데는 없습니다. 이 요점을 보고도 아무 감흥이 없는 이가 있다면 아직 그 사람은 "생명 안에서 왕 노릇 하고 있다"는 증거를 보이지 않는 사람입니다. 죽은 사람의 특성은 자극에 대하여 아무런 반응을 나타내지 않는 것입니다. 사도는 거듭나지 않은 사람, 곧 육체의 본성만 있는 자연인(自然人, natural man)을 '이방인'으로 표현하여 그 영적 상태에 대하여 말하였습니다. "그러므로 내가 이것을 말하며 주 안에서 증거하노니 이제부터 너희는 이방인이 그 마음의 허망한 것으로 행함 같이 행하지 말라 그들의 총명이 어두워지고 그들 가운데 있는 무지함과 그들의 마음이 굳어짐으로 말미암아 하나님의 생명에서 떠나 있도다 그들이 감각 없는 자가 되어 자신을 방탕에 방임하여 모든 더러운 것을 욕심으로 행하되."(엡 4:17-19) 그러나 '그리스도 안에서 생명이 왕 노릇 하는 은택'을 누리는 자는 다릅니다. "진리가 예수 안에 있는 것 같이 너희가 참으로 그에게서 듣고 또한 그 안에서 가르침을 받았을 진대 너희는 유혹의 욕심을 따라 썩어져 가는 구습을 따르는 옛 사람을 벗어 버리고 오직 너희의 심령이 새롭게 되어 하나님을 따라 의와 진리의 거룩함으로 지으심을 받은 새 사람을 입으라."(엡 4:21-24)

"**5:18그런즉 한 범죄로 많은 사람이 정죄에 이른 것 같이 한 의로운 행위로 말미암아 많은 사람이 의롭다 하심을 받아 생명에 이르렀느니라.**" 사도는 그리스도 예수님을 믿는 사람들의 구원의 확실성과 그들에게 주어진 영생의 보장을 위해 계속 오직 '예수 그리스도의 구속(救贖, 또는 贖良)'의 완전성과 충분성에 호소하고 있습니다. 아담의 "한 범죄로 그 후손들 전체가 정죄에 이르렀으나," 이제 그리스도 예수님을 믿는 이들이 모두 다 그리스도의 "한 의로운 행위로 말미암아 의롭다 하심을 받아 생명에 이르렀습니다." 이제 그 생명은 무엇입니까? "영생은 곧 유일하신 참 하나님과 그가 보내신 자 예수 그리스도를 아는 것이니이다."(요 17:3) 사도는 예수 그리스도를 믿음으로 말미암아 하나님의 법정에서 은혜로 값없이 의롭다 하시는 선고를 받은 이들의 그 이후의 영적 행로는 어떠하겠습니까? 그 영원한 생명에 속하여 하나님 앞에서 "죄에서 벗어나 거룩하고 의로운 사람"이 될 영광스런 장래를 보장받게 된 것입니다. 사도는 그 점을 다음 구절에서 역설합니다.

"**5:19한 사람이 순종하지 아니함으로 많은 사람이 죄인 된 것 같이**

한 사람이 순종하심으로 많은 사람이 의인이 되리라." 아담 한 사람과 언약적 관계에 있는 모든 인생은 그의 "순종하지 아니함으로" 태어날 때부터 죄인이 되었습니다. 그러나 이제 '새 언약의 중보시오 머리이신' 그리스도를 믿음으로 말미암아 그에게 속한 자들은 '그리스도의 순종하심'으로 말미암아 의인이 되어 '새 언약'의 영광과 복락에 들어가게 된 것입니다.

하나님께서 그리스도 안에서 주시는 구원의 완성, 그 궁극적 목적은 무엇입니까? 사도는 여기서 그 요점을 지적하고 있습니다. "한 사람이 순종하심으로 많은 사람이 의인이 되리라." '의인'은 하나님께 순종하는 사람입니다. 그리스도의 형상을 본받는 자가 되게 하시려는 것이 하나님의 구원의 궁극적인 목적입니다. "하나님이 미리 아신 자들을 또한 그 아들의 형상을 본받게 하기 위하여 미리 정하셨으니 이는 그로 많은 형제 중에서 맏아들이 되게 하려 하심이니라."(롬 8:29) 그리스도의 형상의 진수는 '하나님께 완전한 순종'을 드리는 데 있습니다. "곧 창세전에 그리스도 안에서 우리를 택하사 우리로 사랑 안에서 그 앞에 거룩하고 흠이 없게 하시려고 그 기쁘신 뜻대로 우리를 예정하사 예수 그리스도로 말미암아 자기의 아들들이 되게 하셨으니."(엡 1:4,5)

'의롭다 하심'은 하늘 법정에서 선고하시는 하나님의 법정적인 선고입니다. 그리스도를 믿는 모든 이들이 그리스도의 의를 전가 받아 하늘 법정에서 하나님께 의롭다 하심을 받게 되었습니다. 그것은 믿는 사람 편의 의나 공로가 전혀 첨가되지 않고 오직 그리스도 예수님의 "순종하심," 곧 하나님 앞에서 완전한 순종으로 이루신 의(義)만으로 주어지는 은혜의 선물입니다. 그런데 이제 그 선물을 받은 모든 이들은 하나님과 화목하여 생명의 교통에 들어가게 되어 궁극적으로 실제로 '하나님께 순종하는 의인이 되어 그리스도의 형상을 본받게' 될 것입니다. "또 미리 정하신 그들을 또한 부르시고 부르신 그들을 또한 의롭다 하시고 의롭다 하신 그들을 또한 영화롭게 하셨느니라."(롬 8:30)

율법의 작용

"**5:20 율법이 들어온 것은 범죄를 더하게 하려 함이라 그러나 죄가 더한 곳에 은혜가 더욱 넘쳤나니.**" 여기서 사도는 율법(계명)을 주신 본 의도를 말하고 있는 것이 아닙니다. 만일 율법을 주신 하나님의 본 의도가 '범죄를 더하게 하는 데' 있었다면, 하나님께서 죄의 조장자가 되었을 것입니다. 그러나 하나님께서는 어떤 의미에서도 '죄의 조성자나 조장자'가 아닙니다. "사람이 시험을 받을 때에 내가 하나님께 시험을 받는다 하지 말지니 하나님은 악에게 시험을 받지도 아니하시고 친히 아무도 시험하지 아니하시느니라… 내 사랑하는 형제들아 속지 말라 온갖 좋은 은사와 온전한 선물이 다 위로부터 빛들의 아버지께로부터 내려오나니 그는 변함도 없으시고 회전하는 그림자도 없으시니라."(약 1:13,16,17)

사도는 이 진술을 통해서 무엇을 의도합니까? 율법이 하나님께 순종하여 죄를 짓지 말고 의를 행하라고 항상 명하고 있지만, 율법이 가입함으로 더 착해지거나 하나님을 경외하는 자세가 더해지기는커녕 그전보다 더 범죄하는 효과를 가져왔다는 것입니다. 그것은 율법 자체가 가진 문제 때문이 아니라 '율법을 지켜야 할 사람의 죄악성' 때문입니다. 그래서 사도는 "율법이 가입한 것은 범죄를 더하게 하려 함이요."라고 말하고 있습니다.

물론 하나님께서 그럴 줄 모르시고 율법을 주신 것이 아닙니다. 하나님께서는 우리 인간 본성을 익히 아십니다. "예수는 그의 몸을 그들에게 의탁하지 아니하셨으니 이는 친히 모든 사람을 아심이요 또 사람에 대하여 누구의 증언도 받으실 필요가 없었으니 이는 그가 친히 사람의 속에 있는 것을 아셨음이니라."(요 2:24, 25)

율법을 주신 궁극적인 목적은 주 예수 그리스도를 통해서 죄에서 우리를 구원하시려는 뜻을 이루려 하심이었습니다. 우리가 2장 부분을 살펴볼 때에 지적한 것 같이 율법을 통해서 하나님께서는 우리 사람들이 마땅하게 행할 의(義)의 기준을 제시하신 것입니다. 율법은 언제나 모든 사람 앞에 하나님께서 사람에게 요구하시는 '의의 권위 있는 척도'로서 서 있습니다. 믿는 사람이나 믿지 않는 사람 불문하고 모든 인생이 하나님의 율법(계명)을 준행할 책무를 가지고 있는 것입니다. 율법은 '하나님을 불순종하거나 대적하여 죄를 짓지 말고 순종하여 의를 이루라'고 늘 강조합니다. 그러나 그것이 사람을 더 착하게 만들지 못합니다. 오직 그리스도 안에서 은혜로 구원하시는 하나님의 행사, 곧 복음의 은혜의 절대가치를 알게 하는 데 율법 같은 것이 없습니다.

아담 안에 있는 한 사람은 하나님의 율법의 요구를 반하여 죄를 짓고 정죄 당하여 멸망에 이르지 않을 수 없습니다. 아니 아담 안에 있는 모든 인생들은 이미 '범죄하였고 죄와 허물로 죽어' 있습니다(엡 2:1).

은혜의 용량

"그러나 죄가 더한 곳에 은혜가 더욱 넘쳤나니." 아담 안에서 죄와 허물로 이미 죽어 있을 수밖에 없었지만 '그리스도 안에 있는 은혜가 율법의 자극을 받아 죄를 버리기는커녕 더 하는 사람에게 더 왕성한 작용을 합니다.' 그것이 바로 복음의 영광이요 능력입니다. 그래서 사도는 다음 구절에서 아담 안에 있는 자와 그리스도 안에 있는 자의 궁극적 행로를 결론적으로 말합니다.

"5:21이는 죄가 사망 안에서 왕 노릇 한 것 같이 은혜도 또한 의로 말미암아 왕 노릇 하여 우리 주 예수 그리스도로 말미암아 영생에 이르게 하려 함이라." 사도가 로마서 5장에서 '왕 노릇'이란 말을 써서 '그것을 이길 것이 전혀 없다'는 개념을 나타내고 있습니다. 사람이 아담 안에서는 죄에 지배를 당하고 '사망이 왕 노릇' 합니다. 그러나 그리스도 안에서는 "은혜가 의로 말미암아 왕 노릇하여" 믿는 자들로 영생에 이릅니다. 그 이유는 '그리스도의 의(義), 곧 그리스도의 완전한 순종'이 그리스도를 믿는 이들, 곧 그리스도 안에 있는 이들의 것으로 여겨지어 의롭다 하신 하나님의 선포가 항상 효력이 있기 때문입니다. 그러므로 그리스도를 믿는 자들은 그 사람이 과거에 어떠한 사람이었든지, 심지어 입에 담기도 어려운 정도의 포학한 악에 빠져 있던 악명 높은 사람이었다 할지라도 '은혜가 그 속에서 왕 노릇 하여 우리 주 예수 그리스도로 말미암아 반드시 영생에 이르게' 된다는 사실을 힘주어 말해야 합니다. 십자가의 강도가 예수님을 믿어 그 믿음을 고백하니 즉시 우리 주님으로부터 "진실로 네게 이르노니 오늘 네가 나와 함께 낙원에 있으리라"는 확답을 받은 것도 여기 사도가 말하는 '은혜의 왕 노릇의 이치'에 기인한 것입니다. 그 어떤 죄도 그리스도의 피는 다 씻을 능력을 가지고 있습니다. 이것이 복음의 진수입니다. 복음은 '어느 정도의 죄의 수준에 빠져 있는 자에게만 구원을 약속하는' 것이 절대 아닙니다. 그 사람이 누구라도, 어느 지역 어느 시대 어느 문화권에 속하든지, 남자이든 여자이든, 어느 족속이든 그리스도를 주로 믿는 모든 이들에게 구원을 주시는 하나님의 능력이 바로 복음입니다. "너희도 전에 그 가운데 살 때에는 그 가운데서 행하였으나 이제는 너희가 이 모든 것을 벗어 버리라 곧 분함과 노여움과 악의와 비방과 너희 입의 부끄러운 말이라 너희가 서로 거짓말을 하지 말라 옛 사람과 그 행위를 벗어버리고 새 사람을 입었으니 이는 자기를 창조하신 이의 형상을 따라 지식에까지 새롭게 하심을 입은 자니라 거기에는 헬라인이나 유대인이나 할례파나 무 할례파나 야만인이나 스구디아인이나 종이나 자유인이 차별이 있을 수 없나니 오직 그리스도는 만유시요 만유 안에 계시니라."(골 3:7-11)

참으로 하나님께서 세우신 이 영적 철칙을 누가 바꾸겠습니까? 아담 안에 있으면, 곧 그리스도를 믿지 않는 상태에 처하여 있는 한, 죄로 인하여 정죄를 당하여 하나님의 영원한 진노의 대상으로 지옥 형벌을 면할 수 없습니다. 지옥은 하나님의 의분(義憤)이 영원히 쏟아지는 곳입니다. 그러나 그 어떤 사람도 그리스도 안에서는 '그리스도의 의로 말미암아 은혜의 왕 노릇하는 영역 속에서 반드시 영생에 이르게' 됩니다. 이 요점을 인하여 늘 하나님과 주 예수 그리스도를 찬미하리로다! 성령께서 이런 영적 감동이 늘 넘치게 하옵소서!

영생의 본질과 멸망의 실상

"**영생에 이르게 하려 함이라.**" 여기서 사도는 논리적으로 말하고 있습니다. '앞으로 영생을 얻을 것'을 내다보면서 이 말을 한 것이 아닙니다. 이미 그리스도를 믿는 자들은 영생을 얻은 자들입니다. "내가 하나님의 아들의 이름을 믿는 너희에게 이것을 쓰는 것은 너희로 하여금 너희에게 영생이 있음을 알게 하려 함이라."(요일 5:13) "내가 진실로 진실로 너희에게 이르노니 내 말을 듣고 또 나 보내신 이를 믿는 자는 영생을 얻었고 심판에 이르지 아니하나니 사망에서 생명으로 옮겼느니라."(요 5:24) 사도는 여기서 앞에서 말한 것의 논리적 귀결을 말하고 있는 것입니다. '아담 안에서' 모든 인류가 죄에 빠져 '반드시 사망의 왕 노릇 아래 처하게 된 것과 같이' '그리스도 안에서는' 모든 믿는 자들이 반드시 '그리스도의 의를 힘입어 은혜의 왕 노릇 아래 들어가 영생에 이르게 된다'는 것입니다. '아담 안에서' 죽지 않을 사람이 없고 '그리스도 안에서 영생을 얻지 못할 이가 없다'는 것이지요.

영생의 본질과 그 영광은 무엇입니까? '영생의 본질과 영광은 소멸되지 않고 영존(永存)'하는 것의 문제가 아닙니다. 사람은 그 영혼이 멸절되지 않습니다. 존 스토트(John R. Stott)가 말년에 '영혼 조건 멸절설'에 찬동하는 듯한 태도를 취한 것은 매우 충격적입니다. 그 이론은 '하나님의 진노가 시행되는 지옥 불에 들어간 영혼이 영원히 거기서 고통을 당한 채 존재한다'는 진리에 대한 회의에서 출발합니다. 그러나 사람의 영혼이 어떤 조건 하에서는 더 이상 존재하지 않고 소멸된다는 것을 암시하는 듯한 대목을 성경에서 찾을 수 없습니다.

성경이 말하는 '멸망과 영생'은 '인간 존재의 영존성(永存性)'을 전제한 개념입니다. '멸망과 영생'은 '소멸과 영존'의 다른 표현이 아닙니다. 오직 영존하는 사람의 존재 형식이나 상태를 의미합니다. "영생은 곧 유일하신 참 하나님과 그가 보내신 자 예수 그리스도를 아는 것이니이다."(요 17:3) 그러므로 멸망은 하나님과의 생명 있는 화평한 교제가 단절된 상태에서 존재하는 인간의 상태입니다. "몸은 죽여도 영혼은 능히 죽이지 못하는 자들을 두려워하지 말고 오직 몸과 영혼을 능히 지옥에 멸하시는 자를 두려워하라."(마 18:9) "만일 네 눈이 너를 범죄케 하거든 빼어 내버리라 한 눈으로 영생에 들어가는 것이 두 눈을 가지고 지옥 불에 던지우는 것보다 나으니라."(마 18:9)

누가복음 16:19-31의 우리 주 예수님의 말씀을 참조하세요. 거기 보면, 거지 나사로는 죽어 천사들에게 받들려 천국인 아브라함의 품에 안기었습니다. 부자도 죽었으나 소멸된 것이 아니라 음부(지옥)에 내려갔습니다. 거기 뜨거운 불 속에 들어간 부자가 '물 한 방울로 자기 혀를 서늘하게 하는 혜택'을 구해도 허락되지 않습니다. 그 두 사람은 죽어 소멸된 것이 아니라 그 존재의 상태와 양식이 결정되어 영원까지 이르게 됩니다. 주님께서 다시 오실 때에 그 둘은 다 몸을 입고 부활할 것입니다. 그러나 나사로는 '그리스도의 영광의 몸의 형체와 같은 영광의 부활'을 하여 '의의 거하는 바 새 하늘과 새 땅의 주인'이 될 것입니다(사 66:22 ; 빌 3:21 ; 벧후 3:13 ; 계 21:1). 그리고 부자는 다시 불 못으로 던져지는 '둘째 사망'의 비참에 떨어지게 됩니다(계 20:14,15).

이제 그리스도 안에 있는 자는 그 의로 인하여 은혜의 왕 노릇하는 영역으로 옮겨진 상태에서 하나님과 더불어 화평하고 생명과 평강과 희락의 지복(至福)을 누리게 됩니다. 어떻게 우리 같은 죄인이 그런 자리로 옮겨졌는지 그 감격과 감사가 우리 하나님의 자녀들의 지상행로의 동력(動力)입니다. "이러하므로 내가 하늘과 땅에 있는 각 족속에게 이름을 주신 아버지 앞에 무릎을 꿇고 비노니 그의 영광의 풍성함을 따라 그의 성령으로 말미암아 너희 속사람을 능력으로 강건하게 하시오며 믿음으로 말미암아 그리스도께서 너희 마음에 계시게 하시옵고 너희가 사랑 가운데서 뿌리가 박히고 터가 굳어져서 능히 모든 성도와 함께 지식에 넘치는 그리스도의 사랑을 알고 그 너비와 길이와 높이와 깊이가 어떠함을 깨달아 하나님의 모든 충만하신 것으로 너희에게 충만하게 하시기를 구하노라 우리 가운데서 역사하시는 능력대로 우리가 구하거나 생각하는 모든 것에 더 넘치도록 능히 하실 이에게 교회 안에서와 그리스도 예수 안에서 영광이 대대로 영원무궁하기를 원하노라 아멘."(엡 3:14-21)

6 자기 속에 내재하는
죄에 대한
새 사람의 의식

그리스도 예수님을 믿는 이들은 자기들이 속한 '영적 영역領域 이동'을 마친 사람들입니다. 다시는 이전의 '죄 가운데서 죽어 하나님의 진노, 곧 지옥 형벌 영역'으로 다시 회귀할 가능성은 전무全無 합니다. "내가 진실로 진실로 너희에게 이르노니 내 말을 듣고 또 나 보내신 이를 믿는 자는 영생을 얻었고 심판에 이르지 아니하나니 사망에서 생명으로 옮겼느니라."(요 5:24) "그가 우리를 흑암의 권세에서 건져내사 그의 사랑의 아들의 나라로 옮기셨으니 그 아들 안에서 우리가 속량 곧 죄 사함을 얻었도다."(골 1:13,14) '이신칭의' 진리는 하나님 편에서 그 사실을 확증하신 영원한 선언입니다. 그리스도 안에 있는 은혜의 영역에서 정죄의 영역으로 우리를 옮길 존재는 하늘에도 하늘 아래도 없습니다.

그러나 그리스도인은 지상에 있는 동안 자기 속에 실재實在하는 '죄'를 항상 의식하지 않을 수 없습니다. 그래서 신자는 지상에 있는 동안 그리스도 안에서 자기를 부르시어 자녀 삼으신 '하나님의 의로운 요구'와 자기속에 '실재하는 죄' 사이에서 큰 딜레마를 항상 겪습니다. 그 둘은 공존할수 없는 상극相剋입니다. 그 딜레마를 극복하는 길은 가장 우선적으로 '자기를 구원하신 하나님의 목적과 실재하는 죄에 대한 바른 의식'입니다.

로마서 6장은 바로 그 문제를 다루고 있습니다. "그런즉 우리가 무슨 말을 하리요 은혜를 더하게 하려고 죄에 거하겠느냐 그럴 수 없느니라 죄에 대하여 죽은 우리가 어찌 그 가운데 더 살리요."(롬 6:1,2) 사도의 논리를 추적하며 성령께서 이 로마서 6장에서 말씀하시는 음성을 들으면 '죄를 대항한 싸움터에서 우리가 서야할 고지高地'를 발견할 것입니다.

25

은혜를 더하게 하려고
죄에 거하겠는가

6:1 그런즉 우리가 무슨 말을 하리요 은혜를 더하게 하려고 죄에 거하겠느냐

6:2 그럴 수 없느니라 죄에 대하여 죽은 우리가 어찌 그 가운데 더 살리요

6:3 무릇 그리스도 예수와 합하여 세례를 받은 우리는 그의 죽으심과 합하여 세례를 받은 줄을 알지 못하느냐

6:4 그러므로 우리가 그의 죽으심과 합하여 세례를 받음으로 그와 함께 장사되었나니 이는 아버지의 영광으로 말미암아 그리스도를 죽은 자 가운데서 살리심과 같이 우리로 또한 생명 가운데서 행하게 하려 함이라

로마서는 하나님의 복음의 진수인 '이신칭의' 교리를 중심에 둔 필연(必然)과 반론(反論)과 추론(推論)의 '역동성'을 지닌, 더 이상 반박의 여지를 주지 않는 논리의 치밀함을 갖추고 있습니다. 그러니 로마서를 제대로 읽어가고 있다 함은, 바로 그 '필연과 반론과 추론'의 역동적 논리를 따라 그리스도 안에 견고하게 서 나가고 있다는 말이 되는 것입니다. 그것을 다른 말로 하면, 사도를 감동하시어 말씀하시는 성령님의 설득에 거룩하게 설복당하여 믿음의 논리를 굳게 하고 있다는 말이기도 합니다.

'필연'이라 함은 '이신칭의' 교리가 함축하는 '하나님의 의와 은혜의 효력'이 산출할 '확실한 필연'을 가리킵니다. "이는 죄가 사망 안에서 왕 노릇 한 것 같이 은혜도 또한 의로 말미암아 왕 노릇 하여 우리 주 예수 그리스도로 말미암아 영생에 이르게 하려 함이라."(롬 5:21) '반론(反論)'이라 함은 그 교리가 말하는 바를 받아드린다 할 때 응당 제기될 수 있는 반발적인 질문을 가리킵니다. 사도는 그것을 예기하여 '수사적인 반문'으로 미리 표현하고 대응해 나갑니다. '추론(推論)'이라 함은 '이신칭의' 교리가 함축하고 지시하는 바에 비추어 정당한 논리를 전개해 나가는 것을 가리킵니다. 그러므로 로마서 5장이 '이신칭의' 교리의 '필연'이라고 하면, 로마서 6장은 '이신칭의' 교리의 '반론'에 대한 대응이라 할 수 있습니다. 그리고 로마서 7장과 8장은 그 교리의 '추론'이라 하면 크게 틀리지 않을 것입니다.

죄에 대해 죽은 사람

"**6:1그런즉 우리가 무슨 말을 하리요 은혜를 더하게 하려고 죄에 거**

하겠느냐." 사도는 로마서 5:20에서 "죄가 더한 곳에 은혜가 더욱 넘쳤나니"라고 말함으로써 '우리를 죄에서 건져내시는 하나님의 은혜의 능력'을 강조하였습니다. 그리고 5:21에서 "의로 말미암아 왕 노릇하여 그리스도로 말미암아 영생에 이르게 하는" 은혜의 왕성한 능력을 재차 강조합니다. 그리하여 죄에서 믿는 자들을 완전하게 구원하시는 하나님의 복음의 진수를 광포한 것입니다. 이제까지 사도의 논리를 따라온 사람들중에 반드시 자기의 논리로 '반론'을 제기할 자가 있을 것을 예기합니다. "그런즉 우리가 무슨 말을 하리요 은혜를 더하게 하려고 죄에 거하겠느냐?" 사도의 논리를 믿음으로 따라온 자들에게도 그런 의문이 일어나기 마련입니다. '사도가 말한 대로라면, 은혜를 더하려면 죄에 계속 더 거해야 하지 않겠어?'

결국 사도는 이 반론이 어떤 특정인에게만 일어날 수 있다고 생각하지 않습니다. 도리어 '그리스도 안에 있는 은혜의 효력'과 여전히 신자의 '내면에 있는 죄의 실상'을 어떤 식으로 접근해야 할지를 알아보는 계기로 삼으려 합니다. 성령께서 사도로 하여금 반론을 다루어 바르게 대응하게 하신 것이지요.

찰스 핫지(Charles Hodge)는 '로마서 6장부터 신자의 성화(聖化) 문제가 다루어진다'고 말하기도 하였습니다. 그렇게 말하는 것이 전혀 잘못된 것은 아닐 것입니다. 실질적으로 그러하기 때문입니다. 그러나 로이드 존스 목사는 이 6장 부분을 그런 식으로 분해하는 것에 대해서 이의를 제기합니다. 로이드 존스 목사는 로마서를 그런 식으로 기계적으로 구분하여 앞부분과 뒷부분의 논리적 연결 고리를 끊어버리는 것에 반감을 가집니다. 몸의 여러 지체들의 기능적 역할이 차이가 있기는 하나 그 모든 지체들은 '한 몸' 안에 있는 '한 생명'의 질서 속에서 '유기적(有機的) 연관성'을 가지고 있습니다. 그래서 의사가 환자의 몸의 어떤 부분의 질병을 고치려 할 때 '그 한 몸의 전체 생명 체계'를 항상 염두에 둡니다. 어느 부분을 수술하려 할 때에도 항상 '몸의 생명 체계'와의 연관성을 끊어버리지 않는 범위에서 수술하지요.

사실 이 요점은 매우 중요합니다. 로이드 존스 목사는 이 로마서 5장과 6장의 논리적 연관성에 대한 바른 이해를 위해서 매우 고심한 흔적을 보였습니다. 로마서 6장 강해 서론에서 그 사실을 밝혔었습니다. 그가 담임하던 웨스트민스터 채플에 속한 어떤 성도가 '목사님 언제부터 로마서 강해를 시작하나요?'라는 질문을 던졌습니다. 그 때에 그는 대답하였다고 합니다. "예, 로마서 6장을 온전하게 이해했다 할 때에 시작할 것입니다."

'그리스도 안에 있는 은혜'는 '그리스도를 믿음으로 말미암아 의롭다 하심을 받은 사람'의 내면에 있는 죄의 성향과 실제 죄행으로 좌절되지는 않습니다. '칭의'를 받은 신자의 이후 죄가 그를 다시 이전 그리스도 밖에 있을 때의 위치로 신자를 돌리는 것은 아니라는 말입니다. 왜냐하면 "죄가 더한 곳에 은혜는 더욱 넘치기" 때문입니다(롬 5:20). 그래서 어떤 죄에도 불구하고 그리스도를 믿음으로 말미암아 의롭다 하심을 받은 사람은 다시 정죄를 받지 않습니다. 그의 죄가 그를 다시 이전의 위치로 데려가지 못합니다. 이미 '칭의'로 말미암아 그는 어떤 죄에도 불구하고 '정죄'의 대상에서 벗어났습니다. "그러므로 이제 그리스도 예수 안에 있는 자에게는 결코 정죄함이 없나니."(롬 8:1) 그래서 신자의 죄가 신자를 다시 지옥으로 데려가지 못합니다. "이는 죄가 사망 안에서 왕 노릇 한 것 같이 은혜도 또한 의로 말미암아 왕 노릇 하여 우리 주 예수 그리스도로 말미암아 영생에 이르게 하려 함이라."(롬 5:21) 세상에 두 가지의 불가한 일이 있습니다. '그리스도 밖에 있는 자'가 영생을 얻는 것과 '그리스도 안에 있는 자'가 지옥에 가는 것입니다. 그 두 가지 일은 불가합니다.

자, 이것이 복음의 진수입니다. 만일 그런 복음이 아니라면 아무도 구원받을 자가 없습니다. 하나님께서 그리스도 안에서 당신의 사랑하시는 백성들을 구원하시려 할 때 그들의 죄의 본성과 죄행이 구원받은 그들의 지위를 바꾸지 못할 정도로 조처하신 것입니다. 그리스도의 대속의 죽으심과 부활, 그를 믿는 자들에게 그리스도의 의를 전가하시어 죄 용서하시고 의롭다 하신 성부의 행사, 그 영혼을 말씀으로 거듭나게 하시어 회개하고 그리스도를 믿는 믿음을 주시어 그 믿음을 견지하게 하시는 보혜사 성령님의 역사(役事)는 믿는 자들을 '사망에서 생명으로 아주 옮겨 놓으신 것'입니다. 그래서 다시 그 사람들을 '생명에서 사망으로 들어가게 할' 이는 전혀 없습니다. "누가 능히 하나님께서 택하신 자들을 고발하리요 의롭다 하신 이는 하나님이시니 누가 정죄하리요 죽으실 뿐 아니라 다시 살아나신 이는 그리스도 예수시니 그는 하나님 우편에 계신 자요 우리를 위하여 간구하시는 자시니라."(롬 8:33,34)

그러면 대번에 사람들의 본성(거듭난 믿는 자들의 육체의 본성도 차별 없이)은 '그럼 이제 아무렇게나 자신의 소욕대로 죄의 즐거움 속에서도 살아도 되겠다'는 반문이 튀어나오게 되어 있습니다. 로이드 존스 목사는 이렇게까지 말합니다. "만일 복음을 전하는 방에서 듣는 자들 속에서 그런 반문이 튀어나오도록 전한 것이 아니면 복음을 제대로 전한 것이 아닙니다." 물론 그가 그 반문이 옳다고 말하는 것이 아닙니다. 복음이 말하는 그리스도 안에 있는 하나님의 은혜의 영광과 효력이 하도 커서 기회만 있으면 '죄의 즐거움'을 맛보고 싶어하는 우리 육신적 본성을 풀어주는 듯한 인상을 줄 수 있다는 말이지요. 그러합니다. 이 복음의 은혜와 구원의 확신을 가지게 될 때에 누구나 한 번 쯤은, 아니 수시로 그런 생각이 은근히 나오게 되어 있습니다. 아니 우리의 신앙생활 전반에 걸쳐서 그런 의식이 은근히 따라 다닙니다. 우리 속에 아직 '육체의 생각'이 아주 없어지지 않고 있는 지상생애 동안에는 잠재하여 있기에 그런 어리석은 논리가 고개를 버쩍 쳐들고 나오려 합니다.

그래서 교회사 속에서 '도덕 폐기론(Antinomianism) 또는 무율법주의'가 고개를 쳐들고 행세하기도 하였습니다. 우리나라에서도 소위 권신찬의 '구원파'가 그런 의심을 받고 있습니다. '예수님의 은혜로 구원받은 이후에 어떤 죄도 지옥을 가지 못하게 하니 더 이상 십계명과 같은 주의 계명을 지킬 필요가 없다.' 그와 같이, 교회사 내내 그런 식의 이단이 존재하여 왔던 것 같이 오늘날도 복음이 전파되고 설교되는 곳에서 그런 비복음적이고 이단적인 교훈이 훼방과 시험을 몰고 옵니다. 사탄이 지금도 그런 악한 논리를 가지고 일하고 있습니다. 앞에서도 지적한 바 있듯이, 유다서를 통해서 우리는 이미 그런 이단이 사도 시대의 초대교회에서도 나타났다는 것을 발견합니다. "사랑하는 자들아 우리가 일반으로 받은 구원에 관하여 내가 너희에게 편지하려는 생각이 간절하던 차에 성도에게 단번에 주신 믿음의 도를 위하여 힘써 싸우라는 편지로 너희를 권하여야 할 필요를 느꼈노니 이는 가만히 들어온 사람 몇이 있음이라 그들은 옛적부터 이 판결을 받기로 미리 기록된 자니 경건하지 아니하여 우리 하나님의 은혜를 도리어 방탕한 것으로 바꾸고 홀로 하나이신 주재 곧 우리 주 예수 그리스도를 부인하는 자니라."(유 3,4) 이에 대한 사도 바울의 대응은 어떠합니까? 이 로마서 6장에서 사도가 그 반문에 대한 대응 논리를 잘 따라가야 합니다.

"**6:2그럴 수 없느니라.**" 사도는 '은혜를 빙자하여 죄에 더 거하는 일'에 대하여 그가 할 수 있는 한에서 최고로 단호한 부정문으로 대응합니다. 사도의 표현은 이러합니다. '그런 일은 발생하거나 존재할 수 없는 일입니다.' 아예 생각으로나 가상적으로 절대로 꿈꾸지 말아야 할 '악한 논리'라는 말입니다. 그리고 즉시 그 이유를 짧으나 강한 어조로 제시합니다.

"**6:2··· 죄에 대하여 죽은 우리가 어찌 그 가운데 더 살리요.**" 사도는 "은혜를 더하기 위하여 죄에 더 이상 거할 수 없는" 이유를, '우리가 죄에 대하여 죽었다'는 명백한 사실에서 찾습니다. 이 대목을 읽는 로마서의 독자들에게 금방 또 다른 의문이 떠오를 것입니다. "죄에 대하여 죽은 우리"라는 표현이 무엇을 의미하는가? '그리스도인인 우리는 죄를 더 이상 짓지 않게 되었다'는 말인가? 아니면 '죄를 더 이상 짓지 않기로 마음을 먹었다'는 말인가? 그러나 이런 의문은 이내 힘을 잃습니다. 왜냐하면 우리 개개인의 실제는 그런 의문에 힘을 보태지 않고 도리어 힘을 뺄 정도로 좋지 않기 때문입니다. 우리는 죄를 짓지 않을 마음의 결심이 얼마나 지속력이 없음을 익히 압니다. 또 그리스도 안에 있는 복음의 은혜를 알고 기뻐하고 구원의 감격에 겨운 상태에서도 우리 마음의 내면에는 여전히 죄로 기울어지는 정욕이 꿈틀대고 있음을 감지합니다. 그러니 "죄에 대하여 죽은 우리"를 '죄를 더 이상 짓지 않게 된 우리, 죄를 짓지 않을 마음의 결심을 단호하게 먹은 우리'라는 식으로 이해하는 것은 정당성을 금방 상실합니다.

만일 그런 식의 이해를 고집하게 되면 영적인 혼란의 늪으로 들어갈 수도 있습니다. 왜냐하면 자기는 그런 경지에 들어가지 못하는 실상을 보고는 이런 우울에 빠져들 수 있기 때문입니다. '죄에 넘어지는 나를 본다. 이것을 보면 내가 진정 구원받은 그리스도인인가? 내가 정말 거듭나서 구원받을 만한 믿음을 가졌다면 나는 왜 이 정도의 수준인가? 아마 아직도 나는 그리스도인이 아닐지도 모른다.' 물론 자신을 검증하는 것 자체는 유익할 수 있습니다. 그러나 진리에 합당하게 자신을 검증하는 한에서만 유익합니다. 진리를 벗어나서 자신의 기준이나 자의식으로 자신을 검증하여 우울에 빠지는 것은 칭찬의 대상이 아니라 경계의 대상입니다. 실로 진리를 벗어난 주관주의(主觀主義)는 영적인 일에 매우 파괴적으로 작용하기도 합니다.

시편 42편 기자인 다윗은 자기가 당하는 일 속에서 자기 영혼이 낙망과 좌절의 늪으로 점점 깊이 빠져들어 가는 것을 의식합니다. 자기가 처한 기가 막힐 상황을 자기의 주관적인 시각으로 볼 때에 그렇게 되지 않을 수 없었습니다. "사람들이 종일 내게 하는 말이 네 하나님이 어디 있느뇨 하오니 내 눈물이 주야로 내 음식이 되었도다 내가 전에 성일을 지키는 무리와 동행하여 기쁨과 감사의 소리를 내며 그들을 하나님의 집으로 인도하였더니 이제 이 일을 기억하고 내 마음이 상하는도다."(시 42:3,4) 그러나 시편 기자는 이내 그것이 자기에게 진정한 유익도 되지 못하고 하나님의 영광을 위하여도 전혀 합당하지 못하다는 믿음의 사유(思惟)를 발동합니다. "내 영혼아 네가 어찌하여 낙심하며 어찌하여 내 속에서 불안하여 하는가 너는 하나님께 소망을 두라 그가 나타나 도우심으로 말미암아 내가 여전히 찬송하리로다."(시 42:5) 그리고 주 하나님께 기도하면서 지난 날 하나님의 거룩한 행사를 기억하고 은혜를 구합니다. "내 하나님이여 내 영혼이 내 속에서 낙심이 되므로 내가 요단 땅과 헤르몬과 미살 산에서 주를 기억하나이다."(시 46:6) 결국 시편 기자는 자신의 주관적인 의식과 생각의 세계를 뛰어넘어 '하나님과 그 언약과 그 행사와 그 은혜'로 시선을 돌립니다. 그리고 지금 당하는 일도 하나님의 '그 거룩한 목적과 섭리'의 차원에서 보기 시작하며 자신을 일깨웁니다. "내 영혼아 네가 어찌하여 낙심하며 어찌하여 내 속에서 불안해하는가 너는 하나님께 소망을 두라 나는 그가 나타나 도우심으로 말미암아 내 하나님을 여전히 찬송하리로다."(시 42:11)

우리가 로마서의 복음을 듣는 일의 진수는 어디에 있습니까? 우리 자신의 주관적인 세계를 떠나 우리가 믿는 하나님께서 그리스도 안에서 행하신 일로 시선을 옮기는 일입니다. 그러하다고 우리의 주관성은 전혀 의미가 없다는 말이 아닙니다. '믿음'은 주관성을 함축하고 있습니다. '믿는 주체'는 여전히 우리 자신이기 때문입니다. 그러나 그 '주관성'의 자리를 잘 분별하고 그 순서를 잘 지켜야 합니다. '그리스도 안에서 하나님께서 우리를 위하여 행하신 일, 그리스도께서 하나님의 뜻을 따라 우리를 위하여 행하신 일이 무엇인가'를 듣고 믿는 일이 항상 앞서야 합니다. 그리고 거기서 우리가 그리스도 안에서 하나님 앞에 어떤 존재인가를 배워야 합니다. 그런 다음에 '그리스도 안에 있는 새로운 피조물로서의 자신의 자의식'을 가져야 합니다. 그것이 '성경이 옳다 여기는 주관성'입니다.

"죄에 대하여 죽은 우리가 어찌 그 가운데 더 살리요." 그러므로 "죄에 대하여 죽은 우리"는 우리 자신의 결심이나 우리 자신의 주관적인 어떤 체험이 아닙니다. 사도는 여기서 우리 구주 그리스도 예수님이 하신 일을 바라보고 있습니다. 이미 사도는 로마서 5장에서 '아담과 그리스도'를 그 후손이나 믿는 자들을 대표한 '언약의 머리'로 전제하며 논리를 전개했습니다. 사도는 6장에서도 그 전제를 놓지 않고 있습니다. 그도 그럴 것이 6장은 5장의 논리에 대한 반론을 다루는 내용이기 때문입니다. 그러니 6장도 5장의 연장선상에서 보아야 합니다. 그러니 "우리가 죄에 대하여 죽었다"는 것은 '우리 개인이 주관적으로 죄에 대하여 죽었다'는 것이 아닙니다. 우리의 대표이신 '그리스도의 행사가 우리를 죄에 대하여 죽은 자로 만들었다'는 말입니다. 우리는 우리 내면에 여전히 죄의 실체가 있고 활동하고 있어도 우리의 머리이신 그리스도와 그 행사를 보고서 '우리는 죄에 대하여 죽었다'고 말해야 합니다. 그것이 복음적 믿음입니다. 만일 '내 내면에 죄가 있는데 어떻게 내가 죄에 대하여 죽었다고 말할 수 있는가? 나는 그렇게까지 말할 수는 없다'고 하면서 고집을 부리면 그 심정은 이해할 수 있으나 성경에 입각하여 그 사람에 대하여 무어라 할까요? '아직도 그 사람은 그리스도를 바라보는 믿음의 진수에 이르지 못하고 자기 양심을 준거로 자신의 주관성의 세계 속에 머물러 있는 셈이다. 그는 되지도 않을 자기 의(義)로 하나님 앞에 서려는 몸부림을 하고 있는 사람이다. 그 사람은 아직도 하나님의 척도 앞에 자기가 얼마나 철저한 죄인인지, 그래서 하나님의 진노를 받기에 얼마나 합당한 죄인인지 모르는 사람이다. 그리스도 밖에 있는 사람이다.'

이처럼 신자의 내면에 있는 죄를 대항하여 이기는 바른 접근방식은 '그리스도 안에서 내가 죄에 대하여 죽었다'는 요점을 견지하는 것입니다. '그렇게 죄에 대하여 죽은 내가 죄 가운데서 더 이상 거한다는 것은 이치에 전혀 맞지 않다.' 이제 사도가 그 요점에 대하여 어떻게 설명을 이어가는지 살펴봅시다.

그리스도 예수와 연합한 자에게 일어난 일
- 죽고 장사되고 다시 살았다.

"**6:3무릇 그리스도 예수와 합하여 세례를 받은 우리는 그의 죽으심과 합하여 세례를 받은 줄을 알지 못하느냐.**" 여기서 "그리스도 예수와 합하여 세례를 받은 우리"라는 표현에 대하여 주석가들마다 이견이 있습니다. 어떤 이는 여기서의 '세례'를 물로 세례를 베푸는 의식(儀式)을 가리킨다고 봅니다. 그래서 사도가 '물세례를 받을 때'에 일어나는 일을 언급하고 있는 것으로 봅니다. 로마 가톨릭에서는 그들의 용어대로 '영세 받을 때에 주님의 구속의 효력이 영세 받는 자들에게 주입된다'고 여깁니다. 그러나 성경 어디에서도 '세례'를 구원의 은혜가 주입되는 통로로 제시된 적이 없습니다. '세례 의식'은 믿음의 세계로 들어가기 위한 방편이나 죄사함을 받기 위한 방편이 아닙니다. 그것은 도리어 구원받을 만한 믿음을 이미 가진 자들에게 일어난 일을 공표하고 천명하는 선포적 의미를 가지고 있습니다. "너희는 가서 모든 민족을 제자로 삼아 아버지와 아들과 성령의 이름으로 세례를 베풀고."(마 28:19) '세례를 주어 제자를 삼으라'가 아닙니다. "제자를 삼아 아버지와 아들과 성령의 이름으로 세례를 베풀라"고 하셨습니다.

그러니 사도가 여기서 '세례'를 언급한 것은 '의식(儀式)'으로서의 세례가 아니라 '영적 의미'로서의 세례입니다. 주님께서 제정하신 '물세례 의식'은 사실상 '영적인 일의 표상'으로서의 의식(儀式)이지 그 자체가 '영적인 일'을 이루는 통로나 방편은 아닙니다. 물론 사람이 '성삼위의 이름으로 세례를 받을 때에 이미 그 속에 내주하시는 성령님의 감동을 받게 된다'는 점은 부인하지 말아야 합니다. 또 '세례 의식'을 제정하신 그리스도의 의도를 무시하지도 말아야 합니다. 어떤 이들은 '세례'가 구원의 조건은 아니라는 식으로 말하면서 '내가 이미 그리스도를 마음으로 믿고 입으로 믿는다고 고백하였으면 된 것 아니냐?'는 식으로 말합니다. 그렇게 말하면 주님의 말씀을 대항하는 것이니 바르지 못한 것입니다. '세례'는 성찬과 함께 우리 주님께서 제정하여 주신 성례(聖禮)니 무시하지 말아야 합니다. "마음으로 믿어 의에 이르고 입으로 시인하여 구원에 이른"(롬 10:10) 사람은 주님의 몸 된 교회의 지체로서 성례를 제정하신 그리스도의 법을 따르는 것이 합당합니다. '세례 의식'은 영적으로 일어난 일, 곧 그 사람과 성삼위 하나님 사이에 이미 일어난 영적인 일을 외형(外形)의 표상(表象)으로 나타내는 것입니다.

"그리스도 예수와 합하여." 사도가 여기서 "그리스도와 합하여 세례를 받았다"는 것에 대하여 로이드 존스 목사는 말합니다. '믿는 자들에게 영적으로 이미 일어난 일, 곧 성령으로 말미암아 거듭나서 회개하고 예수 그리스도를 믿음으로 그리스도와 연합된 사실을 가리켜 말하고 있습니다.' 그는 고린도전서 12:13의 말씀을 그 주장의 근거로 제시합니다. "우리가 유대인이나 헬라인이나 종이나 자유자나 다 한 성령으로 세례를 받아 한 몸이 되었고 또 다 한 성령을 마시게 하셨느니라." 여기서 사도는 '성령으로 세례를 받아'라고 말함으로써 성령님으로 말미암아 믿음을 가지게 된 자가 '그리스도와 연합하게 된 사실'을 표현하고 있다는 것입니다. 필자는 로마서의 성격상 그 해석이 바르다고 생각합니다. 사도는 로마서에서 복음의 요지와 그 영적 진수에 집중하고 있기 때문입니다. 로마서 6장이 로마서 5장에 이어 그리스도 안에 있는 우리와 그리스도와의 관계에 집중하고 있습니다.

"**무릇 그리스도 예수와 합하여 세례를 받은 우리는.**" 그리스도를 믿는 우리는 이전과 달리 '그리스도와 연합한 자'의 지위로 신분 변화가 생긴 것입니다. 그 전에는 '아담의 후손'으로서의 지위였습니다. 그러나 이제는 '마지막 아담'이신 '그리스도와 연합한 자'입니다. 실로 '아담에게 속하지도 않고 그리스도에게도 속하지 않은 중간 지대'에 서 있는 사람은 없습니다. 그리스도를 믿는 이들은 자신들을 따로 떼어 생각하는 습관을 버려야 합니다. 항상 '그리스도와 연합한 자로서의 의식'을 가져야 합니다.

이 질서는 사람이 만들어낸 것이 아니라 하나님께서 제정하시고 부여하신 것입니다. 사도는 믿는 우리의 내면에 있는 '죄성(罪性)과 그 연약과 허물과 죄'의 문제를 접근함에 있어서 '그리스도와 연합한 자'의 신분과 지위를 전제합니다. 사도가 로마서 5장의 논리의 연장선상에서 로마서 6장의 내용을 말하고 있음을 유념해야 합니다. 우리는 '그리스도 예수님과 연합한 사람'입니다. 하나님께서 우리를 보실 때에 그리 보십니다. 그러니 우리도 자신을 하나님의 시각으로 보아야 합니다.

"**우리는 그의 죽으심과 합하여 세례를 받은 줄을 알지 못하느냐.**" '그리스도께서 죽으신 것'을 우리 자신의 죽음으로 여겨야 합니다. 아담이 범죄할 때 아담의 육신적 후손 전체가 범죄한 것입니다. 이미 우리는 5장에서 그 요점을 살펴보았습니다. "죄가 율법 있기 전에도 세상에 있었으나 율법이 없었을 때에는 죄를 죄로 여기지 아니하였느니라 그러나 아담으로부터 모세까지 아담의 범죄와 같은 죄를 짓지 아니한 자들까지도 사망이 왕 노릇 하였나니 아담은 오실 자의 모형이라."(롬 5:13,14) 그러하듯이 그리스도를 믿는 자들은 그리스도께서 죽으실 때 함께 죽은 것입니다. 예수님께서 무슨 죄 때문에 죽으셨습니까? 자기 자신 때문입니까? 우리의 죄 때문에 죽으셨습니다. 그러니 예수님의 죽으심은 우리 자신의 죽음입니다. 우리는 그리스도와 연합한 자가 되어 그리스도께 일어난 일에 우리도 동참하고 있었습니다.

"**6:4그러므로 우리가 그의 죽으심과 합하여 세례를 받음으로 그와 함께 장사되었나니.**" '그리스도께서 죽으시고 장사된 것 같이 그리스도를 믿는 우리도 그와 함께 죽고 함께 장사(葬事)되었다'는 말입니다. 이 점은 우리를 비참과 누추함과 고통의 나락으로 데리고 간 것이 아닙니다. 도리어 그리스도와 함께 영광을 받는 데로 나아가게 한 것입니다. '그리스도의 죽으심'은 실패와 좌절과 절망의 끝이 아니라 '우리의 죄와 죄의 사람 옛 사람을 죽이고 처리하는' 죽으심이었기 때문입니다. 그의 죽으심에 동참하는 자는 그 죽으심이 이룬 영광의 반석 위에 서게 된 사람입니다. 그래서 사도는 바로 뒤이어 무어라 증거합니까?

"**6:4이는 아버지의 영광으로 말미암아 그리스도를 죽은 자 가운데서 살리심과 같이 우리로 또한 생명 가운데서 행하게 하려 함이라.**" 예수님의 죽으심은 우리 죄를 처리하여 우리를 죄에서 구원하여 내시기 위한 죽으심이었습니다. 그러니 예수님의 죽으심은 대속(代贖)의 죽으심으로 하나님의 사랑하시는 뜻을 이루시는 죽으심이었습니다. "엘리 엘리 라마 사박다니, 나의 하나님, 나의 하나님 어찌하여 나를 버리셨나이까?"(마 27:46)라 외치신 예수님의 울부짖음이 그에 대한 확실한 증거가 됩니다. 예수님 자신은 하나님으로부터 늘 "내 사랑하는 아들이요 내 기뻐하는 자라."(마 3:17)는 말씀을 듣기에 완전하신 분이셨습니다. 그래서 그분은 사람이 되시어 "모든 일에 우리와 똑같이 시험을 받으신 이로되 죄는 없신"(히 4:16) 분이십니다. 그러나 예수님은 고난의 현장과 십자가상에서 죽으시는 과정 속에서 '아주 악하여 하나님의 진노하시는 낯을 보고 절망하는 자'의 심정을 우리 대신 체험하셨습니다. 전날 밤 잡히시기 전에 겟세마네 동산에서 제자들에게 괴로운 심정을 토로하셨습니다. "베드로와 세베대의 두 아들을 데리고 가실새 고민하고 슬퍼하사 이에 말씀하시되 내 마음이 매우 고민하여 죽게 되었으니 너희는 여기 머물러 나와 함께 깨어 있으라."(마 26:37,38) 또 이어 "내 아버지여 만일 할 만하시거든 이 잔을 내게서 지나가게 하옵소서."(마 27:39-44)라고 기도하셨습니다. 그렇게 하신 이유는 무엇일까요? 십자가상에서 치루실 대속(代贖)이 하나님 아버지와 당신 자신 사이에서 어떤 거래를 함축하는지 익히 알고 계셨기 때문입니다. 영원부터 지금까지 단 한 차례도 성부와 성자 사이에 분열과 다툼이 있을 리 없습니다. 그러나 우리의 죄에 대한 하나님 아버지의 공의의 진노가 풀려지기 위해서는 아버지와 아들 사이에 '버리심'과 '버림을 당하심,' 그리고 '죽이심'과 '죽임을 당하심'의 거래가 있어야 했습니다. 그리고 그 모든 거래가 완전충분하게 이루어졌을 때에 예수님께서 "다 이루었다" 하신 것입니다(요 19:30). 청교도 대 신학자요 설교자인 존 오웬(John Owen, 1616-1683)은 그리스도의 죽으심을 '사망을 죽인 죽음(Death of Death)'으로 표현하였습니다. 죄의 삯인 사망을 그리스도의 죽으심이 죽여 버렸습니다. 이제 그렇게 죽으신 그리스도께는 "아버지의 영광으로 말미암아 그리스도를 죽은 자 가운데서 살리심을 받는 일"만 남았습니다. 그와 같이 그리스도와 연합한 "우리도 또한 새 생명 가운데 행하는 일"만 남았습니다. 사도는 아무도 변박할 틈을 보이지 않고 힘 있게 논증하며 죄에서 우리를 구원하신 그리스도의 영광의 소망을 바라보게 합니다.

사도는 이같이 하나님의 은혜를 빙자하여 죄짓는 것을 방조한다든지, "은혜를 더하게 하려고 죄에 거할 수 있다"는 괴이한 논리의 기반을 완전하게 박살냅니다. "우리의 싸우는 무기는 육신에 속한 것이 아니요 오직 어떠한 진도 무너뜨리는 하나님의 능력이라 모든 이론을 무너뜨리며 하나님 아는 것을 대적하여 높아진 것을 다 무너뜨리고 모든 생각을 사로잡아 그리스도에게 복종하게 하니 너희의 복종이 온전히 될 때에 모든 복종하지 않는 것을 벌하려고 준비하는 중에 있노라."(고후 10:4-6)

그리스도인의
자의식自意識

6:5 만일 우리가 그의 죽으심과 같은 모양으로 연합한 자가 되었으면 또한 그의 부활과 같은 모양으로 연합한 자도 되리라

6:6 우리가 알거니와 우리의 옛 사람이 예수와 함께 십자가에 못 박힌 것은 죄의 몸이 죽어 다시는 우리가 죄에게 종 노릇 하지 아니하려 함이니

6:7 이는 죽은 자가 죄에서 벗어나 의롭다 하심을 얻었음이라

6:8 만일 우리가 그리스도와 함께 죽었으면 또한 그와 함께 살 줄을 믿노니

6:9 이는 그리스도께서 죽은 자 가운데서 살아나셨으매 다시 죽지 아니하시고 사망이 다시 그를 주장하지 못할 줄을 앎이로라

6:10 그가 죽으심은 죄에 대하여 단번에 죽으심이요 그가 살아 계심은 하나님께 대하여 살아 계심이니

6:11 이와 같이 너희도 너희 자신을 죄에 대하여는 죽은 자요 그리스도 예수 안에서 하나님께 대하여는 살아 있는 자로 여길지어다

사람의 자의식(自意識)은 그의 행동에 매우 결정적인 영향을 미칩니다. '지혜로운 행동'은 자신의 처지와 자신의 위치와 자신의 역량에 비추어 마음과 생각을 조절하여 나온 행동이라 할 수 있습니다. 그리스도인이 자기 속에 내주하는 죄의 정욕과 성향을 제어하는 문제에 있어서 자신에 대하여 어떤 자의식을 가져야 하는지는 매우 중요합니다. 그래야 죄를 대처하는 바른 접근 방식을 견지하게 되겠지요.

사도는 이 대목에서 그리스도를 믿는 이들이 그리스도와의 관계로 인하여 하나님 앞에서 자신을 어떤 자로 여겨야 함을 말하고 있습니다. "이와 같이 너희도 너희 자신을 죄에 대하여는 죽은 자요 그리스도 예수 안에서 하나님께 대하여는 살아 있는 자로 여길지어다."(6:11) 우리가 지금까지 알아 본 바와 같이, 자신의 존재를 따로 떼어 놓고 생각하기를 멈추어야 합니다. 항상 우리의 '구주시요 새 언약의 중보로 우리의 머리'이신 그리스도 예수님과 연합한 자로 자신을 생각해야 합니다. 이것은 우리 자신이 계발한 개념이 아닙니다. 성경, 곧 성령께서 사도를 통하여 말씀하신 것입니다. 하나님께서 그리스도를 믿는 우리를 그렇게 간주하시는 것입니다. 이 강론에서 본문의 논리를 따라서 그 점을 더 알아보기로 합니다.

"6:5만일 우리가 그의 죽으심과 같은 모양으로 연합한 자가 되었으면 또한 그의 부활과 같은 모양으로 연합한 자도 되리라." "그의 죽으심과

같은 모양으로 연합한 자가 되었다"는 표현은 그리스도와 연합하여 그리스도의 죽으심에 함께 동참하였음을 지시합니다. 우리의 머리이신 그리스도께서 죽으실 때 그와 연합한 우리도 죽은 것입니다. 그러니 우리는 그리스도의 부활에 동참한 것입니다. 그리스도 혼자만의 부활이 아니라 '믿는 모든 자들의 부활'입니다. 그래서 사도는 골로새서 3장에서 그 점을 확정적으로 말하고 있습니다. "그러므로 너희가 그리스도와 함께 다시 살리심을 받았으면 위의 것을 찾으라 거기는 그리스도께서 하나님 우편에 앉아 계시느니라… 이는 너희가 죽었고 너희 생명이 그리스도와 함께 하나님 안에 감추어졌음이라."(골 3:1-4) 실로 이 요점은 정말 놀랍고 영화롭습니다. 하나님의 복음은 처음부터 끝까지 그 은혜의 영광으로 감격하며 놀라게 하고 감사와 찬미를 성삼위 하나님께 올려 드리게 합니다. 성경이 말하는 믿음이란 '성삼위 하나님의 그 은혜의 구원 방식에 자신을 던져 맡기는 것이라'고 할 수 있습니다.

"6:6우리가 알거니와 우리의 옛 사람이 예수와 함께 십자가에 못 박힌 것은." 그리스도 안에 있는 은혜의 방식은 죄가 우리를 더 이상 주관하여 망하게 하는 일을 절대 용납하지 않습니다. '옛 사람'은 하나님도 모르고 그리스도 밖에서 죄의 종 노릇하여 사망과 멸망의 나락에 앉아 있던 사람입니다. 그 '옛 사람'은 교화(教化)하거나 개선하여 '새롭게 할 가능성'을 지닌 자가 아닙니다. 그 '옛 사람'은 반드시 죽여 처리해야 할 사람입니다. 그런데 하나님께서는 '죄 가운데 있는 우리 옛 사람'을 처리하시되 우리에게 직접 손을 대시는 방식을 쓰지 않으셨습니다. 다른 모든 종교들은 인간성의 문제를 감지하여 나름으로 그것을 개선하려는 노력들을 보입니다. 그 진지함은 가히 칭찬할 만합니다. 그러나 그들의 목표는 이루지 못하고 실패합니다. 그들은 '인간성' 자체를 뜯어고치는 여러 가지의 교훈체계나 프로그램을 적용합니다. 그러나 창조주 하나님께서는 인간을 너무나 잘 아십니다. 하나님께서는 인간성 자체에 손을 대지 않으십니다. 대신 당신의 아들 예수님을 우리의 머리로 세우시고 그를 죽이시어 '우리 옛 사람'을 함께 죽이셨습니다. 그렇게 하심으로 우리가 어떤 사람으로 서게 하시려는 것입니까?

"**6:6… 죄의 몸이 죽어 다시는 우리가 죄에게 종 노릇 하지 아니하려 함이니.**" 그리스도 안에서 "죄의 몸이 죽었습니다." 우리는 우리 속에 여전히 존재하는 죄의 정욕의 실제를 보면서 '어떻게 우리가 죄에 대하여 죽었다고 할 수 있느냐'고 의문을 제기하지 말아야 합니다. 여기서 사도는 우리의 주관적인 체험과 실제 속에서 일어나고 있는 일을 말하는 것이 아닙니다. 그리스도 안에서 우리를 위하여 하나님이 행하신 일을 말하고 있습니다. 그러니 우리 속에 있는 죄의 정욕에 사로잡혀 종 노릇 하는 일을 멈추기 위해서는 '그리스도 안에서 하나님께서 우리를 위하여 하신 일'을 의지하여 '죄의 실제와 싸워야' 합니다. 그리스도를 통하여 우리 '옛 사람'을 죽이신 하나님의 행사를 보면서 '그리스도 안에서 죄의 몸인 우리 옛 사람이 죽었다'는 의식을 가지고 우리 속에서 일어나려는 '옛 사람의 성향'을 대항해야 합니다. '나는 너에 대하여 죽었다. 너는 더 이상 나의 상전이 아니다. 나는 네게 복종할 이유가 전혀 없다.' 성화(聖化)는 '그리스도 안에서 우리를 위해 이룩된 일의 효력, 곧 그리스도의 구속(救贖)의 효력'을 적용하여 전인이 죄에 대항하고 그리스도의 형상을 향하여 자라가는 과정입니다. 성령께서 그 성화 생활 전체를 주도하십니다. 우리가 '죄를 짓고 실족하면' 우리답지 않게 죄에게 종 노릇한 것입니다.

로이드 존스 목사는 이 대목을 강해하면서 미국에서 링컨 대통령 때에 노예제도를 폐지하는 연방법이 반포된 이후 흑인들을 예로 들어 설명하였습니다. "그 흑인은 옛 주인을 만나면 대번에 이전 습관을 따라 무서운 정서를 가지게 됩니다. 그러나 흑인은 노예폐지법을 의존하여 자기 마음의 생각을 다잡아야 했습니다. '나는 더 이상 이전 나의 상전을 두려워할 필요가 없다. 그 법이 이미 반포되어 효력을 발하고 있다. 나는 자유인이다.'" 우리 그리스도인들도 죄에 대하여 그렇게 해야 한다는 것입니다. 만일 죄를 다시 짓게 되면 '옛 사람이 그리스도와 함께 십자가에 못 박혀 죽은 자 답지 않게 행한 것이 된다.'

"6:7이는 죽은 자가 죄에서 벗어나 의롭다 하심을 얻었음이라." 여기서 사도는 보편율을 들어 말하고 있습니다. 사람이 죽으면 '더 이상 죄를 짓는 일'을 못합니다. "의롭다 하심을 얻었다"는 말은 로마서 3:24에서 말하는 '믿는 자의 칭의'를 가리키는 것이 아닙니다. 죽음은 그 사람을 묶고 있던 지상의 모든 법의 정죄에서 벗어난다는 것을 가리켜 말하고 있습니다. 예를 들어 어떤 사람이 법을 어김으로 고소당하여 재판을 받게 되었다 합시다. 그 경우 법정에서 판사로부터 정죄와 그에 준하는 벌책을 받습니다. 그것이 벌금일 수도 있고 구류일 수도 있습니다. 그래서 그 사람은 판사가 선고하는 형량을 채워야 합니다. 그런데 그 사람이 어떤 경위로 죽었다 합시다. 그러면 그 사람을 붙들고 있던 정죄의 선고는 더 이상 효력을 갖지 못합니다. "그 법이 사람이 살 동안만 그를 주관하는 줄 알지 못하느냐."(롬 7:1) 종이 죽으면 그 상전의 법에서 자유함을 얻습니다. 종이 사는 날 동안만 상전의 종입니다. 사도는 그 보편율을 그리스도의 사람들과 죄의 관계에 대하여 적용하여 논증합니다. 이전 그리스도 밖에 있을 때에는 '죄를 상전으로 섬기는 죄의 노예'였습니다. 그러나 이제 '죄의 종이던 옛 사람은 그리스도와 함께 죽었습니다.' 그러므로 이제 그리스도 안에 있는 사람은 죽어 죄로부터 자유하게 된 셈입니다. 그런데 어떻게 죄에 대하여 죽은 자가 '옛 상전인 죄의 노예 역할을 한다'는 말입니까! 이것은 가당치 않은' 일입니다.

"**6:8만일 우리가 그리스도와 함께 죽었으면 또한 그와 함께 살 줄을 믿노니 6:9이는 그리스도께서 죽은 자 가운데서 살아나셨으매 다시 죽지 아니하시고 사망이 다시 그를 주장하지 못할 줄을 앎이로라.**" 여기서 '만일'은 가정적인 접속사가 아니라 논리적인 조건사(條件詞)입니다. 앞에서 말한 바와 같이 "우리가 그리스도와 함께 죽은 것"이 사실이라면 당연히 "그와 함께 살 것"은 너무나 뻔한 이치라는 것입니다. "그리스도께서 죽은 자 가운데서 살아나셨으매 다시 죽지 아니하시고 (더 이상) 사망이 다시 그를 주장하는 일"은 상상조차 할 수 없는 일입니다. 그 요점은 바로 우리에게 적용이 되어 우리의 영적 현실이 됩니다. 사도는 이제 우리 주 예수님의 죽으심과 부활의 사실을 다시 한 번 지적하면서 그것이 의미하는 바를 우리에게 적용하여 말하고 있습니다.

"**6:10그가 죽으심은 죄에 대하여 단번에 죽으심이요 그가 살아 계심은 하나님께 대하여 살아 계심이니 6:11이와 같이 너희도 너희 자신을 죄에 대하여는 죽은 자요 그리스도 예수 안에서 하나님께 대하여는 살아 있는 자로 여길지어다.**" 그리스도께서 죽으신 것은 죄에 대하여 죽으심입니다. 죄의 책임을 대신 지시고 하나님의 정죄와 그 진노의 형벌을 담당하시느라 죽으셨습니다. 그러니 이제 그 죽으심으로 인하여 죄가 더 이상 믿는 우리를 주장하지 못하게 된 것입니다. 그리스도께서 그 모든 일을 하시고 다시 사신 것은 하나님께 대하여 산 것입니다. 다시는 주님을 죽이는 죄는 더 이상 없습니다. 죄에 대하여 '단번에' 죽으셨습니다. 그리스도께서는 죄에 대하여 처리할 것이 남아 있지 않도록 철저하게 죄와의 관계를 끊어내신 것입니다. 그리스도의 다시 사심은 그 사실을 광포함과 동시에 하나님께 대하여 사신 것을 의미합니다. 그 사실을 뒤로 돌리거나 전복시키거나 반전시킬 것이 없습니다. 이제 우리의 속량을 위하여 죽으시고 다시 사신 그리스도는 다시 죽지 않으시고 영원히 하나님께 대하여 살아계십니다. 그리스도께 해당되는 것은 바로 믿는 우리에게 그대로 적용이 됩니다.

성화에 대한 바른 자세는 그리스도 안에 있는 자의식의 발로

그래서 사도는 그리스도를 믿는 우리가 자신에 대하여 어떤 자의식을 가져야 할 것인지 웅변적으로 말합니다. "이와 같이 너희도 너희 자신을 죄에 대하여는 죽은 자요 그리스도 예수 안에서 하나님께 대하여는 살아 있는 자로 여길지어다."

이렇게 믿음으로 사도가 말한 대로의 자의식을 가지고 있을 때에 죄가 일어나 우리를 함부로 주장하지 못합니다. 우리가 지상에 있는 한에서는 우리 본성에 내주하는 죄의 정욕이 아주 없어지지는 않습니다. 우리에게서 그 죄의 정욕 자체를 발본색원(拔本塞源)하는 일은 불가합니다. 하나님께서 우리가 이 땅에 있는 동안에는 그 죄의 정욕을 실제로 아예 죽여 없애는 데까지 이르도록 허용하지 않으셨습니다. 그러니 남아있는 그 죄의 정욕을 어떻게 제어하고 하나님의 기뻐하시는 뜻에 순종하느냐가 땅에 있는 동안 우리에게 주어진 과제입니다. 성화(聖化)의 진전은 바로 그런 점에서의 진보를 의미합니다. 그 성화의 전체 과정을 사도 바울은 "항상 복종하여 두렵고 떨림으로 너희 구원을 이루는 것"으로 묘사하였습니다(빌 2:12). 그 '성화적 구원을 이루는 전체 과정은 죄의 정욕을 제어하고 하나님의 계명과 뜻에 순종하는 것'입니다. 그래서 죄의 오염과 영향력에서 벗어나서 그리스도의 형상을 향하여 자라나야 합니다. '그리스도의 형상'의 진수는 '하나님의 뜻과 계명에 절대 복종하는 데' 있습니다.

그 일이 어찌 우리 자신의 도덕적 결단과 의지만으로 되겠습니까? 물론 성화적 구원을 위하여 우리의 전인(全人)이 수반되어야 마땅합니다. 우리의 지성과 정서와 의지의 모든 기능이 총동원되어야 합니다. 그러나 그것이 우리 '혼자'의 행사가 되면 안 됩니다. 우리가 그리스도와 연합되어 '새 사람'이 되었다는 신분의식을 견지하여야 합니다. "이와 같이 너희도 너희 자신을 죄에 대하여는 죽은 자요 그리스도 예수 안에서 하나님께 대하여는 살아 있는 자로 여길지어다."(6:11)

그런 '자의식'으로 자기 속에서 일어나는 죄의 정욕을 대면하면, 그것은 마치 고지(高地)에서 공격하여 올라오는 적군을 맞이할 준비를 하고 있는 군대와 같습니다. 그런 사람만이 성령님을 의존하여 '그리스도께서 이루신 영적 승리의 보장'을 의지하며 죄와 당당히 싸울 태세가 되어 있는 것입니다. 사탄과 세상과 정욕과 대항하는 일은 우리의 도덕적 의지만으로는 안 됩니다. 오직 '그리스도 안에서 성령님으로 말미암아 하나님께서 우리의 것으로 입혀 주신 강력한 논리'로만 이길 수 있습니다. "우리의 싸우는 무기는 육신에 속한 것이 아니요 오직 어떠한 진도 무너뜨리는 하나님의 능력이라 모든 이론을 무너뜨리며 하나님 아는 것을 대적하여 높아진 것을 다 무너뜨리고 모든 생각을 사로잡아 그리스도에게 복종하게 하니 너희의 복종이 온전히 될 때에 모든 복종하지 않는 것을 벌하려고 준비하는 중에 있노라. (고후 10:4-6) 아멘.

27

죄를 대항하고
거룩함에 이르라

6:12 그러므로 너희는 죄가 너희 죽을 몸을 지배하지 못하게 하여
몸의 사욕에 순종하지 말고
6:13 또한 너희 지체를 불의의 무기로 죄에게 내주지 말고 오직 너
희 자신을 죽은 자 가운데서 다시 살아난 자 같이 하나님께 드리며
너희 지체를 의의 무기로 하나님께 드리라

우리는 지난 강론에서 '그리스도인이 자기 지위에 대하여 항상 견지하
고 있어야 하는 자의식'을 앞선 본문을 따라서 확인하였습니다. "그가 죽
으심은 죄에 대하여 단번에 죽으심이요 그가 살아 계심은 하나님께 대하
여 살아 계심이니 이와 같이 너희도 너희 자신을 죄에 대하여는 죽은 자

요 그리스도 예수 안에서 하나님께 대하여는 살아 있는 자로 여길지어다."(롬 6:11,12)

실로 그리스도 안에서 우리에게 부여된 지위는 천사들도 부러워할 것입니다. 죄로 말미암아 죽어 있어 각종 불의에 매여 하나님의 영원한 진노의 대상이 되어 있던 우리가 그리스도를 믿음으로 말미암아 받은 은혜의 내용을 무슨 말로 제대로 담아낼 수 있겠습니까! 지옥의 영원한 형벌로부터 벗어나게 한 '죄 사함과 칭의,' '하나님의 자녀의 권세,' 그리스도와 함께 '하나님의 영광과 그 나라의 기업을 물려받은 상속자의 신분,' - 그것이 그리스도 안에서 우리에게 은혜로 주어진 신분의 변화입니다. 그리고 우리의 성품 속에 그리스도의 형상을 본받게 하는 원리가 주어져 있습니다. 사도 베드로는 그것을 이렇게 표현합니다. "그의 신기한 능력으로 생명과 경건에 속한 모든 것을 우리에게 주셨으니 이는 자기의 영광과 덕으로써 우리를 부르신 이를 앎으로 말미암음이라."(벧후 1:3) 그런 모든 은택이 그리스도 안에서 주어졌습니다. 하나님께서 우리를 창세전에 그리스도 안에서 택하시고, 그리스도 안에서 우리의 구원을 위한 목적을 세우시고 그 안에서 그 목적을 실현하셨고 그 효력을 적용하여 나가십니다 (엡 1:3-14).

그런 빛으로 우리 속에 남아있는 옛 사람의 성향, 곧 죄의 본성과 그에서 나오는 죄의 정욕의 실체를 어떤 식으로 대응할 것인지가 우리에게 주어진 과제입니다. 이 문제는 우리가 지옥을 가지 않기 위한 대응이 아닙니다. 이제 그리스도 안에 있는 자는 '지옥으로 떨어질 가능성'에서 완전하게 벗어난 사람입니다. 우리가 우리 속에 있는 죄를 대항하는 것은 우리를 부르신 궁극적인 목적, 곧 '그리스도의 형상을 본받게 하시려는 아버지의 거룩한 뜻에 순종하는 자녀'가 되기 위함입니다. 그래서 우리는 '은혜를 빙자하여 죄를 허용하거나 방만하게 대응하는 자세'를 단호하게 거부해야 합니다.

그와 같이 로마서 6장은 '그리스도 안에 있는 새 사람'인 우리가 '죄를 이기고 거룩함에 나아가기 위하여 필요한 정연한 논리'를 우리에게 제시합니다. 사도는 이제 12절부터 그 논리를 더욱 강화하여 나가고 있습니다. 이 대목에서 사도는 소극적으로는 그리스도인들에게 '죄에 대하여' 매우 단호하고 적극적이고 매서운 대항을 주문하고 있습니다. 적극적으로는 하나님의 부르심의 의도에 따라 "너희 지체를 의의 무기로 하나님께 드리라"고 강권하고 있습니다.

죄가 지배하지 못하는 사람

"^{6:12}그러므로 너희는 죄가 너희 죽을 몸을 지배하지 못하게 하여 몸의 사욕에 순종하지 말고" 하나님께서 '죄와 사망'의 사슬에서 우리를 건져 내시려고 그리스도를 죽이셨고 다시 살리셨습니다. 그 은택을 입고 죄 사함을 받고 의롭다 하심을 받아 하나님의 자녀가 된 사람들에게 '죄'는 절대 상종해서는 안 되는 '더러운 악독'입니다. 그런데 현실은 우리에게 '죄로 기울어지는 옛 사람의 본성'이 우리 안에 남아 있다는 사실입니다. 그것이 우리의 이지와 생각과 정서와 의지에 영향을 끼치고 오염시킵니다. 그리스도의 사람들은 그것을 강력하게 대항하여야 한다는 것입니다.

"너희 죽을 몸 … 몸의 사욕" 사도는 '몸'이라는 말을 한 문장 안에서 두 번 사용하면서 각기 다른 뉘앙스를 풍깁니다. 처음 "너희 죽을 몸"은

'반드시 죽게 되어 있는 낮은 몸을 입고 이 땅에 살고 있는 삶 전체'를 생각나게 합니다. "몸의 사욕"은 '낮은 몸을 입고 있는 인생의 본성적 성향'을 가리킵니다. 사도는 '죄로 인하여 처음 창조된 영광의 몸에서 떨어져 낮아지되 결국 죽게 되어 있는 몸'을 입고 있는 현실을 무시하지 않습니다. 복음은 우리의 현실을 무시하거나 모른 척하지 않고 직시하게 합니다. 그러면서 그 상황에서 우리를 구원하시는 하나님의 은혜의 방식을 늘 바라보게 합니다. 지상에 있는 우리의 현실은 '낮은 몸과 그 몸을 입고 있는 인생이 가지고 있는 죄악적 본성의 성향이 우리의 지상 생애 전반을 지배하려는 상황'입니다. 이 사실을 대면하고 직시하여야 합니다.

우리가 '그리스도를 믿음으로 말미암아 은혜로 값없이 의롭다 하심을 하나님께 받은 것'은, 죄책으로부터 우리가 '영 단번에 자유하게 되었음'을 의미합니다. 그러나 그것이 '우리가 죽을 몸을 입고 있는 지상 생애 동안 죄의 오염과 그 영향과 세력에서 완전하게 건져진 것'을 의미하지 않습니다. 물론 하나님의 구원계획 속에는 죄의 모든 결과와 세력에서 우리를 완전하게 자유하게 하심이 들어 있습니다. 그리고 그렇게 하나님의 목적대로 될 것입니다. 그런데 '칭의'는 '죄책에 대한 법정적인 선고'입니다. 곧 그리스도의 의(義)를 전가 받아 그 장본인의 의와 불의와 상관없이 '의롭다'는 하나님의 선고를 받은 것입니다. 그래서 그는 '모든 죄의 책임, 곧 죄의 형벌'에서 영원히 벗어났습니다. 그러니 그 선고를 받은 사람은 그렇지 못한 사람과는 판이하게 다릅니다. '의롭다 하심'을 받지 못한 이는 '아담의 원죄' 안에 여전히 동참하고 있습니다. 그리고 자신이 죄를 짓는 족족 모두 다 하나님의 정죄를 받아 그 죄책의 짐을 지게 됩니다. 그러나 예수 그리스도를 믿음으로 말미암아 의롭다 하심을 받은 이는 실족하여 넘어져 죄를 지어도 '정죄'의 덫에 걸리지 않습니다. "그러므로 이제 그리스도 예수 안에 있는 자에게는 결코 정죄함이 없나니."(롬 8:1)

그러나 그 은혜를 빙자하여 '이제 죄를 지어도 무방하겠다' 여겨 죄의 정욕을 따라 죄를 짓는 쪽으로 나아가면, '죄의 오염과 영향과 세력'에서 완전하게 벗어나 그리스도의 형상을 본받게 하시려는 하나님의 궁극적 목적과 배치가 되는 것입니다. 그렇게 되면 복음은 '죄에서 사람을 구원하는 능력이 아니라 하나도 거리낌 없이 죄를 마음대로 짓도록 마당을 마련해 주는 셈'이 되는 것입니다. 그런 논리는 말도 안 되는 망발입니다. 교회사 속에 그런 이단이 존재하였고 오늘에도 그와 유사한 악한 교훈이 현대 그리스도인들을 오염시키고 있습니다. 그러므로 그리스도를 믿음으로 말미암아 의롭다 하심을 받고 하나님의 자녀 된 자들은 자기 속에 남아 있는 옛 사람의 성향, 곧 죄의 정욕이 일어나 자기에게 영향을 미치지 못하게 단호한 자세를 견지해야 합니다.

"몸의 사욕에 순종하지 말고." '몸의 사욕'은 '우리 옛 사람의 본성에서 나는 소욕'으로 하나님께 불순종하는 성향을 가졌습니다. 그러므로 그런 사욕에 자신을 방임하는 것은 있을 수 없습니다. 아주 단호하고 매섭게 대항해야 합니다.

"6:13또한 너희 지체를 불의의 무기로 죄에게 내주지 말고 오직 너희 자신을 죽은 자 가운데서 다시 살아난 자 같이 하나님께 드리며 너희 지체를 의의 무기로 하나님께 드리라." 여기서 직접적으로는 '지체'란 몸의 여러 기관들을 가리키는 것은 사실이나 더 원리적으로는 '우리 인격의 여러 요소'로 보는 것이 좋을 것입니다. 곧 '지성과 정서와 의지'로 보는 것이 좋습니다. 우리 몸의 여러 기관들이 그런 인격의 여러 요소들을 표현하는 도구들입니다. 그러니 사도는 여기서 우리의 인격 활동 전반, 마음으로 생각하는 것이나 감정적으로 느끼는 것이나 뜻을 펼쳐 나가려는 의지 전반을 죄에 드리지 말아야 한다는 것입니다. 더 적극적으로, 하나님의 뜻에 순종하여 의를 이루는데 드려져야 합니다. 이것이 소위 '성화(聖化)'의 실질입니다. 그것이 하나님께서 우리를 향한 구원계획의 궁극적인 목적, 곧 그리스도의 형상을 본받는 데로 나아가는 과정입니다. "하나님이 미리 아신 자들을 또한 그 아들의 형상을 본받게 하기 위하여 미리 정하셨으니 이는 그로 많은 형제 중에서 맏아들이 되게 하려 하심이니라 또 미리 정하신 그들을 또한 부르시고 부르신 그들을 또한 의롭다 하시고 의롭다 하신 그들을 또한 영화롭게 하셨느니라."(롬 8:29,30) 사도 베드로의 권면도 그런 맥락에서 이해되어야 합니다. "오직 우리 주 곧 구주 예수 그리스도의 은혜와 그를 아는 지식에서 자라 가라 영광이 이제와 영원한 날까지 그에게 있을지어다."(벧후 3:18)

"죽은 자 가운데서 다시 살아난 자 같이 하나님께 드리며." '너희 지체를 죄와 불의에 드리지 말고 하나님께 의의 무기로 드리라'는 권면을 받는 자들이 누구입니까? 누구나 차별 없는 모든 일반인들입니까? 아닙니다. 이런 권면은 일반의 모든 이들이 들을 만한 것이 아닙니다. 오직 '그리스도를 믿음으로 말미암아 죄 사함을 받고 은혜로 의롭다 하심을 받고 하나님의 자녀가 된 자들에게만' 주어진 권면입니다. 사도는 '너희가 그리스도와 연합하여 죽었고 다시 살아난 자이니 그런 자답게 그렇게 행하라'고 권면하고 있습니다. 앞에서도 여러 차례 지적한 바와 같이, 우리가 내면에 있는 죄와 밖의 세상의 풍조와 마귀의 훼방과 시험을 이기고 자신을 하나님께 의의 병기로 드림에 있어서 이런 자의식은 매우 중요합니다. 군인들에게 평상복을 벗게 하고 국가에서 지급하는 군복을 차려입게 하는 것은 그들로 하여금 자기 신분 의식을 가지고 국방의 대업을 위한 모든 행사를 감당하게 하려 함입니다. 그같이 우리 그리스도인들은 '하나님을 향하여 살아난 새 사람이 되었으니 전인(全人)을 하나님께 드려 순종하라'는 것입니다.

"너희 지체를 의의 무기로 하나님께 드리라." 앞에서도 말한 바와 같이 여기서 말하는 '지체'는 직접적으로는 몸의 여러 기관들을 가리키나 실제로는 인격의 여러 기능과 요소들을 가리킵니다. 인격 활동은 우리의 내면의 성향이 지성과 정서와 의지의 작용을 따라 행동으로 나타납니다. 그 행동은 우리 인격의 모든 요소들과 기능들이 함께 작용한 결과물입니다. 사도는 우리의 인격 활동의 모든 요소들이 '의의 무기로 하나님께 드려져야 한다'고 말합니다.

"의의 무기로." '의'는 '하나님께 순종함'의 다른 표현입니다. '죄'가 '하나님께 불순종함'의 다른 표현이듯이 말입니다. "그런즉 한 범죄로 많은 사람이 정죄에 이른 것 같이 한 의로운 행위로 말미암아 많은 사람이 의롭다 하심을 받아 생명에 이르렀느니라 한 사람이 순종하지 아니함으로 많은 사람이 죄인 된 것 같이 한 사람이 순종하심으로 많은 사람이 의인이 되리라."(롬 6:18,19)

그런데 구체적으로 '의'의 기준은 무엇입니까? 하나님의 계명입니다. 하나님의 계명을 지키는 것이 하나님께 순종하는 것이고, 계명을 지킴으로 의의 열매를 맺어가는 것입니다. "너희가 나를 사랑하면 나의 계명을 지키리라… 나의 계명을 지키는 자라야 나를 사랑하는 자니 나를 사랑하는 자는 내 아버지께 사랑을 받을 것이요 나도 그를 사랑하여 그에게 나를 나타내리라."(요 14:15,21) "새 계명을 너희에게 주노니 서로 사랑하라 내가 너희를 사랑한 것같이 너희도 서로 사랑하라 너희가 서로 사랑하면 이로써 모든 사람이 너희가 내 제자인 줄 알리라."(요 13:34,35) "예수께서 그리스도이심을 믿는 자마다 하나님께로부터 난 자니 또한 낳으신 이를 사랑하는 자마다 그에게서 난 자를 사랑하느니라 우리가 하나님을 사랑하고 그의 계명들을 지킬 때에 이로써 우리가 하나님의 자녀를 사랑하는 줄을 아느니라 하나님을 사랑하는 것은 이것이니 우리가 그의 계명들을 지키는 것이라 그의 계명들은 무거운 것이 아니로다."(요일 5:1-3)

'계명을 지킨다'는 것은 무엇입니까? 이에 대하여 마태복음 5장에 기록된 우리 주 예수님의 산상설교를 참조함이 좋을 듯합니다. 먼저 주님께서는 5:1-12에 있는 팔복의 말씀으로 '그리스도 안에서 믿음으로 말미암아 구원받은 그리스도인들의 복'을 말씀하십니다. 그 내용은 하나님과 이웃에 대하여 가지는 심령의 성향과 원리입니다. 그런 다음에 세상에서 '착한 행실'로 말미암아 소금과 빛의 역할을 감당해야 하는 그리스도인의 소명을 말씀하십니다. 그리고 그 '착한 행실'의 구체적인 내용이 무엇인지를 말씀하시는데 그 내용이 바로 '계명 지키기'입니다. "내가 율법이나 선지자를 폐하러 온 줄로 생각하지 말라 폐하러 온 것이 아니요 완전하게 하려 함이라 진실로 너희에게 이르노니 천지가 없어지기 전에는 율법의 일점일획도 결코 없어지지 아니하고 다 이루리라 그러므로 누구든지 이 계명중의 지극히 작은 것 하나라도 버리고 또 그같이 사람을 가르치는 자는 천국에서 지극히 작다 일컬음을 받을 것이요 누구든지 이를 행하며 가르치는 자는 천국에서 크다 일컬음을 받으리라."(마 5:17-19)

그런 다음에 예수님께서는 '그리스도인의 계명 지키기'가 '바리새인들과 서기관들의 계명 지키기'와 어떻게 다른지를 지시하시면서 아주 충격적인 말씀을 하십니다. "내가 너희에게 이르노니 너희 의가 서기관과 바리새인보다 더 낫지 못하면 결단코 천국에 들어가지 못하리라."(마 5:20) 여기서 분명 주님께서 '행위 구원의 차원에서 계명 지키기'를 말씀하실 리 없습니다. 다만 이미 구원받은 이들이 견지해야 할 계명 지키기의 차원이 어떠함을 강조하려 하십니다. 사실 이렇게 말씀하시고 계신 셈입니다. '너희는 나를 믿음으로 말미암아 값없이 의롭다 하심을 받고 하나님의 자녀의 권세를 가져 하나님의 나라의 기업을 물려받은 자들이다. 그러나 그 말이 이제는 율법과 선지자, 곧 구약성경으로 명한 하나님의 계명, 내 계명에 순종함에 대해 관심을 기울이지 않아도 된다는 말이 아니다. 도리어 하나님의 계명을 순종하는 너희 착한 행실을 보고 세상 사람들이 하나님 아버지께 영광을 돌리게 하라. 그러나 너희는 바리새인들과 서기관들의 방식으로 계명을 지키려는 생각은 아예 하지도 말라. 그들의 방식은 하나님의 계명의 정신을 알지 못하고 문자적인 의미만 취하여 자기 의(自己 義)를 쌓으려 하는 것이다. 만일 너희가 하나님의 자녀라 하면서 그들의 방식을 따라서 계명 지키기로 만족한다면 너희는 아직 하나님의 나라에 들어온 적이 없음을 드러내는 셈이다. 하나님의 나라에 들어온 사람은 제일 작은 자라도 바리새인들과 서기관들의 의보다 더 나은 의의 열매를 나타내기 마련이다. 너희가 이전에는 그들 바리새인들과 서기관들의 방식을 배우고 들어왔지만 이제 내가 너희에게 이르노니 내 말을 들으라.'

그리고 '살인하지 말라'는 제 6계명을 가장 먼저 예로 들어 설명하십니다. 바리새인들은 '살인하면 심판(지방재판소에 제소)을 받게 되리라'고 가르치나 예수님께서는 '형제에 대하여 미워하여 욕하는 것'이 벌써 '살인하지 말라'는 계명을 어긴 것임을 말씀하십니다. 그리고 제 7계명을 들어 "나는 너희에게 이르노니 음욕을 품고 여자를 보는 자마다 마음에 이미 간음하였느니라."라고 말씀하십니다.

그러니 그리스도인이 '하나님께 대하여 산 자답게 자신을 하나님께 의의 무기로 드리기 위하여 계명을 지키는 것'은 무엇입니까? 외적인 행동의 차원에서만 계명을 지키는 것이 아니라 계명을 어기려는 마음의 정욕부터 제어하는 일부터 시작하는 것입니다. 그리스도인의 계명 지키기는 적극적으로는 계명의 대 강령인 '하나님과 이웃 사랑을 실천하는 것'을 수반하는 것입니다. 그것이 성화(聖化)의 실질적인 내용입니다.

그러니 성화는 칭의로 인하여 죄책으로부터 구원받은 사람이 그 은혜의 효력과 능력 아래서 자기 내면의 죄의 오염과 영향과 세력을 죽이고 하나님의 부르심의 소망을 따라 그리스도의 형상을 본받아 나아가는 행로입니다. 곧 칭의로 말미암아 하나님의 자녀가 되고 하나님의 나라의 백성이 된 자가 그 신분답게 하나님께 단 마음으로 절대 복종하는 의의 사람으로 자라가는 과정, 그것이 성화의 비밀입니다. 물론 성화의 동력(動力)은 여전히 '그리스도 안에 있는 은혜'입니다. 또한 그것이 죄를 이기고 거룩함에 이르려는 신자의 영적 고지(高地)입니다. 그 요점을 인식하고 활용하는 것은 지혜입니다. 사도는 바로 다음 구절에서 그 점을 재확인합니다. 우리는 그 요점을 말하는 사도의 논리를 더욱 상세하게 다루기 위하여 다음 강론으로 미룹니다.

28

'죄의 종'과
'의의 종'

6:14 죄가 너희를 주장하지 못하리니 이는 너희가 법 아래에 있지 아니하고 은혜 아래에 있음이라

6:15 그런즉 어찌하리요 우리가 법 아래에 있지 아니하고 은혜 아래에 있으니 죄를 지으리요 그럴 수 없느니라

6:16 너희 자신을 종으로 내주어 누구에게 순종하든지 그 순종함을 받는 자의 종이 되는 줄을 너희가 알지 못하느냐 혹은 죄의 종으로 사망에 이르고 혹은 순종의 종으로 의에 이르느니라

6:17 하나님께 감사하리로다 너희가 본래 죄의 종이더니 너희에게 전하여 준 바 교훈의 본을 마음으로 순종하여

6:18 죄로부터 해방되어 의에게 종이 되었느니라

앞에서도 여러 차례 지적한 바와 같이, 믿는 우리가 믿음으로 말미암아 그리스도와 연합함으로 하나님께 대하여 어떤 관계인지를 항상 의식해야 합니다.

죄 가운데 있던 우리는 하나님과의 생명 있는 교통에서 단절되어 있었습니다. 그리고 우리의 행하는 모든 것이 다 하나님의 진노의 대상이었습니다. '하나님의 집의 충성된 사환' 모세는 하나님의 명을 받들어 그 은혜로 이스라엘 자손들을 애굽에서 인도하여 내고 광야 생활 40년을 겪어보며 '사람의 본성'의 악독이 어떠한지 그 실상을 누구보다 잘 안 사람입니다. 시편에 실린 그의 유일한 시편 제 90편에서 뭐라고 말하고 있습니까? "우리는 주의 노에 소멸되며 주의 분내심에 놀라나이다 주께서 우리의 죄악을 주의 앞에 놓으시며 우리의 은밀한 죄를 주의 얼굴 빛 가운데에 두셨사오니 우리의 모든 날이 주의 분노 중에 지나가며 우리의 평생이 순식간에 다하였나이다."(시 90:7-9) 그가 한 번은 이런 기도를 하나님께 올린 적이 있었습니다. "이 모든 백성을 내가 배었나이까 어찌 내가 그들을 낳았나이까 주께서 내게 양육하는 아버지가 젖 먹는 아이를 품듯 그들을 품에 품고 주께서 그들의 열조에게 맹세하신 땅으로 가라 하시나이까 이 모든 백성에게 줄 고기를 내가 어디서 얻으리이까 그들이 나를 향하여 울며 이르되 우리에게 고기를 주어 먹게 하라 하온즉 책임이 심히 중하여 나 혼자는 이 모든 백성을 감당할 수 없나이다 주께서 내게 이같이 행하실진대 구하옵나니 내게 은혜를 베푸사 즉시 나를 죽여 내가 고난당함을 보지 않게 하옵소서."(민 11:12-15)

예나 지금이나 언제라도 우리를 포함한 모든 인생의 본성은 스스로 내어 버려두면 죄 가운데서 자신의 파멸을 향하여 치달아 가기 마련입니다.

아니 나면서부터 우리는 죄인입니다. "죄와 허물로 죽어" 있었습니다(엡 2:1). "기록된바 의인은 없나니 하나도 없으며 깨닫는 자도 없고 하나님을 찾는 자도 없고 다 치우쳐 함께 무익하게 되고 선을 행하는 자는 없나니 하나도 없도다."(롬 3:10-12) 스스로 내버려 두면 자신을 깨우쳐 그 멸망의 포구에서 벗어날 가능성이 전혀 없습니다.

그러나 긍휼에 풍성하신 하나님께서 우리 주 예수 그리스도 안에서 우리의 구원을 위하여 하신 일은 우리로 영생을 얻기에 완전하고 충분한 효력을 갖고 있습니다. 그 충분한 효력이 바로 '은혜의 능력'입니다. 믿음의 비밀은 바로 그 '은혜의 능력'을 의지하고 활용하는데 있습니다. 성령께서는 바로 우리 속에서 역사하시어 그리스도 안에 있는 하나님의 '은혜의 능력'을 우리에게 적용하십니다. 아니 우리를 주장하시어 그 '은혜의 능력'을 믿음으로 활용함으로 하나님께서 의도하신 우리의 구원의 궁극적 목적, 곧 그리스도의 형상을 본받게 하려는 데로 나아가게 하십니다. 우리 속에 있는 죄를 대항하여 이기고 거룩함에 이르는 문제도 바로 그런 차원에서 다루어야 합니다. 사도는 로마서 6장에서 바로 그에 대한 논리를 제공하고 있습니다. 우리는 본문을 따라서 사도의 논리를 따라가면서 그에 대한 인식을 더욱 강하게 가져야 할 것입니다. 그러지 않고는 죄를 싸워 이길 논리적 준비가 아직 안된 셈입니다. 고지(高地)가 주어졌는데도 그 고지에 서지 않고 평지에서 적군과 같은 조건에서 싸우는 것 같이 아둔한 전략이 어디 있습니까? 그렇게 하는 한 반드시 죄에 져 넘어질 것입니다. 로이드 존스 목사는 이 대목의 강론에서 '오늘날 이 요점에서 견고한 복음적 논리를 형성하지 못한 채 성화(聖化)의 진보를 기대하는 것이 어리석다'고 말하였습니다. 성령께서 이 강론의 필자와 독자 모두에게 이 요점을 배우도록 기름 부으심을 허락하옵소서.

'법 아래' 있지 않고 '은혜 아래' 있는 사람

"**6:14죄가 너희를 주장하지 못하리니 이는 너희가 법 아래에 있지 아니하고 은혜 아래에 있음이라.**" 사도는 로마서 6장에서 거듭 죄에 대한 우리의 관계를 상기하게 합니다. 2절에서 "죄에 대하여 죽은 우리"라고 하였습니다. 우리가 이미 알아 본 것 같이 그 표현은 '죄를 죽여가는 우리'라거나, '죄를 짓지 않기로 단호한 결심을 한 우리'라고 말하지 않습니다. 도리어 우리의 머리이신 그리스도와 연합한 우리가 그리스도의 행하신 실제를 우리의 것으로 여기시는 영적 이치를 표현한 것입니다. 이전에 죄는 우리의 상전이었습니다. 그래서 죄를 짓고 싶은 성향이 우리 속에서 일어나면 이길 수가 없었습니다. 또 이기고 싶은 성향도 전혀 없었습니다. 죄의 정욕이 일어나면 우리 내면의 양심이 일순(一瞬) 그로 인하여 편치 못하여 대항하는 듯 긴장하나 힘을 쓰지 못하였습니다. 그래서 '죄가 주장하는 대로 끌려가 결국 죄를 지어 죄에게 종노릇' 하였습니다. 그러나 이제 우리는 우리 주 예수 그리스도와 연합하여 그의 죽으심과 그의 다시 사심에 동참하였습니다.

그래서 '죄가 우리를 주장하지 못합니다.' 죄는 더 이상 우리로 하여금 하나님의 법정에 서서 다시 정죄를 받게 할 수 없습니다. 우리가 '믿음으로 말미암아 은혜로 값없이 의롭다 하심을 받았다.'는 것은 우리가 죄책(罪責)에서 안전하게 벗어났다는 말입니다. '칭의(稱義)'는 '하나님께서 당신의 하늘 법정에서 율법의 모든 조목을 통해 우리에게 요구한 모든 것을 우리가 다 이룬 것 같이 판결해 주셨다'는 말입니다. 그것이 바로 하나님께서 다루시는 은혜의 방식의 대 전제입니다. 설령 그리스도인이 실제로 죄를 짓더라도 그를 하나님의 법정에서 정죄받게 할 '법'은 더 이상 존재하지 않습니다. 그런 의미에서 예수님 믿는 우리가 "법 아래 있지 않고 은혜 아래" 있습니다. "그러므로 이제 그리스도 예수 안에 있는 자에게는 결코 정죄함이 없나니."(롬 8:1) 그런 의미에서 '죄가 우리를 더 이상 주장하지' 못합니다. 그래서 우리가 '법 아래 있지 아니하고 은혜 아래' 있습니다. 죄책에서의 해방이 죄가 우리를 주장하지 못하는 결정적인 이유입니다.

하나님께서는 그리스도를 믿음으로 말미암아 의롭다 하심을 받은 이들을 보실 때 그들 자체만 보시는 것이 아닙니다. 항상 그들의 주님 되시는 예수 그리스도께서 그들을 위하여 이루신 '구속(救贖)의 큰 일(십자가의 죽으심과 다시 사심)'과 함께 그들을 보십니다. 그 말은 항상 '그들을 은혜로 보신다'는 것입니다. 심지어 그들이 죄를 지어도 '은혜의 차원에서 보신다'는 말이 성립이 되는 것입니다. 물론 '죄' 자체는 하나님의 미워하시는 바입니다. 그러나 그리스도인이 죄를 지을 때에도 여전히 그 사람의 죄를 빌미로 그 사람을 버리시거나 그 사람을 향해 이미 하늘 법정에서 내린 '의롭다' 하신 판결을 철회하지 않으십니다. 여전히 하나님께서 그 사람이 지은 '죄' 자체는 밉게 보시지만 '그 사람은 여전히 그리스도 안에 있는 사랑과 은혜의 시각으로' 보신다는 말입니다. "그러므로 우리가 믿음으로 의롭다 하심을 받았으니 우리 주 예수 그리스도로 말미암아 하나님과 화평을 누리자 또한 그로 말미암아 우리가 믿음으로 서 있는 이 은혜에 들어감을 얻었으며 하나님의 영광을 바라고 즐거워하느니라."(롬 5:1,2)

그리스도를 믿음으로 말미암아 그 안에 있는 자가 항상 그 점을 인식하는 것이 바로 '죄를 대항하여 싸우고 하나님께 자신을 드려 순종하여 거룩함에 이르려 할 때' 고지(高地)를 선점하는 것입니다. 그 점을 인식하지 못한 채 죄를 대항하는 것은 마치 '실탄이 없는 공포탄'으로 적군을 대항하여 싸우는 격입니다. 우리가 그리스도를 믿는다 하나 실제로는 항상 그 점을 상기하지 못한 가운데서 죄와 대항하려다가 실패하고 낙담하는 적이 얼마나 많습니까? 우리가 '법 아래 있지 않고 은혜 아래 있다'는 것을 알지 못한 채 죄와 싸우는 것은 무장을 하지 않은 채 적군과 맞싸우려고 덤비는 격입니다.

실로 '그리스도 안에 있는 은혜'는 하나의 개념이나 상념 정도가 아니라 '능력'입니다. 성경에서 '은혜'라는 말이 쓰일 때에는 항상 '그리스도와 그 구속(救贖)의 대업'을 염두에 두는 것입니다. 다시 한 번 강조하거니와 그리스도께서는 '우리를 물어 영원히 죽게 만드는 죄의 독사로부터 독이 빨'을 제거하셨습니다. "모세가 광야에서 뱀을 든 것 같이 인자도 들려야 하리니 이는 그를 믿는 자마다 영생을 얻게 하려 하심이니라."(요 3:14,15) '그리스도 안에 있는 은혜'는 '죄가 우리를 주장하여 파멸로 이끌어 가는 일'을 하지 못하게 하였습니다. 우리가 넘어져 죄에 빠진다 할지라도 '하나님의 은혜'가 우리를 받혀 파멸에 들어가지 않습니다.

칼빈(John Calvin)은 이 대목을 주석하면서 다음과 같은 요점으로 말합니다. "사도는 여기서 그리스도인들을 위로하고 있다. 죄를 대항하여 싸우는 과정에서 자신의 연약을 금방 알게 되어 낙담하고 소심해 질 수 있음을 사도는 알고 있다. 그래서 사도는 그들이 그 때문에 심하게 낙담하지 않게 하려고 그들의 잘못을 다루시는 하나님의 방식을 상기하게 한다. 하나님께서 그들을 율법의 엄격한 척도로 판단하시지 않고 그리스도 안에 있는 은혜 안에서 다루신다는 것을 상기하게 하신 것이다."

그러합니다. 만일 하나님께서 우리를 여전히 율법의 엄격한 척도로 판단하시고 다루시어 판단하고 징치하신다면, 남아 날 자가 누구겠습니까? 하나님께서 범죄한 다윗을 어떻게 다루셨습니까? 나단을 보내시어 그의 악독한 죄를 깨닫게 하시며 질책하십니다. 자기의 죄를 알게 된 다윗이 바로 그 자리에서 회개합니다. "다윗이 나단에게 이르되 내가 여호와께 죄를 범하였노라 하매."(삼하 12:13) 그 말을 들은 나단은 이내 다윗에게 그에 대한 하나님의 처사를 선포합니다. "나단이 다윗에게 말하되 여호와께서도 당신의 죄를 사하셨나니 당신이 죽지 아니하려니와."(삼하 12:13) 다윗은 하나님 앞에서 '법 아래 있지 않고 은혜 아래' 있었습니다. 물론 그 일로 인하여 다윗이 하나님의 무서운 징계를 받았습니다. "이 일로 말미암아 여호와의 원수가 크게 비방할 거리를 얻게 하였으니 당신이 낳은 아이가 반드시 죽으리이다 하고 나단이 자기 집으로 돌아가니라 우리아의 아내가 다윗에게 낳은 아이를 여호와께서 치시매 심히 앓는지라."(삼하 12:14,15)

은혜 아래 있음을 빙자한 죄의 부당성

"6:15그런즉 어찌하리요 우리가 법 아래에 있지 아니하고 은혜 아래에 있으니 죄를 지으리요 그럴 수 없느니라." 여기서 사도는 앞의 6:1에서 썼던 수사술적 반문법을 여기서도 씁니다. "우리가 법 아래 있지 아니하고 은혜 아래 있으니 죄를 지으리요"라고 묻습니다. 그리고 아주 단호한 어조로 "그럴 수 없느니라." 죄에 대한 그리스도인의 입장은 어떤 경우, 어떤 이유로도 '단호하게 아니요.'입니다. 1절에서는 "은혜를 더하게 하려고 죄에 거하겠느냐?"로 물었고, 이번에는 "우리가 법 아래 있지 아니하고 은혜 아래 있으니 죄를 지으리요."라고 묻습니다. '은혜'를 빙자하여 죄를 짓는 것은 어떤 구실로도 용납하지 못할 일입니다. 우리 옛 사람의 본성은 항상 죄를 지을 구실을 찾으려 합니다. 그래서 '법 아래 있지 않고 은혜 아래 있음'을 빙자하여 죄를 지을 구실을 찾으려 합니다. '옛 사람, 곧 죄악적 본성'은 죄를 즐거워합니다. 그러나 '그리스도 안에서 우리를 은혜로 구원하시는 하나님' 앞에 죄가 설 자리가 없습니다. 하나님께서는 죄를 눈감아주고 지원하고 너그럽게 보아주는 것이 하나도 없습니다. 다만 우리가 죄 가운데 나서 죄를 지었고 죄를 지을 성향을 항상 가지고 있음을 아시는 하나님께서 엄격한 율법의 척도로 우리를 다스리지 않으신다는 것뿐입니다. 그리스도 안에서 우리를 용서하시고 아무 공로 없이 은혜로 의롭다 하시고, 그 후 항상 우리를 향하여 '그리스도 안에서' 자비를 베푸십니다. 그러나 그것이 우리로 하여금 '하나님을 거슬러 대항하고 불순종하는 죄'를 짓도록 방조하는 것이 아님을 명심해야 합니다.

죄의 종, 순종의 종

하나님께서 우리를 부르신 목적은 무엇입니까? '죄에서 우리를 건져내시고 새 사람으로 지으시어 죄와는 상관없는 그리스도의 형상을 본받아 하나님께 단 마음으로 절대 복종하는 자리까지 나아가게 하시려는' 것입니다. 그러므로 우리는 항상 '하나님의 은혜를 빙자하여 죄를 짓기는커녕 하나님의 거룩하심을 따라 우리 자신을 드려야' 하는 입장에 있습니다. 사도는 다음 구절에서 우리의 신분을 재인식하게 하며 그에 합당하게 행할 바를 생각하게 합니다.

"**6:16**너희 자신을 종으로 내주어 누구에게 순종하든지 그 순종함을 받는 자의 종이 되는 줄을 너희가 알지 못하느냐 혹은 죄의 종으로 사망에 이르고 혹은 순종의 종으로 의에 이르느니라." 그러합니다. 우리 자신을 누구에게 내어 주어 복종하게 되면 우리는 그의 '종 노릇'을 하는 셈입니다. 우리는 더 이상 '죄의 종 노릇'을 할 수 없습니다. 그리스도 안에서 죽고 그리스도 안에서 다시 살아 하나님의 자녀가 된 우리는 이제 '하나님께 순종하는 의'의 사람으로 "그리스도의 장성한 분량의 충만한 데까지" 자라가야 합니다(엡 4:13). 그 이전에는 '죄의 종'이었습니다. '죄의 정욕'이 하자는 대로 하였습니다. 마귀의 시험을 받으면 대번에 넘어졌습니다. "그 때에 너희는 그 가운데서 행하여 이 세상 풍조를 따르고 공중의 권세 잡은 자를 따랐으니 곧 지금 불순종의 아들들 가운데서 역사하는 영이라 전에는 우리도 다 그 가운데서 우리 육체의 욕심을 따라 지내며 육체와 마음이 원하는 것을 하여 다른 이들과 같이 본질상 진노의 자녀이었더니."(엡 2:2,3)

그러나 이제는 '그리스도와 함께 죄에 대하여 죽었고 그리스도와 함께 하나님께 대하여 살았습니다.' 그러므로 '우리 죄가 율법의 정죄의 대상이 되지 않고 그 때문에 지옥에 갈 염려가 없다는 것을 이용하여 죄가 하자는 대로 하여 죄의 종이 되는 것'처럼 얼토당토 않는 일이 세상에 어디 있겠습니까? 우리는 오직 "그리스도 예수 안에서 선한 일을 위하여 (새롭게) 지으심을 받은 자"입니다(엡 2:10). 창세전에 하나님 아버지께서 우리를 그리스도 안에서 사랑 가운데서 택하시어 구원하실 뜻을 세우실 때부터 그 목적을 세우셨습니다. "이 일은 하나님이 전에 예비하사 우리로 그 가운데서 행하게 하려 하심이니라."(엡 2:10) 사도는 우리의 현실을 대처하는 법을 지시합니다. 하나님의 영원한 목적, 창세전에 세우시어 반드시 이루실 그 영광의 목표에 비추어 현실을 대처하도록 우리를 가르칩니다. 사도 속에서 성령께서 그리 가르치게 하신 것이지요.

"죄의 종으로 사망에 이르고 혹은 순종의 종으로 의에 이르느니라." 여기서 사도는 '신자가 죄를 지으면 그로 인하여 사망으로 떨어진다'는 말을 하는 것이 아닙니다. 이미 앞에서 사도가 말한 것 같이, 신자의 죄는 '하나님의 법정에서 율법의 정죄'의 대상이 아니라 '은혜 안에 있는 자녀를 사랑하시는 아버지 하나님의 징계'의 대상일 뿐입니다. 그러나 '죄'는 항상 '생명'을 파괴하고 저해하여 '죽이는 쪽으로 작용하지 않는 적'이 없습니다. 신자의 죄는 '이미 그리스도 안에서 얻은 영생의 활력을 쇠잔하게 하고 파리하게' 하는 쪽으로 작용하기 마련입니다. 우리가 그리스도 안에서 생명을 얻고 하나님의 자녀로 하나님을 위해서 의와 성결의 아름다운 열매를 맺어 풍성한 생명력을 자랑하는 자가 되기 위해서 부르심을 입었습니다. "내가 온 것은 양으로 생명을 얻게 하고 더 풍성히 얻게 하려는 것이라."(요 10:10) 우리는 더 이상 '죄에게 종 노릇 할 사람이 아니라 하나님의 뜻에 순종하여 의의 열매를 풍성하게 맺어야 할' 사람입니다.

시편 1편은 바로 그리스도 예수님 안에서 구원받은 복 있는 사람의 행로를 그런 차원에서 진술하고 있습니다. "복 있는 사람은 악인들의 꾀를 따르지 아니하며 죄인들의 길에 서지 아니하며 오만한 자들의 자리에 앉지 아니하고 오직 여호와의 율법을 즐거워하여 그의 율법을 주야로 묵상하는도다." 그런 행로를 삶으로 말미암아 '복 있는 사람'이 되는 것이 아닙니다. 그렇게 이해하면 서양 속담에 '말 앞에 마차를 두는 격'입니다. 순서가 틀렸습니다. 누가 먼저 스스로 분발하여 그런 행로의 삶을 살아

'복 있는 자'가 되어 '시냇가에 심겨진 나무로 비유된 영적 생명과 그 활력의 상태'로 들어가겠습니까? 그런 일은 불가능합니다. 시편 1편의 '복 있는 사람'은 '그리스도 예수님의 은혜로 구원받아 영생을 얻고 보혜사 성령님이 내주하시어 하나님의 뜻에 늘 순종하기를 기뻐하는 하나님의 자녀'의 초상(肖像)입니다. 하나님의 은혜로 구원받은 우리는 이제 '죄의 종'이 아니라 '하나님께 순종함으로 의의 열매'를 맺어야 하는 당위성 아래 있는 사람입니다. 그래서 사도는 빌립보 교회를 위해서 이렇게 기도하였습니다. "내가 기도하노라 너희 사랑을 지식과 모든 총명으로 점점 더 풍성하게 하사 너희로 지극히 선한 것을 분별하며 또 진실하여 허물없이 그리스도의 날까지 이르고 예수 그리스도로 말미암아 의의 열매가 가득하여 하나님의 영광과 찬송이 되기를 원하노라."(빌 1:9-11)

사도가 전한 교훈의 본

"6:17하나님께 감사하리로다 너희가 본래 죄의 종이더니 너희에게 전하여 준 바 교훈의 본을 마음으로 순종하여 6:18죄로부터 해방되어 의에게 종이 되었느니라."

"하나님께 감사하리로다." 사도는 그런 놀라운 일은 다 하나님께서 은혜로 하신 일임을 먼저 강조합니다. 사도의 증거와 성도들의 믿음의 역사는 다 하나님께서 의도하시고 목적하신 바입니다. 그러므로 오직 하나님의 은혜의 영광을 우선하여 강조합니다.

"… 너희에게 전하여 준 바 교훈의 본을…" 이전에 그리스도 밖에 있었을 때에는 '죄의 종'이었습니다. 그러나 이제 하나님께서는 그리스도의 복음의 은혜로 우리를 그 궁지에서 건져 주셨습니다. 사도는 '그리스도의 복음의 은혜'를 "우리가 너희에게 전하여 준 바 교훈의 본"이라고 표기하였습니다. 사도가 이 말을 할 때에는 세상에 사람들이 처한 곤궁에서 구원하겠다고 덤비는 많은 '교훈 체계'들이 있음을 염두에 두고 있었을 것으로 보입니다. 여러 종교들도 인생을 개선하며 구원하겠다고 나서며 나름의 여러 '교훈 체계'를 가지고 사람들을 가르치고 있습니다. 인생이 타락하고 곤경에 처하고 나서 시대마다 그런 식의 시도들이 있어 왔습니다. 각종 '철학적, 또는 윤리적, 종교적 교훈들'이 있어 왔습니다. 우리가 사는 현대도 마찬가지입니다. 사도가 복음을 전파할 때에도 여전히 그런 '교훈들'을 가지고 사람들에게 호소하고 있었습니다. 그러나 사람들을 '죄의 종'에서 해방시킨 것은 오직 사도가 전한 '복음, 하나님의 아들에 관한 교훈체계' 뿐이었습니다.

이점과 더불어 바울 사도가 당시 사람들에게 영향을 미쳤던 '철학적 교훈체계'에 대해서 어떻게 평가하였습니까? 사도행전 17장에 보면, 사도 바울이 아덴에 갔었습니다. 그때 거기서 헬라의 철학을 연구하던 이들을 만나게 되었습니다. "어떤 에피쿠로스와 스토아 철학자들도 바울과 쟁론할 새 어떤 사람은 이르되 이 말쟁이가 무슨 말을 하고자 하느냐 하고 어떤 사람은 이르되 이방 신들을 전하는 사람인가보다 하니 이는 바울이 예수와 부활을 전하기 때문이러라."(행 17:18) 사도는 그들 철학자들 앞에 '예수님과 그 부활의 교훈 체계'를 전하였다는 말이지요. 그들 철학자들, 에피큐러스 학파(Epicurean)와 스토아 학파(Stoic)에 속한 자들은 인생의 삶의 방식과 행복에 대하여 서로 다른 교훈체계를 가지고 있었습니다. 에피큐로스 학파에서는 '즐거움, 쾌락을 인생이 추구할 가치로' 여기며 그것을 중심으로 한 교훈체계를 가지고 있었습니다. 또 스토아 학파는 '금욕(禁慾)과 극기(克己)를 인생의 중심축으로 삼는 교훈체계'를 가지고 사람들을 가르쳤습니다. 그래서 '인생이 수반하는 여러 어려운 고통과 문제를 참고 인내하면서 자신을 억제하는 것이 지혜라'고 가르쳤습니다. 그 교훈들은 한결같이 '사람과 사람 자체의 성향'에 직접 손을 대어 삶의 내용을 바꾸어 보려는 시도였습니다.

그러나 사도는 '하나님께 불순종한 죄로 인하여 하나님과 원수가 된 죄인을 그 죄에서 구원하시고 하나님 자신과 화해하도록 당신의 아들 예수 그리스도를 보내시어 십자가에 죽게 하시고 다시 살리신 하나님의 행사'를 말하는 '교훈체계'를 가지고 가르쳤습니다. 그러므로 '복음'은 '죄에서 사람을 구원하시려 하나님께서 보내신 하나님의 아들과 그 행사에 관한 교훈체계'입니다. 사도는 그들의 철학적 교훈과의 접촉점을 찾으려 시도하지 않았습니다. 바로 그들에게 "우주와 그 가운데 있는 만물을 지으시고 통치하시고 심판하시는 하나님"을 증거하였습니다. 그리고 그의 보내신 자 예수 그리스도로 말미암은 심판과 구원을 동시에 전하였습니다. "이는 정하신 사람으로 하여금 천하를 공의로 심판할 날을 작정하시고 이에 그를 죽은 자 가운데서 다시 살리신 것으로 모든 사람에게 믿을 만한 증거를 주셨음이니라 하니라."(행 17:31)

이같이 철학에 대한 우리 그리스도인들의 자세는 무엇이겠습니까? 그에 대처하기 위해서 철학자들이 무엇을 말하는지에 대해서는 알아 둘 필요가 있습니다. 그러나 그것이 성도들에게 필수사항은 아닙니다. 목양 사역을 하며 설교하는 설교자들은 비판력을 갖추기 위해서 그런 철학들의 교훈체계의 주장 요점들을 알 필요는 있습니다. 그러나 극히 조심해야 하는 것은 철학자들의 논리나 접근방식을 빌어 현대인들에게 접근하면 더욱 효과적일 것이라는 생각을 하는 것은 매우 위험한 발상입니다. 왜냐하면 그들의 철학적 접근방식을 조금이라도 수용하고 인정하게 되면 복음의 전제와 기초의 어느 부분이든지 훼손하기 마련입니다. 이런 말을 하면 어떤 이들은 칼빈이 주도적인 역할을 하였던 '제네바 신학원'의 학습과목에 철학을 가르치는 부분이 있었다고 강변하겠지요. 그러나 그것이 철학적 방식을 신학 연구에 도입하려 하였다는 증거라고 보면 큰 오산입니다. 칼빈의 「기독교 강요」나 그의 설교들에서 보면 그런 철학적 인용이 나오는 경우 비판을 위한 것이지 그것을 응용하고 활용하기 위한 경우는 하나도 보이지 않기 때문입니다. 오히려 칼빈은 구약성경을 주석할 때, 본문에 따라 철저하게 강조한 것이 무엇입니까? '오실 그리스도로 말미암아 백성들을 죄에서 구원하시고 하나님의 목적하시는 구원을 완성하시는 하나님의 완전하심과 신실하심과 인자하심'에 대한 줄기찬 강조였습니다. 신약성경을 주석할 때에는 '구약성경의 예언 성취자로서 오신 예수님께서 완전한 자격을 갖추신 그리스도와 그 구속(救贖)의 효력과 그에 비추어 믿는 성도들의 믿음과 소망과 사랑의 열매'를 강조합니다. 철학자들의 말이나 그들의 교훈체계의 구도를 빌리거나, 자기의 논리를 강화할 양으로 그들의 논리에 기댄 적이 전혀 없습니다. 아니 그들을 인용할 이유가 전혀 없습니다. 그들의 교훈을 인용한다면 그들 논리의 허상을 비판하기 위함이었습니다. 진실로 '성경 자체'에 성경의 각 부분의 논증을 충분하고 완전하게 강화할 요소들이 충만하기 때문입니다. 사도 바울은 철학의 가치를 어떻게 표현합니까? "누가 철학과 헛된 속임수로 너희를 사로잡을까 주의하라 이것은 사람의 전통과 세상의 초등학문을 따름이요 그리스도를 따름이 아니니라… 너희가 세상의 초등학문에서 그리스도와 함께 죽었거든 어찌하여 세상에 사는 것과 같이 규례에 순종하느냐."(골 2:8, 20)

"너희에게 전하여 준 바 교훈의 본을 마음으로 순종하여 6:18죄로부터 해방되어 의에게 종이 되었느니라." 사도가 전한 복음은 '교훈체계의 형태'를 띠고 있습니다. 그래서 성경을 바르게 연구하고 복음을 설교하려는 자는 바로 그 '교훈체계로서의 복음의 교리'를 바르게 알아야 하고, 성도들은 설교자들의 안내를 따라 '복음의 교리체계'를 배우고 확신한 일에 거해야 합니다. 사도가 "전하여 준 복음, 곧 교훈의 본(that form of doctrine-KJV, the form of teaching-NIV)을 마음으로 순종하는 것" - 그것이 바로 참된 믿음입니다. 믿음은 단순한 '신비 체험이나 어떤 행위의 형식'이 아닙니다. 도리어 '사도가 전하여 준 하나님의 아들에 관한 복음의 교리체계를 마음으로 순종하여 받는 것'입니다. 여기서 '마음'은 그 사람 전인(全人)을 대표하는 중심입니다. '참된 믿음은 지성과 정서와 의지의 전인이 수반된 처사'입니다. 만일 어떤 이가 '지적(知的) 찬동'에 머물고 그 사람의 '정서와 의지'에는 별 상관이 없다면, 그것은 믿음이 아닙니다. 하나님께서는 믿음을 방편 삼아 그리스도 예수님 안에 있는 구속(救贖)의 은혜를 그 사람에게 미치게 하십니다. 그리하여 '죄에게서 해방되어 하나님 자신께 복종하는 의의 종의 신분'으로 바꾸십니다. 이제 그리스도 안에서 죄 사함을 받고 의롭다 하심을 받은 이들을 움직이는 상전은 '죄'가 아니라 '의'입니다. '의'란 '하나님께 화해한 자로서 실제로 하나님께 감사하고 사랑하는 단 마음으로 순종하는 실제'입니다.

29

영생 얻은 자가
맺어야 할 열매

6:19 너희 육신이 연약하므로 내가 사람의 예대로 말하노니 전에 너희가 너희 지체를 부정과 불법에 내주어 불법에 이른 것 같이 이제는 너희 지체를 의에게 종으로 내주어 거룩함에 이르라

6:20 너희가 죄의 종이 되었을 때에는 의에 대하여 자유로웠느니라

6:21 너희가 그 때에 무슨 열매를 얻었느냐 이제는 너희가 그 일을 부끄러워하나니 이는 그 마지막이 사망임이라

6:22 그러나 이제는 너희가 죄로부터 해방되고 하나님께 종이 되어 거룩함에 이르는 열매를 맺었으니 그 마지막은 영생이라

6:23 죄의 삯은 사망이요 하나님의 은사는 그리스도 예수 우리 주 안에 있는 영생이니라

성령님의 인도하심 속에서 사도가 로마서 6장에서 '죄'에 대해 길게 다루는 것은 그만한 이유가 있기 때문입니다. 우리가 앞의 강론들에서 직설적으로는 아니나 간접적으로 간간히 언급한 바 있습니다. '죄'가 그리스도를 믿는 이들을 은혜에서 완전하게 떨어지게 하여 지옥에 가게 할 수 있기 때문은 아닙니다. '그리스도를 믿음으로 말미암아 은혜로 값없이 의롭다 하심을 받은 이들'에게는, 더 이상 '하나님의 법정에서 그를 소환시켜 정죄(定罪)할 법이 없다'는 것을 우리는 로마서 3:21-26 부분 강론을 통하여 누누이 말씀드렸습니다. 그 '이신칭의'의 선포는 믿음을 가지게 된 후 어떤 열매를 보이는 단계나 시점에서가 아닙니다. 그리스도를 마음으로 믿고 입으로 시인하는 과정 속에서 즉시 의롭다 하심을 받았다 보는 것이 성경적입니다.

이와 관련하여 누가복음 19장을 참조해 봅시다. 뽕나무에 올라 당신을 사모하는 마음으로 쳐다보는 삭개오의 집에 예수님께서 들어가기를 원하셨습니다. "예수께서 그 곳에 이르사 쳐다보시고 이르시되 삭개오야 속히 내려오라 내가 오늘 네 집에 유하여야 하겠다 하시니 급히 내려와 즐거워하며 영접하거늘… 삭개오가 서서 주께 여짜오되 주여 보시옵소서 내 소유의 절반을 가난한 자들에게 주겠사오며 만일 누구의 것을 빼앗은 일이 있으면 네 갑절이나 갚겠나이다." 삭개오의 이 말을 듣고 예수님께서 보인 반응은 어떠하였습니까? "예수께서 이르시되 오늘 구원이 이 집에 이르렀으니 이 사람도 아브라함의 자손임이로다 인자가 온 것은 잃어버린 자를 찾아 구원하려 함이니라." 우리는 여기서 삭개오가 예수님께 드린 말씀의 내용을 '구원을 위한 공로적 대가'로 보면 안됩니다. 만일 그러하다면 예수님께서 "오늘 구원이 이 집에 이르렀다"고 하심으로 구원이 이미 그 집에서 일어나 완료된 것으로 표현하신 것이 잘못이 됩니다. 그런 경우라면 삭개오가 이미 그 말대로 실행하기까지 그 말씀을 미루셨어야 했습니다. 그러나 예수님께서는 삭개오의 '구원이 이미 그 집에 이르렀다'고 말씀하신 것입니다. 예수님께서는 삭개오가 '마음으로 믿고 입으로 고백하는 참된 믿음'을 가진 것을 보시고 바로 그의 구원을 선포하셨습니다. "사람이 마음으로 믿어 의에 이르고 입으로 시인하여 구원에 이르느니라."(롬 10:10) 그러므로 누구든지 진실로 그리스도 예수님을 믿는 즉시 그의 구원이 하늘에서 선포된다고 보는 것이 성경적입니다. 그래서 그 사람은 '정죄'에서 완전하게 자유함을 얻은 셈입니다. "모든 사람이 죄를 범하였으매 하나님의 영광에 이르지 못하더니 그리스도 예수 안에 있는 속량으로 말미암아 하나님의 은혜로 값없이 의롭다 하심을 얻은 자 되었느니라."(롬 3:23,24) "그러므로 이제 그리스도 예수 안에 있는 자에게는 결코 정죄함이 없나니."(롬 8:1)

그에게 있어서 '지옥에 들어갈 가능성'이 완전하게 배제된 셈입니다. 하나님께서는 '하늘 법정에서' 예수 그리스도를 믿는 이들을 '의롭다'고 선고하셨습니다. 마치 '율법의 일점일획도 어긴 적이 없고 그 율법을 통하여 하나님께서 요구하신 바를 완전무결하게 이행한 사람처럼' 판결하여 주셨다는 말입니다. 그러므로 '죄'는 더 이상 그리스도의 사람들을 사망에 이르게 할 권능을 상실하였습니다. "죄가 너희를 주장하지 못하리니 이는 너희가 법 아래에 있지 아니하고 은혜 아래에 있음이라."(롬 6:14) 그리스도인의 죄를 고발하여 하나님의 법정에 서게 할 법이 하늘에도 땅에도 없습니다. "또 범죄와 육체의 무할례로 죽었던 너희를 하나님이 그와 함께 살리시고 우리의 모든 죄를 사하시고 우리를 거스르고 불리하게 하는 법

조문으로 쓴 증서를 지우시고 제하여 버리사 십자가에 못 박으시고 통치자들과 권세들을 무력화하여 드러내어 구경거리로 삼으시고 십자가로 그들을 이기셨느니라."(골 2:13-15) 이 문장들에서 나오는 동사(動詞)들의 시제(時制)가 모두 '부정과거'입니다. 헬라어에서 부정과거는 '이미 일어나 되돌릴 수 없는 동작'을 표현하는 시제입니다. 그에 대한 완전하고 충분한 근거는 그리스도의 십자가 구속(救贖)의 완전하고 충분한 효력입니다. 그것이 사도가 말하는 '그리스도 안에 있는 하나님의 은혜'입니다(딤후 2:1).

  그러므로 사도가 로마서 6장에서 '그리스도인의 죄'의 문제를 길게 다루는 것은 '하나님의 진노를 받아 지옥에 떨어질 위험'을 방지하기 위한 것이 아닙니다. 도리어 '하나님께서 사랑하시어 그리스도의 의를 힘입어 죄를 용서하시고 의롭다 하시고 자녀로 삼으시고 그리스도의 형상을 본받고 하나님의 나라를 물려받게 되어 있는 신분'에 걸맞는 품격의 차원에서 '죄'의 문제를 다루고 있습니다. '이신칭의'로 인하여 '그리스도인의 죄'는 정죄의 대상이 될 수 없습니다. 그러나 '그리스도 안에서 새 사람이 된 신분을 가진 자의 죄'는 경계하고 싸워야 할 대상입니다. 그리스도인이 몸을 입고 지상에 있는 동안에는 여전히 '그의 인격을 이루는 여러 지체 속'에 '죄의 성향과 오염과 영향력과 세력'이 존재합니다. 그것이 '그리스도 밖에 있던 옛 사람' 속에서는 왕 노릇하여 사망에 이르게 하였습니다. 그러나 그리스도 안에 있는 하나님의 은혜의 복음은 그 곤궁에서 "믿는 자들을 구원하시는 하나님의 능력이 됨이라."(롬 1:16)

  이제 그리스도인에게 있어서 '죄는 사망에 이르게 하는 권능'을 상실하였습니다. "사망아 너의 승리가 어디 있느냐 사망아 네가 쏘는 것이 어디 있느냐 사망이 쏘는 것은 죄요 죄의 권능은 율법이라 우리 주 예수 그리스도로

말미암아 우리에게 승리를 주시는 하나님께 감사하노니…"(고전 15:56,57)

그러나 '그리스도 안에서 새 사람이 된 우리의 인격의 여러 지체들을 오염시키고 주장하려는 죄의 영향력'은 아직 우리 안에 있습니다. 그것을 대항하고 우리를 구원하시려고 창세전에 세우신 하나님의 목적대로 하나님께 완전한 순종의 본을 보이신 그리스도의 형상을 따라 나아가야 합니다. 그것이 '그리스도 안에서 의롭다 하심을 받아 영생을 얻은 하나님의 자녀의 대과업'입니다. 바로 그것이 '성화(聖化)'의 내용입니다. 그러므로 성화(聖化)는 정죄에서 벗어난 우리 속에 여전히 내재하고 있는 '죄'의 현실을 극복하고 그 오염에서 벗어나 그리스도의 형상으로 자라게 하시는 하나님의 은혜의 역동적 행사입니다.

여기에는 '넘어짐과 다시 일어섬의 반복적인 갱신의 과정'이 있습니다. 그리고 '성화'의 과정에서의 무수한 실패는 '칭의'의 효력을 없이 하지 못합니다. 도리어 성화의 과정에서 넘어진 자를 '칭의'의 진리가 격려하고 위로합니다. '칭의'는 '성화의 궁극적 승리를 보장하는 안전판'과도 같습니다. "여호와께서 사람의 걸음을 정하시고 그의 길을 기뻐하시나니 그는 넘어지나 아주 엎드러지지 아니함은 여호와께서 그의 손으로 붙드심이로다."(시 37:23,24) "누가 능히 하나님께서 택하신 자들을 고발하리요 의롭다 하신 이는 하나님이시니 누가 정죄하리요 죽으실 뿐 아니라 다시 살아나신 이는 그리스도 예수시니 그는 하나님 우편에 계신 자요 우리를 위하여 간구하시는 자시니라 누가 우리를 그리스도의 사랑에서 끊으리요 환난이나 곤고나 박해나 기근이나 적신이나 위험이나 칼이랴 기록된 바 우리가 종일 주를 위하여 죽임을 당하게 되며 도살 당할 양 같이 여김을 받았나이다 함과 같으니라 그러나 이 모든 일에 우리를 사랑하시는 이로 말미암아 우리가 넉넉히 이기느니라 내가 확신하노니 사망이나 생명이나 천사들이나 권세자들이나 현재 일이나 장래 일이나 능력이나 높음이나 깊음이나 다른 어떤 피조물이라도 우리를 우리 주 그리스도 예수 안에 있는 하나님의 사랑에서 끊을 수 없으리라."(롬 8:33-39)

'칭의'는 우리의 인격 밖 '하나님의 법정'에서 우리를 위하여 선포된 신분적 구원이라면, 성화는 '칭의'의 구원을 받은 '우리 인격 속에서 그 칭의의 은혜의 효력을 적용하여 죄를 대항하는 성품적 구원'입니다. 그리하여 칭의는 단회적이고 완성적이라면 성화는 그리스도의 형상을 목표하여 반복적입니다. "그러므로 나의 사랑하는 자들아 너희가 나 있을 때뿐 아니라 더욱 지금 나 없을 때에도 항상 복종하여 두렵고 떨림으로 너희 구원을 이루라 너희 안에서 행하시는 이는 하나님이시니 자기의 기쁘신 뜻을 위하여 너희에게 소원을 두고 행하게 하시나니 모든 일을 원망과 시비가 없이 하라 이는 너희가 흠이 없고 순전하여 어그러지고 거스르는 세대 가운데서 하나님의 흠 없는 자녀로 세상에서 그들 가운데 빛들로 나타내며 생명의 말씀을 밝혀 나의 달음질이 헛되지 아니하고 수고도 헛되지 아니함으로 그리스도의 날에 내가 자랑할 것이 있게 하려 함이라."(빌 2:12-15)

"내 소유의 절반을 가난한 자들에게 주겠사오며 만일 누구의 것을 빼앗은 일이 있으면 네 갑절이나 갚겠나이다."(눅 19:8) 삭개오가 예수님께 아뢴 그 말씀은 '칭의를 위한 대가'의 약속이 아닙니다. '칭의'의 은혜에 감사함으로 나온 '성화적 열매의 일환'이라고 할 수 있습니다. 오늘날 이 점에 대한 오해가 한국 신학계에 '종교개혁의 칭의론에 대한 새로운 관점'의 미명을 가지고 크게 거론되면서 많은 이들에게 혼란을 끼치고 있는 것은 심히 우려할 만합니다. '성화'는 '그리스도 안에 있는 은혜에 감격하면서 그 영광을 기리고 그 효력을 가지고 역사하시는 성령님의 역사'를 의존한 거룩에 이르려는 전인적 행사입니다.

사도는 이 점을 유념하면서 로마서 6장을 이어나가고 있습니다. 그리고 마지막에서 자기의 논증을 포괄적이고 단호하게 마무리하고 있습니다. "그러나 이제는 너희가 죄로부터 해방되고 하나님께 종이 되어 거룩함에 이르는 열매를 맺었으니 그 마지막은 영생이라 죄의 삯은 사망이요 하나님의 은사는 그리스도 예수 우리 주 안에 있는 영생이니라."(롬 6:22,23)

보편성에 비추어 보더라도

"6:19너희 육신이 연약하므로 내가 사람의 예대로 말하노니." 사도는 이 편지를 받는 로마교회 사람들의 이해를 돕기 위하여 사람이 부인할 수 없는 보편성에 비추어 논증합니다. "너희 육신이 연약하다"는 것은 '사람의 본성의 수준의 연약'을 가리키고 있습니다. 하나님의 일을 하나님의 수준에서 말해야 하나 사도는 그것을 받는 사람의 수준을 감안하여 자기의 논증을 사람들 속에서 보편적으로 통하는 이치의 수준에서 말합니다. 물론 사도가 하나님의 복음의 체계를 모두 그런 식으로 말하지는 않습니다. 그러나 사도는 '죄와 싸워 이기고 하나님의 기뻐하시는 순종의 열매'를 맺어야 할 그리스도인들의 입장을 그런 보편성의 차원으로 설명하고 있습니다.

"전에 너희가 너희 지체를 부정과 불법에 내주어 불법에 이른 것 같이." 여기서 '전에'는 그리스도 밖에 있을 때를 말합니다. 여기서 "너희 지체"란 '너희의 인격을 이루고 있는 여러 요소들, 곧 마음과 몸을 이루고 있는 여러 기능들과 부분들'을 말합니다. 그리스도를 믿고 있지 않을 때에는 인격의 모든 요소들이 죄의 왕 노릇 아래 있었습니다. 그러니 우리의 인격의 모든 요소들, 지성과 정서와 의지와 그에 따른 모든 사상과 행동들 전체가 다 '하나님의 계명'을 어기는 불순종의 일들이었습니다. 그래서 그 때에는 우리 인격 전체가 "부정과 불법에 내주어 불법에 이르렀습니다." 그 때에는 하나님을 기쁘시게 하는 요소가 전혀 없었습니다. 그 때에도 여전히 하나님은 우리를 공의로 처리하지 않으셨습니다. 그 때에도 우리는 우리를 구원하시려는 하나님의 사랑의 계획과 목적 아래 있었습니다. 그래서 우리를 참아내신 것입니다. 그 때에 우리 인격은 '불법의 노예'였습니다.

거룩함의 역동성과 그 열매

"6:19 … 이제는 너희 지체를 의에게 종으로 내주어 거룩함에 이르라." 그러나 이제 우리는 그리스도 예수님 안에서 은혜로 의롭다 하심을 받고 하나님의 자녀가 되고, 그리스도와 연합하여 죄에 대하여 죽고 하나님께 대하여 살게 된 우리에게 있어서 그런 불법의 일은 아무 정당성이 없습니다. 이제 우리의 인격의 모든 부분, 곧 "우리의 지체를 의에게 종으로 내주어 거룩함에 이르러야" 합니다. 여기서 '의에게 종이 된다'는 것은 '하나님께 순종하는 것의 종이 되라'는 말입니다. 그 결과는 '거룩함'입니다. '거룩함'의 진수는 '하나님의 명을 좇아 하나님을 위하여, 하나님께 순종하고 자신을 드리는 것'입니다. "… 여호와께서 모세에게 명령하신 대로 되니라."(출 40:19,21,23,25,27)

그러니 '거룩함'은 정지된 개념이 아니라 '하나님을 향해 순종하는 역동적(力動的) 자세'에 관한 개념입니다. 거룩은 '소극적'으로 죄와 세속을 이기고 '적극적으로 하나님의 명하신 바에 순종하여 자신을 드리는 역동적인 행사'입니다.

우리 주 예수님께서 이와 관련하여 십자가를 지시기 전날 밤 제자들과 나눈 최후의 만찬석에서 매우 요점적인 말씀을 하셨습니다. "너희가 나를 사랑하면 나의 계명을 지키리라 내가 아버지께 구하겠으니 그가 또 다른 보혜사를 너희에게 주사 영원토록 너희와 함께 있게 하리니… 나의 계명을 지키는 자라야 나를 사랑하는 자니 나를 사랑하는 자는 내 아버지께 사랑을 받을 것이요 나도 그를 사랑하여 그에게 나를 나타내리라."(요 14:15,16,21) 여기서 주님께서는 구원의 조건으로서의 '계명 지키기'가 아닙니다. 구원받은 하나님의 자녀로서의 마땅한 바를 가리켜 말씀하신 것입니다. 하나님의 의도하신 구원의 궁극적인 목표는 '그리스도의 형상을 본받게 하시려는 것'입니다. 그리스도의 형상의 진수는 '하나님의 뜻에 자신을 절대로 복종하시는 데' 있습니다. "(예수께서) 이르시되 아버지여 만일 아버지의 뜻이거든 이 잔을 내게서 옮기시옵소서 그러나 내 원대로 마시옵고 아버지의 원대로 되기를 원하나이다."(눅 22:42)

"**6:20너희가 죄의 종이 되었을 때에는 의에 대하여 자유로웠느니라 6:21너희가 그 때에 무슨 열매를 얻었느냐 이제는 너희가 그 일을 부끄러워하나니 이는 그 마지막이 사망임이라.**" 그리스도 밖에 있었을 때에 '죄의 종'이 되었을 때에는 하나님의 살아계심도 알지 못하였고, 자신이 죄인으로 하나님의 진노 아래 있었다는 것도 알지 못하였습니다. 그러나 이제 그리스도 안에서 구원을 받아 하나님의 자녀가 된 우리는 그때의 일을 부끄러워합니다.

"**이는 그 마지막이 사망임이라.**" 여기서 '사망'은 단순하게 육신의 생명이 멈추는 것을 의미하지 않고, 하나님과의 생명 있는 교통에서 완전하게 배제된 상태를 이름입니다. 성경이 말하는 사람의 참된 '생명'은 자존적인 것이 아니라 '생명의 근원되시는 창조주 하나님과의 교통'으로 주어지는 의존적인 것입니다. 하나님과의 교통은 '하나님의 뜻에 자신을 단 마음으로 복종시키고 그 영화로운 하나님의 뜻 속에서 자신의 존재의 의미를 발견하고 거기서 참된 기쁨과 평강을 발견하는 것'을 내용으로 하고 있습니다. 그러나 '하나님을 불순종하는 죄'는 그 모든 것을 다 앗아가 버립니다. 그것이 그리스도 밖에 있는 모든 사람들이 서 있는 자리입니다.

"^{6:22}그러나 이제는 너희가 죄로부터 해방되고 하나님께 종이 되어 거룩함에 이르는 열매를 맺었으니 그 마지막은 영생이라." 여기서 동사(動詞)의 시제(時制)에 주목하지 않으면 오해할 수 있습니다. 다음과 같이 번역하였으면 더 나을 뻔 하였습니다. "그러나 이제는 너희가 죄로부터 해방되고 하나님께 종이 되었고, 너희가 거두는 열매는 거룩함에 이르는 것이고, 그 마지막은 영생이라." 여기서 사도는 '거룩함에 이르는 열매를 맺었으니'라는 식의 부정과거를 사용하지 않고 현재시제를 사용하고 있습니다. 그러니 그 '거룩함에 이르는 열매를 (계속) 맺고 있으니'라고 이해해야 합니다. 필자가 이 점을 지적하는 이유가 있습니다. 사도는 여기서 '의롭다 하심을 받아 하나님의 자녀가 된 자가 마땅하게 죄를 이기고 하나님의 부르심에 순종하는 자로서 계속 거룩함을 이루기 위하여 정진해야 함'을 강조하고 있습니다. 과거에 우리가 '거룩함에 이르는 열매를 맺은 사실'을 가리키고 있지 않습니다. 우리가 그리스도 안에서 의롭다 하심을 받고, 그리스도와의 연합으로 인해 죄에 대하여 죽고 의에 대하여 산 자로서의 계속적인 행로를 가리키고 있습니다.

"그 마지막은 영생이라." 여기서 사도가 시간적인 순서로서의 결과론을 말하고 있지 않습니다. '죄를 이기고 의를 이루어 영생에 도달한다'는 식이 아니라는 말입니다. 그렇게 이해하면 자칫 이제까지 사도를 따라 온 논리가 헝클어집니다. 여기서 사도가 "그 마지막은 영생이라"한 표현은 "죄의 종으로 살던 때의 그 마지막이 사망이라"한 표현의 대구적인 표현입니다. 이 권면을 받고 있는 이들은 이미 그 속에 '영생'을 가진 자들입니다. "내가 하나님의 아들의 이름을 믿는 너희에게 이것을 쓰는 것은 너희로 하여금 너희에게 영생이 있음을 알게 하려 함이라."(요일 5:13) 그러므로 그들이 '죄를 이기고 의를 이룸으로 비로소 영생에 이르는 것'이 아닙니다. 이미 영생을 얻은 자로서 '하나님께 종이 되어 하나님께 순종하는 의를 이루어 거룩함의 열매를 맺어 나가고' 있습니다. 그러니 여기서 사도가 "그 마지막은 영생이니라" 한 것이 결과론을 말하는 것이 아닙니다. '죄가 사망을 가져 왔으나 이제는 그리스도 안에서 값없이 영생 얻은 자로서 그에 합한 행실의 열매를 맺어야 함'을 강조한 것입니다.

죄의 삯과 하나님의 은사

"6:23죄의 삯은 사망이요 하나님의 은사는 그리스도 예수 우리 주 안에 있는 영생이니라." 사도는 로마서 6장에서 진술한 논리의 요점을 요약하여 말하고 있습니다. 로마서 6장에서 '그리스도 예수님을 믿음으로 말미암아 은혜로 값없이 의롭다 하심을 받은 자로서' 그 은혜를 구실로 '더 이상 죄에 거하는 것은 천부당만부당 함'을 역설(力說)하였습니다. 그리스도인이 '그리스도 안에서 받은 은혜의 선물은 영생'입니다. 영생이 무엇입니까? "영생은 곧 유일하신 참 하나님과 그가 보내신 자 예수 그리스도를 아는 것이니이다."(요 17:3) 여기서 '안다'는 것은 '인격적인 중단 없는 계속적인 친밀함과 교통'을 의미합니다. 그런 자가 '그리스도 밖에서 우리를 사망에 이르게 하였던 죄와 상종한다는 것'은 있을 수 없다는 것입니다.

그러합니다. '그리스도 안에 있는 하나님의 은혜의 복음'은 사람을 죄에서 구원하시는 하나님의 능력입니다. 하나님의 의도하시는 구원의 실상과 그 목표는 무엇입니까? '사람을 죄와 그 죄책과 형벌과 그 오염과 세력과 영향력 아래서 온전하게 건져내고, 몸과 영혼이 그리스도의 형상을 완전하게 본받는 완전한 새 사람으로 만드시는 성삼위 하나님의 행사'입니다.

그러므로 어떤 사람이 '그리스도를 믿는다 하면서도 자기 이전의 죄의 삶을 그대로 유지하고 있다면,' 그 사람은 바르고 참된 믿음을 가진 적이 없는 사람입니다. 물론 그런 사람이 그리스도 안에 있는 은혜를 곧잘 입으로 되뇌일 수 있습니다. 그러나 하나님의 복음이 그런 사람을 만들어 낸 적이 없습니다. 야고보서가 그런 악을 경고한 것입니다. "내 형제들아 만일 사람이 믿음이 있노라 하고 행함이 없으면 무슨 유익이 있으리요 그 믿음이 능히 자기를 구원하겠느냐… 이와 같이 행함이 없는 믿음은 그 자체가 죽은 것이라."(약 2:14,17)

어떤 이들은 이 야고보서의 진술을 가지고 '믿음 + 행위 = 구원'이라는 도식을 만듭니다. 그러나 그런 시도는 지금에 와서 새롭게 일어난 것은 아니고 교회사 내내 있어 왔습니다. 그러나 야고보서는 로마서가 말하는 '오직 은혜, 오직 믿음'의 진리를 수정한 것이 아닙니다. 다만 '은혜와 믿음'을 말하면서도 '로마서 6장에서 말하는 대로 죄와 싸우고 그 은혜의 효력을 힘입어 하나님의 계명과 뜻에 순종하려는 성화적 열매를 전혀 보이는 일에 관심이 없는 이들'의 거짓됨을 탄핵한 것입니다. 유다도 하나님의 은혜를 빙자한 방종주의 이단을 강력하게 탄핵하고 성도들로 경계하게 합니다. "이는 가만히 들어온 사람 몇이 있음이라 그들은 옛적부터 이 판결을 받기로 미리 기록된 자니 경건하지 아니하여 우리 하나님의 은혜를 도리어 방탕한 것으로 바꾸고 홀로 하나이신 주재 곧 우리 주 예수 그리스도를 부인하는 자니라."(유 4) 교회사에 나타난 '신앙주의(fideism, 마음으로 믿는 것을 무시하고 그저 입으로 믿는다고 고백하면 구원을 받는다고 주장하는 이단),' '도덕폐기론(Antinomian, 사람이 의롭다 하심을 받은 이후에 정죄함이 없으니 더 이상 계명이 그리스도인의 삶의 규범이 될 수도 없고 성화를 무의미한 것 같이 여기는 방종주의 이단)' - 이런 모든 것들이 그에 해당하는 이단들입니다.

우리 그리스도인들이 '그리스도 안에 있는 하나님의 은혜의 영광'을 찬미하는 삶을 지상생애의 내용으로 삼아야 합니다. 그러기 위해서는 소극적으로 죄의 정욕을 대항하여 이기고, 적극적으로는 하나님의 기뻐하시는 일에 자신을 드리는 연습을 부단히 해야 합니다. "망령되고 허탄한 신화를 버리고 경건에 이르도록 네 자신을 연단하라."(딤전 4:7) 우리를 부르신 하나님의 부르심의 소망과 목표를 향하여 부단한 '연단'이 필요합니다. 거기에는 '반복적인 연습'이 필수입니다. 그 연단의 내용에는 '넘어짐과 실패와 다시 일어섬과 소생함의 반복'이 있다고 이미 말씀드린 바 있습니다. 물론 그 싸움은 우리 혼자의 싸움이 아니라 우리 주님 안에 있는 은혜의 경륜을 따라 우리 속에서 보혜사로 일하시는 성령님의 역사를 힘입는 싸움입니다. 이제 사도는 로마서 7장과 8장에서 그 문제를 구체적으로 다룹니다.

로마서 7장에서 마지막 16장까지의 강해를 담고 있는 하권(下卷)에서 독자와 만나기를 바랍니다.

사도가 자랑한 복음의 진수

로마서 下
목차

은혜의 방식 *The Method of Grace in Gospel Redemption*

존 플라벨 지음 | 서문강 옮김 | 신국변형 양장 648면 | 값 27,000원

이 책은 존 플라벨의 저작들 중에 가장 유명하고 가장 많이 읽혀진 책으로 19세기 프린스턴 신학대의 거장 아취벌드 알렉산더(Archibald Alexander)가 회심하는 데 이 책이 결정적 역할을 하였다. 목양적인 저자의 영적 지각과 충정으로 성도들의 마음속을 들여다보며, 그들의 마음을 움직여 구원하시는 하나님의 방식으로 데리고 가서 죄의 각성과 구원의 은혜와 그 확신에 이르게 한다.

영의 생각, 육신의 생각 *On Spiritual Mindedness*

존 오웬 지음 | 서문강 옮김 | 신국변형 양장 360면 | 값 16,000원

로마서 8장 6절의 "육신의 생각은 사망이요 영의 생각은 생명과 평안이니라."를 기초 본문으로 저자가 당시 목양하던 회중들에게 진정한 '영적 생각의 방식'을 연속 강론한 것이다. 저자는 '마음의 생각과 그 방식'이 구원받은 이후 그리스도인의 성화 생활을 지로하는 결정적 방향타임을 역설한다. 이 책을 다 읽고 나서 독자마다 성령께서 마태로 하여금 예수님의 산상설교를 마무리하게 하던 그 진술의 능력을 반드시 음미하게 될 것이다.

고린도전서 13장 사랑 *Charity and Its Fruits*

조나단 에드워즈 지음 | 서문강 옮김 | 신국변형 양장 456면 | 값 20,000원

조나단 에드워즈가 자신의 정체성을 진정한 설교자로서 헌신하는 데서 보여주었는데, 본서가 바로 그에 대한 가장 좋은 예증일 것이다. 성령님께 사로잡힌 사도 바울이 고린도전서 13장에 진술해 놓은 '사랑'의 진면모를 그가 가진 모든 신적 은사와 은혜의 촉수로 더듬어내어 자기 회중들에게 연속 강론한 것을 묶어 이 책을 펴냈다. 이 책은 여러 차례 반복하여 읽을수록 그 영적 진미를 더 느끼게 하며, 하나님의 복음의 은혜의 풍성함에 겨워 더욱 더 만족을 주기에 충분하다.

사망의 잠 깨워 거듭나게 하는 말씀 *Sermons in the Natural man*

윌리엄 쉐드 지음 | 서문강 옮김 | 신국변형 양장 336면 | 값 16,000원

"사람이 거듭나지 아니하면 하나님 나라를 볼 수 없느니라…물과 성령으로 나지 아니하면 들어갈 수 없느니라"(요 3:3)고 하신 말씀은 예수 그리스도를 믿음으로 말미암아 구원에 이르는 복음의 이치에 눈을 뜨는 일은 거듭난 사람에게만 가능하다는 의미이다. 아직 거듭나지 못한 상태에 있는 자연인들은 영적으로 죽은 자들로서 깊은 사망의 잠을 자는 자들이다. 교회를 다니거나 교회 밖에 있거나 자연인의 상태에 있으면 그 이치를 모른 채 사망의 잠에 빠져 있게 된다.

하나님의 열심을 품은 간절목회 *An Earnest Ministry*

존 에인절 제임스 지음 | 서문강 옮김 | 신국변형 양장 392면 | 값 18,000원

저자는 "하나님의 열심을 품어 사람들을 정결한 처녀로 그리스도께 중매하려 하던"(고후 11:2) 모든 사도들이 견지하던 사역의 본질과 실천을 '간절한 열심'이라는 개념 속에 응집시키고 있다. 그것을 분석하고 종합하고 적용하여 모든 사역자들에게 도전하고 격려한다. 실로 이 책은 리처드 백스터의 '참 목자상', 찰스 브릿지스의 '참된 목회'와 함께 나란히 '목회학'의 3대 고전이라 불려지기에 충분하다.

구원을 열망하는 자들을 위하여 *The Anxious Inquirer*

존 에인절 제임스 지음 | 서문강 옮김 | 신국변형 양장 256면 | 값 13,000원

빌립보 감옥의 간수가 바울과 실라에게 "선생들아 내가 어떻게 하여야 구원을 얻으리이까?"(행 16:30)라고 간절하게 물은 것과 같은 단계에 있는 이들을 가리켜 'Anxious Inquirer'(염려하여 묻는 자)라고 하는데, 이 책은 이 상태에 있는 이들을 구원으로 인도하시는 하나님의 성령님의 말씀이 담겨 있다. 이미 그리스도 안에 있다 여기는 이들도 이 책을 통해 자신의 믿음의 신적 기원 여부를 가늠할 수 있을 것이다.

고통 속에 감추인 은혜의 경륜 *The Crook in the Lot*

토마스 보스톤 지음 | 서문강 옮김 | 신국변형 양장 328면 | 값 16,000원

"하나님께서 행하시는 일을 보라 하나님께서 굽게 하신 것을 누가 능히 곧게 하겠느냐?"(전 7:13)를 주제로 지상 성도들의 단골 메뉴인 '고통'의 문제를 하나님의 은혜와 그 능하신 손 아래서 어떻게 접근해야 하는지를 가르치고 있다. 하나님께서는 지상의 자녀들 각자에게 분정(粉定)된 몫을 주시되, 그 속에 반드시 '굽은 것'을 넣어 주시어 그로 인해 '고통'을 느끼게 하신다. 그리하시는 하나님의 목적은 그들로 '고통 자체가 아니라 그것을 방편 삼아 사랑하시는 자녀를 향해 그리스도 안에서 예정하신 그 하늘에 속한 신령한 '은혜의 경륜'을 이루고자 하심이다.

요한계시록 그 궁극적 승리의 보장

서문강 지음 | 신국변형 양장 320면 | 값 16,000원

이 책은 '요한계시록 바르게 깊이 읽기'를 선도할 개혁주의적 강해서다. 저자는 1:3의 말씀, "이 예언의 말씀을 읽는 자와 듣는 자와 그 가운데에 기록한 것을 지키는 자는 복이 있나니 때가 가까움이라." 하신 것에 착안하여, 성경의 다른 65권의 책들과 같이 동등하게 묵상하고 강론되어 섭취할 영적 양식임을 확신한다. 또한 현대의 그리스도인들은 요한계시록을 처음 받은 초대교회 성도들보다 그리스도의 재림에 더 가까이 서 있으니, 요한계시록의 메시지야말로 그 어느 때보다 절박하게 필요함을 저자는 역설한다.

믿음의 깊은 샘 히브리서 시리즈(전 6권 완간)

아더 W. 핑크 지음 | 서문강 옮김 | 신국변형 양장

오늘을 사는 우리에게 로마서가 믿음의 본질을 창조주 하나님과 인간의 관계에 기초하여 접근하게 한다면, 히브리서는 그리스도를 믿는 자들로 하여금 그 믿음의 절대성을 확신하게 하며, 어떤 이유로도 믿기 이전의 상태로 회귀하게 하려는 사탄의 간계를 물리치고 믿음의 경주를 완주하게 하는 능력과 위로의 깊은 샘을 제공한다. 이 강해서는 로이드 존스의 로마서 강해와 쌍벽을 이루며 한국교회와 그리스도인들을 받쳐줄 것이 틀림없다.

시편 119 말씀을 사모하여 헐떡이는 사람

찰스 브리지스 지음 | 서문강 옮김 | 신국변형 양장 820면 | 값 33,000원

스펄전 목사가 참된 신앙의 3요소로 줄기차게 강조한 '참된 성경 교리, 체험, 실천'의 실상을 이 책의 모든 지면에서 만난다. 주의 말씀과, 기도와, 은혜의 능력으로 순종하여 말씀을 실행하는 역동성은 지상에 있는 하나님의 자녀들의 선명한 표지다. "내가 주의 계명을 사모하므로 입을 열고 헐떡였나이다"(시 119:131). 하늘의 시민권을 가진 이는 이 책에서 더 큰 확신과 영적 진보의 영광을 맛보게 될 것이고, 영적 안일에 빠진 사람은 각성을 받아 '주의 말씀을 사모하여 헐떡임'의 행복을 회복할 것이다.

요셉의 섭리살이

도지원 지음 | 신국변형 500면 | 값 22,000원

하나님을 모르는 사람은 비인격적인 우연이나 운명을 믿는다. 그러기에 그 사람은 요행을 바라거나 운명에 맡기고 살아갈 뿐이다. 그렇지만 그리스도인은 인격적인 하나님의 섭리를 믿는다. 그래서 그는 자신을 다스리고 인도하시는 하나님의 선하신 뜻에 의지하여 살아간다. 요셉의 생애만큼 하나님의 섭리를 잘 보여주는 것은 없다. 이 책은 창세기 37장 2절부터 마지막 50장까지에 나타난 요셉의 생애를 다룬 연속 설교이다. 우리는 이 내용을 통해 요셉의 인생살이가 놀라운 섭리살이이듯이 우리의 인생살이도 그러함을 알게 될 것이다.

사도가 자랑한 복음의 진수

로마서 上

초판 1쇄 펴낸날 2018년 3월 30일

지은이   서문 강
펴낸이   전수빈
펴낸곳   청교도신앙사

주소   서울시 은평구 녹번로 3길 2(녹번동 98-3)]
전화   02-354-6985(Fax겸용)
전자우편 smkline@naver.com
등록   제8-75(2010.7.7)

디자인   백현아
출력,인쇄 예원프린팅

파본이나 잘못된 책은 구입처에서 바꾸어 드립니다.

ISBN 978-89-87472-40-9 94230
     978-89-87472-39-3 (세트)

값 20,000원